现代金融体系导论

Introduction to the Modern Financial System

吴晓求 等著

中国金融出版社

责任编辑：王效端　张菊香
责任校对：潘　洁
责任印制：丁淮宾

图书在版编目（CIP）数据

现代金融体系导论/吴晓求等著．—北京：中国金融出版社，2019.11
ISBN 978－7－5220－0354－2

Ⅰ．①现…　Ⅱ．①吴…　Ⅲ．①金融体系—研究　Ⅳ．①F830.2

中国版本图书馆 CIP 数据核字（2019）第 247309 号

现代金融体系导论
Xiandai Jinrong Tixi Daolun

出版发行　中国金融出版社

社址　北京市丰台区益泽路 2 号
市场开发部　(010)63266347，63805472，63439533（传真）
网 上 书 店　http://www.chinafph.com
　(010)63286832，63365686（传真）
读者服务部　(010)66070833，62568380
邮编　100071
经销　新华书店
印刷　北京市松源印刷有限公司
尺寸　169 毫米×239 毫米
印张　21.5
字数　400 千
版次　2019 年 11 月第 1 版
印次　2019 年 11 月第 1 次印刷
定价　79.00 元
ISBN 978－7－5220－0354－2

目　录

绪论 中国金融的变革与发展：历史演进与未来趋势

——基于改革开放40年的观察

摘　要

本论从金融资产规模和结构、融资工具和融资机制、金融业态、金融功能和金融风险、金融开放以及金融监管模式等方面，系统分析了改革开放40年来中国金融变革和发展的历史趋势，在此基础上提出了中国金融未来的发展方向是构建具有大国金融元素的现代金融体系。

改革开放40年来，中国经济社会发生了翻天覆地的变化，取得了人类发展史上的伟大成就。中国由改革开放前贫穷、落后、封闭的国家转变成小康、进步、开放的社会主义现代化国家。随着中国经济的发展和市场化改革的推进，中国金融无论在规模、结构、业态，还是在功能、竞争力和国际影响力等方面都发生了深刻的变革。中国金融已从改革开放之初的传统、落后的计划性金融，转变成初具现代金融功能特征的市场化金融，中国金融开始具有大国金融的一些特征。结构性改革、市场化方向、技术性特征和国际化趋势是未来中国金融改革和发展的主流。

总结40年来中国金融的发展经验、改革路径和利弊得失，准确、全面、客观地分析和了解中国金融的现状，是进一步推动中国金融深度改革和全面开放的基本前提，也是中国构建现代金融体系的现实基石。知彼又知己，才会理性自信，理想才会变成现实。

1　金融资产规模的扩张与结构变化：基于资产属性角度的分析

基于不同分析目的，金融资产有不同的分类和不同的统计口径。这里主要从两个角度去观察金融资产规模和结构的变化：一是从金融资产的属性（货币属性和资产属性）和资产的流动性差异角度来观测金融资产规模的扩张，分析其内部结构的变化；二是从商业银行（及类银行）信贷资产和证券化金融资产的角度统计金融资产规模，分析金融资产结构变动的趋势。①

1.1　MS 口径（资产属性角度）内金融资产规模和结构变动

表 1 和图 1 表示的是 1978 年以后，特别是 1990 年至 2018 年 9 月期间 MS（M_2 + S）口径范围内中国金融资产的规模变化；表 2 和图 2 表示的是 1990 年至 2018 年 9 月间，基于货币性金融资产（M_2）和证券化金融资产（S）分类统计基础上的中国金融资产结构变动。

从表 1 可以看到，1978 年中国 M_2 有 1159.1 亿元人民币，到了 2017 年则增加到 167.68 万亿元（2018 年 9 月为 180.17 万亿元），40 年间中国 M_2 增长了约 1446.6 倍，年均增长率 20.5%。与此同时，中国 GDP 1978 年为 3645 亿元人民币，2017 年为 827122 亿元人民币，40 年间，名义（未扣除价格因素）GDP 增长了 226.9 倍，年均增长 14.9%。经济货币化率则由 1978 年的 0.318 大幅上升到 2017 年的 2.03。

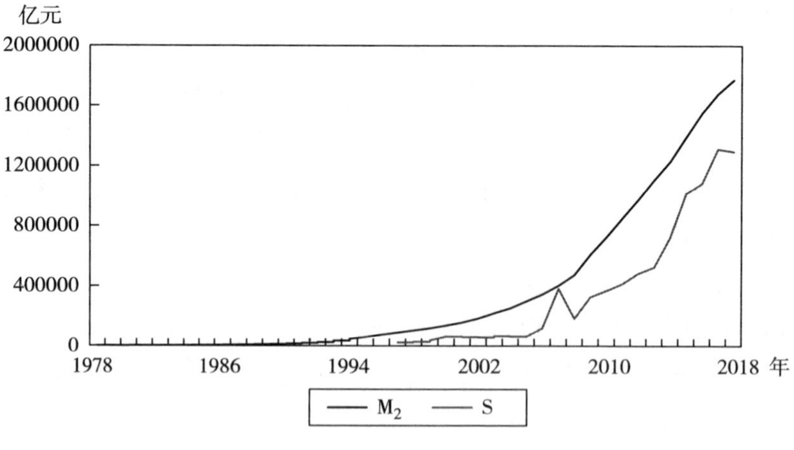

图 1　M_2 和证券化金融资产规模及变动趋势

① 这种统计和分析方法，在吴晓求等：《中国金融监管改革：现实动因与理论逻辑》（中国金融出版社 2018 年 3 月版）一书中使用过，见该书第 5－13 页。

表 1　　中国金融资产规模扩张及结构变动（1978—2018.9）

（基于货币资产与证券化金融资产的统计）

类别 / 年份	M_2		证券化金融资产 S（S = S1 + S2）						MS（M_2 + S）	
			股票市值（S1）		债券余额（S2）		总规模 S（亿元）	增长率 S'（%）	规模（亿元）	增长率（%）
	规模（亿元）	增长率（%）	规模（亿元）	增长率（%）	规模（亿元）	增长率（%）				
1978	1159.1	4.68	0	0	0	0	0	0	1159.1	4.68
1979	1458.1	25.80	0	0	0	0	0	0	1458.1	25.80
1980	1842.9	26.39	0	0	0	0	0	0	1842.9	26.39
1981	2234.5	21.25	0	0	48.66	—	48.66	—	2283.16	23.89
1982	2589.8	15.90	0	0	92.49	90.07	92.49	90.07	2682.29	17.48
1983	3075	18.74	0	0	134.07	44.96	134.07	44.96	3209.07	19.64
1984	4146.3	34.84	0	0	176.60	31.72	176.60	31.72	4322.9	34.71
1985	5198.90	25.39	0	0	237.21	34.32	237.21	34.32	5436.11	25.75
1986	6720.90	29.28	0	0	299.72	26.35	299.72	26.35	7020.62	29.15
1987	8330.90	23.96	0	0	362.79	21.04	362.79	21.04	8693.69	23.83
1988	10099.80	21.23	0	0	494.96	36.43	494.96	36.43	10594.76	21.87
1989	11949.60	18.32	0	0	633.87	28.06	633.87	28.06	12583.47	18.77
1990	15293.40	27.98	23.82	—	1085.78	71.29	1109.6	71.29	16403	30.35
1991	19349.90	26.52	112.18	370.95	1391.08	28.12	1503.26	35.48	20853.16	27.13
1992	25402.20	31.28	945.06	742.45	2104.76	51.30	3049.82	102.88	28452.02	36.44
1993	34879.80	37.31	3474.29	267.63	2343.14	11.33	5817.43	90.75	40697.23	43.04
1994	46923.50	34.53	3687.83	6.15	2968.51	26.69	6656.34	14.42	53579.84	31.65
1995	60750.50	29.47	3474.27	-5.79	4502.50	51.68	7976.77	19.84	68727.27	29.12
1996	77265.00	27.18	10084.38	190.26	7830.64	73.92	17915.02	124.59	95180.02	38.49
1997	90631.83	17.30	17529.23	73.83	11761.71	50.20	29290.94	63.50	119922.77	26.00
1998	104498.50	15.30	19505.65	11.27	18295.63	55.55	37801.28	29.05	142299.78	18.66
1999	119898.00	14.74	26471.17	35.71	22430.38	22.60	48901.55	29.36	168799.55	18.62
2000	138356.47	15.40	48090.94	81.67	26518.46	18.23	74609.40	52.57	212965.87	26.16
2001	158301.92	14.42	43522.20	-9.50	30377.96	14.55	73900.16	-0.95	232202.08	9.03
2002	185006.97	16.87	38329.13	-11.93	37030.03	21.90	75359.16	1.97	260366.13	12.13
2003	221222.82	19.58	42457.71	10.77	48304.54	30.45	90762.25	20.44	311985.07	19.83
2004	253207.70	14.46	37055.57	-12.72	60552.30	25.36	97607.87	7.54	350815.57	12.45
2005	298755.48	17.99	32430.28	-12.48	79848.79	31.87	112279.07	15.03	411034.55	17.17
2006	345577.91	15.67	89403.90	175.68	98314.91	23.13	187718.81	67.19	533296.72	29.74

续表

类别 / 年份	M_2		证券化金融资产 S (S = S1 + S2)						MS (M_2 + S)	
			股票市值（S1）		债券余额（S2）		总规模 S（亿元）	增长率 S'（%）	规模（亿元）	增长率（%）
	规模（亿元）	增长率（%）	规模（亿元）	增长率（%）	规模（亿元）	增长率（%）				
2007	403401.30	16.73	327140.89	265.91	128715.36	30.92	455856.25	142.84	859257.55	61.12
2008	475166.60	17.79	121366.44	-62.90	157127.08	22.07	278493.52	-38.91	753660.12	-12.29
2009	610224.52	28.42	243939.12	100.99	181135.63	15.28	425074.75	52.63	1035299.27	37.37
2010	725851.79	18.95	265422.59	8.81	206910.34	14.23	472332.93	11.12	1198184.72	15.73
2011	851590.90	17.32	214758.10	-19.09	224318.77	8.41	439076.87	-7.04	1290667.77	7.72
2012	974148.80	14.39	230357.62	7.26	262895.07	17.20	493252.69	12.34	1467401.49	13.69
2013	1106524.98	13.59	230977.19	0.27	300163.71	14.18	531140.90	7.68	1637665.88	11.60
2014	1228374.81	11.01	372546.96	61.29	360046.63	19.95	732593.59	37.93	1960968.40	19.74
2015	1392278.11	13.34	531304.20	42.61	485391.40	34.81	1016695.60	38.78	2408973.71	22.85
2016	1550066.67	11.33	508245.11	-4.34	643018.45	32.47	1151263.56	13.24	2701330.23	12.14
2017	1676768.54	8.17	567475.37	11.65	746871.01	16.15	1314346.38	14.17	2991114.92	10.73
2018.9	1801665.58	7.45	486609.72	-14.25	826340.00	10.64	1312949.72	-0.11	3114615.30	4.13

注：（1）自2011年10月起，货币供应量 M_2 已包括住房公积金中心存款和非存款类金融机构在存款类金融机构的存款。

（2）MS 是从流动性差异角度计算的持有主体（居民部门、企业部门、政府部门以及海外部门）持有商业银行和资本市场证券化金融资产（不包括基金）的全部金融资产，但不包括四部门持有主体持有的非银行金融机构的金融资产。

（3）S1 表示股票类金融资产，S2 表示债券类金融资产，S 表示证券类金融资产，S' 表示证券类金融资产的年增长率。下同。

（4）1981年恢复国债制度，发行国库券48.66亿元，用于弥补1979年和1980年的预算赤字。

（5）1990年以前债券余额数据采用1993年《中国统计年鉴》中的国债国库券收入规模进行逐年累计得到，1990—1994年使用Wind数据库中的国债余额与企业债余额之和。

资料来源：国家统计局、Wind资讯、中国人民银行。

表2　　中国金融资产结构变动（1990—2018.9）

（基于货币资产与证券化金融资产的比较）

类别 / 年份	S1/S	M_2/S	M_2/MS	S/MS
1990	0.0215	13.7828	0.9324	0.0676
1991	0.0746	12.8720	0.9279	0.0721
1992	0.3099	8.3291	0.8928	0.1072

续表

类别 年份	S1/S	M_2/S	M_2/MS	S/MS
1993	0.5972	5.9957	0.8571	0.1429
1994	0.5540	7.0494	0.8758	0.1242
1995	0.4355	7.6159	0.8839	0.1161
1996	0.5569	4.3057	0.8115	0.1885
1997	0.5985	3.1066	0.7565	0.2435
1998	0.5162	2.7632	0.7343	0.2657
1999	0.5413	2.4518	0.7103	0.2897
2000	0.6446	1.8042	0.6434	0.3566
2001	0.5889	2.1421	0.6817	0.3183
2002	0.5086	2.4550	0.7106	0.2894
2003	0.4678	2.4374	0.7091	0.2909
2004	0.3796	2.6034	0.7225	0.2775
2005	0.2888	2.6608	0.7268	0.2732
2006	0.4763	1.8409	0.6480	0.3520
2007	0.7176	0.8850	0.4695	0.5305
2008	0.4358	1.7062	0.6305	0.3695
2009	0.5739	1.4356	0.5894	0.4106
2010	0.5619	1.5367	0.6058	0.3942
2011	0.4891	1.9395	0.6598	0.3402
2012	0.4670	1.9749	0.6639	0.3361
2013	0.4434	2.0520	0.6723	0.3277
2014	0.5085	1.6767	0.6264	0.3736
2015	0.5226	1.3694	0.5780	0.4220
2016	0.4415	1.3464	0.5738	0.4262
2017	0.4317	1.2757	0.5606	0.4394
2018.9	0.3706	1.3722	0.5785	0.4215

注：1990 年之前，从中国金融资产结构看，没有发生重要变化，故结构分析从 1990 年开始。

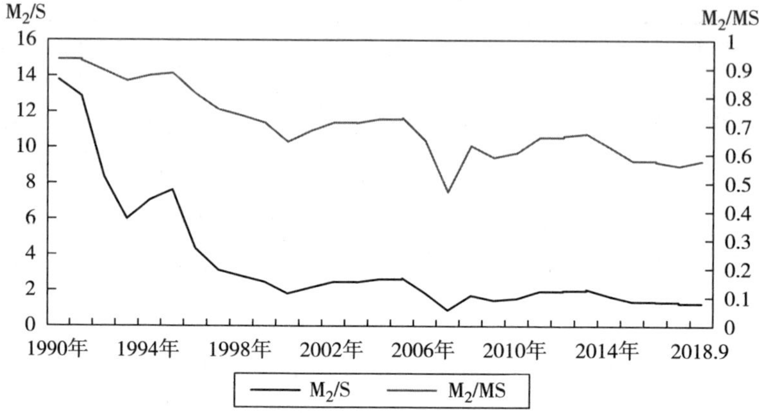

图 2　中国金融资产结构变化趋势

1.2　城乡居民储蓄存款增长

城乡居民储蓄存款余额的变化，在银行主导型金融体系中，是一国金融资产规模变化的缩影，可以从一个侧面观测一个时期经济增长的财富效应和金融资产规模变动的特点。从表 3 可以看到，1978 年中国城乡居民储蓄存款余额仅为 210.6 亿元。到 2018 年 9 月存款余额增长为 700517.92 亿元，在不考虑价格变动因素的条件下，40 年来城乡居民储蓄存款余额增长了 3326 倍，年均增长率为 22.48%。

表 3　　　　**中国城乡居民储蓄存款增长情况**　　　　单位：亿元人民币

年份	居民储蓄存款	年份	居民储蓄存款	年份	居民储蓄存款	年份	居民储蓄存款
1978	210.6	1989	5184.5	2000	64332.38	2011	343635.89
1979	281	1990	7119.6	2001	73762.43	2012	399551
1980	395.8	1991	9244.9	2002	86910.65	2013	447601.57
1981	523.4	1992	11757.3	2003	103617.65	2014	485261.3
1982	675.4	1993	15203.5	2004	119555.39	2015	546077.85
1983	892.9	1994	21518.8	2005	141050.99	2016	597751.05
1984	1214.7	1995	29662.3	2006	161587.3	2017	643767.62
1985	1622.6	1996	38520.8	2007	172534.19	2018	700517
1986	2237.8	1997	46279.8	2008	217885.35		
1987	3083.4	1998	53407.47	2009	260771.66		
1988	3819.1	1999	59621.83	2010	303302.49		

注：2008 年数据截至 9 月。

资料来源：中国人民银行公布的《金融机构人民币信贷收支表》。

1.3 证券化金融资产（S）增长

我们再分析一下证券化金融资产的增长，从表 1 可以看到，改革开放后，中国证券化金融资产起始于 1981 年的国债发行。当年发行额 48.66 亿元，到 1989 年，国债余额 633.87 亿元，占 MS 口径范围内金融资产的 5.04%。

1990 年底，沪深交易所相继成立，当年共有 13 只上市交易的股票。① 1991 年底总市值 112.18 亿元人民币，到 2018 年 11 月 22 日，沪深上市公司达 3577 家，市值 46.60 万亿元，在所有金融资产类型中，就规模（市值）而言，股票是增长最快的一种金融资产。

债券是证券化金融资产的一种重要品种。1990 年中国债券类资产余额首次突破 1000 亿元，达到 1085.78 亿元，从这一年开始，债券余额统计除国债余额外，已包括企业债。到 2017 年底则达到 74.69 万亿元，其间年均增长率高达 27.4%。在证券化金融资产 S（S1 + S2）口径范围内，1990 年债券规模为 1109.6 亿元，到 2018 年 9 月达到 131.29 万亿元，年均增长率 28.75%。

1.4 判断与基本结论

上述分析说明，在 1978—2018 年改革开放 40 年中：

（1）在经济快速增长，名义年均增长率 14.9% 的同时，货币性金融资产（M_2）年均增速 20.5%，M_2 的增速明显快于经济增长速度，经济货币率由 0.318 上升到 2.03。

（2）与此同时，证券化金融资产规模呈现较快增长。1990 年至 2018 年 9 月，规模增长 1183 倍，年均增速 28.75%，在 MS 口径范围内证券化金融资产的比例呈上升趋势，并开始对金融结构的变革产生重要影响。

（3）在 S 口径中，股票（S1）和债券（S2）的规模和比例大体保持一个差距不大的增速和变化，但 S1 和 S2 的一些年份的增长稳定性呈现出明显差异。

（4）MS 口径内各类金融资产的规模和结构的变化，表明中国金融已经完全

① 1990 年 12 月 19 日上海证券交易所正式营业，第一批上市的公司股票分别是：上海申华电工联合公司（600653）、上海豫园旅游商城股份有限公司（600655）、上海飞乐股份有限公司（大飞乐 600654），上海真空电子器件股份有限公司（600602）、浙江凤凰化工股份有限公司（600656）、上海飞乐音响股份有限公司（小飞乐 600651）、上海爱使电子设备股份有限公司（600652）、上海延中实业股份有限公司（600601），俗称“老八股”。深圳证券交易所 1990 年 12 月 1 日开始集中交易（试营业），当时共有深发展（000001）、深万科（000002）、深金田（000003）、深安达（000004）、深原野（000005）等五只上市公司股票，也称“深圳老五股”。

由1978年改革开放初的计划性金融转变成市场化金融，且基于市场机制的证券化金融资产的影响日益明显。

2 金融资产规模的扩张与结构变化：基于融资机制角度的分析

对金融资产规模及结构变化的统计和分析，可以从所谓的直接融资和间接融资的角度来进行，这实质上是一种融资结构和融资机制的比较研究。

2.1 CS口径（融资机制）金融资产的规模扩张

从表4可以看到，银行及类银行信贷资产1978年为1890.42亿元，之后40年多数年份都以10%到20%的速度增长，到2017年达120.13万亿元，银行信贷资产增长了635倍，年均增长18%，高于期间年均经济增长率3个百分点。如果用银行信贷资产C与GDP之比（C/GDP）作为经济增长与银行信贷关联性分析指标，1978年的C/GDP的比值为0.52，2017年则大幅上升到1.45，在金融体系没有发生结构性重大变化的前提下，C/GDP比率的经济含义可以理解为商业银行信贷产出比。从1978年的C/GDP 0.52到2017年的1.45，银行信贷资产的快速扩张是中国经济高速增长的重要原因。从基本趋势和经济金融规律看，试图通过更大规模的信贷扩张来推动中国经济增长的模式难以持续。

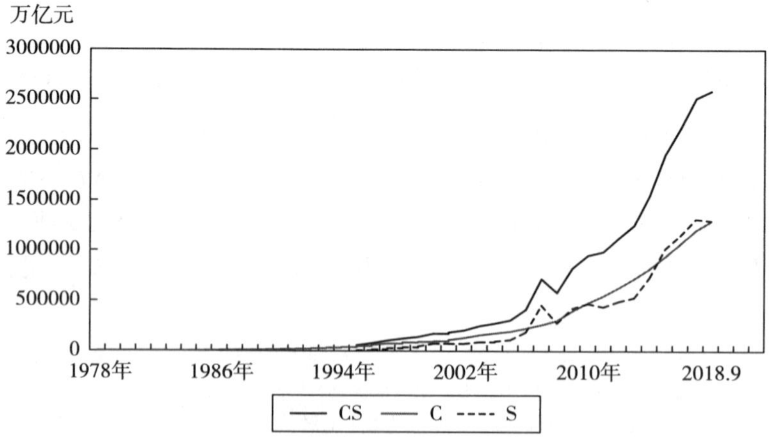

图3 1978—2018年中国金融资产规模变动：基于融资机制角度的观察

表 4　　　　中国金融资产规模变动（1978—2018.9）

（基于直接融资与间接融资的视角）

类别	银行信贷资产 C（金融机构各项贷款余额）		证券化金融资产 S（S = S1 + S2）						CS（C + S）	
	规模（亿元）	增长率（%）	股票市值 S1		债券余额 S2		S = S1 + S2 总规模（亿元）	增长率（%）	规模（亿元）	增长率（%）
年份			规模（亿元）	增长率（%）	规模（亿元）	增长率（%）				
1978	1890.42	—	0	0	0	0	0	0	1890.42	—
1979	2082.47	10.16	0	0	0	0	0	0	2082.47	10.16
1980	2478.08	19.00	0	0	0	0	0	0	2478.08	19.00
1981	2853.29	15.14	0	0	48.66	—	48.66	—	2901.95	17.10
1982	3162.70	10.84	0	0	92.49	90.07	92.49	90.07	3255.19	12.17
1983	3566.56	12.77	0	0	134.07	44.96	134.07	44.96	3700.63	13.68
1984	4746.80	33.09	0	0	176.60	31.72	176.60	31.72	4923.40	33.04
1985	6198.38	30.58	0	0	237.21	34.32	237.21	34.32	6435.59	30.71
1986	8142.72	31.37	0	0	299.72	26.35	299.72	26.35	8442.44	31.18
1987	9814.09	20.53	0	0	362.79	21.04	362.79	21.04	10176.88	20.54
1988	11964.25	21.91	0	0	494.96	36.43	494.96	36.43	12459.21	22.43
1989	14248.81	19.09	0	0	633.87	28.06	633.87	28.06	14882.68	19.45
1990	17511.02	22.89	23.82	—	1085.78	71.29	1109.6	71.29	18620.62	25.12
1991	21337.80	21.85	112.18	370.95	1391.08	28.12	1503.26	35.48	22841.06	22.67
1992	26322.90	23.36	945.06	742.45	2104.76	51.30	3049.82	102.88	29372.72	28.60
1993	32943.10	25.15	3474.29	267.63	2343.14	11.33	5817.43	90.75	38760.53	31.96
1994	39976.00	21.35	3687.83	6.15	2968.51	26.69	6656.34	14.42	46632.34	20.31
1995	50544.10	26.44	3474.27	-5.79	4502.5	72.16	7976.77	26.50	58520.87	25.49
1996	61156.60	21.00	10084.38	190.26	7830.64	73.92	17915.02	124.59	79071.62	35.12
1997	74914.10	22.50	17529.23	73.83	11761.71	50.20	29290.94	63.50	104205.04	31.79
1998	86524.10	15.50	19505.65	11.27	18295.63	55.55	37801.28	29.05	124325.38	19.31
1999	93734.30	8.33	26471.17	35.71	22430.38	22.60	48901.55	29.36	142635.85	14.73
2000	99371.07	6.01	48090.94	81.67	26518.46	18.23	74609.40	52.57	173980.47	21.98
2001	112314.70	13.03	43522.20	-9.50	30377.96	14.55	73900.16	-0.95	186214.86	7.03
2002	131293.93	16.90	38329.13	-11.93	37030.03	21.90	75359.16	1.97	206653.09	10.98
2003	158996.23	21.10	42457.71	10.77	48304.54	30.45	90762.25	20.44	249758.48	20.86
2004	177363.49	11.55	37055.57	-12.72	60552.30	25.36	97607.87	7.54	274971.36	10.09

续表

类别 年份	银行信贷资产 C（金融机构各项贷款余额）		证券化金融资产 S（S = S1 + S2）						CS（C + S）	
	规模（亿元）	增长率（%）	股票市值 S1		债券余额 S2		S = S1 + S2 总规模（亿元）	增长率（%）	规模（亿元）	增长率（%）
			规模（亿元）	增长率（%）	规模（亿元）	增长率（%）				
2005	194690. 39	9. 77	32430. 28	-12. 48	79848. 79	31. 87	112279. 07	15. 03	306969. 46	11. 64
2006	225285. 28	15. 71	89403. 90	175. 68	98314. 91	23. 13	187718. 81	67. 19	413004. 09	34. 54
2007	261690. 88	16. 16	327140. 89	265. 91	128715. 36	30. 92	455856. 25	142. 84	717547. 13	73. 74
2008	303394. 64	15. 94	121366. 44	-62. 90	157127. 08	22. 07	278493. 52	-38. 91	581888. 16	-18. 91
2009	399684. 82	31. 74	243939. 12	100. 99	181135. 63	15. 28	425074. 75	52. 63	824759. 57	41. 74
2010	479195. 55	19. 89	265422. 59	8. 81	206910. 34	14. 23	472332. 93	11. 12	951528. 48	15. 37
2011	547946. 69	14. 35	214758. 10	-19. 09	224318. 77	8. 41	439076. 87	-7. 04	987023. 56	3. 73
2012	629909. 64	14. 96	230357. 62	7. 26	262895. 07	17. 20	493252. 69	12. 34	1123162. 33	13. 79
2013	718961. 46	14. 14	230977. 19	0. 27	300163. 71	14. 18	531140. 90	7. 68	1250102. 36	11. 30
2014	816770. 01	13. 60	372546. 96	61. 29	360046. 63	19. 95	732593. 59	37. 93	1549363. 60	23. 94
2015	939540. 16	15. 03	531304. 20	42. 61	485391. 40	34. 81	1016695. 60	38. 78	1956235. 76	26. 26
2016	1066040. 06	13. 46	508245. 11	-4. 34	643018. 45	32. 47	1151263. 56	13. 24	2217303. 62	13. 35
2017	1201320. 99	12. 69	567475. 37	11. 65	746871. 01	16. 15	1314346. 38	14. 17	2515667. 37	13. 46
2018. 9	1332662. 88	10. 93	486609. 72	-14. 25	826340. 00	10. 64	1312949. 72	-0. 11	2645612. 6	5. 17

资料来源：国家统计局、Wind 资讯。

表 5　　中国金融资产结构变动（1990—2018. 9）
（基于直接融资与间接融资的视角）

类别 年份	C/CS	S/CS	S/C	S1/C	S1/S	S1/CS
1990	0. 9404	0. 0596	0. 0634	0. 0014	0. 0215	0. 0013
1991	0. 9342	0. 0658	0. 0705	0. 0053	0. 0746	0. 0049
1992	0. 8962	0. 1038	0. 1159	0. 0359	0. 3099	0. 0322
1993	0. 8499	0. 1501	0. 1766	0. 1055	0. 5972	0. 0896
1994	0. 8573	0. 1427	0. 1665	0. 0923	0. 5540	0. 0791
1995	0. 8637	0. 1363	0. 1578	0. 0687	0. 4355	0. 0594
1996	0. 7758	0. 2242	0. 2890	0. 1609	0. 5569	0. 1249
1997	0. 7189	0. 2811	0. 3910	0. 2340	0. 5985	0. 1682
1998	0. 6959	0. 3041	0. 4371	0. 2256	0. 5162	0. 1570
1999	0. 6572	0. 3428	0. 5217	0. 2824	0. 5413	0. 1856
2000	0. 5712	0. 4288	0. 7508	0. 4840	0. 6446	0. 2764

续表

类别 年份	C/CS	S/CS	S/C	S1/C	S1/S	S1/CS
2001	0. 6031	0. 3969	0. 6580	0. 3875	0. 5889	0. 2337
2002	0. 6353	0. 3647	0. 5740	0. 2919	0. 5086	0. 1855
2003	0. 6366	0. 3634	0. 5708	0. 2670	0. 4678	0. 1700
2004	0. 6450	0. 3550	0. 5503	0. 2089	0. 3796	0. 1348
2005	0. 6342	0. 3658	0. 5767	0. 1666	0. 2888	0. 1056
2006	0. 5455	0. 4545	0. 8332	0. 3968	0. 4763	0. 2165
2007	0. 3647	0. 6353	1. 7420	1. 2501	0. 7176	0. 4559
2008	0. 5214	0. 4786	0. 9179	0. 4000	0. 4358	0. 2086
2009	0. 4846	0. 5154	1. 0635	0. 6103	0. 5739	0. 2958
2010	0. 5036	0. 4964	0. 9857	0. 5539	0. 5619	0. 2789
2011	0. 5552	0. 4448	0. 8013	0. 3919	0. 4891	0. 2176
2012	0. 5608	0. 4392	0. 7831	0. 3657	0. 4670	0. 2051
2013	0. 5714	0. 4286	0. 7500	0. 3325	0. 4434	0. 1900
2014	0. 5272	0. 4728	0. 8969	0. 4561	0. 5085	0. 2405
2015	0. 4803	0. 5197	1. 0821	0. 5655	0. 5226	0. 2716
2016	0. 4808	0. 5192	1. 0799	0. 4768	0. 4415	0. 2292
2017	0. 4775	0. 5225	1. 0941	0. 4724	0. 4318	0. 2256
2018. 9	0. 5037	0. 4963	0. 9852	0. 3651	0. 3706	0. 1839

注：1990 年之前数据不完整，故此表分析从 1990 年开始。

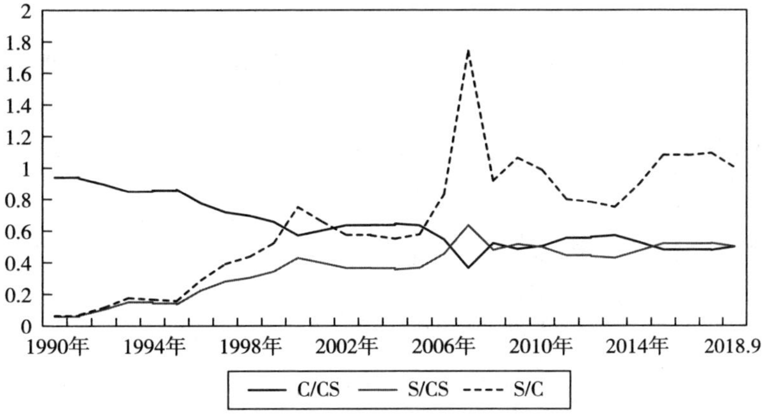

图 4　1990—2018 年中国金融资产结构变动：基于融资机制角度的比较

2.2 CS 口径金融资产的结构变化

在 CS 口径范围内，中国金融资产结构变动虽然不及 MS 口径范围内结构变动显著，但亦呈现出趋势性变化的特征，这种变化在表 5 中 C/CS 和 S/CS 比值变化得到印证。结构性趋势见图 4。如表 5 所示，在 CS 口径范围内的全部金融资产中，银行信贷资产占比（C/CS）呈持续性下降趋势，1990 年为 0.9404，到 2018 年 9 月 C/CS 值则降到 0.5037。与这一趋势相反，证券化金融资产 S 在持续扩张的同时，在 CS 口径范围内的金融资产的占比呈渐近上升趋势，由 1990 年的 0.0596 上升到 2018 年 9 月的 0.4963。这种变化的一个重要原因是，与近几年地方政府债大幅度增加密切相关。①

在 S/CS 比例上升过程中，一个不可忽略的重要因素是内部结构的变化。1990 年 S1/CS（股票市值在金融资产中的比重）仅为 0.0013（0.13%），到 2018 年 9 月则上升到 0.1839（18.39%）。由于股票资产统计的是存量市值，实际上存量市值中发挥了融资功能的存量资产大约有 25% ~30%，所以，从融资功能角度看，到 2018 年 9 月，S/CS 的比值显然要低于 0.5。证券化金融资产（S）中，近几年债券（S2）特别是地方政府债发展速度快，加上金融债、公司债（企业债）后债券余额非常庞大。综合考虑中国债券市场的结构特点和流动性特性，可以得出中国金融结构正在朝着市场化、证券化方向演变的结论，但现在还不能因为 S/CS 比值接近 0.5 就得出中国金融结构发生了质的变化的结论。

3 居民部门金融资产结构变化：基于财富管理角度的分析

居民部门金融资产结构的变化，对分析一国金融结构乃至金融体系的变化具有特别重要的意义，是金融结构变革的重要支点。表 6 说明 1978—2016 年居民部门金融资产持有类型、数量和结构的变化，这里居民部门持有的证券化资产与前述统计口径相比，新增了保险准备金（2004 年前）和证券投资基金份额（统一标为 S3）。居民部门持有的非证券化资产，包括通货及存款（F）。本文居民部门持有的总金额资产的统计为 FS 口径，即 FS = F + S。

---

① 吴晓求，陶晓红，张焞．发展中国债券市场需要重点思考的几个问题［J］．财贸经济，2018，39（3）．

表 6　居民部门金融资产结构变化（1978—2016 年）

（基于财富管理的视角）

类别 / 年份	证券化金融资产（S）								非证券化金融资产（F）		总金融资产（FS）		证券化、非证券化资产占比		
	股票（S1）		债券（S2）		保险准备金（2004 年以前）/证券投资基金份额（2004 年及以后）（S3）		总和		通货及存款		数量（亿元）	增长率（%）	S/FS（%）	（S1 + S2）/FS（%）	F/FS（%）
	数量（亿元）	增长率（%）	数量（亿元）	增长率（%）	数量（亿元）	增长率（%）	数量（亿元）	增长率（%）	数量（亿元）	增长率（%）					
1978	—	—	—	—	—	—	—	—	380. 2	—	380. 2	—	—	—	100
1979	—	—	—	—	—	—	—	—	495. 2	30. 25	495. 2	30. 25	—	—	100
1980	—	—	—	—	—	—	—	—	676. 5	36. 61	676. 5	36. 61	—	—	100
1981	—	—	—	—	—	—	—	—	840. 7	24. 27	840. 7	24. 27	—	—	100
1982	—	—	19. 7	—	—	—	19. 7	—	1026. 7	22. 12	1046. 4	24. 47	1. 88	1. 88	98. 12
1983	—	—	40. 5	105. 58	—	—	40. 5	105. 58	1316. 3	28. 21	1356. 8	29. 66	2. 98	2. 98	97. 02
1984	—	—	62. 6	54. 57	—	—	62. 6	54. 57	1848. 4	40. 42	1911	40. 85	3. 28	3. 28	96. 72
1985	—	—	106. 4	69. 97	4. 8	—	111. 2	77. 64	2412. 8	30. 53	2524	32. 08	4. 41	4. 22	95. 59
1986	—	—	254. 8	139. 47	12. 9	168. 75	267. 7	140. 74	3212. 7	33. 15	3480. 4	37. 89	7. 69	7. 32	92. 31
1987	30	—	328. 4	28. 89	25. 6	98. 45	384	43. 44	4245	32. 13	4629	33. 00	8. 30	7. 74	91. 70
1988	105	250. 00	463. 9	41. 26	38. 3	49. 61	607. 2	58. 13	5529. 4	30. 26	6136. 6	32. 57	9. 89	9. 27	90. 11
1989	125	19. 05	595	28. 26	46. 1	20. 37	766. 1	26. 17	7022. 1	27. 00	7788. 2	26. 91	9. 84	9. 24	90. 16
1990	138	10. 40	702. 8	18. 12	56. 3	22. 13	897. 1	17. 10	9235. 3	31. 52	10132. 4	30. 10	8. 85	8. 30	91. 15
1991	226	63. 77	958. 6	36. 40	78. 3	39. 08	1262. 9	40. 78	11783. 6	27. 59	13046. 5	28. 76	9. 68	9. 08	90. 32

续表

类别/年份	证券化金融资产(S)								非证券化金融资产(F)		总金融资产(FS)		证券化、非证券化资产占比		
	股票(S1)		债券(S2)		保险准备金(2004年以前)/证券投资基金份额(2004年及以后)(S3)		总和		通货及存款		数量(亿元)	增长率(%)	S/FS(%)	(S1+S2)/FS(%)	F/FS(%)
	数量(亿元)	增长率(%)	数量(亿元)	增长率(%)	数量(亿元)	增长率(%)	数量(亿元)	增长率(%)	数量(亿元)	增长率(%)					
1992	293	29.65	1629.2	69.96	122.6	56.58	2044.8	61.91	15158.7	28.64	17203.5	31.86	11.89	11.17	88.11
1993	410	39.93	1929	18.40	157.1	28.14	2496.1	22.07	19735.8	30.19	22231.9	29.23	11.23	10.52	88.77
1994	488	19.02	2360.6	22.37	213.6	35.96	3062.2	22.68	27349.7	38.58	30411.9	36.79	10.07	9.37	89.93
1995	475	-2.66	2954.9	25.18	304.3	42.46	3734.2	21.95	35970.5	31.52	39704.7	30.56	9.40	8.64	90.60
1996	1508	217.47	4206.3	42.35	431.6	41.83	6145.9	64.58	45562.4	26.67	51708.3	30.23	11.89	11.05	88.11
1997	2914	93.24	5987.2	42.34	503.6	16.68	9404.8	53.03	54421.6	19.44	63826.4	23.44	14.73	13.95	85.27
1998	3679	26.25	7400.2	23.60	762.4	51.39	11841.6	25.91	62400.6	14.66	74242.2	16.32	15.95	14.92	84.05
1999	4928.4	33.96	9702.4	31.11	891.2	16.89	15522	31.08	70386.2	12.80	85908.2	15.71	18.07	17.03	81.93
2000	9652.5	95.85	12274.4	26.51	1003	12.54	22929.9	47.73	75373.7	7.09	98303.6	14.43	23.33	22.31	76.67
2001	8677.9	-10.10	13941.6	13.58	1438	43.37	24057.5	4.92	85555.6	13.51	109613	11.50	21.95	20.64	78.05
2002	7491	-13.68	15007.4	7.64	2298	59.81	24796.4	3.07	100733	17.74	125529	14.52	19.75	17.92	80.25
2003	7907.4	5.56	18082.9	20.49	3030	31.85	29020.3	17.03	119415	18.55	148435	18.25	19.55	17.51	80.45
2004	8897	—	6293	—	1905	—	32974	—	147395	—	180369	—	18.28	8.42	81.72
2005	7865	-11.60	6534	3.83	2449	28.56	38587	17.02	170496	15.67	209083	15.92	18.46	6.89	81.54
2006	17001	116.16	6944	6.27	5618	129.40	57394	48.74	194206	13.91	251600	20.33	22.81	9.52	77.19

续表

类别/年份	证券化金融资产（S）								非证券化金融资产（F）		总金融资产（FS）		证券化、非证券化资产占比		
	股票（S1）		债券（S2）		保险准备金（2004 年以前）/证券投资基金份额（2004 年及以后）（S3）		总和		通货及存款		数量（亿元）	增长率（%）	S/FS（%）	（S1＋S2）/FS（%）	F/FS（%）
	数量（亿元）	增长率（%）	数量（亿元）	增长率（%）	数量（亿元）	增长率（%）	数量（亿元）	增长率（%）	数量（亿元）	增长率（%）					
2007	51604	203.54	6707	-3.41	29716	428.94	128444	123.79	207051	6.61	335495	33.34	38.28	17.38	61.72
2008	20157	-60.94	4981	-25.73	17011	-42.75	85770	-33.22	257100	24.17	342870	2.20	25.02	7.33	74.98
2009	47374	135.03	2623	-47.34	8383	-50.72	110237	28.53	300632	16.93	410869	19.83	26.83	12.17	73.17
2010	56477	19.22	2692	2.63	7346	-12.37	141499	28.36	353333	17.53	494832	20.44	28.60	11.96	71.40
2011	59755	5.80	1898	-29.49	7952	8.25	172050	21.59	405984	14.90	578034	16.81	29.76	10.67	70.24
2012	61619	3.12	4527	138.51	11049	38.95	293806	70.77	468158	15.31	761964	31.82	38.56	8.68	61.44
2013	55800	-9.44	4876	7.71	9753	-11.73	365091	24.26	496762	6.11	861853	13.11	42.36	7.04	57.64
2014	79000	41.58	5579	14.42	9214	-5.53	466704	27.83	565298	13.80	1032002	19.74	45.22	8.20	54.78
2015	125000	58.23	10517	88.51	18141	96.89	568802	21.88	614217	8.65	1183019	14.63	48.08	11.46	51.92
2016	146200	16.96	10742	2.14	22116	21.91	623456	9.6	673997	9.73	1297453	9.67	48.05	12.1	51.95

注：（1）与前述图表相比，从口径上看，表 6 中的证券化金融资产加上了保险准备金/证券投资基金。

（2）2004 年以后的证券化金融资产总和包括股票、债券、证券投资基金份额、证券公司客户保证金、保险准备金、金融机构理财产品、结算资金、其他金融资产，与前述各表数据口径略有差异。

（3）2015—2016 年数据计算方法，参考了《中国国家资产负债表 2015》。

资料来源：2004 年以前的数据来源于“李硕．居民金融资产结构与经济增长关联性分析［J］．消费导刊”；2004 年以后的数据来源于《中国国家资产负债表 2015》、中国人民银行年报（2016、2017）。

表6所表示的金融资产结构的变动趋势与前述大体一致，居民部门持有的证券化金融资产呈不断上升的趋势，持有的非证券化金融资产的比重呈下降趋势。1978—1981年居民部门持有的金融资产全部为通货及存款形态的非证券化金融资产。1982年居民部门开始持有少量证券（国库券），持有的金融资产结构开始发生微小变化。这种变化在1982—2012年20年间，除2007年由于股价指数大幅度上涨，引起该年居民部门持有的金融资产结构发生了重大变化，非证券化金融资产占比（F/FS）由上年（2006）的77.19%突然大幅度下降到61.72%外，其余年份F/FS的比值均在70%以上。2011年以后，居民部门持有的金融资产结构开始发生趋势性的重大变化，F/FS开始进入50%～60%重要区位，S/FS在40%左右波动。

从上述分析中，可以得出这样的结论：改革开放40年来，以金融资产结构变动为核心分析指标的中国金融结构，无疑发生了重大的变化，这种变化正在趋近金融结构质的变化的临界值，中国金融已经进入市场化金融发展模式的运行轨道。

4　金融业态的变化：从单一到多元

改革开放40年来，中国金融业态发生了根本性变化。这种根本性变化的基础性力量，来源于经济的规模性和市场化之后的“脱媒”趋势和信息技术、通讯技术深度变革带来的新科技对金融基因的深度渗透。如果说“脱媒”趋势推动着资本市场的发展，那么高科技对金融基因的深度渗透，则正在改变传统金融存在的物理状态和运行模式，无异于金融的第二次脱媒，进而使金融业态发生了革命性变化，金融开始进入高科技时代。中国金融在市场“脱媒”趋势的推动下，有序但相对缓慢地发生着结构性变化，而高科技对金融基因的深度渗透，则使中国金融的业态和功能发生了突变。从这个意义上说，中国金融走了一条与发达国家金融发展不完全相同的道路，进而加快了中国金融的现代化进程。

无论是基于市场“脱媒”的变革，还是源于科技进步对金融基因的渗透，其核心都是改善金融的功能，提高金融功能实现的效率。金融有三个最重要的基本功能：一是支付与清算；二是聚集和分配资源；三是分散风险或财富管理。除此之外，一般认为，还有信息处理与挖掘，解决委托—代理关系中的激励机制等功能，前三个功能无疑是金融最基础、最核心的功能。评判一国金融体系传统与现代、落后与进步，主要看这三个基本功能的实现方式和效率高低，而这又与金融业态有着密切关系。

在1978—1990年间，中国金融业态高度单一，以传统信贷业务为主导的商业银行几乎成了唯一的金融业态。支付清算、聚集和分配资源的功能主要通过传统商业银行来完成，分散和配置风险的功能几乎不存在。

1990年沪深两个交易所的设立和运行，开创了中国金融“脱媒”的新纪元。从金融的结构性变革角度，沪深交易所的设立具有里程碑式的意义，标志着资本市场发展新时代的到来。客观地讲，无论是从当时中国经济规模、人均收入水平，还是经济市场化程度以及人们对市场经济的认识等软硬件环境看，难以逻辑地得出建立资本市场的结论。从大趋势看，历史是一种逻辑，但有时也是一种偶然。基于“偶然”的历史，通常都会是那个时代的光芒，不同的是，这种偶然引发的历史光芒，受软硬件环境的约束，大多都会带来基因上的缺陷，预示着后来的道路都会充满着荆棘和曲折。中国资本市场建立后的发展历史，显然不会是一个例外。资本市场发展的初始动因，从金融逻辑上看，是基于对传统金融或商业银行信贷融资的“去中介化”，亦即“脱媒”，市场替代金融中介完成金融资源的配置，通过风险定价机制实现金融资源的优化配置，这既满足了投资者自主选择和配置资产的需求，也平衡了企业或资金需求者在收益与风险之间融资工具的选择。正是从这个意义上说，基于资本市场的现代金融的核心功能表现为跨期风险配置。

然而，1990年在沪深交易所基础上所形成的中国资本市场或股票市场，建立之初甚至在后来相当长时期内，并不具有这样的动因和功能，而是传统商业银行计划性融资的延伸。从融资数量到上市企业选择，从审批机制到市场监管模式都深刻打上了计划经济的烙印，资本市场成了国有企业另一种融资机制。这样的发展理念一直困扰着中国资本市场，到2005年股权分置改革时才有所变化。

客观地讲，从1990年到2005年，中国资本市场“脱媒”功能甚微，金融结构没有发生什么变化。2004年和2005年，中国股票市场的总市值分别是37055亿元和32430亿元，其中大约三分之二是不流通的，可以流通的市值在10000亿元至12000亿元之间，2004—2005年，中国GDP分别为161840亿元和187318亿元，银行信贷资产分别为177363亿元和194690亿元，融资结构比例悬殊。在这15年中，中国资本市场对经济活动所产生的影响极其有限，对金融结构变化的影响微不足道。这期间，虽然非银行金融机构从类型到数量都有较大发展，但这些非银行金融机构在功能上大都具有类银行特征。所以，1990—2005 年间，中国金融业态总体上看仍是非常单一的，传统商业银行以及类银行金融机构占据着绝对主导地位，融资活动的“脱媒”特征没有表现为一种趋势，其他金融功能的实现形式没有突破性变化。

2005 年启动的股权分置改革，激活了资本市场的资源配置功能，推动并加快了金融的“脱媒”趋势，推动了金融结构的市场化改革。股权分置改革对中国资本市场的作用，仅次于1990 年沪深交易所的建立，是中国资本市场发展历史上又一个里程碑，标志着中国资本市场进入市场化改革和全面发展的时期。随着股权分置改革的全面推进和完成，中国股票市场规模、结构和功能都发生了巨大变化，与此同时，债券市场也有较快发展（见表 7）。

表 7　股权分置改革前后股票市场市值变动和债券市场余额变动情况（2004—2017 年）　单位：亿元

类别 年份	股票市值 S1	债券余额 S2	证券化金融资产 S = S1 + S2
2004	37055. 57	25777. 6	62833. 17
2005	32430. 28	28774	61204. 28
2006	89403. 90	31448. 69	120852. 6
2007	327140. 89	56424. 3	383565. 2
2008	121366. 44	63018. 42	184384. 9
2009	243939. 12	83490. 78	327429. 9
2010	265422. 59	104003. 05	369425. 6
2011	214758. 10	200675	415433. 1
2012	230357. 62	253594	483951. 6
2013	230977. 19	294485	525462. 2
2014	372546. 96	348978	721525
2015	531304. 20	483449	1014753
2016	508245. 11	574652	1082897
2017	567475. 37	744104	1311579

资料来源：Wind 资讯。

从表 7 可以看出，由于成功地进行了股权分置改革，2007 年中国股票市场总市值第一次跨进了 10 万亿元大关，且这个时候的总市值，可流通的比例大幅度上升，彻底告别了中国股票市场流通结构偏瘫的时代，市场的财富管理功能渐渐恢复，加上这之后债券市场的发展和余额的大幅增加，中国金融开始呈现出结构性变化：证券化金融资产规模大幅度增加，且比例不断提高。中国金融结构开始呈现出二元化特征。

在中国金融结构呈现出二元化特征的过程中，中国股票市场价格在2006—2017年间出现了两次大幅波动。第一次发生在2007年10月前后，从2005年6月6日的最低998点上升到2007年10月16日6124点，之后一路下跌，步入了长达6年的市场低迷。

资料来源：Wind资讯。

图5　2005年6月至2014年12月上证综合指数波动图

第二次股票价格的大幅波动乃至股市危机发生在2015年6月前后，2014年7月中国股票市场在2000点附近徘徊了六年之后，市场悄然复苏并慢慢呈现上涨趋势。在经历了8个月上涨之后，在所谓多重利好因素的刺激下，2015年3月9日市场价格指数从3224点开始非理性快速上涨，到2015年6月12日，短短3个月零3天，上证指数上涨到5166点高位，这期间，日成交量都在2万亿元左右，其中2015年5月28日创下了日成交量2.4万亿元的历史最高纪录，除去银行、石油、石化等行业大公司外，平均市盈率超过50倍，创业板平均市盈率超过150倍，市场危机随时爆发。

2015年6月15日，又是一个星期一，历史又一次重演，“黑色星期一”悄然而至。从这一天开始，中国股票市场出现了断崖式下跌，到2015年8月26日，上证综指由峰值5166点下跌到2850点附近，仅两个月零八天，上证综指下跌了45%，创业板指数下跌了51.8%。这是中国股票市场自成立以来出现的最严重的一次危机。时至今日，中国股票市场仍未从这场危机中恢复过来。①

① 吴晓求，等．股市危机：历史与逻辑［M］．北京：中国金融出版社，2016：28－40.

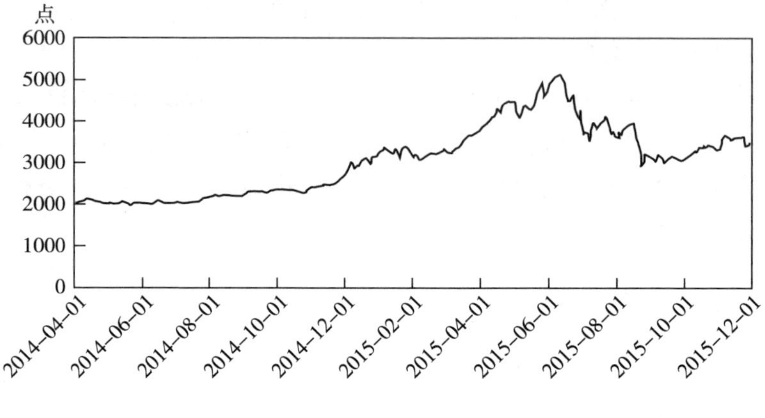

资料来源：Wind 资讯。

图 6　2014 年 4 月至 2015 年 12 月上证综合指数走势图

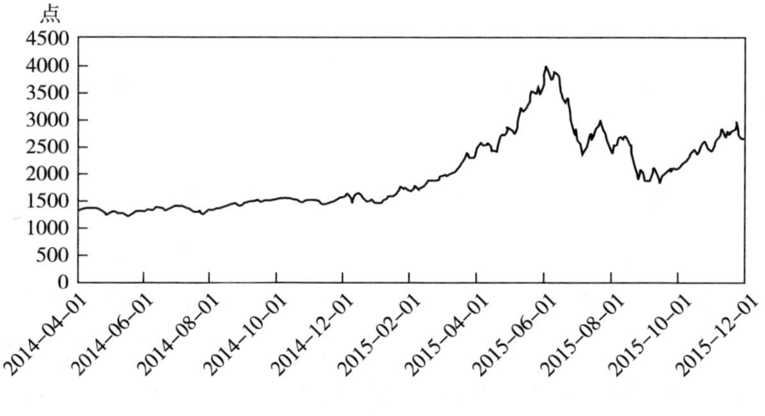

资料来源：Wind 资讯。

图 7　2014 年 4 月初到 2015 年底的创业板指数走势图

2015 年 6 月爆发的这场股市危机，对中国金融的结构性改革和资本市场发展，一方面带来了严重的负面影响和心理预期，另一方面也使我们深刻体会到发展资本市场的困难和复杂性。需要对 2015 年的股市危机进行认真的反思和总结，以免重走老路。

随着信息技术、通信技术、人工智能、大数据、云计算以及区块链等新技术、新方法的出现、整合和对金融的深度渗透，一种新的金融业态已经出现，后来人们把这种新技术与金融黏合后的新金融业态简略地称为 FinTech。谢平博士等在《互联网金融模式研究》一文中首次将其从理论上定义为“互联网金融”[1]，在此定义的基础上，本书作者将“互联网金融”定义为一种新的金融业态。这种新金融业态，从基因结构上有别于传统商业银行的间接融资，也有别于资本市场的直接融资，是一种基于“技术脱媒”的跨越时空约束的第三金融业态。[2]本质上，互联网金融是金融第二次脱媒的结果。

在实践中，中国互联网金融主要有以下四种类型：第三方支付，网络融资（平台小额贷款，P2P 和众筹），网络投资（P2P 和众筹中的资金提供者），网络货币。其中以第三方支付最有代表性也最成功。网络融资和网络投资乱象最多，失败教训多于成功经验，P2P 尤为严重。

原因究竟在哪里？这涉及对互联网金融的基本特征和核心功能的正确理解。

互联网金融本质仍是金融，不同的是它赖以运行的基础与传统金融有着本质的区别。这种本质区别主要体现在数据获取、数据量和数据处理上。互联网金融运行的基础是大数据、云计算，以此大幅度提高信息的透明度、可靠性和对称性，基于互联网“开放、平等、协作、分享”所形成的大数据及其云计算，可以较好地解决经济活动中信息不对称性问题，进而可以大幅度提高风险识别能力。大数据及其对数据的有效挖掘和整合，是互联网金融有效运行最重要的基础，此其一。

其二，互联网金融在实现金融的三大基础功能中效率完全不同，与传统金融的竞争关系也完全不同。概括而论，互联网金融中的第三方支付将极大提高金融的支付功能，甚至可以说是对传统金融支付工具、方式和理念的颠覆。在支付功能上，互联网金融与传统金融是一种替代性的竞争关系。对传统金融的支付功能来说，第三方支付是一种技术革命，是一种颠覆性力量。如果说资本市场的发展是对传统金融融资功能的颠覆，那么，互联网金融中的第三方支付则是对传统金融中支付功能的革命。在所有互联网金融形态中，第三方支付是最核心、最主要的形态。

除去网络货币，互联网金融中的网络贷款和网络投资，在现实中主要表现为 P2P、众筹、平台小额贷款和平台小额财富管理。这些互联网金融形态，本质上都是对商业银行、资本市场融资功能和财富管理功能的补充、延伸，服务的对象大都是传统金融难以顾及的客户群（即所谓的“长尾客户”）。它们与传统

---

① 谢平，邹传伟．互联网金融模式研究［J］．金融研究，2012（12）．

② 吴晓求．中国金融的深度变革与互联网金融［J］．财贸经济，2014（1）；吴晓求，等．互联网金融：逻辑与结构［M］．北京：中国人民大学出版社，2015.

金融的关系主要是一种主体辅助关系：传统金融为主，互联网金融为辅。由于P2P、众筹、平台小额贷款和小额财富管理等互联网金融形态延伸了金融的服务链条，拓展了金融服务的客户群，所以，一般认为，互联网金融的出现，提高了金融的普惠性，是一种带有普惠特征的金融业态。

表8　　互联网金融规模及其变化

（2011—2017年）　　单位：亿元

类别 年份	第三方支付	平台小额贷款	P2P	众筹
2011	22800	3914. 74	31. 00	—
2012	38100	5921. 38	212. 00	—
2013	92200	8191. 27	1058. 00	3. 35
2014	247200	9420. 38	2528. 17	21. 58
2015	494800	9411. 51	9823. 04	114. 24
2016	992700	9272. 8	20638. 72	224. 78
2017	1432600	9799. 49	28048. 49	220. 25

注：3. 35亿元是2013年及之前众筹的累计总额。

资料来源：中国人民银行、Wind资讯、网贷之家、盈灿咨询。

然而，在实践中，互联网金融中的不同业务类型实际效果完全不同，社会评价也完全不同。整体而论，第三方支付在中国的发展非常成功，既满足了客户灵活、便捷、安全的支付需求，又推动了经济结构和消费模式的转型，且没有出现比传统金融更大的支付风险。支付宝、微信支付是其中的杰出代表，是中国金融现代化的一张名片，获得了社会和消费者广泛赞誉，实现了中国金融支付功能的技术革命和历史性大跨越。除第三方支付外，在互联网金融的其他业态中，最遭人诟病的是P2P。P2P在中国互联网金融实践中之所以成功率低、信誉度差，根本原因有两个：一是缺乏大数据平台，无法完成信息的有效整合，无法实现信息对称性；二是没有正确理解互联网金融的普惠性特征，不少从业者把P2P看成是一种暴利金融。在技术不合格，理念又错位的条件下，P2P这种互联网金融业态是难以为继的，“跑路”会成为一种常态，个别甚至会衍生成披着互联网金融外衣的新式“庞氏骗局”。

经过实践的大浪淘沙和严格监管，互联网金融开始在中国进入淘汰和整合期，第三方支付特别是移动支付，已经成为中国互联网金融的标志。

由此，中国金融业态在经历了市场“脱媒”和技术“脱媒”后，完成了从单一到多元的转型，中国金融进入业态多元的竞争时代。

表 9　第三方支付与传统支付的比较

(2009—2017 年)

年份＼类别	社会支付总额			第三方支付			传统金融支付		
	总额（万亿元）	笔数（亿笔）	支付额增长率（%）	总额（万亿元）	笔数（亿笔）	支付额增长率（%）	总额（万亿元）	笔数（亿笔）	支付额增长率（%）
2009	716.29	—	—	0.54	—		715.75	214.14	—
2010	906.25	—	26.52	1.07	—	98.15	905.18	277.04	26.47
2011	1106.63	—	22.11	2.28	—	113.08	1104.35	338.30	22.00
2012	1290.13	—	16.58	3.81	—	67.11	1286.32	411.41	16.48
2013	1616.78	654.96	25.32	9.22	153.38	141.99	1607.56	501.58	24.97
2014	1842.10	1001.74	13.94	24.72	374.22	168.11	1817.38	627.52	13.05
2015	3498.33	1764.67	89.91	49.48	821.45	100.16	3448.85	943.22	89.77
2016	3786.51	2890.13	8.24	99.27	1639.02	100.63	3687.24	1251.11	6.91
2017	3903.20	4476.25	3.08	143.26	2867.47	44.31	3759.94	1608.78	1.97

注：此处传统金融支付指非现金支付业务，包含票据、银行卡及其他结算业务，其中其他结算业务包含贷记转账、直接借记、托收承付及国内信用证业务；此处第三方支付业务指非银支付机构发生的网络支付业务，不包括红包类娱乐性产品的业务量，因此两者之和得到的社会支付总额不包含现金支付。

资料来源：中国人民银行。

5　金融风险结构变化：从资本不足风险到透明度风险

5.1　金融功能：从单一融资到融资与财富管理并重

中国金融资产的大规模扩张、金融资产结构深度变革、金融业态的多元，推动了中国金融功能的转型升级和效率提高，引发了金融功能实现方式和实现机制的深刻变革。这种深刻变革在支付功能上，甚至是一场深刻的技术革命。

改革开放之初，中国金融功能相对单一，效率低下。金融功能主要通过传统商业银行体系完成支付、清算和资源的聚集、分配，是一种典型的计划性金融机制，市场几乎不配置金融资源。随着中国金融的市场化、科技化和国际化，加上 FinTech 对金融基因广泛而深刻的影响，到 2018 年中国金融功能不仅完成了支付业态的科技革命，实现了历史性跨越，而且呈现出复合化、结构性升级的特征，市场配置金融资源的比例不断提升。各种分析数据表明，这种变化开始趋近50%的临界值。风险管理或财富管理的功能开始显现，虽然这一比例离发达国家仍有相当大的差距，但变革趋势是明显的、一致的。中国金融已经由改革开放之初单一融资功能进入融资与财富管理并重的时代，这是中国金融最为重大的进步。

5.2 金融体系中的两种基础风险：机构风险与市场风险

随着金融结构、金融业态和金融功能的转型升级，中国金融的风险结构也已或正在发生深刻变化，风险权重在悄然发生调整。

金融风险有多种分类。从表现特征上，人们一般将风险分为信用风险、市场风险、流动性风险和操作风险等。信用风险的核心是偿付能力，市场风险则主要表现为价格的波动性，流动性风险表现为现金偿付能力，操作风险则由交易系统缺陷、技术能力不足和管理失控引起。这种对风险的划分，是基于金融机构的微观视角。

从风险性质和基因起源看，金融风险还可分为机构风险和市场风险两大类基础风险，这是一种基于现代体系视角的划分。机构风险虽然与信用扩张、货币系数、信用违约等有密切关系，也可能是微观视角诸多风险的综合反映，但其本质特征来源于资本是否充足。从这个意义上说，金融风险中的机构风险是一种杠杆风险，这就是为什么要把资本充足率作为监管商业银行以及类银行金融机构最核心、最基础指标的原因。在市场不发达的金融体系中，机构风险是最重要的金融风险，监管重心是金融机构特别是商业银行及类银行金融机构。

与机构风险相对应的是市场风险。金融脱媒催生并推动着资本市场发展。金融脱媒的基本逻辑是绕开资本约束，实现融资活动的去中介化。这种绕开资本约束创新的金融产品表现的是一种信息集合，交易者或投资者的交易是基于对这种信息集合的解读和判断。所以，市场风险与资本是否充足无关，而与信息披露有关。如果说机构风险集中表现为资本不足风险，那么市场风险则表现为透明度风险。在发达的现代金融体系中，透明度风险是金融风险的重要形式。在现代金融体系中，资本不足风险与透明度不足风险是两类起源不同、性质完全不同的基础性风险。

5.3 中国金融风险的结构性变化

如前所述，由于中国金融结构正在发生重要变化，证券化金融资产比重呈上升趋势且趋于结构性变化的临界值，居民部门持有的金融资产结构亦朝着同一趋势演变，金融业态呈现出多元化特征，金融功能正在由融资为主转向融资与财富管理并重，由此，中国金融的风险结构已由改革开放初中期的单一机构风险（资本不足风险）演变成如今机构风险与市场风险并存。这一变化可以从两个方面进行分析。

先分析商业银行风险结构的变化。商业银行在中国金融体系中占据主导地位。改革开放40年来，随着中国金融的市场化改革推进，商业银行的资产结构发生了重大变化。这种变化在商业银行的表内和表外的业务规模、结构调整中得到充分印证。

表10　　中国工商银行（表内和表外）资产结构变化（2005—2017年）

类别／年份	表内资产（1）		表外资产（2）		表内与表外资产总和（3）		表内资产占比（%）	表外资产占比（%）
	数量（亿元）	增长率（%）	数量（亿元）	增长率（%）	数量（亿元）	增长率（%）	（1）/（3）	（2）/（3）
2005	64572.39	—	7950.98	—	72523.37	—	89.04	10.96
2006	75091.18	16.29	11246.78	41.45	86337.96	19.05	86.97	13.03
2007	86842.88	15.65	16233.42	44.34	103076.30	19.39	84.25	15.75
2008	97576.54	12.36	16273.99	0.25	113850.53	10.45	85.71	14.29
2009	117850.53	20.78	19849.86	21.97	137700.39	20.95	85.58	14.42
2010	134586.22	14.20	28935.80	45.77	163522.02	18.75	82.30	17.70
2011	154768.68	15.00	34527.33	19.32	189296.01	15.76	81.76	18.24
2012	175422.17	13.34	38550.87	11.65	213973.04	13.04	81.98	18.02
2013	189177.52	7.84	46444.06	20.47	235621.58	10.12	80.29	19.71
2014	206099.53	8.95	48716.91	4.89	254816.44	8.15	80.88	19.12
2015	222097.80	7.76	81795.88	67.90	303893.68	19.26	73.08	26.92
2016	241372.65	8.68	88407.31	8.08	329780	8.52	73.19	26.81
2017	260870.43	8.08	99734.89	12.81	360605.3	9.35	72.34	27.66

注：表外资产指商业银行从事的不列入资产负债表但能影响银行损益的资产。狭义的表外资产是指虽未列入资产负债表但形成银行的或有资产并可能转入表内的资产，主要包括担保、承诺、金融衍生工具三类，广义的表外资产则包括代理类如银行理财业务。

资料来源：中国工商银行年报。

表 11　　招商银行（表内和表外）资产结构变化
（2001—2017 年）

类别 年份	表内资产（1）		表外资产（2）		表内与表外资产总和（3）		表内资产占比（%）	表外资产占比（%）
	数量（亿元）	增长率（%）	数量（亿元）	增长率（%）	数量（亿元）	增长率（%）	（1）/（3）	（2）/（3）
2001	2663.31	—	291.62	—	2954.93	—	90.13	9.87
2002	3716.60	39.55	519.63	78.19	4236.23	43.36	87.73	12.27
2003	5038.93	35.58	930.86	79.14	5969.79	40.92	84.41	15.59
2004	5865.74	16.41	1542.87	65.75	7408.61	24.10	79.17	20.83
2005	7346.12	25.24	2219.01	43.82	9565.13	29.11	76.80	23.20
2006	9341.02	27.16	3619.85	63.13	12960.87	35.50	72.07	27.93
2007	13105.52	40.30	5450.05	50.56	18555.57	43.17	70.63	29.37
2008	15717.97	19.93	5423.37	-0.49	21141.34	13.94	74.35	25.65
2009	20679.41	31.57	7725.39	42.45	28404.80	34.36	72.80	27.20
2010	24025.07	16.18	8967.20	16.07	32992.27	16.15	72.82	27.18
2011	27949.71	16.34	8961.05	-0.07	36910.76	11.88	75.72	24.28
2012	34080.99	21.94	10096.70	12.67	44177.69	19.69	77.15	22.85
2013	40163.99	17.85	16573.26	64.15	56737.25	28.43	70.79	29.21
2014	47318.29	17.81	26072.13	57.31	73390.42	29.35	64.47	35.53
2015	54749.78	15.71	35077.86	34.54	89827.64	22.40	60.95	39.05
2016	59423.11	8.54	38349.98	9.33	97773.09	8.85	60.78	39.22
2017	62976.38	5.98	48954.43	27.65	111930.8	14.80	56.26	43.74

资料来源：招商银行年报。

作者没有找到中国商业银行表内外业务规模和结构整体变化的连续数据，但从表 10 和表 11 中国工商银行和招商银行两个代表性商业银行最近十多年来表内外业务结构变化和变动趋势看，表外业务规模快速增长，比例不断提高。中国工商银行 2005 年表外业务占比 10.96%，到 2017 年则上升到 27.66%。招商银行由于机制灵活，表现出更大的创新能力，表外业务增长更加强劲。2001 年表外占比 9.87%，2005 年 23.20%，2017 年达到 43.74%。最近几年，商业银行表外业务的规模扩张和比例上升，一个重要原因是起始于 2004 年银行理财业务的快速发展。[①] 商业银行表内与表外业务结构的变化，表明其风险结构也在发生重大变化。商业银行表外业务是一种轻消耗资本或不消耗资本的创新型金融产品，虽然可能表现为或有负债或或有资产，但从其占重要比重的委托代理类业务如理财产品而言，信息披露是监管的核心，透明度风险成了其表外业务，特别是理财产品最重要的风险来源，由此可见，即使在商业银行体系内部，风险结构也正在由过去相对单一的资本不足风险，过渡到资本不足与透明度风险并存的状态。

再从全社会金融资产的结构演变趋势来分析。

金融基础性风险的结构演变逻辑大体上是伴随着商业银行表内业务→表外业务（由狭义到广义）→债券→股票……这样的金融工具或金融资产结构的发展过程展开的，意味着传统金融的资本不足风险到现代金融市场透明度风险的转换过程。

前述分析表明，在 MS、CS 和 FS 三种统计口径范围内，证券化金融资产的占比均呈逐步上升趋势，到 2017 年分别达到 43.94%、50.07%、48.05%。得出中国金融结构正在发生重大变化的结论应不为过。无论是证券化金融资产（S）中的股票（S1）还是债券（S2），其风险特点都表现为透明度风险。债券和股票这两类标准的证券化金融资产，虽然都表现为透明度风险，但两者风险的来源和形式以及引发风险的影响因素有重大差异。债券风险主要来源于信用或者偿债能力，也间接来源于发行主体的信息披露或透明度。受到一定区间约束的价格波动是债券风险的日常表现形式。债券风险主要由利率、其他金融资产收益率和信用评级等因素决定。与债券不同，股票风险则与发行主体的信用评级没有必然联系，而与信息披露和市场透明度有直接关联。股票风险的表现形式虽然也表现为价格波动，但这种价格通常没有一个既定的区间，波动幅度会明显大于债券。股票价格的波动因素虽与利率、汇率等变量有关，但其基础性的影响因素则来自市场对公司的预期，这种预期既包括盈利预期，也包括非盈利预期。[②] 这表明，在中国金融风险结构中，透明度风险在明显上升，来自传统金融的资本不足风险虽然仍然巨大但权重下降应是

① 2004 年 2 月 2 日光大银行上海分行发行了第一只外币理财产品“阳光理财 A 计划”，7 月又发行了第一只人民币理财产品“阳光理财 B 计划”，中国商业银行理财业务破冰起航。

② 吴晓求，等. 中国金融监管改革：现实动因与理论逻辑［M］. 北京：中国金融出版社，2018：17.

一个基本趋势。

中国金融风险结构的深刻变化不仅受到证券化金融资产比重上升的巨大影响，也受到基于 FinTech 新金融业态或第三金融业态（互联网金融）一定程度的影响。作者曾经对互联网金融的风险来源和风险特征做过比较系统、深入的研究，得出过这样的结论：一是互联网金融本质上仍是金融，其互联网金融不同业态所隐含的风险与现有商业银行和资本市场等隐含的风险相类似；二是互联网金融是一种基于“二次脱媒”后的新金融业态，其风险源发生了某种转型或变异，导致风险类别更加复合。①

由此可以对改革开放 40 年来，中国金融的风险变化作如下概括：

中国金融的风险结构经历了一个由单一机构风险即资本不足风险到市场风险即透明度风险不断上升的过程。中国金融进入资本不足风险与透明度不足风险“双风险”结构时代。如果考虑中国金融的开放度这一变量，未来中国金融风险将比今天更加复杂而敏感。

6 金融的开放与国际化：全方位试错式探索

评价一国金融的开放程度，最核心的指标有两个：一是汇率形成机制；二是资本在国际间流动。改革开放 40 年来，中国金融在这两个方面进行了谨慎渐进式的市场化改革探索，中国金融对外开放的趋势已经确立。

6.1 人民币汇率机制改革

1980 年之前，中国实行单一汇率制。为鼓励外贸企业出口创汇，1981—1993 年间中国汇率从单一汇率制转为双重汇率制。双重汇率制经历了官方汇率与贸易外汇内部结算价并存（1981—1984 年）和官方汇率与外汇调剂价并存（1985—1993 年）两个发展阶段。双重汇率制一方面促进了外贸企业出口创汇，有利于吸引外资和保持外商投资企业的外汇平衡，另一方面造成外汇市场秩序混乱，不利于人民币汇率稳定，损害人民币信誉，必须对双重汇率机制进行重大改革。1994 年 1 月 1 日双重汇率并轨，建立以市场结算供求关系为基础，单一、有管理的浮动汇率制。这次改革为之后人民币汇率机制市场化改革奠定了基础。

---

① 吴晓求，等．互联网金融：逻辑与结构［M］．北京：中国人民大学出版社，2015：12 - 14.

随着中国经济实力的增强，经济体制改革的不断深入，2005 年 7 月 21 日对 1994 年开始形成的单一、有管理的浮动汇率制进行了重大调整和完善，核心内容是不再盯住单一美元，而是形成参考一篮子货币的有管理的浮动汇率制度。从盯住单一美元到参考一篮子货币，是人民币汇率形成机制重要的结构性改革。实践表明，这一调整和改革，有利于人民币在合理、均衡的基础上保持相对稳定。之后，央行对人民币汇率机制做了一些微调，微调的重点是扩大人民币兑美元交易价的浮动范围。2012 年 4 月 1 日由 0.5% 扩大到 1% ，2014 年 3 月 15 日由 1% 扩大到 2%，人民币汇率形成的价格弹性明显扩大。浮动范围的扩大是汇率形成机制市场化改革的重要内容之一。

2015 年 8 月 11 日，央行进一步推动人民币汇率形成机制改革，史称“8・11”汇改。“8・11”汇改的重要内容是，参考前一个交易日的收盘价决定次日的中间价，且浮动区间扩大到 ±2%。在实际执行中，市场波动较大。考虑到当时的市场走势，2015 年 12 月央行适当调整了中间价的定价机制，再次将一篮子货币纳入其中，形成了“前日收盘价 + 一篮子货币汇率变化”的新的中间价定价机制，一定程度上缓解了人民币贬值压力。[①]

为了进一步优化人民币汇率市场化形成机制，对冲外汇市场的顺周期波动，2017 年 5 月 26 日，央行在中间价定价模型中引入了“逆周期调节因子”。[②] 从实际情况看，引入“逆周期调节因子”对外汇市场的预期产生了一定影响，对人民币汇率起了一定的平衡作用。

从 40 年的汇改历史看，人民币汇率机制改革的基本要点是：中间价定价基础由机构报价到市场收盘价；参考货币由单一美元到一篮子货币；浮动幅度不断扩大；从直接管理、窗口指导到引入“逆周期调节因子”。由此可以看出，中国在人民币汇率机制的改革上坚守市场化方向没有变，但在操作层面上秉持谨慎、探索性的试错方法。

伴随不同时期，不同特点的汇率机制改革，人民币汇率在大幅度波动后正在寻求合理的估值区间。

---

① 肖立晟．回顾与展望：人民币汇率形成机制政策［N］．中国证券报，2017 - 01 - 16.

② 钟正生．详解人民币汇率逆周期因子：构成、效力与影响［EB/OL］．财新网，［2017 - 09 - 01］．http：//opinion. caixin. com/2017 - 09 - 01/101138979. html，2017 - 09 - 01.

表 12　　人民币（对美元）汇率变化情况（1978—2018 年）

年份	汇率	年份	汇率	年份	汇率	年份	汇率
1978	1. 5771	1989	3. 7659	2000	8. 2784	2011	6. 3353
1979	1. 4962	1990	4. 7838	2001	8. 2768	2012	6. 2855
1980	1. 5303	1991	5. 3227	2002	8. 277	2013	6. 07
1981	1. 7051	1992	5. 5149	2003	8. 2775	2014	6. 119
1982	1. 8926	1993	5. 7619	2004	8. 2768	2015	6. 4936
1983	1. 9757	1994	8. 6187	2005	8. 0860	2016	6. 937
1984	2. 327	1995	8. 3507	2006	7. 8790	2017	6. 5342
1985	2. 9367	1996	8. 3142	2007	7. 4543	2018	6. 9734
1986	3. 4528	1997	8. 2898	2008	6. 8283	—	—
1987	3. 7221	1998	8. 2791	2009	6. 8276	—	—
1988	3. 7221	1999	8. 2796	2010	6. 6636	—	—

注：2001 年之后的汇率数据是年末交易日数据，2018 年为 10 月末数据。

资料来源：中国人民银行官网。

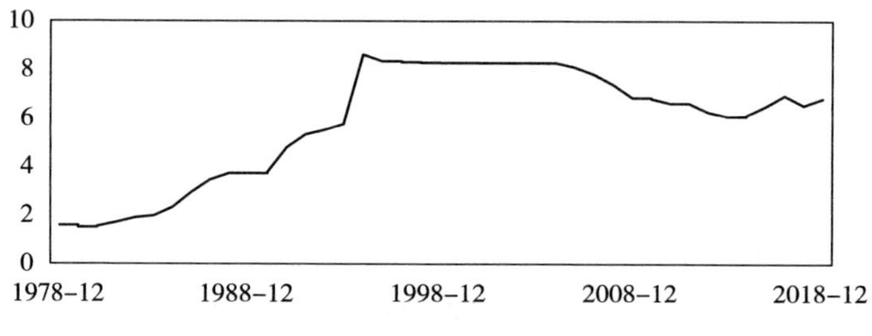

图 8　1978—2018 年人民币汇率（对美元）变动趋势

6. 2　国际资本流动

从一国金融活动角度看，国际资本流动包括境外资本对内投资和境内资本对外投资，境外资本对内投资主要包括两部分，一是外商直接投资（Foreign Direct Investment，FDI），二是资本项目的金融性投资。改革开放 40 年来，在中国，国际资本流动经历了一个从无到有、从小到大的过程。

从制度层面上看，改革开放之初，由于实行严格的外汇管制，除了少许援助性对外投资外，中国金融活动中几乎没有真正意义上的国际资本活动。统计中即使存在少量的 FDI 数据，也均是对外借款。随着改革开放的全面推进，在相当长时期内，国际资本流动主要表现为外商直接投资（FDI），且发展迅速，1983 年中国的 FDI 达 9.2 亿美元（含当年对外借款），[①] 1992 年首次突破百亿美元大关，达 110.08 亿美元。2014 年首次突破千亿美元大关，达 1147 亿美元，到 2017 年达 1360 亿美元。表 13 为 2005 年后中国 FDI 规模增长和占全球 FDI 的比重及与美国的对比情况。

表 13　　中国 FDI 规模、增长和美国 FDI 的比较及在全球的比重（2005—2017 年）

类别 / 年份	中国 FDI		全球 FDI		美国 FDI	
	规模（亿美元）	增长率（%）	规模（亿美元）	增长率（%）	总额（亿美元）	增长率（%）
2005	724	—	9458	—	1048	—
2006	727	0	13059	38	2367	126
2007	835	15	18330	40	2328	-2
2008	1083	30	17710	-3	3248	40
2009	950	-12	11140	-37	1299	-60
2010	1147	21	13810	24	1979	52
2011	1240	8	16042	16	2269	15
2012	1197	-3	13107	-18	1467	-35
2013	1240	4	14500	11	1880	28
2014	1290	4	13240	-9	1070	-43
2015	1360	5	17620	33	3800	255
2016	1340	-1	17460	-1	3910	3
2017	1360	1	14300	-18	2750	-30

资料来源：联合国贸易和发展会议《世界投资报告》（2008—2018 年）。

1991 年以前，中国对外投资中对外投资净额（流量）一直没有突破 10 亿美元，处在个位数级别，存量也相对较小。1991 年对外投资净额首次达 10 亿美元，2005 年首次突破百亿美元，达 122.7 亿美元，2013 年突破千亿美元，达 1010 亿美元，2016 年达到创纪录的 1830 亿美元，2017 年回落到 1250 亿美元。表 14 和表 15 是 1990—2017 年中国对外投资净额（流量）变化情况及 2010 年到 2017 年中美对外投资对比情况。

① 2001 年前的 FDI 统计数据，均包括对外借款。

表 14　　中国对外投资净额（流量）及增长率
（1990—2017 年）

年份＼类别	对外投资净额（亿美元）	增长率（%）	年份＼类别	对外投资净额（亿美元）	增长率（%）
1990	9	—	2004	55	93
1991	10	11	2005	122.7	123
1992	40	300	2006	211.6	72
1993	43	8	2007	265.1	25
1994	20	-53	2008	559.1	111
1995	20	0	2009	565.3	1
1996	21	5	2010	688	22
1997	26	24	2011	746	8
1998	27	4	2012	880	18
1999	19	-30	2013	1010	15
2000	10	-47	2014	1230	22
2001	69	590	2015	1280	4
2002	27	-61	2016	1830	43
2003	28.5	6	2017	1250	-32

资料来源：联合国贸易和发展会议《世界投资报告》、Wind 资讯。

表 15　　中美对外投资净额（流量）比较
（2010—2017 年）　　单位：亿美元

年份＼类别	中国	美国
2010	688	3044
2011	746	3967
2012	880	3070
2013	1010	3380
2014	1230	3170
2015	1280	3000
2016	1830	2990
2017	1250	3420

资料来源：联合国贸易和发展会议《世界投资报告》。

1996 年 12 月，人民币实现了经常项目可兑换之后，部分资本项目下也实现了可兑换，但从整体制度而言，仍未实现资本项下的可兑换。在这种条件下，为了推动中国资本市场开放和国际化，有限度地引进外国投资者，2002 年 11 月 5 日，中国政府正式颁布了《合格境外机构投资者境内证券投资管理暂行办法》，QFII（Qualified Foreign Institutional Investors，合格境外机构投资者，简称QFII）制度正式实施。2003 年 7 月 9 日，瑞士银行下了 QFII 第一单，随即交易成功，开中国资本市场投资对外开放的先河。

在 QFII 制度实施 9 年后，2011 年底相关金融监管部门推出了人民币合格境外机构投资者（RMB Qualified Foreign Institutional Investors，RQFII）试点办法，之后 RQFII 正式登陆中国资本市场。QFII 和 RQFII 是在资本项未实现完全可兑换的条件下，推出的资本市场对外开放的过渡性制度安排，对提升中国资本市场的影响力和国际化具有积极推动作用。截至 2018 年 10 月 30 日，QFII 投资额度超过 1000 亿美元，RQFII 投资额度超过 6000 亿元人民币。

表 16　QFII 投资额度的变动情况　　单位：亿美元

时间	投资额度
2012 年 12 月 31 日	374.43
2013 年 7 月 30 日	449.53
2014 年 8 月 26 日	596.74
2015 年 8 月 28 日	767.03
2016 年 9 月 29 日	817.38
2017 年 8 月 30 日	939.94
2018 年 8 月 30 日	1004.59
2018 年 10 月 30 日	1002.56

资料来源：国家外汇管理局。

表 17　RQFII 投资额度的变动情况　　单位：亿元人民币

时间	投资额度
2013 年 7 月 30 日	1219
2014 年 1 月 27 日	1678
2015 年 1 月 30 日	3045
2015 年 8 月 28 日	4049
2016 年 3 月 30 日	4714.25
2017 年 7 月 31 日	5482.41
2018 年 8 月 30 日	6274.72
2018 年 10 月 30 日	6426.72

资料来源：国家外汇管理局。

中国资本市场对外开放的另一项过渡性制度安排是沪深交易所与香港联交所的

互联互通，简称沪港通、深港通。2014 年 11 月 17 日沪港通正式实施，2016 年 12 月 5 日深港通实施。沪港通和深港通均有日交易额度限制，沪港通实施初期对年交易额有总额限制（5500 亿元人民币），深港通之后，“两通”均取消了年交易总额限制。

从统计数据看，“两通”中的沪股通、深股通的日交易量呈逐月上升趋势，除个别月份的日均交易量超过百亿元外，大多数都在两位数内，一般不超过沪深市场交易量的 5%。

表 18　　沪港通中沪股通交易情况　　单位：亿元人民币

时间	当月日均交易金额
2015 年 9 月	38.99
2015 年 12 月	29.77
2016 年 3 月	41.59
2016 年 6 月	28.05
2016 年 9 月	31.98
2016 年 12 月	43.16
2017 年 3 月	41.76
2017 年 6 月	52.14
2017 年 9 月	57.15
2017 年 12 月	77.08
2018 年 3 月	92.81
2018 年 6 月	134.65
2018 年 9 月	104.49

资料来源：Wind 资讯。

表 19　　深港通中深股通交易情况　　单位：亿元人民币

时间	当月日均交易金额	时间	当月日均交易金额
2016 年 12 月	15.41	2017 年 12 月	60.04
2017 年 1 月	14.05	2018 年 1 月	76.05
2017 年 2 月	18.61	2018 年 2 月	89.57
2017 年 3 月	26.09	2018 年 3 月	78.73
2017 年 4 月	33.36	2018 年 4 月	91.67
2017 年 5 月	34.09	2018 年 5 月	85.00
2017 年 6 月	38.29	2018 年 6 月	95.39
2017 年 7 月	34.92	2018 年 7 月	87.47
2017 年 8 月	38.86	2018 年 8 月	88.15
2017 年 9 月	47.98	2018 年 9 月	77.84
2017 年 10 月	60.26	2018 年 10 月	101.05
2017 年 11 月	73.77	—	—

资料来源：深圳证券交易所。

FDI、QFII、RQFII以及沪港通、深港通等是观测、分析中国金融对外开放中国际资本流动（主要是流入）的重要窗口和指标。上述分析表明，中国金融投资性市场的对外开放程度相对不平衡。FDI发展速度快、规模大、产业分布广，从规模上看，中国已成为全球第二大FDI国家。对外直接投资近几年发展迅猛，但受资本项下的制度约束和考虑到外汇储备安全性，发展空间有限。资本市场上的四大开放措施（QFII、RQFII、沪港通、深港通）都是过渡性制度安排，加上中国资本市场制度缺陷，境外资本投资于A股的比例始终在2%左右徘徊。所以，从金融投资角度看，中国金融的对外开放仍然处在一个较低的水平上。

6.3　中国金融的国际影响力

一国金融的国际影响力主要表现在该国货币和资本市场的影响力上。货币的国际影响力与该国经济的竞争力、市场化和国际化程度有密切关系，也与汇率形成机制息息相关。在资本项尚未全部开放、可自由交易制度尚未完全形成之前，人民币国际影响力的观测指标主要有四个：一是人民币作为结算货币在国际贸易中的份额；二是国际货币基金组织（IMF）中特别提款权（SDR）的份额；三是离岸市场规模；四是与各国央行互换的规模。

1. 人民币在国际贸易结算中的规模和比例。改革开放以来，小规模的边境贸易使用人民币结算从未停止过，但官方意义上的国际贸易一定规模地使用人民币结算，应该发生在2010年以后。据环球同业银行金融电讯协会（SWIFT）统计，2012年1月，人民币结算货币规模1284亿元，在全球排第20位，占国际贸易全球货币结算额的0.25%。两年后，即2013年12月，人民币结算额全球名次上升到第八位，比例上升到1.12%，2015年8月人民币结算份额首次超过日元（2.76%），达2.79%，居全球第四位。到2018年9月人民币结算份额下落到1.89%，居全球第五位。人民币在国际贸易结算中，近几年徘徊在第四、五、六位。人民币在国际贸易中的影响力虽有提高，但仍然有限。

表20　　国际结算中的人民币规模、份额和排名情况（2011—2018年）

时间	排名	份额（%）	当月跨境贸易人民币结算额（亿元）
2011年12月	17	0.29	—
2012年6月	16	0.43	2593
2012年12月	14	0.57	3529

续表

时间	排名	份额（%）	当月跨境贸易人民币结算额（亿元）
2013 年 6 月	11	0.87	3547
2013 年 12 月	8	1.12	5883
2014 年 6 月	7	1.55	5681
2014 年 12 月	5	2.17	6334
2015 年 6 月	5	2.09	6590
2015 年 12 月	5	2.31	7981
2016 年 6 月	6	1.72	4995
2016 年 12 月	6	1.68	3747
2017 年 6 月	6	1.98	4448
2017 年 12 月	5	1.61	4184
2018 年 6 月	5	1.81	4509
2018 年 9 月	5	1.89	4487

注：2015 年 8 月人民币（2.79%）首次超过日元（2.76%）居第四位；美元、欧元一直居于第一、二位。

资料来源：环球同业银行金融电讯协会（SWIFT）、中国人民银行。

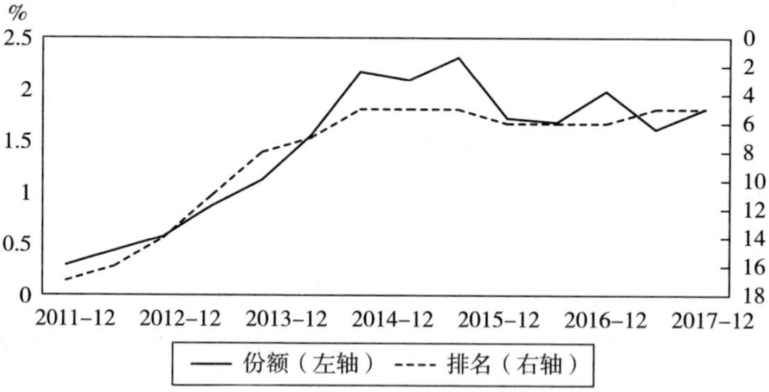

图 9　国际结算中人民币所占份额和排名的变动情况

2. 人民币在 SDR 中的比例及地位。在人民币加入 SDR 之前，IMF 储备货币 SDR 篮子中只有 4 种货币，即美元、欧元、英镑和日元，其中美元份额 41.9%，欧元 37.4%，英镑 11.3%，日元 9.4%。基于中国在货币、外汇和金融体系改革方面所取得的进展和人民币在国际贸易中所发挥的作用，IMF 董事会于 2015 年 11 月 30 日批准人民币加入 SDR 货币篮子，比例为 10.92%，在 SDR 5 种篮子货币中，超过英镑和日元，仅次于美元和欧元，排第三位，2016 年 10 月 1 日生效。

表 21　　SDR 权重的历次变动情况

（1986—2016 年）　　单位：%

生效日期	美元	欧元	联邦德国马克	法国法郎	人民币	英镑	日元
1986 年 1 月 1 日	42	—	19	12	—	12	15
1991 年 1 月	40	—	21	11	—	11	17
1996 年 1 月 1 日	39	—	21	11	—	11	18
2001 年 1 月 1 日	45	29	—	—	—	11	15
2006 年 1 月 1 日	44	34	—	—	—	11	11
2011 年 1 月 1 日	41.90	37.40	—	—	—	11.30	9.40
2016 年 10 月 1 日	41.73	30.93	—	—	10.92	8.09	8.33

注：IMF 每五年评估一次 SDR 权重。

资料来源：IMF 官方网站。

人民币加入 SDR 货币篮子并占 10.92% 的份额对提升人民币国际影响力，具有重要而深远的意义，同时，也将有力推进了中国金融市场化改革和人民币汇率机制改革。但应看到，人民币在全球储备市场份额远远低于 SDR 中 10.92% 的份额，人民币的实际市场影响力不足。

3. 人民币离岸规模及分布。离岸规模及其分布也是判断一国货币国际影响力的重要指标。改革开放 40 年中大多数时间，人民币离岸规模很小，2010 年后离岸规模迅速扩大，大体在 1.8 万亿 ~2.8 万亿元人民币。离岸规模与在岸规模比例悬殊，前者仅占后者的 2% ~5%，非居民持有的人民币存款离岸规模占全球离岸存款的 1% ~1.5%。这与美元的离岸与在岸规模各占 50% 以及离岸美元占全球离岸存款的比例有巨大差异。人民币离岸存款主要分布在中国香港、中国台湾、新加坡等，分布区域相对单一。

表 22　　离岸人民币规模、分布及种类

（2013—2018 年）　　单位：亿元人民币

时间	非居民持有的人民币存款（总量及代表性国家分布）						离岸人民币债券、贷款		人民币计入外储情况及占全球官方储备比重
	总量/占全球离岸存款的比重	香港（绝对量及占比）	台湾（绝对量及占比）	新加坡（绝对量及占比）	韩国（绝对量及占比）	伦敦（绝对量及占比）	离岸人民币债券（不含 CD）余额	人民币贷款及融资	
2018 年 3 月末	18400 1.25%	5543 30.12%	3197 17.38%	1390 7.55%	69 0.38%	784 4.26%	3917	1558（香港及台湾地区）	1449.5 亿美元 1.39%
2017 年 12 月末	18900 1.21%	5591 29.58%	3223 16.92%	1520 8.04%	74 0.39%	—	3877	1615（香港及台湾地区）	1228 亿美元 1.23%

续表

时间	非居民持有的人民币存款（总量及代表性国家分布）						离岸人民币债券、贷款		人民币计入外储情况及占全球官方储备比重
	总量/占全球离岸存款的比重	香港（绝对量及占比）	台湾（绝对量及占比）	新加坡（绝对量及占比）	韩国（绝对量及占比）	伦敦（绝对量及占比）	离岸人民币债券（不含CD）余额	人民币贷款及融资	
2016年12月末	17700 1.09%	5467 30.89%	3112 16.47%	1260 7.12%	—	—	4825	3000（仅香港地区）	—
2015年12月末	22200 —	8511 38.34%	3182 14.33%	1890 8.51%	—	—	5400	3000（仅香港地区）	—
2014年12月末	27800 —	10036 36.1%	3022 10.87%	2300 8.27%	—	—	4816	1800（仅香港地区）	全球占比0.1%~0.3%
2013年12月	20000 1.34%	—	—	—	—	—	2700（香港新发行额）	5000（全球）	—

资料来源：中国银行离岸人民币指数（ORI）报告（2014—2018年）。

4. 人民币互换规模。改革开放前期，货币互换虽然存在，但规模小发展缓慢。1997年亚洲金融危机后，为稳定金融市场，在“10+3”框架内签署了《清迈协议》，中国人民银行与相关各国央行签署了一系列双边货币互换协议。2008年国际金融危机爆发，为防止重大危机的恶化与蔓延，推动人民币国际化，中国人民银行与相关国家央行签订了一系列双边货币互换协议。2008年12月12日，首先与韩国央行签订了1800亿元人民币/36万亿韩元的互换协议。到2018年10月，已与40多个国家签署了货币互换协议，货币互换协议总额达35687亿元人民币历史记录。人民币互换规模在一定程度上反映了人民币的国际影响力和信用度。央行间的货币互换除了可以增强我国与相关国家（地区）流动性互助能力，推动与相关国家（地区）贸易与直接投资，更重要的是在人民币未完全实现自由兑换前，可为人民币在境外一定程度上实现商品计价、支付与结算手段、价值储备等国际货币功能创造条件，有助于人民币汇率机制的市场化改革。①

① 我国央行与各国货币互换交易［EB/OL］. 百度文库，［2017-11-27］.

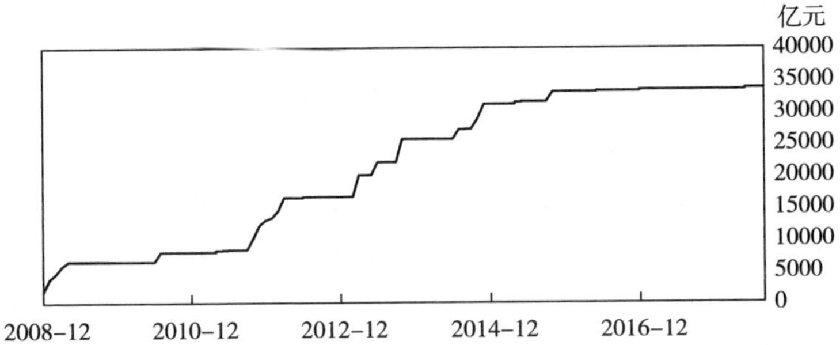

资料来源：Wind 资讯。

图 10　人民币互换协议规模变动情况（2008—2018 年）

7　金融监管模式：从“大一统”到“分业监管”再到“双柱”功能监管

改革开放 40 年来，中国金融监管经历了“大一统”、“分业监管”和“双柱”功能监管三个不同的发展阶段，其中“双柱”功能监管是分业监管模式的升级版。

7.1　“大一统”金融监管模式：1983—1992 年

1983 年前，中国金融实行的是金融信贷活动与金融监管、央行职能混为一体的模式。1983 年 9 月 17 日，国务院决定中国人民银行专门行使中央银行职能，不再办理工商信贷和储蓄，中央银行与专业（商业）银行在主体上予以分离。之后，中国工商银行成立。从 1983 年到 1992 年，虽然期间沪深交易所成立，股票市场已经形成并运行，但中国金融整体上看没有发生重大的结构性变化，计划性金融的特征非常明显。金融监管实行的是央行“大一统”监管模式，央行在金融监管司下设一个证券专项办公室，监管股票市场。

7.2　“分业监管”时代来临：起始于中国证监会的成立

随着股票市场的发展，1992 年 10 月，中国证监会正式成立。中国证监会的成立在中国金融监管改革中具有划时代意义，标志着中国金融监管进入“分业监管”时代。

如何有效监管市场一直是中国证监会探索的问题。在中国证监会成立最初几年，证券监管无论是从发行制度，还是市场监管都带有那个时代所特有的计划性金融烙印，计划指标、额度管理、主观定价是这个时期证券监管的主要特征。这一监管理念一直延续到2001年股票发行制度的核准制改革。股票市场的建立和发展，客观上推动了中国金融的市场化改革和结构上的变化。

作为广义金融范围内的保险业，也在两方面酝酿着变革。一方面，1996年中国人寿从中国人保分离出来，独立成立以寿险为主的保险公司，这是保险业改革和发展的重要信号。另一方面，随着保险业的市场化和快速发展，1998年11月18日，中国保监会正式成立，保险监管职能在主体上与央行分离。中国保监会的成立进一步强化了中国金融“分业监管”的模式特征。

银行业是中国金融的主体。在2003年之前，中国人民银行既履行法律规定的央行职能，又行使银行业监管机构的职责，这种一主双责的模式不利于央行职能独立而公平行使，为此必须成立独立的银行业监管机构。2003年4月中国银监会正式成立，独立行使银行业金融机构监管职能。中国银监会的成立标志着中国金融以“一行三会”为架构的分业监管模式正式确立，中国金融全面进入“分业监管”时代。

7.3 “双柱”功能监管时代：基于风险结构变化的选择

如果说1992年中国证监会的成立，意味着中国金融“分业监管”模式启动，2003年中国银监会的成立，标志着中国金融“分业监管”时代全面来临，那么2018年3月，中国银监会和中国保监会合并成立中国银保监会，调整央行部分职能，且赋予央行宏观审慎监管职责，意味着中国金融开始探索“双柱”功能监管模式。

所谓“双柱”功能监管模式，是指央行侧重宏观审慎监管，金融监管机构侧重微观审慎监管，两者既有重点又相互衔接的基于功能监管的一种金融监管模式。① 在这种金融监管模式中，宏观审慎监管基于金融体系稳定，防止风险的扩散和蔓延，关注“给定时点上风险跨机构之间的分布和整个系统中风险的跨时间分布”，② 目的是防范系统性金融风险及金融危机，通过逆周期调节来抑制金融体系内在的顺周期特征。

宏观审慎监管固然重要，但从监管逻辑上看，微观审慎监管仍然是金融监

---

① 人们一般把这种监管模式概括为“双支柱”模式，作者简称为“双柱”监管模式，是因为从效果和分工的匹配性看，还未到“双支柱”阶段。

② 朱小川．国际宏观审慎监管对我国的启示［J］．南方金融，2010（3）：35－37＋48.

管的基石。“双柱”功能监管模式中的微观审慎监管，关注金融机构的个体行为及其风险偏好，合规监管成为其监管的一般形态，保护市场个体包括投资者和储户的利益成为其监管的主要目标。

简言之，宏观审慎监管关注宏观金融风险及个体间风险的传递，微观审慎监管关注机构行为和对个体的风险。从 2018 年 3 月起，央行开始行使宏观审慎监管职能，银保监会和证监会共同履行微观审慎监管职能，银保监会侧重于监管机构行为以及机构（主要是银行业）内风险的生成指标和生成源，证监会侧重于监管市场不确定性及透明度。

在“双柱”功能监管模式中，银保监会和证监会相互独立存在而共同履行性质上有差别的微观审慎监管职能，是有逻辑支持的。逻辑的起点是在中国金融风险结构中，两种力量并不悬殊的基础风险并存：机构风险（资本不足风险）和市场风险（透明度风险），且具有边际替代性。保持市场风险即透明度风险监管主体的独立性，无论在理论上还是在实践中都十分必要，对金融结构的变革、金融功能的升级和金融风险的防范有重要制度保障作用。所以，在中国由“一行两会”架构行使“双柱”监管功能是一种符合金融逻辑的设计。

实际上，这种由“一行两会”架构行使“双柱”功能的金融监管模式，是一种升级版的“分业监管”模式，这是因为，监管的理念仍然是“分业”，但观察和管理风险的宏观视角比以前大大增强，而且，在“一行两会”之上还有一个具有平衡协调职责的国务院金融稳定发展委员会。

从“大一统”的监管模式，到基于“分业经营、分业管理”的具有条条特征的平面监管模式，再到基于宏微监管并存的“双柱”功能监管模式，既意味着金融监管基础发生重大变化，也意味着金融监管理念进步，是改革开放 40 年来中国金融发展和变革的缩影。

8 小结 中国金融的未来：现代金融体系

如前所述，经过 40 年的改革开放，中国金融在规模、结构、业态、功能等方面朝着市场化方向发生了不可逆的根本性变化，在资源配置方式，风险分散机制和监管模式改革等领域朝着现代金融方向发生了重要变革，在开放和国际化方面进行了方向明确、方法谨慎的试错性探讨。中国金融不仅彻底完成了从计划性金融到市场化金融的转型，而且为中国金融的未来发展奠定了坚实基础。为此，我们必须思考，中国金融的未来如何定位？中国金融的未来战略目标是什么？

中国是个大国，中国经济是大国经济。中国必须构建与大国经济规模、结构和特征相匹配的大国金融。中国未来所构建的大国金融应该是开放的，具有强大的基于市场的资源配置、财富管理和风险分散功能相统一的特征。中国的大国金融模式，也可简约地概括为，一种基于发达市场基础和大国金融架构的现代金融体系。

关于中国所要构建的现代金融体系，下述各章均有系统而深入的研究。

参考文献

[1] 吴晓求，等．中国金融监管改革：现实动因与理论逻辑 [M]．北京：中国金融出版社，2018：5－13，17.

[2] 吴晓求，陶红，张焞．发展中国债券市场需要重点思考的几个问题 [J]．财贸经济，2018，39（3）：5－16.

[3] 吴晓求，等．股市危机：历史与逻辑 [M]．北京：中国金融出版社，2016：28－40.

[4] 谢平，邹传伟．互联网金融模式研究 [J]．金融研究，2012（12）：11－22.

[5] 吴晓求．中国金融的深度变革与互联网金融 [J]．财贸经济，2014（1）：14－23.

[6] 吴晓求，等．互联网金融：逻辑与结构 [M]．北京：中国人民大学出版社，2015：12－14.

[7] 肖立晟．回顾与展望：人民币汇率形成机制改革 [N]．中国证券报，2017－01－16（A10）.

[8] 钟正生，张璐．详解人民币汇率逆周期因子：构成、效力与影响 [EB/OL]．[2017－09－01]．http：//opinion. caixin. com/2017－09－01/101138979. html.

[9] 朱小川．宏观审慎监管的国际趋势及对我国的启示 [J]．南方金融，2010（3）：35－37＋48.

[10] 吴晓求．大国金融中的中国资本市场 [J]．金融论坛，2015，20（5）：28－35.

[11] 我国央行与各国货币互换交易 [EB/OL]．百度文库，[2017－11－27].

第1章 现代金融体系：基本特征与功能结构[①]

摘 要

中国经济高速发展、产业结构升级换代、风险管理与财富管理需求增长共同决定了中国未来所构建的现代金融体系是市场主导型的金融体系。现代金融体系的基本特征是高度市场化、高科技化、开放性、风险分散性，能够充分发挥融资与财富管理、支付清算、金融资源跨时空配置的功能。开放、透明、具有成长性预期的资本市场将成为现代金融体系的基石；商业银行赖以生存的基础和环境将会发生重大变革；通畅的货币市场主要负责流动性管理，与商业银行一起形成现代金融体系的血液循环系统，同时发达的衍生品市场、成熟的外汇市场则将满足丰富的金融服务需求，成为现代金融体系的重要组成部分。现代金融体系在资产结构、风险结构和微观结构上的变化将包含对金融监管模式、架构、重点、方式的新要求。

经过40年的改革、开放和发展，中国金融在规模、结构、功能和业态等方面朝着市场化方向发生了不可逆转的根本性变化，为构建与中国大国经济相匹配的大国金融奠定了坚实基础。中国未来所要构建的大国金融，其实质就是基于发达金融市场特别是资本市场的现代金融体系。

1 现代金融体系的基本特征

一般而论，现代金融体系有两种基本形态：一是以市场（这里主要指金融市场特别是资本市场）为主导的金融体系；二是以银行为主导的金融体系。作为金融改革的战略目标，中国应选择何种金融体系，我们在《市场主导与银行主导：金融体系在中国的一种比较研究》一书中已作了较为充分的阐释，明确

① 在本章形成过程中，中国人民大学财政金融学院硕士研究生丁月梅、王子豪、陈果在文献整理、数据收集方面提供了有益的帮助。

提出中国未来所构建的现代金融体系是市场主导型的金融体系。

1.1 中国所构建的现代金融体系为什么是市场主导型的金融体系

（一）经济发展水平决定了金融体系

在一国经济增长的同时，其金融体系整体发展水平和内部结构将发生什么样的变化？关于这个问题的研究最初可以追溯到 Goldsmith（1969），他指出，“在国家经济发展的时候，银行与国家产出规模的比值会变得更大”，同时“在一国经济增长的时候，非银行金融机构和股票市场在规模和重要性上会和银行同步增长”。此后，“金融结构”成为金融学术界关注的焦点。Asli、Demirguc - Kunt 和 Levine（2004）通过跨国比较研究发现，收入更高的国家，股票市场表现得比银行更活跃、更有效率。Allen（2013）对 1990 年以来全球金融体系分布与发展情况分析发现，高收入国家的金融体系在整体上更偏向于市场主导，同时其股票市场、债券市场的发展速度也远超低收入国家。也就是说，当一国更加富裕的时候，其金融体系会更加偏向市场主导。

第一，经济增长到更高阶段，股票市场规模扩大、表现活跃、更有效率。

图 1 - 1 反映了全球各国股票市场在 2016 年、2017 年的发展情况。该图将不同国家按照居民收入水平分为三个层次：高收入国家、中高收入国家、中低收入国家（低收入国家数据缺失），分别比较了不同富裕程度的国家股票市场的规模、活跃度和效率。其中，用资本化率即国内交易所上市本国股票的总市值与 GDP 的比值来衡量股票市场规模，用股票交易率即国内交易所上市本国股票

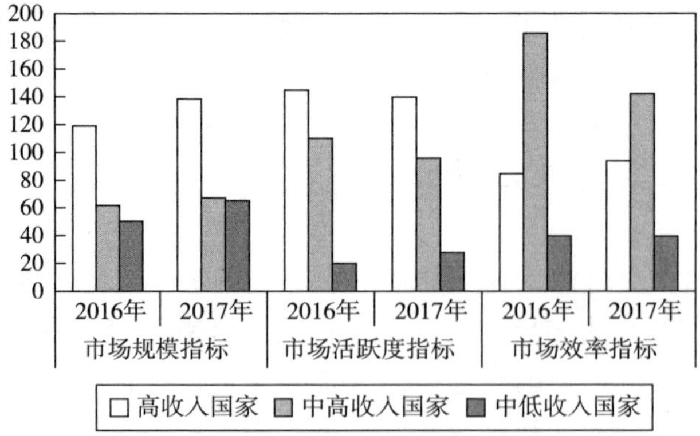

资料来源：世界银行。

图 1 - 1 不同收入国家股票市场的比较（2016—2017 年）

的交易量与 GDP 的比值来衡量市场活跃度，用换手率即国内交易所上市的本国股票的交易量与总市值比值来衡量市场效率，结果发现：（1）居民收入越高，股票市场的规模越大；（2）居民收入越高，股票市场表现越活跃；（3）居民收入越高，股票市场越有效率。

第二，经济增长到更高阶段，金融体系会更倾向于“市场主导型”。

1. “银行信贷/股市交易比率”（Bank Credit vs. Trading），这一衡量相对活跃度的指标用存款货币银行的信贷规模除以国内交易所股票总交易量从银行与资本市场相对活跃度的角度考察金融结构。这个指标越大，表明在该国金融体系中银行相对于股票市场更活跃。

图 1 –2 显示了 2015 年、2016 年不同收入水平国家“银行信贷/股市交易比率”的测算情况。我们从图中可以看出，国家越富裕股票市场相对于银行而言越活跃，金融结构越倾向于“市场主导型”。

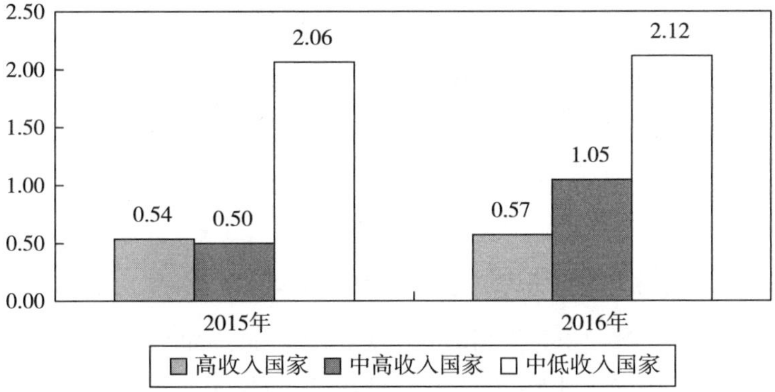

资料来源：世界银行。

图 1 –2　银行与资本市场相对活跃度：不同收入国家的比较（2015 年、2016 年）

2. 相对效率指标是从银行和资本市场相对效率的角度来考察金融结构。我们用“股市总交易量/GDP”，即“股票交易率”（Total Value as Share of GDP）分析股票市场。对于银行的效率，我们可以用两个指标衡量：“银行管理费用率”（Overhead Costs），等于银行的管理费用除以银行总资产，但运用该比值来判断银行效率的高低比较复杂；“银行净利差率”（Bank Net Interest Margin），等于银行全部利息收入减去利息支出的利差值除以银行总资产，较小的利差率通常被视为更高的竞争力和效率。这样一来，我们可以产生两个复合指标来衡量股票市场的相对效率：一是“交易率/管理费率”指标（Trading vs. Overhead Costs），该指标等于（股市总交易量/GDP）×银行管理费用率；二是“交易率/利差率”指标（Trading vs. Interest Margin），该指标等于（股市总交易量/GDP）×银行净利差率。一般认为，这两个指标值越大股票市场相对于银行越有效率。

图1－3显示了不同收入水平国家“交易率/管理费率”指标和“交易率/利差率”指标这两个相对效率指标的测算情况。我们从中可以看出，比较富裕的国家两个指标值较大，这表明其股票市场相对于银行更有效率，整个金融体系更偏向于“市场主导型”。

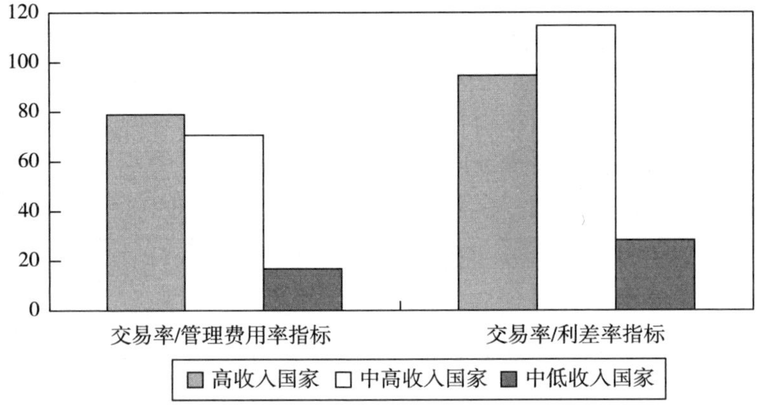

资料来源：世界银行。

图1－3　股票市场与银行的相对效率分析：不同收入国家的比较（2016年）

创新性的产业大都是在美国和英国发展起来的，而日本和德国似乎更擅长于学习和推广成熟技术。市场主导型金融体系和银行主导型金融体系在资源配置上都可以做得很成功，但是市场主导型在发展创新技术、新兴产业上更成功，而银行主导型金融体系在学习和推广成熟金融体系技术方面效率更高。因此，需要基于产业结构继续展开分析。

（二）基于产业结构的分析

经济规模及发展水平、产业成长模式、与收入水平相适应的资产结构决定了经济结构和金融制度。产业周期的缩短、产业升级的加速和技术含量的提高，对资本形成和风险分散提出了新的要求，从而对金融制度和金融体系产生了重要影响。20世纪70年代以后，现代工业社会开始从资本密集型转向科技主导型，产业的生命周期有缩短的趋势。在技术推动和竞争压力下，产业的升级速度明显加快，新技术转化成新型主导产业的时间在缩短。与此同时，越来越多的资源和财富开始通过不同的金融产品来表现，资源和财富越来越金融化、越来越证券化。现代工业社会后期产业体系的这种结构性特征以及资源、财富的金融化、证券化，意味着不确定性在增加。这客观上要求金融体系不仅要有有效配置资源的功能和机制，而且迫切要求具有分散风险的功能，使原来藏身于金融体系内的不断存量化的风险流量化，从而创造出一种风险流量化机制。

由于不同产业的技术性质不同，因而导致这些企业投资项目的初始投资额不同、产业生命周期不同、需要的持续投资额不同。某些产业的企业非常依赖外部融资支持，尤其是权益融资。这些产业往往是技术创新含量很高、企业风险较高、研发（R&D）费用很高、投资者缺乏共识的产业。对于具备上述技术特征的产业而言，发达的金融市场能够有效促进其尽快成长并形成大规模生产能力。也就是说，他们在市场主导型金融体系中能够发展得更好。

在金融市场发达的国家，由于其金融体系能够降低外部融资的成本、有效分散风险，因而那些更依赖于外部融资的产业能够实现超比例的增长，如高风险、高研发（R&D）费用、高技术创新行业，以及处于发展初期的产业。这些行业有较高的外部金融依存度和较高的权益融资比重，在市场主导型金融体系中能够更好地得到金融支持，从而发展得更好；相比之下，在金融体系欠发达的国家，那些能产生较好营运现金流的产业增长会更快。

在不同特性的产业成熟过程中，其依赖外部金融和权益融资的时间和程度不同。高风险产业需要更长时间外部金融（特别是金融市场）培育，但是在产业成熟后能产生非常可观的营运现金流，几乎不再需要外部金融支持。而传统产业需要外部金融和权益融资支持的时间较短，能很快创造出较好的营运现金流。但是这种产业成熟后的利润空间和营运现金流量有限，仍需要外部金融支持以扩大生产规模。这可以解释为什么此类产业成熟后在银行主导型金融体系中能发展得很好。

总之，市场主导型金融体系在创新技术、改进技术和处于产业生命周期初期的产业发展的投融资上具有比较优势，能够激励更多的研发（R&D）投入从而带来增长。银行主导型金融体系虽然促进产业创新的能力不足，但在成熟技术的学习和传播上具有比较优势，表现出了强大的学习能力。因此，市场主导型金融体系更有利于促进创新产业、高研发（R&D）产业的成长。这较好地解释了为什么近代的新兴产业总是在美国首先成功，并在获得巨大成功和认可之后再转移到日本、德国。

近年来出现在《金融经济学杂志》上的两篇实证文献一定程度上证实了上述理论推演。Hsu 和 Tian 等（2014）基于 34 个发达经济体与新兴经济体的数据，研究了股权市场和信贷市场的发展程度对于国家创新的影响。结果表明，股权市场与信贷市场的发展程度对于创新的影响方向相反：股权市场的发展有助于创新，其发展程度每提高一个标准差，下一年的创新增长指标会提升3.01%～5.78%；然而信贷市场的发展却会阻碍创新，其发展程度每提高一个标准差，下一年的创新增长指标反而下降3.47%～5.62%。股权市场与信贷市场的本质不同，具体表现为对股东与债权人的支付方式不同。债权人往往比较保守，为了实现收益的稳定性而不愿意投资具有较高不确定性的创新项目。相比之下，股权市场中的投资者对于不确定性的承受能力较强。因此，两种市场对创新有着不同的影响。Acharya 和 Xu（2017）通过分析对外部融资的依赖程度与公司创新成果之间的关系，比较了上市公司与非上市公司的创新活动，发现与非上市公司相比，上市公司的专利数量更多、质量更优、新颖度更高，其中，依赖外部资本进行融资的上市公司比依赖内部资本的上市公司和非上市公司有更好的创新表现。这两篇文章支持了资本市场发展有助于企业创新的结论。

（三）基于风险管理的分析

自20世纪70年代以来，世界经济加速进入“后工业化时代”，或者说逐渐进入“信息化时代”。新技术转化为规模产业的时间和新技术产业生命周期都在逐渐缩短，产业的升级、更新换代明显加快。与此同时，随着国民收入的增长，越来越多的社会财富开始以不同形态的金融产品表现，其形式显现出金融化、证券化趋势。实体经济结构和居民财富形式的上述演变，意味着经济体系的不确定性和金融本身的脆弱性也在不断加强，这就在客观上对金融体系分散风险的功能提出了更高要求。现代金融体系不仅要很好地发挥资源配置功能，还要将金融体系内部不断存量化的风险流量化、分散化，从而实现风险的有效管理。

在市场主导型金融体系内，发达的股票市场和衍生工具市场为投资者提供了大量不同的金融产品供其选择，因而也就提供了大量横向分担风险的机会。而在银行主导型金融体系内，股票和衍生工具市场不发达，大量的金融资产表现为形式单一的银行存款。因此，若从横向风险分担的角度看，金融市场比银行中介能够提供更多的选择，从而更有利于分散风险。但是，通过跨时期平均化，银行中介能够在分散跨期系统风险上显示其优点。具体策略有两种：（1）代际风险分担，即把与一组给定资产存量相关联的风险在具有不同经历的各代人之间分摊；（2）金融机构可以利用积累风险低、流动性强的资产来减少跨期风险。银行中介进行风险管理的特点在于将“风险”内部化，即将银行所管理的金融风险直接转化、沉淀为自身所承担的存量风险。而金融市场进行风险管理不是将“风险”内部化，而是在既定时点上，通过证券品种、衍生产品的交易组合，将“风险”流量化、分散化。投资者根据自己的风险承受能力和对证券价格的预测，决定各自的交易策略，承担相应的风险或获得相应的收益。但从总体而言，二者在风险管理上各有优势。市场能够提供很好的横向风险分担功能，银行则能提供有效的跨期风险分担功能。只有二者协调发展，金融体系才能有效发挥风险管理功能。目前，中国金融市场发展尚不成熟，促进金融市场（特别是资本市场）的发展是优化金融体系风险管理功能的必经之路。

（四）基于家庭金融资产配置的分析

一方面，随着财富增加，家庭会持有更多风险资产。家庭持有的资产组合随富裕程度不同而呈现出明显的差异性（Canner，Mankiw and Weil，1997）。一般认为家庭具备DARA（绝对风险厌恶下降）的风险偏好，即风险资产的持有规模会随财富增加而扩大（Guiso and Sodini，2013）。一些实证研究进一步证明家庭具备DRRA（相对风险厌恶下降）的风险偏好，即风险资产的持有比例也会随财富增加而上升（Calvet，Sodini，2014）。所以经济发展会通过促进家庭财富增长进而促进对风险资产需求扩大。

另一方面，金融素养提高将会使投资者的股市参与率、投资收益率上升。在经济发展过程中，人们会主动提高金融素养并增加持有风险资产，从而促进金融资产需求的多元化。Arrondel、Debbich和Savignac（2015）发现，金融素养较好的投资者股市参与率更高。Calvet、Campbell和Sodini（2009）发现受教育程度较高的投资者持有的股票更多，在同样持有水平上资产组合的风险更低。随着人力资本积累水平的提高和家庭金融素养的改善，人们会选择持有更多的风险资产并追逐与之匹配的高额收益。

随着中国家庭财富水平的提高，个人持有的可投资资产规模迅速扩大。家庭将倾向于持有更多风险资产。与此同时，人们受教育水平的提高与金融市场的发展促进了家庭金融素养的改善。这两种变化将从需求面促进金融产品与工具的创新，即推动中国金融体系的市场化。因此，财富管理需求的趋势性增长决定了现代金融体系应该是一种市场主导型的金融体系。如图1-4所示，根据招商银行和贝恩资本关于中国财富市场需求的调研结果，2017年中国居民部门可投资财富总规模估计有188万亿元人民币，比中国当年GDP的两倍还要多，并且年化增长速度已经超过20%。

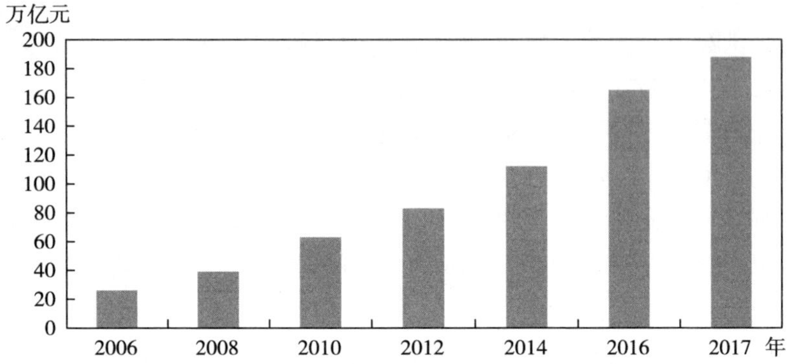

资料来源：根据招商银行和贝恩资本关于中国财富市场需求的调研结果整理。

图 1-4　我国个人持有的可投资资产总体规模（2006—2017 年）

1.2　现代金融体系的核心元素

元素周期表是科学界极其伟大的发现，仅仅 100 多种元素就可以组合构成我们看到的丰富多彩、千变万化的物质世界。同样，现代金融体系尽管令人眼花缭乱、复杂多变，但是如果我们运用科学理论去分析，则可以精简归纳出如下 4 个核心元素。

（一）高度市场化

中国所要构建的现代金融体系一定是高度市场化的，金融资源的配置更多甚至主要是通过市场机制来完成。这就要求我们必须进一步推动金融市场特别是资本市场的发展，顺应金融“脱媒”趋势，不断扩大证券化金融资产的规模，推动金融结构向富有弹性、更加市场化的方向变革，改善金融功能，提高金融配置资源的效率。

从当前中国金融体系的变化看，金融脱媒的趋势比以往任何时候都更加强烈。可以说，市场力量推动的金融脱媒是中国金融现代化的必要条件。金融体系现代化的重要标志就是在全社会金融资产结构中，证券化金融资产的比重不断提升，证券化金融资产的规模不断扩大，这意味着金融体系将从原来的以融资功能为主逐步过渡到融资和财富管理功能并重的时代，这是现代金融体系功能演变的基本趋势。现在的金融体系之所以还不“现代”，是因为功能上落后，财富管理的功能非常弱，证券化金融资产的规模和比重还相对较小。所以，要通过市场力量、脱媒的力量提升中国金融体系的功能，使金融体系从相对单一的融资功能过渡到融资与财富管理功能并重。

（二）高科技化

中国所要构建的现代金融体系一定是高科技的金融体系。未来高科技对金融的渗透将会比过去任何时候以更快的速度在更广泛的领域展开。技术进步将对大数据进行更加有效的整合，区块链将大幅度提高数据的有效性和真实性，人工智能将极大地改变金融运行的场景和效率，所有这些都将对市场信息的非对称性产生重大影响，甚至会颠覆金融的基石——信用的内涵和评价准则。高科技与金融的结合所形成的新金融业态或第三金融业态，会使金融的基因发生重要变异，使其逐步摆脱传统金融的时空约束。这种金融业态在风险识别上更有效率，客户群将得到有效延伸。科技是构建现代金融体系重要的助推者，金融的科技化是金融发展的趋势。

当前，中国金融在全世界最有影响力的就是科技金融，或者说基于移动互联网的第三方支付。科技使得中国金融中的支付业态发生了革命性改变，这种变化推动了中国经济结构调整，加快了中国经济结构转型。没有证据表明新金融业态比传统金融业态的风险更高，因此不能认为科技融入金融后风险就增大了，也不可能使新金融业态重新回到传统金融业态。因此，构建现代金融体系需要顺应科技进步的趋势。

（三）开放性

中国所要构建的现代金融体系一定是开放的。从世界金融发展历史看，没有一个全球性的大国的金融不是开放的，美国如此，英国如此，即使17世纪的阿姆斯特丹也是如此。全球性大国的金融之所以是开放性的金融，是因为金融资源的集聚效应和风险的全球分散。开放的金融有利于制度的进步、法治的完善、价格的有效形成和金融功能的全部提升。对中国而言，开放的金融意味着人民币必须是可自由交易的货币，意味着中国资本市场既是中国投资者的市场，也是全球投资者的市场。

从某种意义上来说，中国金融是全球金融体系中最具增长功能的一极，中国金融市场特别是资本市场成为国际金融中心也是中国构建现代金融体系的题中之义和必然要求。随着人民币国际化、国际金融中心的形成，外国资本可以在遵守中国法律的前提下进入中国资本市场进行投资。开放的、发达的、具有良好流动性的债券市场、股票市场是人民币国际化后的重要回流机制。人民币国际化和国际金融中心的形成是中国构建现代金融体系的第三个必备要素。

（四）更强的风险分散能力和更高的金融效率

现代金融体系还需具有更强的风险分散能力和更高的金融效率。开放、透明具有成长性预期的资本市场是中国大国金融的重要基石，发达的资本市场在配置风险或是财富管理中发挥着重要作用，具有资源特别是存量资源调整、风险流动和分散、经济成长财富效应等功能，是现代金融体系中大国金融的心脏。发达的货币市场和安全、便捷的支付体系则构成了大国金融的血液循环，通畅的货币市场主要负责流动性管理，便捷而安全的支付体系则是血管。灵活而有效的市场创新和满足客户多样化金融需求的金融服务提供商能有效提供四种服务：流动性；过滤风险；创造产品并通过市场机制发现价格；基于金融市场产品的风险组合或资产增值服务。以上四个要素共同构成了中国大国金融的基本框架。

2 中国所构建的现代金融体系的功能特征

哈佛大学金融学教授罗伯特·默顿和兹维·博迪从 20 世纪 90 年代初开始，比较系统地提出了一种新的分析框架——基于金融市场和金融中介功能观点的金融体系改革理论，即功能金融观点（Functional Perspective）。这种观点认为，尽管金融机构的形式在各地区和各时期变化多样，但金融功能却相对比较稳定；金融机构的形式变化以及金融工具创新都是围绕金融功能而变动的，金融机构的形式源于功能；金融机构创新和相互竞争导致金融体系功能提高。从一般意义上看，金融体系主要具有以下 6 个核心功能：

（1）清算和支付结算功能，即金融体系为交易提供清算和支付条件；

（2）提供资源积聚和企业所有权分散机制；

（3）为资源在不同时期、不同地域和不同主体之间的转移提供便利；

（4）金融部门提供管理风险的服务，具有风险管理功能；

（5）为经济部门分散的决策者提供信息服务，具有提供信息的功能；

（6）提供解决激励问题或委托—代理问题的方式和方法。

基于金融功能观点考察现代金融体系，核心任务是基于中国金融的发展与变革分析现代金融体系将如何发挥各项功能。其中，最重要的三种功能是：（1）分散风险或财富管理；（2）支付与清算；（3）聚集和分配资源。评判一国金融体系的传统与现代，落后与进步，主要看这三种基本功能的实现方式和效率高低。改革开放 40 年来，中国金融资产的大规模扩张、金融资产结构的深度变革、金融业态的多元，推动了中国金融功能的转型升级和效率提高，引发了金融功能实现方式和实现机制的深刻变革，本节将着重对三种基本功能的变化展开分析。

（一）从单一融资功能过渡到融资与财富管理功能并重

现代金融体系把财富管理作为一项内生的核心功能。改革开放之初，中国金融的功能相对单一，效率低下，主要通过传统商业银行体系完成支付、清算和资源的聚集、分配。这是一种典型的计划性金融机制，市场几乎不配置金融资源。1992年以前，中国股票市场和债券市场的总市值尚未占到全部金融资产（CS口径）的10%，换言之，银行信贷资产占比达90%以上。由于传统商业银行体系主要是提供融资服务，并不具有财富管理功能，资本市场角色的缺失使整个金融体系缺乏对资产和风险进行定价的能力。这种仅具备融资服务能力的金融体系是落后的。随着中国金融的发展与变革，尤其是中国经济的持续增长，中国金融体系的功能呈现出复合化、结构性升级的特征，市场配置金融资源的比例不断提升。各种分析数据表明，这种变化开始趋近50%的临界值①，风险管理或财富管理的功能开始显现。虽然这一比例与发达国家仍有着相当大的差距，但变革趋势是明显的、一致的。中国金融由改革开放之初的单一融资功能时代过渡到融资与财富管理并重时代。

表1－1　　金融体系与金融机构的历史演进情况

发展阶段	金融机构	服务对象	代表机构
金融体系发展初级阶段	金融产品发行机构	资金的使用者（企业、政府等）	投资银行
金融体系发展中级阶段	资产管理机构	资金的提供方（投资者）	公募和私募基金
金融体系发展高级阶段	财富管理机构	资金的提供方（财富客户）	独立财富管理机构

如表1－1所示，全球金融机构的历史演进恰恰体现了从融资到投资再到财富管理的理论逻辑。全球金融体系中首先出现的是投资银行，其目的是为政府发行债券和企业发行股票与债券进行融资服务；在金融体系发展中级阶段，公募和私募基金等代表投资者开展集合投资的机构开始大量涌现；而到了金融体系发展高级阶段，各种类型的独立财富管理机构开始对家庭部门的财富管理发挥作用。

金融市场（特别是资本市场）的发展对于实现现代金融体系的财富管理功能十分重要。从更深层次来思考，资本市场的存在究竟为了什么？资本市场其内在的生存逻辑主要是金融体系需要具有对资产和风险进行定价的能力。若缺少这种能力，金融体系就很难进行资产重组和存量资源的再配置，也就意味着没有财富管理功能。在这个内生逻辑之下，资本市场的发展对任何一个国家金

① 大致上，50%的临界值表示由金融市场配置金融资源的比例出现了超过金融中介的趋势，这种资产结构的变化意味着中国金融体系的主要功能和风险结构正发生变化。

融功能升级具有重要的推动作用。特别是像中国这样的大国，如果没有能够为金融资产和风险进行定价的资本市场，其金融功能就会停留在比较原始的状态，即主要为实体经济提供融资服务。

金融体系从单一融资功能过渡到融资与财富管理功能并重的发展动力来源于实体经济的需求。为实体经济提供融资服务仅属于金融体系的基本功能和初级层次。随着实体经济融资需求的提升以及投资者财富的积累，整个金融体系必然要依靠升级使得财富管理功能不断增强，逐渐达到融资和财富管理功能并重的状态。这是因为收入水平提高后，人们不仅要满足当前消费和投资的无风险收益需求，更产生了对更高层次上收益与风险在不同水平相互匹配的财富管理需求。这就要求金融市场形成一种机制以实现收益与风险在不同层次上的平衡。资本市场恰恰提供了这种制度和机制安排。因此，从本质上说，金融功能转型升级的动力来源于经济发展带来的需求变化。

从国内外代表性金融机构的营业收入构成上可以进一步为金融功能的变化趋势提供佐证。表 1 - 2、表 1 - 3 和表 1 - 4 分别归纳了花旗银行（中国）、高盛集团、中国建设银行的营业收入构成情况，各大银行经营业务呈现出多元化的态势，非传统信贷业务蓬勃发展。从高盛集团的经营情况可以看出，资产管理、经纪等业务已经成为其重要的收入来源。从花旗银行（中国）的业务构成上可以看出，手续费、佣金（净）收入和投资（净）收益占比正逐步扩大，利息净收入等传统业务收入的占比相应减小，这说明财富管理业务的地位正在提高。中国建设银行的营业收入构成也呈现出相似的状态，但相比之下，利息收入占比相对更高，这反映了国内金融体系市场化程度在未来还有较大的提升空间。

表 1 - 2　花旗银行（中国）营业收入构成情况（2012. 12—2017. 12）

单位：百万元

项目	2012 - 12 - 31	2013 - 12 - 31	2014 - 12 - 31	2015 - 12 - 31	2016 - 12 - 31	2017 - 12 - 31
营业收入	4630	4353	5511	5673	5077	5272
利息净收入	2690	2603	2792	2477	2091	2216
手续费及佣金净收入	497	618	938	1022	823	998
投资净收益	909	737	1092	1368	974	1150
公允价值变动净收益	34	- 266	48	291	310	- 675
汇兑净收益	343	627	602	470	631	1198
其他业务收入	156	35	38	44	247.00	389

资料来源：Wind 数据（花旗银行利润表）。

表 1－3　　高盛集团营业收入构成情况（2015. 12—2018. 9）　单位：百万元

项目	2015－12－31	2016－09－30	2016－12－31	2017－09－30	2017－12－31	2018－09－30
营业收入	219614	149836	212328	160872	209571	193195
利息净收入	19896	15032	17946	13499	19158	19097
经纪佣金收入	21559	16341	22254	15125	19936	16242
承销与投资银行费收入	45631	31967	43516	34711	48164	40023
资产管理费收入	38104	26097	37508	28200	37918	34031
自营业务收入	94423	60401	91104	69336	84396	83802

资料来源：Wind 数据（高盛集团利润表）。

表 1－4　　中国建设银行营业收入构成情况（2013. 12—2018. 9）　单位：百万元

项目	2013－12－31	2014－12－31	2015－12－31	2016－12－31	2017－12－31	2018－09－30
营业收入	508608	570470	605197	605090	621659	500047
利息净收入	389544	437398	457752	417799	452456	365725
手续费及佣金净收入	104283	108517	113530	118509	117798	96528
投资净收益	6318	6020	6652	19112	6411	12812
公允价值变动净收益	－1325	－263	3344	－1412	－32	905
汇兑净收益	1810	1768	2716	2817	14455	4472
其他业务收入	7978	17030	21203	48265	30571	22102

资料来源：Wind 数据（中国建设银行利润表）。

（二）支付清算功能的升级

支付清算是一项基本的金融功能，而安全、便捷的支付体系有助于促进实体经济的发展，是建设现代金融体系的必要条件。实体经济的运行需要金融体系为全社会的交易活动提供支付清算服务，支付清算的便捷性和安全性有助于整个经济降低交易成本、提高运行效率。在传统的金融架构下，主要由商业银行来承担全社会的支付清算活动，这构成了商业银行最基础的功能。随着中国金融的市场化、国际化，加上 FinTech 对金融基因广泛而深刻的影响，到 2018 年中国金融功能完成了支付业态的科技革命，实现了历史性跨越。数据显示，2016 年，第三方支付业务的支付笔数首次超过了传统非现金支付业务；2017 年，前者已经达到后者的 1. 78 倍；仅 2018 年第二季度，支付规模已达 50. 9 万亿元。

互联网金融中的第三方支付极大改善了支付功能的便捷性，甚至可以说是对传统金融支付工具、方式和理念的颠覆。这一金融创新不仅满足了客户灵活、便捷、安全的支付需求，推动了经济结构和消费模式的转型，实现了支付功能的技术革命和历史性跨越，同时并没有出现比传统金融支付工具更大的风险。其中的杰出代表“支付宝”（2018 年第二季度市场份额 44%）、“微信支付”（31%）已经成为中国金融现代化的名片，获得了社会和消费者的广泛赞誉。另外，以银联商务和快钱为代表的其他第三方支付服务商也在快速崛起，迅速占据市场份额。这意味着中国第三方支付市场的快速发展形成了良好的竞争环境，而优良的竞争环境也会推动支付清算功能的改进。因此，如果说资本市场的发展是对传统金融融资功能的颠覆，那么，互联网金融中的第三方支付则主要是对传统金融中支付功能的革命。

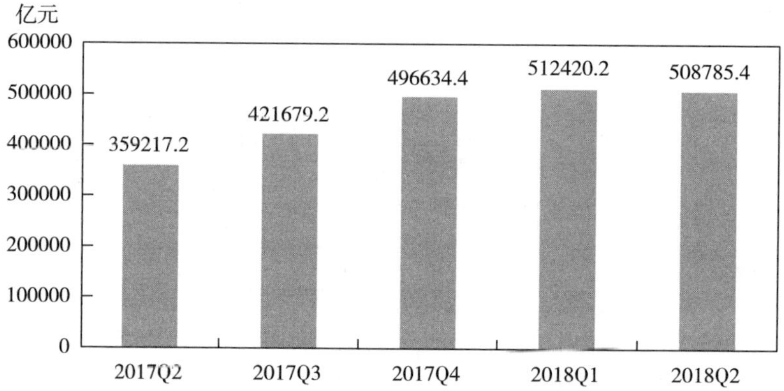

资料来源：Wind 数据、易观数据。

图 1-5　中国第三方支付市场交易规模（2017 年第二季度至 2018 年第二季度）

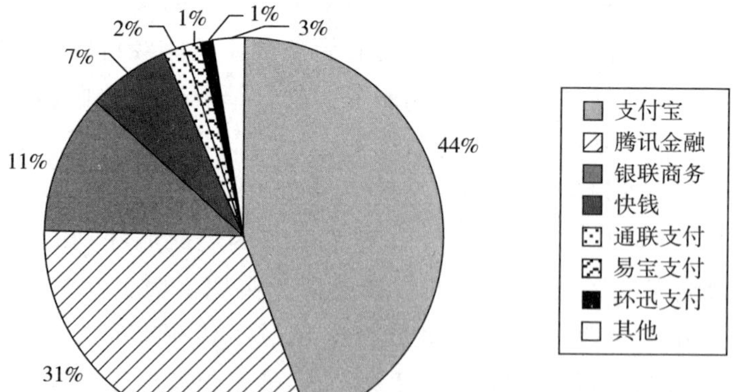

资料来源：Wind 数据、易观数据。

图 1-6　中国第三方支付市场份额（2018 年第二季度）

（三）金融资产（风险）的跨时空配置

金融并不能消灭风险，只能分散风险、转移风险。现代金融的本质内涵是转移风险。在当代，金融资产（风险）的跨时空配置愈发重要。一方面，随着知识经济的来临，科技创新在现代产业发展中居于重要地位，产业快速升级与迭代使资金供给方的投资收益不确定性上升，对于风险分散金融服务的需求增加。另一方面，随着实体经济需求的多样化和金融产品与工具的复杂化，金融机构、金融市场（特别是资本市场）的关联性不断加强。这些客观变化都要求金融体系具有更强的风险流量化功能与机制，在有效配置资源的同时，将藏身于金融体系内的风险分散。

在现代金融体系下发展资本市场的目的之一就是要使风险流量化，使之像浩浩荡荡的长江之水一样。金融体系是一种跨时空的风险分散与转移机制，它的核心功能是为整个经济体系创造一种动态化的风险传递方式。只有资本市场这种有别于传统商业银行的金融制度才真正具备这种功能。从金融逻辑上看，资本市场发展的初始动因是基于对传统金融或商业银行信贷融资的“去中介化”，亦即“脱媒”，市场替代金融中介完成金融资源配置，通过风险定价机制实现金融资源优化配置，这既满足了投资者自主选择和配置资产的需求，也平衡了企业或资金需求者在收益与风险之间融资工具的选择。正是从这个意义上说，基于资本市场的现代金融的核心功能表现为跨期风险配置。风险管理和配置功能的发展使金融交易和风险负担得以有效分离，从而使企业与家庭能够选择其愿意承担的风险，回避不愿承担的风险，最终提高企业与家庭的福利。

在未来，现代金融应是一种富有弹性的金融体系，包含能使风险流量化的金融安排。由于能够进行风险识别、衰减和释放，这种金融体系将能够改善传统金融体系面对金融危机的脆弱性。任何经济活动都是有风险的。无论是在以传统商业银行为主体的金融架构下，还是在以资本市场为核心的金融架构下，经济体系中的风险都会通过各种管道转变为金融风险，这些风险最终都有可能蔓延到金融体系中来。金融是一种转移风险的机制，是指现代金融必须创造出一种功能，使得整个经济体系的风险可以通过金融体系来转移，从而使得风险处于流动的状态。如果一种金融体系能够使经济体系的风险流量化而不是存量化，那么这种金融体系就是安全的、健康的、有效率的。存量化的风险有可能侵蚀金融体系的机体，从而严重损害金融体系的功能。现代金融最核心的功能就是要创造出一种能够使风险流量化的机制。今天，我们不能再按照“蓄水池”理论来构建我们的金融体系，因为“蓄水池”式的金融体系无法转移风险，而只能使风险沉淀。

3 现代金融体系的微观结构

现代金融体系是市场主导型的金融体系。这里说的“市场主导型”主要指的是金融体系的运行平台将发生根本性置换，金融资源的配置机制由媒介走向“脱媒”即市场，而不是金融活动要遵循市场规律，或者构建金融活动的市场机制这种含义。向现代金融体系过渡的过程中，金融的主要功能将从以融资为主变为融资与财富管理并重，最终走向以财富管理为主；金融的风险结构将从以资本不足风险为主演变为资本不足与透明度风险并存，最终走向以透明度风险为主。

在这个过程中，资本市场会渐进演变为现代金融体系的内核，这种以金融市场（特别是资本市场）为核心构建的金融体系与以商业银行为核心形成的金融体系，在微观结构上具有根本差异。首先，开放、透明具有成长性预期的资本市场将成为现代金融体系的重要基石，充分发挥存量资源调整、风险流动和分散、经济成长财富效应等功能。其次，随着金融市场（特别是资本市场）的发展，商业银行赖以生存的基础和环境将会发生重大变革，商业银行传统业务在金融体系中居核心地位和起主导作用的格局将受到根本性动摇，这种变革带来的商业银行资产与风险结构、经营管理上的调整与适应在目前表内和表外业务规模、结构变化中得到了充分印证。另外，如果说资本市场是现代金融体系的心脏，通畅的货币市场则主要负责流动性管理，它与商业银行一起形成大国金融的血液循环系统，同时发达的衍生品市场、成熟的外汇市场则将满足多元的金融服务需求，成为现代金融体系的重要组成部分。最后，现代金融体系在资产结构、风险结构和微观结构上的变化将包含对金融监管模式、架构、重点、方式的新要求。

3.1 现代金融体系下的资本市场

中国金融结构正在发生重要变化，金融业态呈现出多元化特征，金融功能正在由融资为主转向融资与财富管理并重，金融风险结构已由改革开放初中期的单一机构风险（资本不足风险）演变成如今机构风险与市场风险（透明度风险）并存。这种变化趋势体现了现代金融体系与传统金融体系在功能结构、风险形成及处置机制、财富形成过程、投资决策机制、收益与风险的匹配机制等方面的巨大差异。

这些差异决定了资本市场将从传统金融体系的“外围”逐渐成为现代金融体系的“内核”。这是因为资本市场所具有的存量资源调整、风险流动和分散、经济成长财富效应等三种重要功能，能够赋予现代金融体系生命力与竞争力。首先，资本市场从“外围”到“内核”的原动力不在于资本市场所具有的增量融资功能，而在于其所具有的存量资产交易功能。相比较增量融资而言，资本市场至少在规模上要劣于商业银行，但如果就存量资源（存量资产）的交易重组而言，资本市场则具有无可比拟的优势。在经济规模达到一定数量级后，资源配置的重心和难点不在增量，而在存量的流动和重新配置。其次，资本市场不仅具有优化存量资源配置的功能，而且具有使风险流动的功能，进而实现风险分散化，降低金融体系的风险。资本市场所特有的风险流动特征，客观上有助于提高金融结构的弹性。这与商业银行表现出的“风险沉淀”、“风险积聚”的特征完全不同。所以，资本市场带给社会的不是风险，而是一种风险分散机制。最后，资本市场在金融资产价值（w）与经济成长（g）之间构建了一种市场化的正函数关系，即 $w = f(g)$，从而为普通投资者创造了一种自由而公平的财富分享机制，这在一定程度上提高了经济增长的福利水平。

为了进一步推动资本市场的发展，顺应金融“脱媒”趋势，不断扩大证券化金融资产的规模，推动金融结构向着富有弹性、更加市场化的方向变革，需要将资本市场建设放在现代金融体系发展的核心位置上，促进资本市场发挥好主要功能和关键作用。

首先，建设开放、透明具有成长性预期的资本市场，使之成为现代金融体系的重要基石。当前，中国资本市场在市场规模、结构、制度规则体系、信息披露和透明度等基础环节与发展目标方面还有相当大的差距，这种差距更明显地表现在开放和国际化程度低等方面。中国资本市场未来改革的重点，除了推进金融资源配置机制的市场化改革外，还必须顺势而为地推进资本市场的对外开放，提高其在国际资本市场的地位和影响力，提升国际化程度，努力构建与中国大国经济地位相匹配的国际金融中心。在未来，中国资本市场应形成股票市场、债券市场与金融衍生品市场相互协调、共同发展的格局。其中，股票市场层次系列更趋合理，上市标准更青睐成长性企业，债券市场结束彼此分割、多头监管的状态，投资者队伍日趋多样化，市场功能进一步完善，市场规模更具发展持续性和成长空间。

其次，要重点关注企业生命周期前端的金融服务需求。积极发展 PE（私募股权基金）、VC（风险资本）、天使基金等多元化的资本业态，满足不同类型、发展阶段的企业多样化、异质性的融资需求。同时，推进场外交易市场建设并扩大市场覆盖范围，使中小企业可以在这个市场中获得定向融资和股权流转服务。

最后，完善资本市场的定价基准。从金融逻辑上看，资本市场发展的初始动因是基于对传统金融或商业银行信贷融资的“去中介化”，亦即“脱媒”，市场替代金融中介完成金融资源的配置，通过风险定价机制实现金融资源的优化配置，这既满足了投资者自主选择和配置资产的需求，也平衡了企业或资金需求者在收益与风险之间融资工具的选择。正是从这个意义上说，基于资本市场的现代金融体系的核心功能表现为跨期风险配置。由于这种功能实现的前提是存在一种市场机制形成的能够为金融资产定价提供基准的无风险利率，因此，在建设资本市场的同时，还需推进利率市场化改革，形成可靠的市场基准利率。

3.2 现代金融体系下的商业银行

改革开放40年来，市场化是中国金融体系变革的一个基本趋势。一方面体现在金融市场（特别是资本市场）相对重要性增强而商业银行传统业务的核心地位受到了挑战，具体指商业银行（及类银行）信贷资产在全部金融资产（CS口径）中的占比正持续下降。另一方面则表现为商业银行资产结构和风险结构在市场脱媒力量的作用下发生趋势性变化，这在商业银行的表内、表外业务规模和结构的调整中得到了充分印证。与此同时，科技力量对中国金融基础设施建设的影响在日益增强，也使得商业银行的经营管理、风险管理、资产管理出现了适应未来发展的新变化。

商业银行自身及其地位在现代金融体系与传统金融体系中存在着巨大的差异，这种差异实际上反映了实体经济对金融服务需求的变化。在传统金融体系中，商业银行居核心地位，起着绝对主导作用。这种核心地位和绝对主导作用主要表现在：（1）银行利率成为金融体系乃至社会经济活动的基准收益率；（2）居民金融资产的绝大部分表现为银行储蓄存款；（3）银行体系配置的资金规模在金融体系中处于绝对地位，庞大的银行资产缺乏流动性。然而，随着金融市场（特别是资本市场）的发展，银行利率正在丧失基础利率的功能，取而代之的是在竞争基础上形成的市场化基准收益率；居民金融资产结构由相对单一的储蓄存款走向多元，来自资本市场的证券化金融资产的比例呈逐步上升趋势；企业资金来源多样性也越来越明显。在这种趋势下，商业银行的传统业务在金融体系中居核心地位和起主导作用的格局将受到根本性动摇，商业银行的结构性变革势在必行。

在金融体系的市场化变革中，金融市场与商业银行相对地位的变化促进了商业银行自身的调整。改革开放之初，中国金融的功能相对单一，效率低下，主要通过传统商业银行体系实现，完成支付、清算和资源的聚集、分配，是一种典型的计划性金融机制，市场几乎不配置金融资源，这种情况大致持续到 2005 年股权分置改革之前。随着中国金融的市场化、科技化和国际化，到 2018 年中国金融不仅完成了支付业态的科技革命，实现了历史性跨越，而且金融功能呈现出复合化、结构性升级的特征，市场配置金融资源的比例不断提升。在这个过程中，商业银行完善了公司治理架构、信息披露机制和市场化运行机制，发展了创新型金融服务业务，改变了过度依赖传统信贷业务的局面。虽然目前商业银行依然是中国金融体系的主体，在未来相当长时间内可能仍是金融体系中最重要的组成部分，但随着金融市场（特别是资本市场）的发展，商业银行赖以生存的基础和环境正发生重大的变革。因此，商业银行必须持续推进自身的结构性变革，以适应正在发生重大变化的外部环境；否则，它就可能无法摆脱恐龙的厄运。

表外业务的发展壮大是商业银行顺应金融体系市场化趋势的结果。商业银行体系内部的资产结构、风险结构变化与整个金融体系的变革类似。这种变化表明商业银行为市场经济体提供流动性的功能在下降，财富管理的功能在上升。商业银行表外业务是一种轻消耗资本或不消耗资本的创新型金融产品，虽然可能表现为或有负债或或有资产，但从其占重要比重的委托代理类业务如理财产品而言，信息披露是监管的核心，透明度风险成了其表外业务，特别是理财产品最重要的风险。由此，在为投资者提供超越资金时间价值的风险投资的收益选择同时，商业银行自身也形成了与以往不同的风险结构，从过去相对单一的资本不足风险，过渡到资本不足与透明度风险并存。就在现代金融体系中的地位而言，资本市场是汪洋大海，各类金融机构和众多的投资者都是行驶在这汪洋大海之中吨位不同、功能不同的船或舰，在中国，商业银行就是这汪洋大海中的航空母舰。现在的商业银行已经演变成一种具有混合功能的金融中介。中国的商业银行从高山、平原、沙漠移向浩瀚无际的大海，意味着脱胎换骨式的变革，这种变革将极大提升中国商业银行的竞争力，改善中国金融体系的风险结构和弹性。

由商业银行表外业务和其他一些非传统社会融资渠道共同组成的“影子银行”已经发展成为商业银行传统信贷业务的重要补充。“影子银行”本质上仍然是沟通资金供给方与需求方的桥梁，在现阶段是传统金融体系向现代金融体系转换过程中的一种重要的、过渡性的金融安排。虽然从某些角度看，“影子银行”被认为缺乏监管、野蛮生长，但这类毛细血管对于遍布着融资需求的实体经济来说与主动脉一样重要。由于中小企业风险较大，风险识别难度非常大，“影子银行”目前在满足中小微企业、民营企业等特定融资对象的需求上，相对于大型商业银行更具有比较优势。未来，随着大数据、云计算、区块链等新兴技术的运用，商业银行将能通过金融拥抱科技的方式逐步优化金融基础设施，调整其体系内部的资产管理、风险管理、经营管理模式，从而对分布更靠后端的长尾客户提供金融服务。商业银行的客户群将下移，更多面对中小企业的融资需求。同时，现代金融体系中充分发展的资本市场和富有创新能力的金融服务提供商将能够进一步满足客户的多样化需求，从而对当前的“影子银行”形成替代。

3.3 现代金融体系下的货币市场、衍生品市场、外汇市场

现代金融体系的运行基础是金融市场，其中资本市场是金融市场的核心组成部分，货币市场、衍生品市场、外汇市场则是重要构成元素。具体地，货币市场为资本市场功能的正常发挥、为所有金融机构的资金调剂、为中央银行进行宏观调控提供了一个类似于“金融蓄水池”的市场平台；衍生品市场利用杠杆机制提高了金融效率，尤其是资本市场效率，满足了实体经济的风险管理需求；外汇市场的发展则有助于推进金融体系的对外开放和人民币国际化。未来，通畅的货币市场、发达的衍生品市场、人民币国际化将成为中国现代金融体系和国际金融中心建设的必备条件。

如果说资本市场是现代金融体系的核心，那么货币市场则与银行体系一起构成其血液循环系统，为整个金融体系和实体经济提供流动性。从投资者角度看，资本市场承担资产管理的职能，而货币市场则负责流动性管理。发达的资本市场与通畅的货币市场的有效衔接和转换，是现代金融体系有别于传统金融体系最重要的微观结构特征。尽管我国货币市场30多年来不断规范和发展，交易量不断攀升，交易主体类型不断增多，交易产品品种也不断增加，但由于我国货币市场的发展时间较短，宏观经济体制也处于转轨过程中，因此我国的货币市场依旧存在一些问题，比如流动性管理功能不完善，货币市场内部各市场之间缺乏有效连接，货币市场各种流动性工具不能流畅地相互转换，短期的流动性管理演化成长期资产管理，短期融资呈现出长期化、资本化趋势。未来，

现代金融体系中的货币市场应该是一个强大的、具有高度流动性的、有助于中央银行进行宏观调控的货币市场。货币市场应该拥有更丰富的交易品种、更完善的市场结构和监管制度，满足市场参与者的多样化需求，并与资本市场联系密切。

衍生品市场对于提升现代金融体系的运行效率和促进金融体系服务于实体经济有重要意义。一方面，衍生品市场能够把其他金融市场中的一些风险剥离出来，变成可交易的产品，通过在市场参与者之间实现收益与风险的重新分配，借助产品创新将风险转移给最能承受该项风险的参与者，或者由多个参与者共同承担，从而优化金融配置效率，有效管理风险。另一方面，衍生品市场的价格发现功能能够引导基础市场的走向，引导资本的合理流向，提升资源配置效率。然而，基础市场的市场化程度不足将严重约束衍生品市场的发展。没有基础市场的根基，衍生品市场只能作为金融研究的实验室而存在。所以，在现代金融体系中衍生品市场的成长与其他金融市场乃至宏观经济体系的发展紧密关联、相互促进。

外汇市场的制度建设与产品创新是金融体系对外开放的前提，金融体系的发展又为人民币国际化提供了实质内容和硬件保障。一方面，资本市场开放要求人民币得到更广泛的使用。资本管制的不断放松、人民币国际化进程的推进和外汇管理下的币值稳定能够为资本市场的对外开放吸引多元丰富、规模庞大的国际投资者，从而在资产需求层面助推资本市场的长期健康发展。另一方面，综观全球，健全的金融体系是货币国际化的有力保证，具体包括多元化、国际化的金融机构和功能齐全的金融市场，两者的良性互动会带来人民币国际化的早日实现和中国资本市场的不断完善及规范。因此，金融体系（特别是资本市场）的发展和开放与人民币国际化是相互推进的。我国金融市场存在市场分割不健全、产品单一、监管过度与监管不力同时并存、信息披露标准较低等问题，这样的市场即使能够吸引国际机构投资者，但它们所具有的波动性和不完善性，决定了国际机构投资者对它们的投资具有明显的短线操作特点，这就形成了对人民币国际化的硬约束。所以，现代金融体系中的外汇市场是金融体系开放的助推器和国际金融中心建设的指示灯。

3.4　现代金融体系下的金融监管

一国金融监管架构和监管重点，与该国金融结构和金融风险的特性有着密切关系。从传统金融体系向现代金融体系的转变过程中，证券化金融资产将逐步上升，最终占主要地位，商业银行传统业务涉及的信贷资产占比将持续下降。这种金融资产结构的变化将导致金融风险来源发生重大变化，金融风险的性质和结构也会由此发生重要变化。金融风险中透明度风险权重快速上升和资本不足风险的权重下降推动了金融功能的升级和调整，是传统金融迈向现代金融的重要标志，也是金融监管变革的主要动力。

在监管重点上，现代金融体系下的金融监管将更加关注透明度风险在整个风险结构中的核心地位。从广义上说，无论是股票发行主体上市公司的信息披露，还是债券发行和债券定价的前置条件的信用评级，其实质都可归属于市场透明度范畴，其信息内容既要客观、系统，信息发布又要公开、及时而完整，信息的接受载体是社会公众而不是特定个体。正是从这个意义上说，证券化金融资产或者说资本市场的基础风险来源于透明度不足，是一种典型的透明度风险。未来，随着证券化金融资产成为金融资产最主要的组成部分，资本市场成为现代金融体系微观结构的核心，对透明度风险的监管也将成为金融监管的重中之重。

在监管模式上，现代金融体系下的金融监管将实现微观审慎监管与宏观审慎监管的协调和功能上的一致。由于产品的复合和市场的传递效应，中国金融风险已经开始具有层次性和复杂性，这种特征在现代金融体系下将表现得更为明显。微观主体的个体金融风险与产品或工具的透明度风险以及产品间风险的互相感染，还有基于杠杆的市场及跨市场的风险传递和延伸，将使各种风险交织、扩散和杠杆化，从而容易形成系统性风险乃至危机。为了阻隔风险，防范风险外溢，必须在微观主体、产品和市场、宏观体系三个层面建立起相应的具有风险对冲、风险收敛、风险干预和逆周期的操作机制与操作工具。这要求现代金融体系下的金融监管要坚持微观审慎监管与宏观审慎监管在主体上分立、金融风险监管与金融体系稳定相衔接的基本原则。

在监管架构上，现代金融体系下的金融监管将会基于“一委一行两会”继续发展与完善。以前中国金融监管所实行的“一行三会”的分业监管架构已经被“一委一行两会”的新型监管架构所取代。前一种监管架构虽然有分工明确、职责清晰的优点，但缺点也非常明显，最重要的是监管协调差、监管真空大、风险溢口多，不利于协调创新与监管的关系。在新型监管架构下，由“一行”行使宏观审慎监管职能，维护整个金融体系的稳定；“两会”负责对微观行为和微观风险的监管，其中中国银行保险监督管理委员会侧重于金融机构的监管，证监会侧重于市场行为和市场风险的监管；而“一委”则负责对“一行两会”

进行协调。这种监管架构不仅关注微观审慎监管与宏观审慎监管的衔接与可转换性，同时将资本不足风险与透明度风险的监管进行了适当分离，因此与中国金融体系变革方向相一致。未来，随着现代金融体系的建立，监管架构必然需要因应这种变化而进一步发展与完善。

在监管方式上，现代金融体系下的金融监管将从传统监管走向智能监管与传统监管相结合并逐步以智能监管为主。传统监管以指标管理、窗口指导、政策干预等为特征，基本上是一种静态监管，新型监管方式将通过提高信息化能力完成向智能化动态监管的过渡。这种智能监管的基石是覆盖金融体系的云数据平台和科学、完整、结构化的风险指标体系。其中新兴科学技术在金融监管中的应用是监管功能提升的关键和有效预警、防范、衰减与干预风险的重要技术保障。未来，新型监管的内部结构、功能定位、操作工具、政策框架、指标体系和风险阈值都将立足于现代金融体系的特征而设立，从而控制风险的蔓延。

4　小结

在现代金融体系下，以证券化金融资产为主的资产结构将导致以透明度风险为主的风险结构，这种以资本市场为内核的金融体系在微观结构和金融监管上与以商业银行为核心的金融体系有根本差异。其中，开放、透明具有成长性预期的资本市场将成为现代金融体系的重要基石；为了与基础环境相适应，商业银行的资产与风险结构、经营管理将发生重大变革；通畅的货币市场、发达的衍生品市场、成熟的外汇市场将成为现代金融体系的重要组成部分；基于现代金融体系下资产结构、风险结构与微观结构的变革，透明度监管将成为金融监管的重中之重，并借助于新型的监管架构实现微观审慎监管与宏观审慎监管的协调和功能上的一致。作为一种市场主导型的金融体系，现代金融体系将助力中国成为新的国际金融中心。

参考文献

［1］吴晓求，赵锡军，瞿强，等．市场主导与银行主导：金融体系在中国的一种比较研究［M］．北京：中国人民大学出版社，2006.

［2］吴晓求，等．中国监管改革：逻辑与选择［J］．财贸经济．2017（7）．

［3］吴晓求．五大要素构建中国现代经济体系［N］．人民日报海外版，2017－11－28.

［4］Acharya，V. and Z. Xu. “Financial dependence and innovation：The case of public versus private firms." *Journal of Financial Economics*, 124, 223 – 243, 2017.

[5] Arrondel, L., Debbich, M., & Savignac, F. "Stockholding in France: the role of financial literacy and information". *Applied Economics Letters*, 22, 1315 – 1319, 2015.

[6] Asli, Demirguc – Kunt and Levine, Financial Structure and Economic Growth: A Cross – Country Comparison of Banks, Markets, and Development, the MIT Press, 2004.

[7] Allen et. al., Financial Intermediation, Markets, and Alternative Financial Sectors, In Handbook of the Economics of Finance, Elsevier, 2013.

[8] Bodie, Z., R. Merton, D. B. Crane, etc., Global Financial System, Harvard University Press, 1995.

[9] Canner, N., Mankiw, N. G., & Weil, D. "An Asset Allocation Puzzle". *American Economic Review*, 81, 181 – 191, 1997.

[10] Calvet, L. E., Campbell, J. Y., & Sodini, P. "Measuring the financial sophistication of households." *American Economic Review*, 99, 393 – 398, 2009.

[11] Calvet, L. E., Sodini, P. "Twin Picks: Disentangling the Determinants of Risk Taking in Household Portfolios." *Journal of Finance*, 69, 867 – 906, 2014.

[12] Goldsmith, R. W., Financial Structure and Development, Yale University Press, New Haven, 1969.

[13] Guiso, L., & Sodini, P. "Household Finance: An Emerging Field". In Handbook of the Economics of Finance, Elsevier, 2013.

[14] Hsu, P. and X. Tian, et al.. "Financial development and innovation: Cross – country evidence." *Journal of Financial Economics*, 112, 116 – 135, 2014.

[15] Rajan, R. G., Zingales, L., "Financial Dependence and Growth", *American Economic Review*, 88, 559 – 586, 1998.

第2章　现代金融体系中的商业银行：结构改革与功能转型

摘　要

商业银行在我国金融体系中一直处于重要地位，因此必须正确认识商业银行在现代金融体系中的地位与作用。本章首先回顾了发达国家商业银行的发展历程以及我国商业银行的改革历程，从中总结出银行业演进的特点，即：从间接融资主导到直接融资主导或占比显著提升；从分业经营到混业经营，从表内业务为主到表内表外业务并重，从资源配置功能到财富管理功能，从人力密集型到技术密集型。文化与法律因素对金融体系演进有深刻影响。结合当前中国经济发展的阶段性特点，分析未来我国银行业将面临的新环境：财富管理需求凸显，金融脱媒深入发展，表外业务显著扩张，科技对银行业改革推动增强。因此，商业银行功能在现代金融体系中需再定位：支付中介职能弱化，信用中介职能部分被替代，货币创造职能稳固，财富管理职能强化。最后，我们提出并分析了我国商业银行向现代金融体系转型的几个关键问题。

1　现代金融体系与商业银行演进逻辑

任何现代金融体系的形成不是凭空设计出来的，必然有其历史传承和路径依赖，通过回顾国际和中国银行业发展、改革历程，我们总结了银行业迈向现代金融体系的探索过程，寻找其中的现代性因素，以及那些在根本上很难改变的基因，后者是中国现代金融体系构建中必须考察的元素。

1.1　国际银行业发展史概览

1.1.1　美国银行发展史

（一）自由发展阶段

1838 年颁布的《自由银行法》开启了美国银行业宽松自由发展的时代，不仅准入门槛较低，也允许混业经营。1927 年《麦克法登法》禁止银行跨州设立分支机构，使各州内部的小银行迅速壮大。由于缺乏规范有效的监管，银行业的高速发展伴随着乱象丛生。很快，20 世纪 30 年代初的大萧条使得近万家银行破产倒闭，严重破坏信用体系，进而影响到大量企业的正常经营，由金融危机引发了经济危机。后来，人们认为商业银行的混业经营模式是引发大萧条的重要原因。

（二）分业经营阶段

1933 年美国国会颁布《格拉斯—斯蒂格尔法》，禁止银行混业经营，限制小额存款利率，银行业自此进入严格管制期。这一时期，银行业经营业务较单一，经营范围、业务规模受限，非利息收入占比迅速下降，从 1935 年的 32. 87% 下降到 1981 年的 7. 04% 。

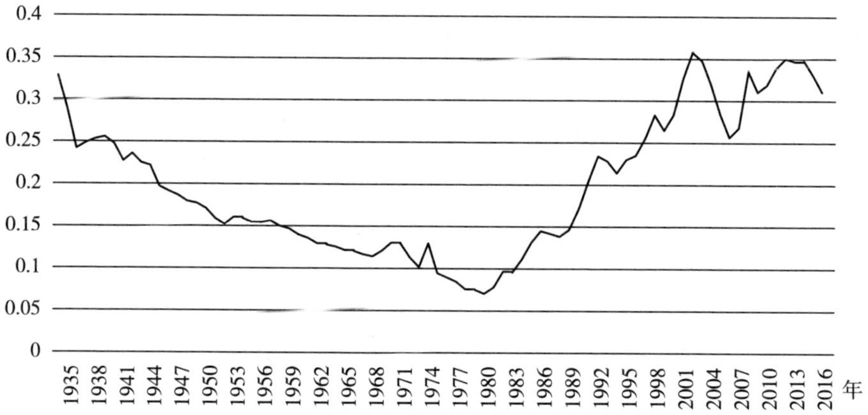

资料来源：美国联邦存款保险公司（FDIC）。

图 2 – 1　美国银行业非利息收入占比

而随着二战后海外市场需求增加，为谋求业绩增长，银行业开始拓展国际业务。对于当时的美国银行业而言，在海外开设分支机构不仅不受分业经营限制，也可以突破利率管制等国内严格的监管，美国银行业逐渐在国际市场中占据领先地位。

（三）利率市场化阶段

20 世纪六七十年代，美国财政赤字巨大，国际收支情况恶化，美元信誉受冲击，多次爆发美元危机。1973 年 3 月，欧洲共同市场九国达成协议，对美元实行浮动汇率，布雷顿森林体系全面瓦解。这一时期，美国银行业面临严重的利率风险和汇率风险，1980 年依据《存款机构放松管制的货币控制法》成立存款机构放松管制委员会，承诺逐步取消对定期存款利率的最高限制（“Q 条例”）。1986 年

《储蓄机构取消管制和货币控制法》和《储蓄机构法》相继出台，美国彻底实现利率市场化，为银行业带来机遇与挑战。金融市场脱媒程度加剧，传统存贷业务规模难以扩张，利息收入不再稳定，银行业竞争日益激烈，经营风险加剧。银行业盈利模式逐渐发生变化，从传统商业银行业务转向综合化经营，银行业非利息收入占比从 1981 年 7.04% 的历史最低水平，到 1993 年已经迅速攀升至 23.42%。

（四）完善监管阶段

随着全球经济一体化的发展，金融业也开始迅速国际化。为了抢占市场，这一时期各国纷纷走上金融自由化的发展道路，对银行业放松管制。1999 年《金融服务现代化法》放开银行业经营领域，美国银行业的业务向全金融业快速拓展，宽松的管制在促使银行业高速发展的同时也埋下了危机的种子。2008 年次贷危机后，《多德—弗兰克法》尽管保留了混业经营的基本框架，但对银行表外业务与自营交易做了严格的限制，尤其加强对衍生品交易等高风险业务的监管，保护金融消费者的权益。美国银行业非利息收入占比在 2003 年达到 35.77% 后，一直在 30% 上下徘徊，脱离近 20 年快速上升的趋势。而中间业务的结构也发生了变化，缩减交易、证券化与衍生业务，更注重业务的深度发展满足客户需求而不再盲目扩张规模。

1.1.2　欧洲银行发展史

工业革命对资金的大量需求推动了欧洲银行业的兴起。在与高利贷者的斗争中，股份制商业银行成为银行业主要的组成部分。随着工业革命的发展与资本主义市场经济的需要，许多小型商业银行逐渐合并成为大型商业银行，在增强资本实力的同时，分支网络也逐渐完善。

二战后到 20 世纪 80 年代初，欧洲各国的银行业都受到严格的管制与保护，不仅银行业竞争度弱化，银行业的业务范围也受诸多限制，因此这一时期欧洲银行业主要是以传统信用中介业务为主。

从 20 世纪 80 年代开始，随着经济全球化与金融自由化大潮，欧洲银行业也逐渐放松了管制。1993 年开始生效的《关于协调有关从事信贷机构业务的法律、法规和行政规章以及修改 77/780 欧共体指令的第二项理事会指令》允许信贷机构跨国经营并从事全能银行的全部业务。而资本市场的快速扩张与高速发展的信息技术在金融业中的广泛应用，使得银行业在金融体系中的传统优势弱化，迫使欧洲银行业转型。

1985 年欧洲有 12659 家银行，到 2016 年已经只剩下 3167 家，而银行业总资产却从 6.47 万亿欧元大幅度上升到 33.41 万亿欧元。欧洲银行业集中度上升使得风险承担能力提高的同时，并没有因为市场竞争度降低导致大银行通过更大的市场力量获取更大的利差。事实上，近年来欧洲银行业的利差一直维持在极低水平，尤其是对非金融部门的贷款利差。以德国为例，2018 年 9 月对家庭部门与非金融企业部门的新增贷款利差仅为 1.31%，其中对非金融企业部门贷款利差降低至 1.19%。

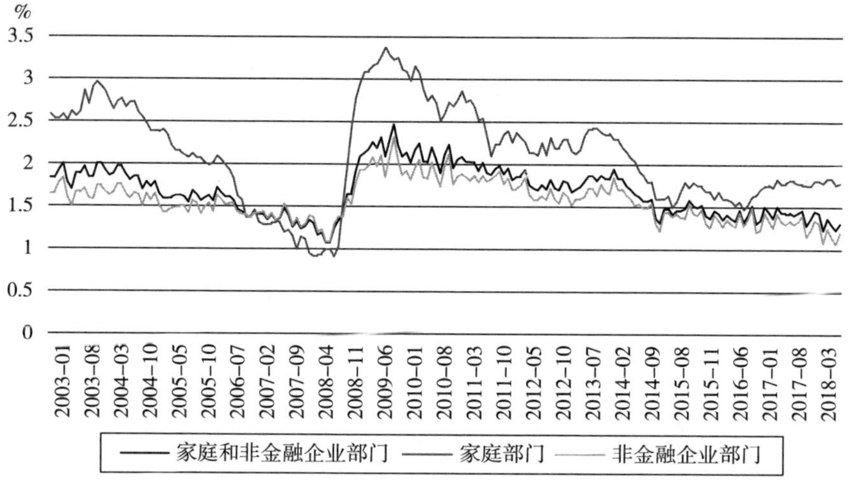

资料来源：欧洲中央银行（ECB）。

图 2-2　德国银行业新增贷款利差

由于利差的收窄，欧洲商业银行越来越多地通过各种传统和非传统的金融服务赚取非利息收入，欧洲银行业的收入结构发生了显著变化，非利息收入占总收入的比重日益提高。1990 年欧洲银行业整体非利息收入在总收入中的比重仅为 29%，在 2007 年已经达到 56%，说明银行业的盈利模式发生了根本性变化。但在 2008 年国际金融危机与 2010 年欧债危机后，欧洲银行业在去杠杆的同时，也大幅降低了非传统业务中衍生品等风险较高的业务比重，在某种程度上出现“再中介化”。2017 年非利息收入占比下降到 42.63%，但仍然是欧洲银行业极为重要的盈利来源。

1.1.3　日本银行发展史

二战之前，日本各大财阀集团旗下的银行在制度支持下迅速壮大，形成二战后日本银行业的基础。而战时银行与企业之间的配对以及银行深度参与企业经营，形成了主银行制度的雏形。战后日本银行业的发展主要有以下几个阶段。

（一）战后恢复时期

由于战争导致银行大量坏账出现，战后日本面临严重的资金短缺问题，但严重的通货膨胀意外化解了这个问题。从1950年开始，日本政府出台多项法律法规，批准成立多个中小企业金融专门银行，建立起以城市银行为中心的系列贷款体制。

（二）经济高速增长时期

战后日本建立了类似于美国的分业经营制度，但商业银行被允许直接持有企业股票，奠定了发展主银行制度的基础。主银行将属于其系列的企业的资金需求放在优先地位，一旦市场上资金紧张，那些以大银行为主银行的企业将具有显著的融资优势，因此在一定程度上避免了金融周期的负面影响，促进了日本经济的腾飞，而商业银行也通过所持企业股份获得了极大的收益。

（三）经济稳定发展时期

20世纪70年代初到80年代末，日本经济发展速度放缓，企业部门的资金需求不再快速上升。同时经过几十年的经济发展，日本财富迅速积累。在多方面因素共同作用下，市场上资金不再紧缺并很快转变为资金过剩，主银行制度的基础发生了动摇。

日本银行业将过剩资金投入本地证券与房地产市场，催发了股市与房地产市场的迅速泡沫化。同时由于1985年《广场协议》的签订，日元快速升值，日本银行业国际化浪潮迅速展开，特别是对日本企业在美国的并购活动的支持。国际业务逐渐成为日本银行业的主体业务之一。但是随着90年代初日本经济泡沫的破灭，日本银行业的发展也随之陷入困境。

（四）经济停滞时期

经济泡沫的破灭对日本银行业造成了极大冲击，主银行制度也暴露出很严重的缺点。在股市处于上升通道时，商业银行可以获得很高的溢价收益，但当股市快速下跌时，商业银行的资本迅速下降，经营状况迅速恶化。而商业银行对企业贷款大都以不动产和股票作为抵押，在泡沫破灭之后，银行不仅无法收回贷款，而且不良债权迅速上升。大量不良债权使得银行业活力降低，更难满足企业部门的需求。

日本中央银行采取了一系列超宽松金融政策帮助商业银行处理坏账并提高资本充足率，银行业经营状况逐渐改善。这一时期由于传统依赖存贷利差的盈利模式受到冲击，日本银行业开始扩张表外业务作为新的收入增长点，非利息收入在经常性收入中的占比从2000财政年度的30.76%到2016财政年度已经超过了40%。由于日本银行业有经济泡沫的惨痛教训，较少参与与次级贷款证券化相关金融产品的交易，在2008年国际金融危机之中并没有受到较大冲击。

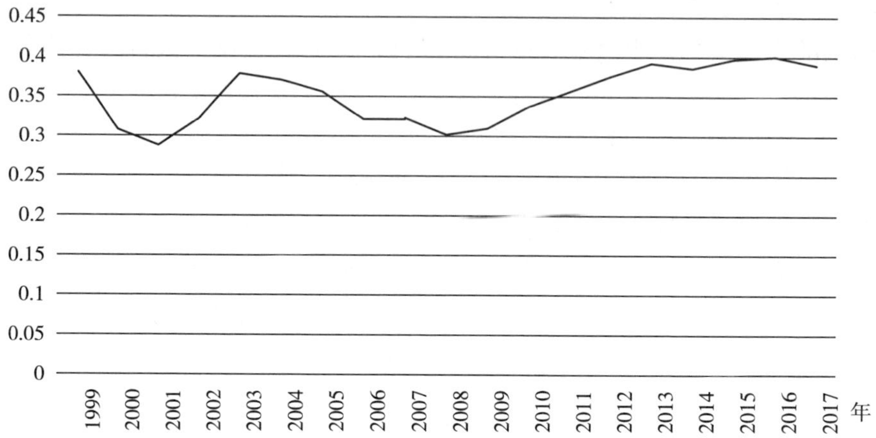

资料来源：日本全国银行协会。

图 2-3　日本银行业非利息收入占比

1.2　中国商业银行的改革历程：迈向现代金融体系

1.2.1　改革初期的银行业：从财政职能到金融职能

1978 年，党的十一届三中全会召开，我国进入了改革开放新历史时期，中国金融体制改革和银行业改革也随之展开。1978 年 1 月，中国人民银行从财政部独立出来，升格为国务院部委一级单位，这为其此后成为中央银行做了铺垫。此后中国农业银行恢复，中国银行从中国人民银行分离。中国人民建设银行的行政级别上调，主要行使基本建设财务管理的财政职能，而为了增强其银行性质，国家将财政预算中的基本建设投资改为建设银行贷款。1984 年成立中国工商银行，承接原由中国人民银行办理的工商信贷和储蓄业务，中国人民银行专门行使中央银行职能。自此，我国银行业体系转变为以中央银行领导、四大专业银行配套为主的二元银行体系。

自 20 世纪 80 年代中期开始，中国的金融体制改革逐步深入，专业银行逐渐向商业银行转型。交通银行重组、股份制银行相继成立、邮政储蓄系统建设以及城市商业银行建设初步确立了多元化银行体系。在这一阶段，我国银行体系的功能不断强化，银行杠杆逐渐代替财政推动经济发展。

1.2.2　商业化改革时期的银行业：商业银行体系的建立

以 1993 年 12 月 25 日国务院作出《关于金融体制改革的决定》和 2002 年召开第二次全国金融会议为节点，可将 1994 年至 2002 年这一阶段划分为银行业商业化改革深化阶段。改革的主要内容包括：（1）国有银行市场化改革，扩大经营自主性；（2）三家政策型银行组建，使国有银行摆脱政策性任务；（3）建立农村信用社，服务农村经济；（4）组建城市商业银行，化解部分城市信用社积聚的风险；（5）逐步实现对外资银行的开放，从 1994 年到 2002 年，我国外资银行发展相当迅速，资产总额由 1914000 万美元增长至 3915000 万美元，翻了一番；（6）加强金融监管、建设健全监管制度和调整金融监管机构，初步形成现代化的风险监管体系。

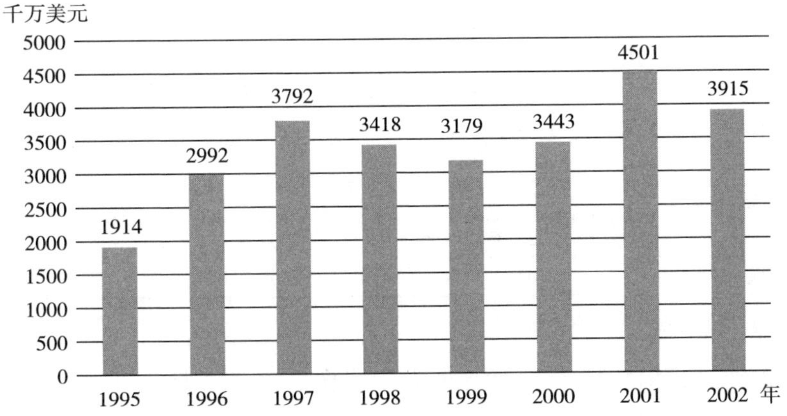

资料来源：《中国金融年鉴》（1999—2003 年）

图 2－4　1995—2002 年外资银行资产总额

1.2.3　股份制改革时期的银行业：与国际接轨的现代银行业

在这一时期，国有银行改革的主题是股份制改造，除农行外，三家国有银行均完成了上市。具体改革措施包括：（1）建立四大资产管理公司，处理不良资产。（2）中央汇金公司注资四大行，充实资本。具体包括：2003 年底，分别注资中国银行和中国建设银行 225 亿美元和 225 亿美元；2004 年 4 月，注资交通银行 30 亿元人民币；2005 年 4 月，注资工商银行 150 亿元。（3）在改善资本机构、完成政府注资、引进战略投资者之后，四大行相继上市。

表 2－1　国有四大银行上市情况

银行	境内上市		境外上市	
	时间	地点	时间	地点
中国银行	2006 年 7 月 5 日	上海证券交易所	2006 年 6 月 1 日	香港联合交易所
中国工商银行	2006 年 10 月 27 日	上海证券交易所	2006 年 10 月 27 日	香港联合交易所
中国建设银行	2007 年 9 月 25 日	上海证券交易所	2005 年 10 月 27 日	香港联合交易所
中国农业银行	2010 年 7 月 5 日	上海证券交易所	2010 年 7 月 5 日	香港联合交易所

资料来源：根据公开资料整理。

股份制商业银行的格局在国有银行进行改革期间基本同步确定。2005 年 12 月渤海银行股份有限公司在天津成立，形成了 12 家股份制银行并存的局面。这一阶段，股份制银行主要通过引进战略投资者、上市来充实资本金、改善公司治理结构。

表 2－2　　　　股份制银行上市与引入战略投资者时间表

股份制银行	上交所/深交所上市	香港联交所上市	引入战略投资者
深圳发展银行	1991 年 4 月		2004 年
浦发银行	1999 年 11 月		2002 年
民生银行	2000 年 12 月	2009 年 11 月	2004 年
招商银行	2002 年 4 月	2006 年 9 月	
华夏银行	2003 年 9 月		2005 年
兴业银行	2007 年 2 月		2004 年
中信银行	2007 年 4 月	2007 年 4 月	2006 年
交通银行	2007 年 5 月	2005 年 6 月	2004 年

资料来源：根据各银行公开资料整理。

城市商业银行依托地方政府通过资产置换、增资扩股等方式，提高了资产质量。另一方面城市商业银行通过利润留存、增资扩股等方式提升了资本充足率。同时，城市商业银行也积极引入境外机构投资者，以增强风险控制能力、提高经营管理水平并提升业务创新能力。外资银行快速发展，尤其是在中西部地区和东北地区，逐步实现了在全国的均衡发展。

这一时期的标志性事件还有 2003 年 4 月 28 日银监会挂牌成立，正式开始履行银行业监督管理职责。银监会的成立结束了人民银行集货币政策制定和银行监督管理于一身的时代，标志着我国银行业监管进入新阶段。

1.2.4　次贷危机之后的银行业：国际化、综合化经营加速

2007 年美国爆发次贷危机，经济的全球化发展带来了金融危机的全球性传染，我国银行业不可避免地受到负面影响。为了保持国内经济稳定发展，国务院出台了扩大内需的十项举措，实施了货币宽松等政策，整体来看，我国在次贷危机中受到的影响较小，经济仍然保持较高速发展。

这一时期，我国银行业资产总量由 2009 年末的 78.8 万亿元增长至 2017 年末的 252 万亿元，增长了 2.20 倍；安全性方面，我国商业银行 2009 年整体加权平均资本充足率为 11.4%，2016 年则达到 13.65%；盈利性方面，全行业税后净利润由 0.67 万亿元增长至 2.2 万亿元，增长了 2.28 倍；流动性方面，全行业流动比例由 46.4% 增长至 50.03%，增加了 3.63 个百分点。整个银行业在人民

银行、银监会的监督指导下形成了规范的行业格局，各银行在稳健经营的基础上实现了盈利水平的不断提升、创新能力的显著提高。同时，我国银行业开始积极布局海外业务，纷纷设立海外分支机构。

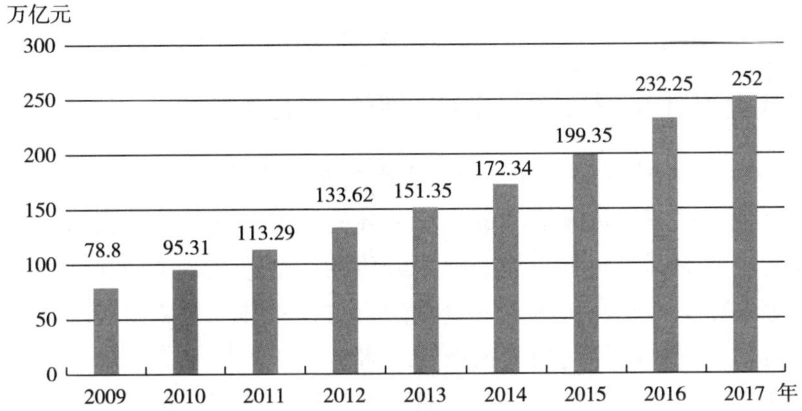

资料来源：银监会2009—2016年年报、《中国金融稳定报告2018》。

图2-5　银行业金融机构总资产

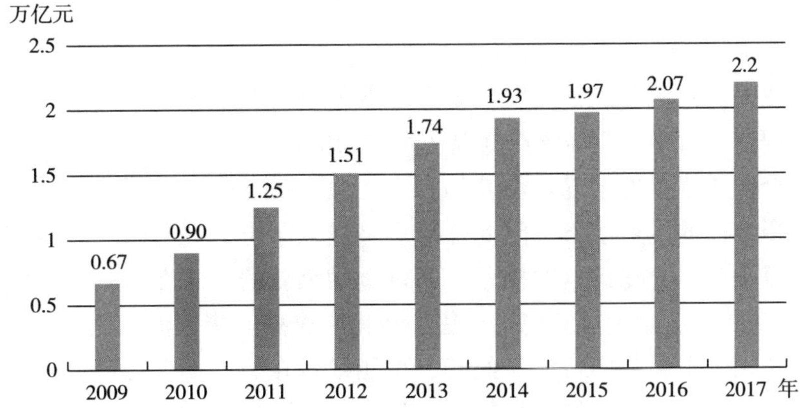

资料来源：银监会2009—2016年年报、《中国金融稳定报告2018》。

图2-6　银行业金融机构税后利润

这一时期我国民营银行实现了从无到有的突破。2014年3月，银监会公布首批5家民营银行试点名单。截至2017年底，获得银监会批准开业的民营银行已达17家，随着2017年11月18日安徽新安银行正式开业，目前已全部开业。截至2017年底，我国民营银行资产总额为3381.4亿元，2017年净利润增长率超过200%，不良贷款率显著低于商业银行平均水平。整体来看，民营银行运行稳健，创新活力强，差异化定位于服务“三农”、小微企业。

在监管方面，银监会积极引导银行优化信贷结构，提升信贷资源配置效率，更好地服务于实体经济。银监会以《巴塞尔协议Ⅲ》为核心的国际新监管标准作为主要参考，建立了符合中国国情的银行业新监管标准。

1.3 现代金融体系形成过程中商业银行演进的特点总结

（一）从间接融资主导到直接融资主导或占比显著提升

一般来说，对于金融体系以银行为主导的国家，其直接融资占比相对于以资本市场为主导的国家较低。但是随着经济的发展，在过去数十年中，无论是高收入国家还是中等收入国家，其直接融资占比总体上一直处于上升趋势。当然，对于资本市场极度发达的美国而言，直接融资占比一直较为平稳地处于高位，进一步上升的空间相对较小。而对于其他国家，直接融资占比的上升往往伴随着经济的中高速发展，无论是20世纪的日本与德国，还是现在的新兴市场国家印度尼西亚、巴西、印度等。即使日本与德国的金融体系，传统上以商业银行为主导，但是随着资本市场的发展，其直接融资占比已经显著大于间接融资占比。

（二）从分业经营到混业经营

从分业经营向混业经营的发展是金融业的重要发展规律。在美国，金融业经过了从混业经营到分业经营再到混业经营的历程。在20世纪30年代大萧条之前，美国金融业一直处于混业经营的状态，但大萧条中人们将危机归咎为商业银行与投资银行的混业经营，因此金融业又进入了分业经营时代。但是美国银行业并未停止对综合化经营的探索，通过金融创新的方式在监管法规的边缘游走。直到1999年《金融服务现代化法》再次将金融业带入混业经营时代。而德国金融业长期以来一直实行混业经营，全能银行在德国的金融体系中占据绝对主导地位。而英国金融业与日本金融业均在20世纪90年代前后进行了改革，允许银行采用金融控股公司模式提供包括证券业务在内的综合性金融服务。

在2008年国际金融危机之后，各国均加强了对金融业的监管，但是其本质是化解金融机构“大而不倒”的困境，保护金融消费者权益以及将分业监管转换为综合监管以适应混业经营，并在控制微观风险的同时进行宏观审慎监管，以防范系统性风险爆发，而不是全面限制金融业的综合经营。当前，我国的金融业综合经营同时面临着机遇与风险。在经济新常态下，供给侧结构性改革推动产业加速转型升级，实体经济对金融服务的需求更加综合化。同时，随着整体经济的高速发展，全社会居民财富快速积累，对以金融资产配置为核心的财富管理需求迅速扩大。综合化金融服务需求要求我国的金融体系必须有供给综合化金融服务的能力，从而在根本上要求我国金融体系向混业经营发展。

（三）从表内业务为主到表内表外业务并重

自20世纪80年代以来，西方银行业盈利模式发生了显著的变化，传统利差收入占比越来越低，而表外业务收入在总收入中的占比持续攀升。20世纪80年代初美国银行业的非利息收入占比为20%左右，到2008年金融危机之前已经超过了40%，花旗银行与富国银行等大型商业银行甚至超过了60%。金融危机之后受到监管加强的影响，美国银行业的非利息收入在2010—2013年降到35%～40%的水平，在2014年下降到30%左右，但是对于花旗银行与富国银行等大型商业银行，非利息收入占比仍在50%左右。德国银行业的非利息收入占比从20世纪80年代15%左右到2000年提升到32.54%，此后除了发生金融危机的2008年之外，一直维持在30%左右。而日本银行业的非利息收入占比在20世纪后期一直维持在30%以下，到了21世纪提高到30%以上，其中在少数年份接近40%。中国银行业的非利息收入占比从2003年约16%上升到2017年24.23%，其间除了少数年份同比有所下降之外，基本呈现缓慢上升的趋势。尽管我国商业银行整体表外业务规模占表内总资产规模的比例相对于花旗银行等国际大型商业银行并不大，但是绝对规模已经非常庞大。由于我国商业银行表外业务管理仍然较为薄弱，表内外风险可能出现交叉传染问题。

表外业务的发展是由多种因素促成的。20世纪末期，随着各国金融监管放松，金融自由化迅速推进，商业银行的传统利差收入受到较大冲击。商业银行的经营理念转变为提供基于客户需求的综合金融服务，从而激发了表外业务的迅速扩张。而科技的发展进一步促进了金融创新与表外业务的发展。尽管如此，刘明彦（2012）认为净利息收入仍然是商业银行的主要收入来源，同时非利息收入相对净利息收入波动性更高。因此传统表内业务并不会被表外业务所替代，只是随着混业发展，商业银行的综合经营要求商业银行做到表内业务与表外业务并重。

（四）从资源配置功能到财富管理功能

由于以吸收存款与发放贷款为基本模式帮助市场资金供给者与需求者之间进行资金融通的传统商业银行业务受到资本市场直接融资与金融科技创新的冲击，商业银行的业务结构与盈利模式逐渐发生变化，其中财富管理业务正快速成为商业银行新的业务支柱。

国际顶级商业银行财富管理业务的快速发展尤其明显。花旗银行的财富管理业务设在全球客户银行（Global Consumer Banking）业务之下。2017 年全球客户银行业务总收入为 326.97 亿美元，占集团总收入比重为 45.76%，税后净利润为 46.34 亿美元，占集团税后净利润比重为 29.34%。2017 年第四季度正是由于财富管理业务与信用卡业务的快速发展弥补了零售贷款收入的下滑，推动花旗集团全球客户银行业务在亚洲地区的收入年增速达到 8%。而瑞士联合银行集团的财富管理业务对集团收入与利润的贡献值更是长期领先于其他部门，2017 年其旗下财富管理公司与美洲财富管理公司的总利润占集团总利润的 66.50%。

表 2-3　瑞士联合银行集团各业务部门利润　单位：百万瑞士法郎

年份	财富管理	美洲财富管理	个人与公司银行	资产管理	投资银行	公司中心	总额
2013	2247	858	1458	576	2138	-4004	3273
2014	2326	900	1506	467	-84	-2655	2461
2015	2689	718	1646	584	1892	-2039	5489
2016	1948	1107	1760	452	1004	-2181	4090
2017	2295	1208	1578	578	1249	-1639	5268

资料来源：瑞士联合银行集团年报。

（五）从人力密集型到技术密集型

随着科技的发展，金融业与其他绝大多数传统行业一样，都从人力密集型向技术密集型发展。传统商业银行的大部分业务都需要通过工作人员现场完成，同时还需要足够的后台人员为前台人员提供业务支持。随着计算机科学与网络的发展，商业银行的许多传统业务都可以通过线上完成，尤其是大部分的个人客户柜台业务都可通过网上银行与手机银行进行，因此对柜台人员数量的需求下降。另一方面，商业银行传统的对于信贷的线下审批模式可以转换为利用大数据分析技术线上对客户进行内部评级，通过大数据分析甚至机器学习完成授信提案、贷后回款管理等工作。尽管仍然有一些客户信息的获取需要现场调查来完成，但是总体上对于线下审批人员的需求仍然大幅下降。而自动化办公系统的发展也减少了对后台人员的需求。

当前高速发展的金融科技更是对金融业传统经营模式产生了巨大的冲击。互联网科技公司基于海量数据使用先进的金融科技技术可以提供大量类银行业务。特别是针对长尾客户群体的个人贷款、中小企业贷款、财富管理等零售业务逐渐被以大型互联网公司为核心的金融科技服务平台侵蚀，威胁到传统商业银行的盈利甚至生存。未来为了与金融科技公司竞争，银行业必须提升自身业务的科技含量，提高传统业务效率并基于客户需求不断创新，向科技化商业银行发展。

（六）文化与法律因素对金融体系演进的影响

发达国家中，德国和日本金融体系长期由银行主导，而以美国和英国为代表的国家则长期维持“市场主导型”的金融体系，显然这些发达国家并没有因为金融体系的迥异而影响宏观经济的长期增长。这说明不是只有一种类型的金融体系可以支持宏观经济的增长，反过来说宏观经济的长期增长并不必然导致金融体系类型的收敛。

实际上，不同的法律体系与不同的文化背景都会影响金融体系的形成与变迁。Monnet 和 Quintin（2004）认为尽管各国金融体系的发展在一定程度上存在趋同性，但是其部分原有结构特征将长期保留，因为打破金融体系有很大的成本。Allen 等（2006）发现民众对风险与不确定性的偏好程度将影响一个国家的金融体系发展方向。陈雨露和马勇（2008）发现社会信用文化对金融体系结构的选择有重要影响，同时普通法系国家更倾向于选择“市场主导型”的金融体系，而民法法系国家则更倾向于选择“银行主导型”金融体系，这与LLSV（1997）的结论完全一致。马勇（2012）发现崇尚规则与权威的社会文化的社会更容易形成“银行主导型”的金融体系，而崇尚自由和民主的社会文化的社会“市场主导型”的金融体系更容易形成。因此我国现代金融体系的发展必然受到文化与法律等非经济因素的重要影响。

2　现代金融体系中商业银行面临的新环境

金融体系作为整体经济体系中的一个子系统，其发展方向与要求与客观环境是密不可分的。客观来说，改革开放以来，中国商业银行顺应经济发展的需要，在资本市场处于萌芽或初期阶段，作为市场融资坚实的基础，作出了巨大的贡献。但随着中国经济发展进入“新常态”，商业银行面临的环境也随之发生了显著变化。

2.1　财富管理需求凸显

根据波士顿咨询公司（BCG）与陆金所 2018 年发布的《全球数字财富管理

报告2018：科技驱动·铸就信任·重塑价值》，2017年中国财富管理市场已经成为规模仅次于美国财富管理市场的全球第二大市场，这是我国经济高速发展带来的必然结果。中国GDP总量已经从2006年的22万亿元人民币增长到2017年的82万亿元人民币，在相对规模上，中国的GDP以美元计价为美国的三分之二左右，与中国财富管理市场总体规模占美国财富市场规模的比重相一致。

在GDP增长的带动下，中国个人持有可投资资产的规模高速扩大，根据贝恩公司与招商银行在2019年所发布的《2019中国私人财富报告》，2018年，中国个人持有的可投资资产总体规模达190万亿元，2016—2018年均复合增长率为7%，预计到2019年底将突破200万亿元大关。2018年末，中国的高净值人群（个人可投资资产1000万元以上人民币）数量达到197万人，与2016年相比增加了约40万人。随着未来可预期的经济发展，我国中产阶级以上人口占比将继续上升，财富管理市场还会进一步扩张。

从银行业来看，根据中国人民大学财政金融学院与中国人民大学国际货币研究所共同发布的《中国财富管理发展指数》，银行业财富管理指数从2013年基期100增长到2016年的284.52，三年间增长了近两倍。2013年至2015年指数呈加速上升趋势，指数增长率逐年递增且持续在40%以上，2016年指数增速放缓，指数增长率大幅下降。由于2013年至2015年支撑银行财富管理规模高速扩张的表外业务，具隐含的刚性兑付性质使风险隔离没有实现，从2016年开始银行理财业务在监管部门的一系列严监管措施下增速明显放缓。

另一方面，由于楼市增长放缓，因此财富管理市场上金融类资产需求将进一步上升。同时由于互联网金融与金融科技的发展，财富管理越来越呈现数字化特点。银行业只有提升专业化经营能力，加强产品多元化设计与管理，提升电子平台交易效率，才能在财富管理市场中屹立不倒。

2.2 金融脱媒的发展

金融脱媒是资金绕过以银行为主的金融中介机构而直接通过其他类型金融机构和资本市场进行配置的现象。历史上，存款利率上限的限制最初推动了美国金融脱媒现象的产生。在通货膨胀率较低时，利率上限对于投资者的选择影响不大，因为市场上也没有风险收益显著更高的产品可供投资。但从20世纪60年代开始，美国的通胀率迅速上升，甚至一度达20%的水平，而利率上限导致银行无法灵活调整利率以适应通胀率，而资本市场上出现了许多收益率远高于存款的金融产品，使得存款对于投资者的吸引力急剧下降。Hester（1969）观察到美国商业银行的净业务收入在1960年达到峰值，在此后的十年时间内显著下降，说明金融脱媒现象显著出现。

Horvath（1988）认为20世纪80年代美国对储蓄机构监管的放松与相关货币监管法律改革等都是为了应对金融脱媒现象。Schmidt等（1999）发现欧洲三大主要经济体德国、英国与法国的证券化趋势显著，但整体金融脱媒现象却并不显著，商业银行在金融体系中的地位也没有显著弱化。事实上，金融业中非银行部门的发展，例如金融市场证券化的发展，并不一定意味着商业银行地位弱化，资本市场与商业银行之间并非是完全替代的关系，也存在极大的互补性。Adrian和Shin（2010）认为即使在市场主导的金融体系中，资本市场的发展与商业银行的发展也是不可分割的。事实上，即使资本市场再发达，金融体系也需要稳定的商业银行业支撑，否则资本市场的波动很容易冲击实体经济的正常运行。

宋旺和钟正生（2010）度量了我国的金融脱媒程度，并与美国、日本相比较，发现中国的金融部门均出现了显著的金融脱媒现象，而金融部门的整体脱媒现象主要是由银行业的脱媒引起的。章洪量和封思贤（2015）认为金融脱媒是我国金融发展的必然趋势。宋满满（2014）发现虽然我国非银行金融机构发展迅速，但是银行业的资产负债在金融业中仍占据主导地位，而银行业自身传统业务比重有所降低，而金融危机等外部冲击至少在中短期将对金融体系的结构产生显著的影响。随着科技的发展，金融脱媒的成因与表现形式也发生了变化，金融脱媒不仅是金融活动的去中介化也是金融中介的虚拟化，也就是说市场的资金融通可通过线上交易绕过传统金融中介机构进行。新型互联网金融服务的发展不仅提高了交易效率，同时也扩展了传统金融业务的边界，分流了一部分商业银行传统业务，加速了金融脱媒发展。

对于大企业而言，Smith（1971）认为大企业直接通过资本市场融资相对于从银行贷款更容易获得便利与价格低廉的资金，因此随着我国资本市场的发展，商业银行传统服务的大型企业出于自身利益最大化的需要，会逐渐将部分融资需求分流到资本市场实现，从而加深金融脱媒状况。同时，许多大型企业集团都成立了财务子公司，提升了自身的资金运作能力，也分流了传统由商业银行提供的财务顾问服务等中间业务。

金融脱媒的发展，使得银行在传统信贷业务等方面所占据的市场份额下降，尽管银行未来可能仍然占据重要地位，但是随着资本市场完善与金融科技的发展，其经营对象和方式要发生大的转变。不仅要提升传统业务的交易效率，例如由过去基于线下的信用审批方式变成线上，才能与新兴的互联网金融等金融创新产品竞争，而且随着大企业的融资需求更多通过资本市场满足，商业银行需要将目标客户群体下移，更多关注中小企业信贷等金融服务的需求。Ertan 等（2018）发现高信用等级企业的金融脱媒确实会导致商业银行对中小企业的贷款敞口显著提升，这也是我国商业银行未来的重要发展方向之一。

2.3 表外业务的扩张

随着我国资本市场的持续发展与利率市场化的持续推进，商业银行传统依赖表内存贷款利差获得收入的盈利模式受到很大冲击，根据《中国金融稳定报告 2018》，2017 年末我国银行业金融机构净息差 2.01%，同比下降 0.09 个百分点，存贷款利差进一步缩小促使银行业寻求新的利润增长点，从而扩张表外业务。王琦瑛（2013）认为我国商业银行表外业务种类逐渐丰富，规模逐渐扩大，但是创新能力与意愿较低，人才储备与技术能力相对不足，并且需要加强表外业务的监管，正确引导和支持表外业务的发展。马天禄（2013）认为当前的表外业务创新层次较低，大多只是为了规避监管，对金融体系可能弊大于利。事实上，在过去较长的时间内，监管部门对商业银行的表内外业务的监管强度有明显的差异，一直处于重表内、轻表外的状态。在市场对资金强烈需求下，商业银行不得不通过表外业务创新同时满足客户多元化的投融资需求与监管要求。随着银保监会为了管控商业银行表外业务风险出台多项监管新规，商业银行表外业务风险将被更好识别与管控，有利于促进商业银行表外业务的健康发展。邓伟和付雯雯（2014）发现，表外业务对于存款有强烈的替代效应，但是表外业务的发展也提高了银行的市场竞争力从而带动了存贷款业务的发展。于研和魏文臻杰（2015）发现股份制商业银行相对于国有全国性大型银行更加大力发展表外业务，对冲非系统性风险。

另一方面，随着我国经济的长期高速发展，居民部门与企业部门的财富迅速积累，理财观念与需求快速增强，商业银行的存款类业务已经无法满足需求。同时，房地产市场与股票市场都处于下行周期，而民间资本投资仍有多方面限制，使得市场资金投资渠道十分有限。基于商业银行的渠道与规模等优势，表外业务创新满足了部分居民与企业对专业渠道理财的需求，并通过与券商与信托等非银行金融机构进行合作，实现了对资本市场的部分替代。

2.4 科技对银行业改革的推动

在金融科技浪潮下，商业银行的传统业务受到极大冲击，尤其是许多稳定的盈利来源已不再稳定，倒逼银行业必须转型升级。2014—2018年，我国互联网金融行业高速发展，阿里巴巴旗下的支付宝与腾讯旗下的财付通获取了中国90%移动支付市占率。根据天弘余额宝货币市场基金发布的2017年度报告，2017年末余额宝资产总规模为15806.95亿元，基金净值为15798.32亿元，相对于2016年末几乎翻倍，同时2017年度增长规模为2016年度的4倍。2018年6月底，余额宝对接的6只货币基金合计规模为18602亿元，已经大于中国银行2017年年报公布的个人活期存款余额17986亿元。由此可见，货币市场基金对银行存款的替代还会持续发展。而在贷款市场领域也出现了各种消费贷、微小贷、产业链贷款。根据网贷之家的统计，截至2018年末，P2P网贷行业累计成交量已高达8.03万亿元，突破了8万亿元大关。相比2017年末，累计成交量涨幅超过28%。截至2019年8月底，P2P网贷行业累计成交量为8.77万亿元。尽管P2P市场发生了不少风险事件，但由于这种模式相对于银行贷款具有信息获取和数据挖掘等方面的优势，随着监管政策的落实与自身管控风险能力的提升，去中介化的线上融资模式未来仍将持续高速发展。第三方支付平台极大冲击了商业银行传统营业网点的多项业务，如银行卡与居民生活缴费等。

银行业为了自身的发展，对金融科技日益重视，与互联网金融科技公司合作也如火如荼发展起来。巴曙松（2018）认为在金融科技浪潮下，银行必须提高业务办理效率，突破传统业务与客户群体的边界，挖掘客户群体个性化与精细化的需求。

表2-4　　商业银行与互联网科技公司的合作

银行	合作方	合作内容
中国银行	腾讯	成立金融科技实验室，启动业务、流程、技术上全面创新试点，开展云计算、大数据、区块链和人工智能等方面深度合作
中国农业银行	百度	成立金融科技联合实验室，重点研究大数据应用如客户画像、精准营销、客户信用评价、风险监控及智能客服、智能投顾等热点领域
中国工商银行	京东	双方将在金融科技、零售银行、消费金融、企业信贷、校园生态、资产管理、个人联名账户等领域展开全面深入的合作
中国建设银行	阿里巴巴	共同推进信用卡线上开卡服务、线下线上渠道业务合作、电子支付业务合作、打通信用体系等创新模式
招商银行	腾讯	成立安全反诈骗实验室，通过AI技术帮助招行更好识别金融欺诈行为，共建互联网金融安全生态圈
江苏银行	京东	双方将使用科技手段，充分发挥网络及大数据技术优势，为个人用户提供消费信贷服务

续表

银行	合作方	合作内容
南京银行	阿里巴巴	共同发布“鑫云+”互联网金融开放平台，阿里云将协助南京银行进行上云整体规划，并为南京银行提供IT资源输出及基础设施运营服务

资料来源：麦肯锡分析报告。

3　商业银行在现代金融体系中的再定位

3.1　支付中介功能弱化

随着互联网金融模式的发展，第三方支付在现代支付体系中所占份额越来越大，重要性也愈发凸显。与传统银行支付相比，第三方支付模式的创新使得支付不再是孤立的点对点交易行为，以余额宝为代表的支付方式操作更加简便，并融入了理财与支付担保等其他服务，对客户尤其是零售端群体有极强的吸引力。由于第三方支付便捷高效并融入了多元化服务，其为现代支付体系带来了新的活力，有力推动了现代服务业的升级与普惠金融的深化。

根据Analysys易观于各季度发布的中国第三方支付综合支付市场季度监测报告，我国第三方移动支付市场交易规模从2014年第一季度的16317亿元增长到2018年第二季度的393078亿元，季度平均增长率达27.73%。尽管受到互联网金融监管强度增大的影响，移动支付行业交易规模在2018年第二季度环比出现负增长，同时传统的线上电商成长遇到了瓶颈，但是线下零售端仍有巨大的开发空间，预期未来市场规模仍将保持中高速增长的趋势。就市场份额而言，根据2017年第四季度中国第三方支付机构综合支付市场交易份额占比统计，支付宝与腾讯金融市场份额占比分别为44.51%和30.36%，相较于上年同期分别上升了10.74%和9.76%，说明支付宝与腾讯金融加速抢占市场份额，其市场份额相对差距几乎没有变化，而其他第三方支付平台虽然也在全力发展，但相较于支付宝与腾讯金融的竞争力仍显不足。

传统商业银行的支付体系相对于第三方支付本身具有资金实力、客户与信息资源以及管理能力等优势。首先，我国商业银行经过多年积累，无论总资产规模，净资产规模或流动资产规模都是第三方支付平台所无法比拟的，在支付过程中资金实力越强，调配能力也就越强，流动性风险也就越低。而我国银行长期稳定良好经营的形象也积累了足够庞大的客户群体，虽然第三方支付通过电商等渠道积累客户，但仍旧难以企及商业银行支付体系的客户基础。同时银行长时期的经营也为银行积累了海量各类用户的个人信息与交易信息，从而更容易从中挖掘出客户的偏好和需求，提高对客户的服务质量。而在管理能力方面银行已经建立起长期的风险管理机制，相对于第三方支付机构更有效保障客户的交易安全。但是第三方支付机构通过金融创新将其他服务融入支付中，例如电商平台退换货担保等，迅速积累小微企业、零售小店与个人客户等商业银行传统重视不足的长尾客户，对传统支付体系是非常有益的补充，促进了交易效率的提升。随着监管部门对第三方支付的监管越来越严谨，虽然短期内可能会降低第三方支付的扩张速度，但从长期来看，通过监管措施化解了大量风险的第三方支付很可能更加为大众所青睐，而且第三方支付目前较少触及的较大金额的交易在未来可能也会成为其发展方向之一。因此，商业银行传统从支付结算中获得的中间业务收入未来很可能会持续下降。

3.2　信用中介职能部分被替代

随着中国经济的快速发展，金融体制改革逐步推进，资本市场健康有序发展，居民部门的投资方向越来越多元化，由单一的储蓄投资向证券市场投资，保险市场投资和互联网金融产品投资等方向扩展。而企业部门的融资选择也更加多元化，在银行信贷之外，也逐渐进入交易所市场、银行间市场与互联网金融市场，从而使得银行在信贷方面的供给能力与需求都有所下降，从而使得传统的信用中介职能被削弱。

2017 年末，我国的社会融资规模增量从 2002 年的 2.01 万亿元已经增长到 19.44 万亿元，年均增长率 16.33%。而从新增社会融资规模的内部结构来看，以银行为主要提供者的间接融资占比逐渐下降，2017 年对实体经济发放的人民币贷款占同期社会融资规模的 71.2%，相较于 2002 年的 91.90% 显著下降。2018 年 9 月末，人民币存款余额 176.13 万亿元，同比增长 8.5%，比上年同期低 0.8 个百分点；人民币贷款余额 133.27 万亿元，同比增长 13.2%，比上年同期高 0.1 个百分点。实际上，相对于 20 世纪 90 年代，21 世纪以来除了 2008 年金融危机前后，我国存贷款余额增速持续放缓，近年来更是处于改革开放以来的最低水平。以交易所市场与银行间市场为代表的直接融资渠道发展迅速，根据《上海证券交易所 2017 年社会责任报告》，上交所 2017 年末上市公司数达 1396 家，股票总市值 33.1 万亿元；首发上市企业 214 家，IPO 募集资金 1376.56 亿元，同比分别增长了 106.73%、35.32%；新增报会企业 410 家，较上年全年增长了25%。截至2017年底，在世界交易所联合会排名中，上交所股票市场交易额排名第五，IPO融资额排名第二，总市值排名第四。同时，上交所债券融资总额2.97万亿元，同比增长7.9%。截至2017年12月底，上交所债券托管量达7.4万亿元，同比增加19.4%。而2017年债券市场共发行各类债券40.39万亿元，较上年增长11.77%。截至2017年末，我国债券市场主要债券存量规模达74.14万亿元，规模继续扩大。

互联网金融兴起之后，P2P网贷平台模式对银行信用中介职能有很大的冲击。P2P网络借贷由多种模式构成，包括纯粹的线上平台模式，线上登记信息与线下审核相结合的模式，为缓解信用风险的各种抵押担保或保证金模式，甚至还有基于票据的融资模式等。在传统的资金供需市场中，资金供求双方的信息不对称性极强，使得资金在社会经济中难以调配，此时商业银行依靠其较强的信息处理能力，吸收社会闲散资金并将其调配到适当的资金需求方，从中赚取利差。理论上说，P2P网络借贷平台利用互联网作为平台集合参与者提供的各种信息，利用先进的数据处理技术进行分析，简化资金调配链条从而降低成本，同时也为投资者提供新的投资产品，提高全社会整体的福利水平。

总的来说，对于大型企业而言，由于其资本运作的需要，不可能只依赖从商业银行获取的信贷融资。而从资本市场融资需要企业进行信息披露。事实上，信息披露具有较大的固定成本，例如专业机构的财务顾问与审计费，但是边际成本却相对较低。大型企业一旦适应了资本市场的运作方式，在资本市场进行融资相对于银行贷款的边际成本将会更低，因此商业银行对于大企业融资的市场份额不仅会被资本市场上股权融资等直接融资方式替代，也会面临资本市场债务融资工具的置换。虽然这样的替代和置换不会是完全的，但是商业银行传统从大型企业群体所获取的大量且稳定的利差收入将会逐渐减少。而对于长尾客户端的小微企业与个人客户的融资需求，高效便捷的P2P线上融资模式的规模高速增长，商业银行扩展此类客户群体有心无力。因此未来商业银行将面临客户下移，从基于线下的信用审批转换为主要利用大数据分析技术进行线上信用评价，提高信贷审批效率，更多关注中小企业的信贷需求，Ertan等（2018）已经在欧洲观察到这样的趋势。

3.3 货币创造职能稳固

孙国峰（2001）认为在贷款中银行得到了贷款债权，客户得到了存款债权，客户付出利差的目的是得到能被他人接受的存款债权——信用货币。而银行贷款行为在记账时，对客户贷款与客户存款等量增加，从而创造出信用货币。因此限制信用货币数量的不是存款，而是存款准备金与资本金要求等因素。随着宏观经济与金融业的发展，银行资产端的业务不再局限于信贷供给。孙国峰和贾君怡（2015）认为银行出于减少资本消耗和规避信贷政策等因素考量，有动力选择其他渠道为客户进行融资，完成了事实上的货币创造。该文献将中国影子银行界定为银行影子与传统影子银行。银行影子指商业银行通过一系列业务的组合，绕过对贷款业务的监管，事实上向有资金需求的客户进行融资，其结果是客户存款与银行非贷款类资产等量增加，从而创造出信用货币。而传统影子银行是一些非银行金融机构通过募集闲散资金，通过货币的转移创造信用，实际上并没有创造出新的货币。因此，货币创造职能仍然由商业银行完成，尽管其创造的过程可能更加复杂，与更多业务相关。

需要注意的是，尽管货币创造职能仍然由商业银行来完成，但是货币政策对货币供应量的调控效果却受到互联网金融发展与影子银行发展的显著影响。解凤敏和李媛（2014）发现影子银行的活动具有一定的顺周期性，会影响逆周期货币政策的调控效果。另一方面，李宏瑾和苏乃芳（2017）发现金融脱媒比率、存款比率和同业存款的上升都会提高货币乘数。随着互联网金融创新的不断发展，货币乘数已不再稳定，因此在货币政策中价格型工具越发重要。

3.4　财富管理职能强化

随着中国经济的快速发展，财富管理市场迅速扩大，商业银行基于客户基础与渠道等优势在这块市场中大有可为。实际上，我国银行业理财产品募集资金规模从2005年的2000亿元增长到2017年的173.59万亿元。

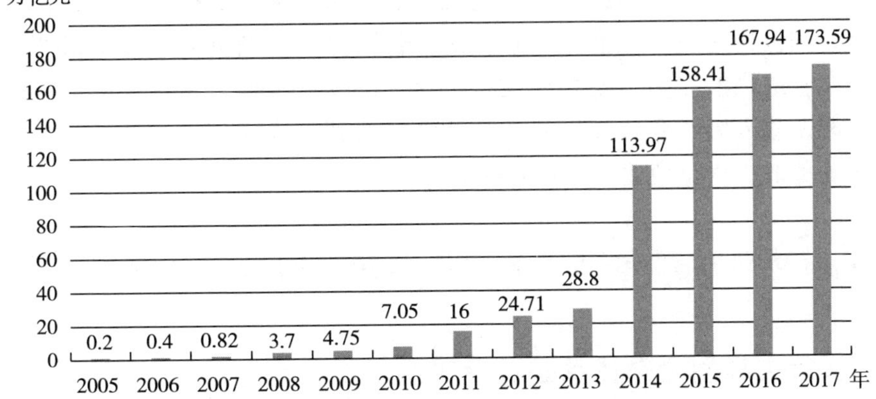

资料来源：根据公开资料整理。

图2-7　银行业金融机构理财产品募集资金规模

颜红和蔡红兵（2013）认为财富管理业务与私人银行业务或传统个人零售银行业务有本质不同，而且其创造利润的能力甚至可能更强。私人银行客户虽然人均可投资资产规模高于财富管理业务客户，但是整体市场规模却不如财富管理市场。针对私人银行客户，可以通过少量高技术人才与服务人员设计个性化极强的投资方案，其所耗运营成本与人力成本也并不高。但是对于数量相对较大，可投资资产规模也足够高的财富管理业务客户，采用类似私人银行的模式会招致太高的边际成本。实际上，为拓展财富管理业务，商业银行需要提出更为明确的价值主张，深耕特定客户群体，走差异化发展的道路。利用大数据技术对特定客户群体进行数据分析，根据其金融需求和价值取向设计服务模式、渠道策略与产品组合。

由于监管更加严格，2016—2018 年银行业金融机构的理财产品规模增速有明显的下降。《关于规范金融机构资产管理业务的指导意见》（简称“资管新规”）和《商业银行理财业务监督管理办法》相继落地，要求理财产品全面打破刚兑向净值型转型，因此 2018 年净值型理财产品发行提速，共有 160 家机构发行净值型产品 5609 只，并且下半年发行增速显著。而房地产市场的严格调控并没有明显变化趋势，同时股市长时间处于低位震荡状态，资本市场上可供选择的优质投资产品也极少，高净值群体急需财富保值增值的投资出口。根据仁和智本财富 2018 年发布的《近十年高净值客户投资习惯分析报告》，我国高净值与超高净值群体的风险偏好趋于稳健，投资偏于保守，注重资产的稳健安全。根据其调查，93% 的高净值人士反映，股票、基金类产品的投资占比下降了 20%，而银行理财产品的投资占比达到 25%，是 2015 年的两倍左右。同时，83% 的高净值人士愿意将资产交给私人银行或专业的财富管理机构打理，这与王胜和胡玲燕（2013）提到在金融危机之后，越来越多的投资者将品牌作为选择财富管理机构的主要标准相一致。此时若银行业金融机构能提高精细化理财产品与服务的供给能力，则必将在财富管理市场上占据举足轻重的地位。在以传统的利差收入为主要收入来源的商业银行盈利模式受到巨大冲击的当下，财富管理业务的扩张是商业银行未来的重要发展方向。

4　中国商业银行向现代金融体系转型的关键问题

4.1　银行主导型金融体系是否会动摇

前面已经提到，德国与日本长期由银行主导金融体系，而市场主导型的金融体系则长期存在于美国与英国。从这几个国家长期的经济发展水平来看，这两种截然不同的金融体系都没有阻碍宏观经济发展的迹象，说明不同类型的金融体系并没有绝对的优劣之分。林毅夫（2009）认为，由于一个国家的要素禀赋结构随着经济的发展与各种外部因素不断变化，而金融体系是服务于宏观经济需要的，因此最优金融结构基于不同经济发展阶段是不断变化的。而政府也不是完全被动的，需要根据客观环境的变化制定适应市场要求的监管法规与政策，促进金融体系的健康发展。

Levine（2000）发现无论是市场主导型的金融体系还是银行主导型的金融体系，体系特征并不会显著提振经济。金融的本质在于提供实体经济某些所需的服务，而不在于服务的来源。张成思和刘贯春（2016）发现，金融结构对经济增长率有显著影响，但是最优的金融结构是基于实体经济发展的需要而变化的，并不绝对指向银行主导或者资本市场主导。Allen 等（2018）认为银行在代理监督、资本分配与分担风险方面占据重要地位，而市场对促进创新发展有重要的作用。事实上不同国家的金融体系有很大的差异，除了经济因素之外，文化、政治与法律因素对金融体系的选择都有影响。

改革开放以来，我国的金融体系长期处于商业银行的主导之下。近年来，我国的金融体系出现了比较明显的金融脱媒现象，直接融资占比有显著的上升趋势，但并不意味着商业银行在金融体系中的主导地位将会动摇。Schmidt 等（1999）发现，即使发生了显著的金融脱媒现象，商业银行的重要性也未必会下降，尤其是长期处于商业银行主导的金融体系下的德国。另一方面，混业经营趋势下商业银行的业务范围早已不仅局限于传统业务，而金融科技的发展更倒逼商业银行必须革新传统业务模式，扩展目标客户群体，进行更加个性化的金融创新，提高内部管理效率与风险控制能力。由于彻底打破原有金融体系的成本过高（Allen 等，2006），我国以商业银行为主导的金融体系就会长期维持，只不过商业银行很可能不再是传统的模样，而是成为科技含量极高的真正的“金融百货公司”。

4.2 银行业应当走向更富竞争性还是保持较强的垄断竞争格局

银行业集中度对宏观经济和产业发展的影响一直是一个重要的研究课题，但现有的研究并没有得出绝对的结论。Cetorelli 和 Gambera（2001）发现银行业集中度越高，那些对外部融资需求越强的产业发展得越好。Moretti（2008）发现在发达国家银行业集中度越高，制造业越可能出现企业总体数量较少，但存在少数规模极大的企业的情况。尽管较高的银行业集中度缓解了信息不对称问题，但是其带来的收益可能无法弥补较高利率与信用配给带来的成本。Deidda和Fattouh（2005）发现银行集中度的降低使其可以提供更专业化的服务，但同时会挤出企业部门的投资，其综合效应并不确定。另一方面，该文献发现在低收入国家银行业集中度与人均收入增长率和产业发展速度之间呈负相关关系，在高收入国家则不然。刘培森和尹希果（2015）发现本地的国有商业银行市场份额与金融深化同本地产业结构升级之间存在正向关系。刘莉云（2017）发现在低竞争度的银行业条件下，高风险企业未必会被收取极高风险溢价，银行也可能通过与企业建立长期借贷关系盈利。张雪兰和龚元（2017）发现银行业竞争度与产业增长的资源再配置效应之间呈现出“U”形的非线性关系。

垄断会降低效率，尤其是对银行业这样一个在全社会资源配置中起极其关键的作用的行业来说，垄断很容易导致金融产品与服务配给，对于那些新市场参与者尤其不利，因为银行对长期合作的客户有明显的偏好，从而降低社会整体福利。但是银行业自身的脆弱性与风险特质又使得过度竞争带来的伤害甚至比垄断更为强烈。一旦商业银行之间出现过度竞争，为了在负债端争夺资金来源，不同银行之间很可能通过高息结构化金融产品吸引储蓄。同时为了在资产端获得足够高的收益以覆盖极高的利率成本，商业银行不得不铤而走险选择风险极高的投资项目。而一旦高风险的投资项目大量爆发风险事件，商业银行由于其有限的资本与高资产负债率，很容易陷入困境甚至破产。而银行业的风险将很快传递到各行各业，从而使金融危机进一步转变为更严重的经济危机。欧洲央行行长德拉吉曾指出，银行业过度竞争是欧洲银行业盈利能力较低的主要原因之一。因此维持一定的集中度对于银行业的健康发展来说是必不可少的。

那么是否存在某个最优的银行业集中度水平，能够最有效促进产业与宏观经济的发展呢？事实上，根据林毅夫（2009）最优金融结构的思路，银行业的最优集中度很可能与当前的产业结构与宏观经济整体发展水平相关。随着产业结构的调整升级与宏观经济的发展，银行业的最优集中度很可能是动态演进的。更进一步，银行业可能为了满足产业需求出现自发优化。因此，我国监管部门对银行业也需要进行动态演进监管，深化改革，不断提高银行业市场化程度，使不断变化的金融服务需求倒逼商业银行推出与之相适应的金融产品与服务供给，而不必刻意通过放开或缩紧银行业牌照供给的方式扭曲市场，这样才能推动银行业长期健康发展。

4.3　银行业是否应该走向混业经营强化其财富管理职能

长期以来，针对商业银行是否应该提高混业经营程度以及关于混业经营对金融业甚至宏观经济的影响的研究层出不穷。曾康霖和虞群娥（2003）认为商业银行需要在强化传统银行业务的基础上基于客户需求扩展业务，否则多元化经营可能不仅没有提高效率反而增加了运作成本。而在金融危机之后，讨论金融业混业经营是否是引发危机的原因之一的研究更是不断出现。陈雨露和马勇（2008）发现混业经营程度显著影响金融体系的稳定性。同时，宏观经济稳定性与金融体系的稳定性也存在显著的同向相关关系。彭建刚等（2014）认为混业经营对系统性风险存在非线性影响，可能存在使系统性风险最小的最优混业经营程度。

尽管当前混业经营的发展仍然是金融业的一种趋势，但是商业银行对证券或保险业务的过度涉及越来越被认为会给整个金融体系带来不可估量的风险，而且传统的分业监管模式很难管控混业风险，而综合监管目前还有很大难度。实际上，观察国外顶级商业银行的发展，在2008年金融危机之后对证券及衍生品业务均有不同程度的回收，反而财富管理业务越发重要。我国的财富管理市场随着经济发展也在迅速壮大，同时财富管理业务面临的风险相对证券或衍生品业务更低，是我国银行业未来发展的重要方向之一。

随着资管新规的出台，一段时期以来较为混乱的银行理财业务将面临转型压力。根据监管要求，商业银行必须成立资产子公司以继续进行财富管理业务。事实上，国际顶级银行在财富管理业务的经营上大多也采用设立独立子公司模式，如瑞士联合银行集团旗下的财富管理公司与美洲财富管理公司。设立资管子公司可以有效打破刚性兑付，避免出现当前代客理财常常出现的刚性兑付使表外风险传染到表内的问题。对资金池的规范可以将不同产品完全分离，避免通过不规范的混合运作资金池进行刚性兑付。而净值化管理使得财务数据更加真实，业务盈亏状况在报表中更真实体现。未来，财富管理业务在商业银行理财子公司的经营下，将成为银行母公司或集团的重要收入与利润来源。

参考文献

[1] 巴曙松，慈庆琪，郑焕卓．金融科技浪潮下，银行业如何转型 [J]．当代金融研究，2018（2）．

[2] 曾康霖，虞群娥．辩证地看待银行业的分业经营与混业经营 [J]．金融研究，

2003 (7): 68 - 72.

[3] 陈雨露, 马勇. 混业经营与金融体系稳定性: 基于银行危机的全球实证分析 [J]. 经济理论与经济管理, 2008 (3): 43 - 49.

[4] 陈雨露, 马勇. 社会信用文化、金融体系结构与金融业组织形式 [J]. 经济研究, 2008 (3): 29 - 38.

[5] 邓伟, 付雯雯. 我国商业银行表外业务及其对传统业务的影响— 15 家上市银行的实证研究 [J]. 经济管理, 2014 (6): 99 - 107.

[6] 解凤敏, 李媛. 中国影子银行的货币供给补充与替代效应——来自货币乘数的证据 [J]. 金融论坛, 2014 (8): 20 - 28.

[7] 李宏瑾, 苏乃芳. 金融创新, 金融脱媒与信用货币创造 [J]. 财经问题研究, 2017 (10): 40 - 50.

[8] 林毅夫, 孙希芳, 姜烨. 经济发展中的最优金融结构理论初探 [J]. 经济研究, 2009 (8): 45 - 49.

[9] 刘明彦. 银行业收入结构: 美国、德国和中国的一项比较研究 [J]. 财贸经济, 2012 (5): 68 - 74.

[10] 刘培森, 尹希果. 银行业结构、空间溢出与产业结构升级 [J]. 金融评论, 2015 (1): 51 - 63.

[11] 马天禄. 银行表外业务创新对金融调控的影响 [J]. 中国金融, 2013 (17): 58 - 60.

[12] 马勇. 究竟是什么决定了一国的金融体系结构 [J]. 财经研究, 2012, 38 (1): 61 - 71.

[13] 彭建刚, 邹克, 蒋达. 混业经营对金融业系统性风险的影响与我国银行业经营模式改革 [J]. 中国管理科学, 2014 (s1): 272 - 280.

[14] 宋旺, 钟正生. 中国金融脱媒度量及国际比较 [J]. 当代经济科学, 2010 (2): 26 - 37.

[15] 孙国峰, 贾君怡. 中国影子银行界定及其规模测算——基于信用货币创造的视角 [J]. 中国社会科学, 2015 (11): 92 - 110.

[16] 孙国峰. 信用货币制度下的货币创造和银行运行 [J]. 经济研究, 2001 (2): 29 - 37.

[17] 王琦瑛. 我国商业银行表外业务发展现状、制约因素和对策 [J]. 浙江金融, 2013 (2): 55 - 57.

[18] 王胜, 胡玲燕. 财富管理: 全球趋势、中国前景与商业银行应对策略 [J]. 南方金融, 2013 (3): 83 - 87.

[19] 颜红, 蔡红兵. 商业银行财富管理业务发展研究 [J]. 金融论坛, 2013 (4): 60 - 65.

[20] 于研, 魏文臻杰. 银行利差与表外业务的内生性研究——基于中国上市商业银行

2008—2013 年的实证分析［J］. 国际金融研究，2015，340（8）：64 – 74.

［21］张雪兰，龚元. 银行业市场结构与产业增长：基于资源再配置与技术进步效应的探析［J］. 财贸经济，2017，38（10）：99 – 114.

［22］章洪量，封思贤. 金融脱媒对我国资本配置效率的影响分析［J］. 当代经济科学，2015，37（1）：78 – 86.

［23］刘莉云. 银行业结构与企业创新：基于不完全契约视角的研究［D］. 杭州：浙江大学，2017.

［24］宋满满. 基于 MS – AR 模型的中国金融脱媒定量测度及动态结构变化分析［D］. 大连：东北财经大学，2014.

［25］Adrian T，Shin H S. The changing nature of financial intermediation and the financial crisis of 2007 – 2009［J］. Annu. Rev. Econ.，2010，2（1）：603 – 618.

［26］Allen F，Bartiloro L，Kowalewski O. Does Economic Structure Determine Financial Structure?［J］. Social Science Electronic Publishing，2006.

［27］Allen F，Gu X，Kowalewski O. Financial structure，economic growth and development［J］. Handbook of Finance and Development，2018：31.

［28］Cetorelli N，Gambera M. Banking market structure，financial dependence and growth：International evidence from industry data［J］. The Journal of Finance，2001，56（2）：617 – 648.

［29］Deidda L，Fattouh B. Concentration in the banking industry and economic growth［J］. Macroeconomic Dynamics，2005，9（2）：198 – 219.

［30］Ertan A，Kleymenova A，Tuijn M. Financial Intermediation through Financial Disintermediation：Evidence from the ECB Corporate Sector Purchase Programme［J］. 2018.

［31］Hester D D. Financial disintermediation and policy［J］. Journal of Money，Credit and Banking，1969，1（3）：600 – 617.

［32］Horvath P A. Disintermediation revisited［J］. Financial Review，1988，23（3）：301 – 312.

［33］Levine R. Bank – based or market – based financial systems：which is better?［J］. University of Minnesota，mimeo，2000.

［34］Monnet C，Quintin E. Why Do Financial Systems Differ? History Matters［J］. Journal of Monetary Economics，2004，54（4）：1002 – 1017.

［35］Moretti L. Bank concentration and structure of manufacturing sectors：differences between high and low income countries［J］. 2008.

［36］Porta R L，FLORENCIO LOPEZ - DE - SILANES，Shleifer A，et al. Legal Determinants of External Finance［J］. The Journal of Finance，1997，52（3）：20.

［37］Schmidt R H，Hackethal A，Tyrell M. Disintermediation and the role of banks in Europe：An international comparison［J］. Journal of Financial Intermediation，1999，8（1 – 2）：36 – 67.

［38］Smith P F. Economics of financial institutions and markets［M］. RD Irwin，1971.

第3章　现代金融体系中的影子银行：功能与风险

摘　要

本章首先介绍中国影子银行的发展历程，分析其发展的背景与原因，然后重点分析影子银行对于传统商业银行信用扩张的影响机制和规模，由此分析它对中国金融体系潜在风险的影响。本章认为，影子银行的核心在于放松了传统商业银行信贷扩张的约束条件，对其利弊判断可以等价于分析信用扩张对于经济活动的影响，适度的信用扩张有益于减少金融压抑，但过度的信用扩张会带来潜在的金融风险。宏观政策与监管的难题在于如何设计合理的制度框架，将信用扩张控制在一个合适的区间内。

人们在讨论2008年金融危机的原因时，普遍认为美国金融体系的变化，特别是所谓的影子银行（Shadow Banking）的出现，推动了信用扩张，带来了系统性风险。首次提出这一概念的是太平洋投资管理公司的执行董事保罗·麦卡利（Paul McCulley），他认为影子银行是一系列杠杆化的非银行金融中介和融资工具，例如货币市场共同基金、结构性投资工具（SIV）和对冲基金的回购借款等。此后金融稳定委员会（Financial Stability Board，FSB）给出了更规范的界定，认为广义的影子银行是指传统银行体系之外涉及信用中介的机构和活动，而狭义的则是指通过期限错配、流动性转换和高杠杆具有监管套利行为且易引发系统性风险的机构及业务。

事实上，西方影子银行体系是游离于传统银行之外承担“类银行”职能的各类金融活动及从事此类活动机构的总称，该体系以资产证券化为主，由金融工程及相关衍生品以证券化等复杂的形式组合而成。

近年来，中国经济出现下行趋势，系统性金融风险日渐凸显，比较普遍的看法是，由于金融监管放松，金融部门过度竞争和套利，整体经济中债务杠杆短期显著上升，其中，影子银行体系的发展似乎难辞其咎。由于金融体系环境、发展阶段等因素不同，我国影子银行的表现形式与西方国家有所不同。中国影子银行并非以资产证券化为主，而是以传统商业银行为核心，通过与非银金融机构合作在表外从事“类信贷”活动，主要包括银行理财、信托贷款、委托贷款、银证信合作以及同业委外等。①

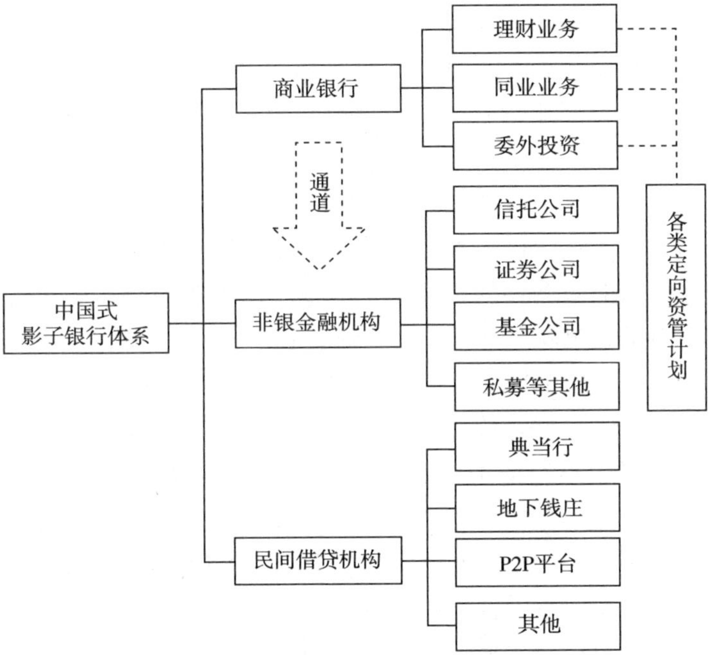

资料来源：作者根据公开资料绘制。

图 3－1　中国影子银行体系的主要构成

本章首先从我国影子银行的发展演变历程出发，探索影子银行发展的原因、背景、各阶段特点以及存在的问题，其次探索影子银行的信用扩张机制以及产生的影响，最后形成对影子银行的整体评价以及未来展望。

1　中国影子银行发展的背景和原因

本章所研究的中国影子银行业务，主要指商业银行与各种非银行机构合作，通过发行表外理财、银信合作、银证合作、同业业务、委外等途径，投向信贷、

① 此外，一些典当行、地下钱庄、P2P 互联网平台等民间借贷活动也应属于影子银行的范畴，但市场份额较小且实际运作数据不可得，不作为本文的研究范畴。

受益权等非标资产。我国影子银行有自己的特色，监管套利、实体经济投融资需求以及对市场竞争下的利润追求是我国影子银行发展的主要驱动力。

1.1 制度背景：金融抑制与监管套利

应该看到，我国影子银行是在长期的金融抑制下产生的。所谓金融抑制，主要是指在金融体系不健全的国家，政府的过多干预阻碍了金融的自由发展，抑制了金融体系资源配置的效率，金融抑制一般表现为名义利率管制、信贷配给和市场准入限制等。

金融抑制在我国长期存在。一方面，我国在很长时期内实行严格的利率管制，存贷款基准利率由中国人民银行统一规定，商业银行只能在一定范围内进行调整，企业也只能被动接受资金借贷成本。这种非市场化的定价机制无法正常反映信贷的供求状况和风险，在一定程度上，阻碍了金融体系的发展。

另一方面，受政府主导的金融体制的影响，各金融机构的信贷配给更偏向于优先满足国有经济，加之传统银行出于趋利和防范风险的目的而设置的较高贷款壁垒，使得以中小企业为主的非国有经济获取银行贷款较为困难。此外，由于我国金融体系尚不完善，资本市场并不发达，这就导致大批企业间接融资难的同时，直接融资渠道也并不畅通，实体经济产生大量融资缺口。

因此，在这种长期金融抑制的背景下，影子银行客观产生了。我国的影子银行仍然是以商业银行为主导，通过与非银金融机构合作，绕开监管实现“表外放贷”，为实体经济补充流动性，与此同时也会出现监管套利。

1.2 需求层面：实体经济投融资需求旺盛

如果说金融抑制是抑制银行的长期背景，应对经济周期的宏观政策，特别是巨幅刺激后的信贷收缩，则是推动影子银行发展的短期动力。

21 世纪以来，我国工业化、城镇化快速发展，城市基础设施建设、房地产市场等领域的资金需求显著，在一定程度上推动了我国影子银行的发展。特别是 2008 年国际金融危机后，为了提振经济，开启“四万亿”刺激计划，带动了基建、房地产行业快速发展，但也导致通货膨胀和资产价格上涨。为了控制经济过热，监管层继而收缩银行信贷。然而，已经开工的大型项目尚未完成，由于难以通过传统信贷渠道提供资金，银行通过开展各类通道业务来规避监管，为实体经济注入血液，影子银行规模在此期间显著扩大。

另一方面，居民旺盛的投资需求也推动着影子银行的发展，尤其是银行理财业务。当人们发现银行存款利率甚至难以覆盖通货膨胀时，便开始探索其他投资渠道。随着我国利率市场化的推进，高收益的理财产品逐渐成为存款的良好替代品。

银行理财作为我国最为典型的影子银行产品，其快速发展主要有以下两点原因：第一，我国金融体系尚处于发展阶段，资本市场的投资风险相对较高。同时，私募基金等投资标的有数量、金额上的严格限制，投资门槛较高。理财产品的出现很大程度上满足大众的投资需求。第二，银行的品牌声誉较好，大众认为把钱存在银行仍然是最放心的选择。同时，银行为了维持声誉，长期对理财产品进行刚性兑付，理财产品相较于股票风险小，相较于国债收益高，自然受到热捧。

1.3　供给层面：银行业竞争加剧带来金融创新

21世纪以来，我国银行业面临的竞争逐渐加剧，激烈的竞争催生了影子银行这一创新业务模式。

银行业面临的竞争包含三个层面：首先，银行业内部的竞争加剧。这主要由于我国利率市场化持续推进，传统银行存贷利差不断收窄，对银行的盈利产生了一定的冲击。其次，来自非银金融机构的竞争加剧。近年来我国金融业态不断丰富，逐渐形成了囊括银行、信托、证券、基金、保险等较为齐全的金融体系，正式迎来了大资管时代，各类承诺更高收益的理财产品、资管计划分流了部分银行存款，削减了银行的资金来源，进而影响放贷量，并最终影响银行的经营利润。此外，金融科技迅速发展，互联网金融等新兴金融业态也对传统商业银行带来一定的冲击。

同时，我国长期实行分业经营、分业监管，传统商业银行受到的监管相较于其他非银机构一直更为严格，银行经营不仅要满足最低资本金要求，缴纳存款准备金，还要严格按照贷款规模管理，接受贷存比、拨备覆盖率、不良贷款率等指标考核。

因此，在竞争加剧的大背景下，商业银行纷纷开始探索业务创新，各家银行争相推出理财产品的重要原因是为了在激烈的竞争中争夺客户、扩大资金来源渠道、弥补存款损失，并通过银信合作、银证合作等通道业务以及之后的同业理财模式，实现资产的表外转移，变相发放贷款，在满足监管指标考核的同时创造利润。

2　中国影子银行发展历程及现状

如上所述，我国影子银行的发展与我国的宏观经济、金融环境和监管制度息息相关。按照运作模式的演变，可以将我国影子银行的发展分为四个阶段①：第一阶段是2004—2007年的起步阶段，以银行理财业务为主，主要是利率管制下的跨市场套利工具；第二阶段是2008—2013年，以银证信等通道业务为主，主要在后金融危机时代为实体经济注入血液；第三阶段是2014—2016年，以同业业务和委外投资为主要特征，是强监管背景下衍生出的新型业务模式；第四阶段是2017年至今，强监管下影了银行规模压缩。

2.1 2004—2007年，银行理财业务兴起

21世纪以来，我国金融体系改革持续推进，银行现代化、创新发展的环境逐步形成，以理财产品为主导的影子银行业务迅速发展。2004年9月，光大银行推出了第一款标准意义上的人民币银行理财产品——阳光理财B计划，我国银行理财业务就此拉开了序幕。当时，银监会批准开展人民币理财业务的中资银行数为6家，2005年已经增至26家，发行数量593只，募集资金约为0.2万亿元。到了2007年，市场上发行的银行理财产品已经超过3000只，募集资金约为0.82万亿元。

银行理财之所以被视为影子银行，主要是由于其“资金池”操作模式和“刚性兑付”传统，这两个特点使得银行理财脱离了资管业务“受客之托、代客理财、投资者风险自担”的本质，成为银行的影子。可以看到，“资金池”模式是用多个理财产品对应多个投资组合，以短期的理财资金去投资相对长期的资产，从而获得期限利差。“刚性兑付”则使得理财产品具有存款替代效应，但却不计入表内，不受存款准备金等指标监管，是典型的影子银行监管套利模式，并持续快速发展。

2.2 2008—2013年，通道业务模式发展

2008年全球金融危机爆发后，我国经济进入下行周期。大规模经济刺激政策之后，经济短期过热，物价上涨，银行信贷受到严格控制，而大量已开工项目后续资金需求旺盛。商业银行为了规避贷款规模、资金投向等监管要求，以“通道业务”模式为主的影子银行迅速发展起来。“通道业务”是指银行将其他金融机构作为通道，开发一层或多层资产管理计划、信托计划等投资产品，为目标客户进行融资或对其他资产进行投资的交易安排。随着监管政策重点的变化，通道业务先后经历了银信合作、银证合作等形式。

① 在不同的阶段，各种影子银行业务模式是互有重叠的，这里的阶段划分主要是突出各阶段的业务重点，从中可以看出监管政策的变化对影子银行业务的影响。

（一）银信合作

在2008—2011年间，银信合作是通道业务类影子银行的主要模式。首先，信托公司帮助资金需求方设立一个信托计划；然后，信托公司借助过桥机构向借款人发放贷款；最后，过桥机构与银行理财产品对接，获得理财产品资金，而银行理财计划获得信托受益权。从本质上看，银信合作业务的本质就是银行将理财资金通过信托通道对资金需求方“直接贷款”。

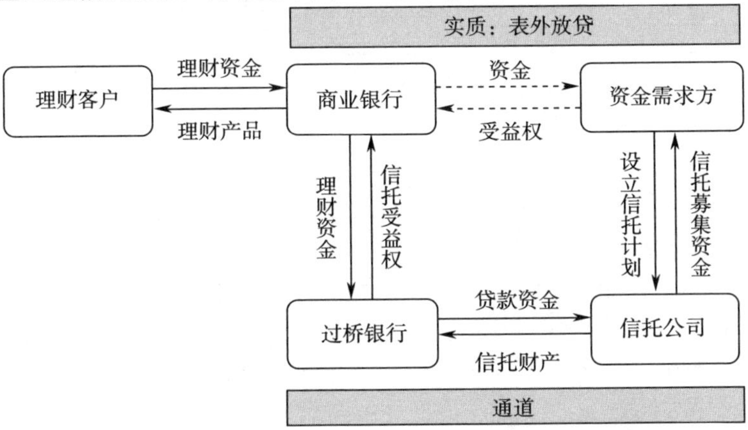

资料来源：作者整理绘制。

图3－2　银信合作简要示意图

根据普益财富和西南财经大学信托与理财研究所的统计，2007年银信合作的发行数量为634只，规模为0.18万亿元，到2009年，银信合作的发行数量达到24565只，规模达到2.46万亿元。

2010年7月，银监会口头通知信托公司停止银信合作业务。8月，银监会又出台了《关于规范银信理财合作业务有关事项的通知》（银监发〔2010〕72号），对银信合作进行全面规范，随后陆续出台多项配合文件，责令商业银行将银信合作理财业务通过信托发放的信托贷款、受让信贷资产、票据资产三项转入表内，并按规定计入风险资产和计提拨备，同时规定原则上银信合作理财业务的余额按照每季度25%的速度予以压缩。根据中国信托业协会的数据，截至2010年底，银信合作规模回落到1.66万亿元，银信合作通道业务在2010年后有所下降。

（二）银证合作

信托公司这一出表通道被扼制后，银行另辟蹊径，在原有的银信合作链条中增加了证券公司环节，“银证合作”作为新的业务模式应运而生。银证模式的业务链条更为复杂，但实质与银信合作基本相同。首先，过桥银行作为资金委托行，利用贷款资金委托证券公司成立一个定向资产管理计划；其次，证券公司作为资产管理人，委托信托公司成立单一资金信托计划，向待融资企业发放贷款；最后，商业银行吸收理财资金，从过桥银行处购买定向资产管理计划的受益权，由此实现了对企业实质“表外贷款”。

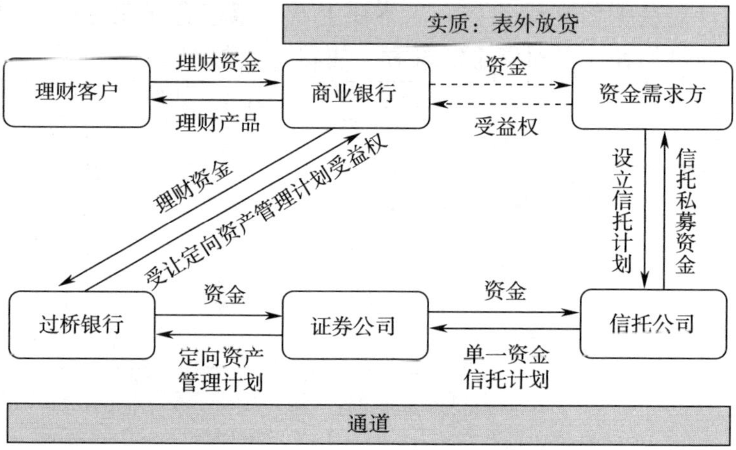

资料来源：作者整理绘制。

图 3-3　银证合作简要示意图

2012 年，证监会出台了“一法两则”，鼓励券商发展资产管理业务，监管环境的放松推动了券商资管业务的全面发展。根据中国证券业协会的数据，2011 年底，证券公司受托管理资金本金为 2818.68 亿元，到 2012 年底，资金已增至 1.89 万亿元。

银证合作 2012 年快速发展引起了监管层的注意。2013 年，中证协发布《关于规范证券公司与银行合作开展定向资产管理业务有关事项的通知》（中证协发〔2013〕124 号），规范银证合作行为，监管约束的逐渐加强，使得银证合作的业务规模也开始收紧。

值得注意的是，在这一阶段，银行通过通道业务模式把大量理财资金配置到了非标资产上，同时由于较高的回报率和隐性担保的存在，地方政府融资平台和房地产行业是非标资产的主要融资方。截至 2013 年末，投资于地方政府融资平台的资金余额为 1249.04 亿元，在非标资产中占比为 51.90%；商业房地产（保障房除外）余额为 922.77 亿元，占比为 38.34%；“两高一剩”① 行业余额

① “两高”行业指高污染、高能耗的资源性行业；“一剩”行业即产能过剩行业，主要包括钢铁、造纸、电解铝、平板玻璃、风电和光伏制造业等产业。

为 234. 80 亿元，占比为 9. 76% 。

表 3 - 1　　2013 年 12 月 31 日理财产品投向

类别	占比
债券及货币市场	38. 64%
非标准化债权类资产	27. 49%
现金及银行存款	25. 62%
权益类资产	6. 14%
其他	2. 11%
合计	100%

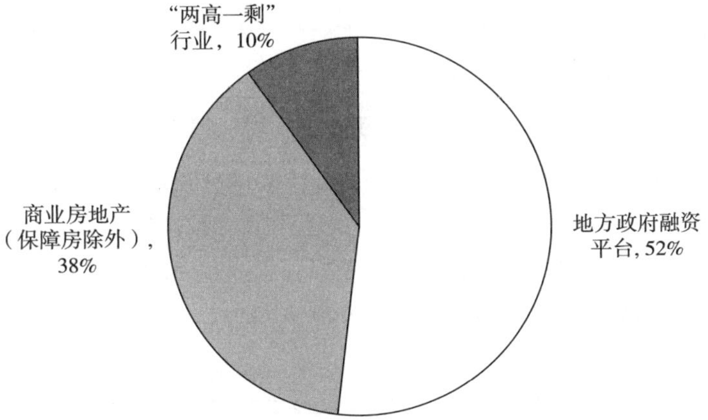

资料来源：《中国银行业理财市场年度报告（2013 年）》。

图 3 - 4　非标资产投向分布

2. 3　2014—2016 年，同业业务和委外业务兴起

2013 年 3 月，银监会发布《关于规范商业银行理财业务投资运作有关问题的通知》（银监发〔2013〕8 号），从资产端对理财资金通过通道业务投资进行了全面限制，并在总量上控制了理财资金投资于非标资产的规模。此后，同业业务和委外投资兴起，成为影子银行新的模式。

在这一阶段，最关键的业务和产品是同业存单和同业理财。同业存单是存款类金融机构在全国银行间市场发行的记账式定期存款凭证，既不属于同业存款，也不属于债券，不受各项关于银行同业业务的监管政策约束。由于同业存单的发行利率普遍低于理财产品的发行利率，大型商业银行获取央行流动性，

结合自营资金主动购买中小行同业存单；中小银行通过发行同业存单并将相应资金投资于收益更高的同业理财，既能规避准备金缴纳，又能获得稳定的利差收益。因此，同业存单、同业理财形成的同业链条获得快速发展。

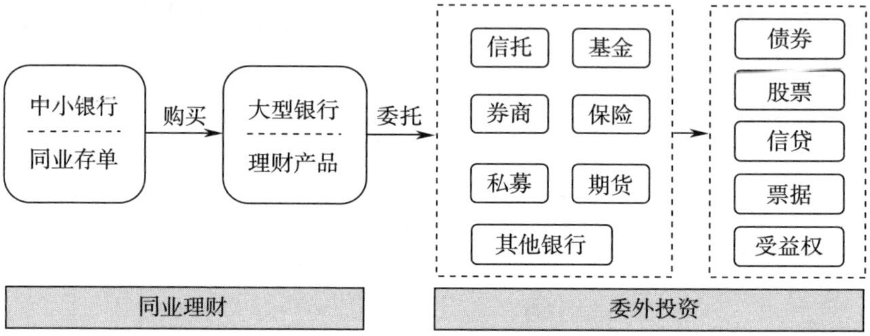

资料来源：作者整理绘制。

图3－5　同业—委外业务简要示意图

根据《中国银行业理财市场年度报告》（2014—2016年），同业理财资金余额从2014年末的0.49万亿元猛增至2015年末的3万亿元，增长幅度达到512.2%。截至2016年底，同业理财的资金余额达到5.99万亿元，占理财资金总额的比重从2014年中的4.07%上升至20.61%。

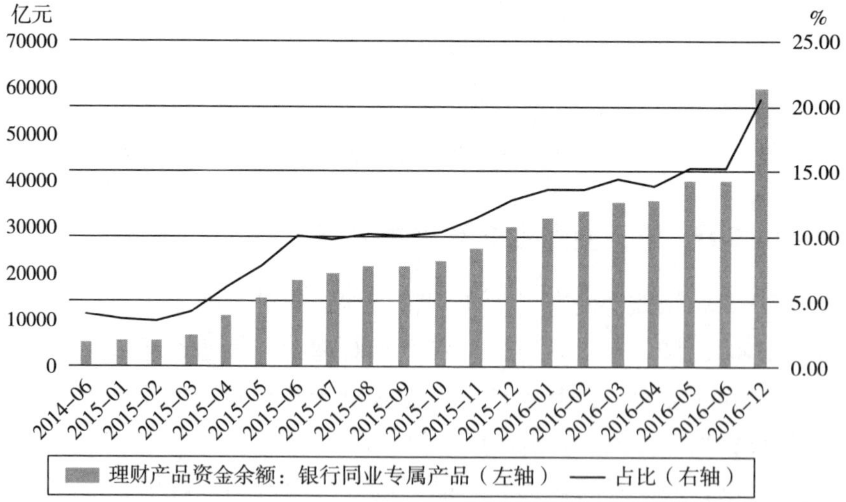

资料来源：Wind资讯。

图3－6　2014年后同业理财规模扩张

相较于大型银行，中小银行的信贷需求以及资金管理能力有限，常将同业理财或同业存单筹措的资金委托券商、基金和私募等代为管理，委外随之兴起。2014 年 5 月，银监会发布《关于规范金融机构同业业务的通知》（银发〔2014〕127 号），提出了“同业投资”的概念，意在引导金融机构从投资非标资产向标准化产品转型。在这一阶段，银行理财投向非标资产的比例逐渐下降，2016 年，理财资金投资债券类资产的比重达 43.76%，债券市场成为理财、同业等影子银行资金最重要的标的资产。

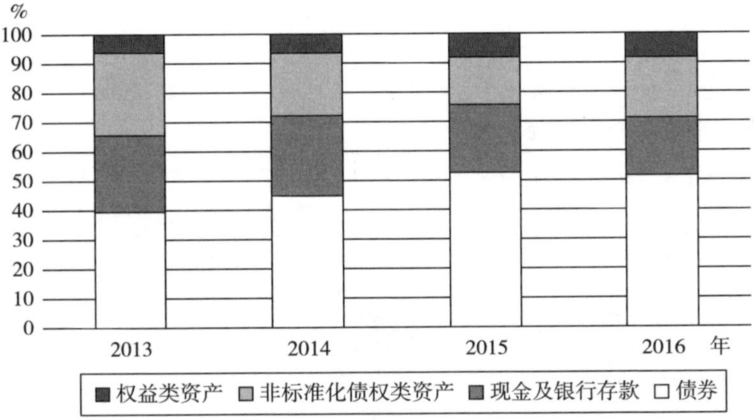

资料来源：《中国银行业理财市场年度报告》（2014—2016 年）。

图 3－7　非标资产规模下降

2.4　2017 年至今，强监管下影子银行规模压缩

2017 年以来，我国对影子银行的监管加强。自 2017 年 3 月起，银监会密集出台多个监管文件，并开展“三违反”、“三套利”、“四不当”专项治理，对银行同业业务以及银信通道业务进行规范；央行持续强化宏观审慎评估（MPA）考核，将表外理财纳入银行广义信贷考核口径，强化对商业银行同业资产盲目扩张的约束。

在多次下发征求意见稿后，《关于规范金融机构资产管理业务的指导意见》（简称“资管新规”）于 2018 年 7 月正式落地，资管行业迎来统一监管标准，压缩套利空间。随后，《商业银行理财业务监督管理办法》（简称“理财新规”）作为配套文件在 9 月正式落地，针对我国银行理财业务过去滋生问题的风险点，如刚性兑付、多层嵌套、资金池操作等，给出了更具体的监管要求。

表 3-2　　2017 年以来重要监管措施一览表

时间	监管措施	主要影响
2016 年 12 月	央行强化宏观审慎评估（MPA）考核	将金融机构表外理财业务扣除现金和存款后纳入“广义信贷”范围，于 2017 年第一季度正式实施
2017 年 3 月	银监会对银行业“三违反、三套利、四不当”专项治理	打击市场乱象，对同业存单、委外投资等套利行为进行严厉监管
2017 年 3 月	《关于开展银行业“监管套利、空转套利、关联套利”专项治理工作的通知》（银监办发 46 号）	特别提及“理财空转”问题，着重关注非银机构是否利用委外资金进一步加杠杆、加风险、加久期
2017 年 4 月	《关于开展银行业“不当创新、不当交易、不当激励、不当收费”专项治理工作的通知》（银监办发 53 号）	着重检查业务包括银行理财和同业存单业务
2017 年 4 月	《关于银行业风险防控工作的指导意见》（银监发 6 号）	对同业理财资金来源、运用、杠杆率、流动性、信息披露等方面提出严格要求
2017 年 12 月	《关于规范银信类业务的通知》（银监发 55 号）	将银行表内外资金和收益权纳入监管，规范银信类特别是银信通道业务
2018 年 1 月	《关于进一步深化整治银行业市场乱象的通知》（银监发 4 号）	明确要“严查同业、理财、表外等业务层层嵌套”
2018 年 7 月	《关于规范金融机构资产管理业务的指导意见》（银发 106 号）	“资管新规”，统一同类资产管理产品监管标准，压缩套利空间
2018 年 9 月	《商业银行理财业务监督管理办法》	作为“资管新规”的配套实施细则，进一步规范银行理财业务

资料来源：根据公开资料整理。

在强监管的趋势下，影子银行规模逐渐收缩。根据《中国银行业理财市场报告（2017 年）》，截至 2017 年底，全国银行理财产品存续余额为 29.54 万亿元，增速同比下降 21.94 个百分点。其中，保本理财存续余额为 7.37 万亿元，已经纳入银行表内核算，视同存款管理；非保本产品的存续余额为 22.17 万亿元，占全部理财产品存续余额的 75.05%。截至 2017 年，全国共 591 家银行业金融机构发行共 25.77 万只银行业理财产品，累计募集资金 173.59 万亿元。其中，个人类理财产品占全部财富管理总额的 63.62%；国有大型银行和股份制银行的理财产品占总财富管理的 74.2%，且非保本产品占总财富管理的 75.05%。理财产品的资产配置情况如图 3-8 所示，其中理财资金投向债券市场的比重最大，占比 42.2%；理财资金投向非标准化债权类资产其次，占比 16.22%；理财资金流向银行存款和权益类产品的占比分别为 13.91% 和 9.5%。

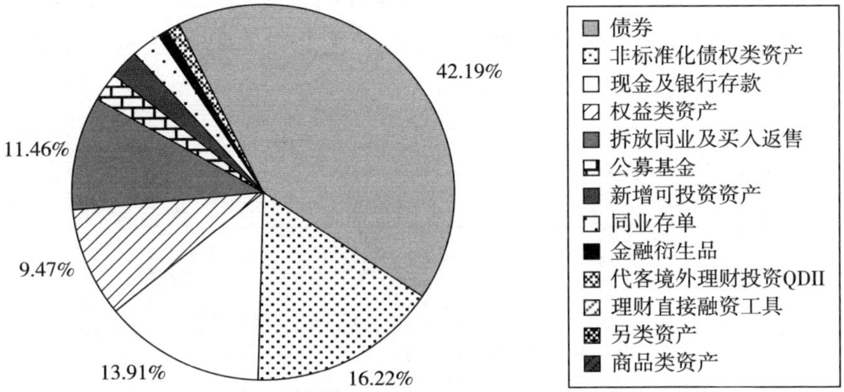

资料来源：《中国银行业理财市场报告 2017》。

图 3－8　理财产品的资产配置情况

同业理财产品的存续余额为 3. 25 万亿元，较年初大幅减少 3. 40 万亿元，降幅高达 51. 13%；占全部理财产品存续余额的 11%，较年初下降 11. 88 个百分点。从资产配置情况来看，债券、银行存款等标准化资产是理财资金配置的主要资产，占理财产品投资余额的 67. 56%，其中债券资产配置比例为 42. 19%。

此外，根据中国信托业协会公开披露的数据，截至 2018 年第二季度，银信合作余额约为 5. 67 万亿元，占全部信托余额的 23. 35%，而在早年间，例如 2010 年第三季度，银信合作在信托业务余额中的占比曾高达 64. 02%。

因此，随着监管体系的完善，以银行理财、银信通道业务、同业—委外投资为主导的影子银行规模得到控制。伴随着网络信贷与金融的结合，以网络贷款及第三方支付平台为主的新型网络金融工具，成为影子银行的新类型，以 P2P 网络借贷平台为例，P2P 借贷属于互联网时代下的新型贷款方式，通过线上平台收集和匹配借款人和贷款的信息。这些 P2P 等“类贷款”影子银行业务虽然因缺少监管等存在更大的风险和更高的利率风险溢价，但目前规模相对较小。例如，Ehlers（2018）统计，截至 2016 年，我国的 P2P 贷款总量为 8000 亿元，仅占影子银行信贷总量的 1. 4%，占 GDP 的比例为 1. 1%。

如图 3－9 所示，P2P 贷款的成交量自 2017 年开始放缓，但累计待还余额保持增长，直至 2018 年初，开始出现较为急剧的降落走势。相较于 2017 年底的 1. 23 万亿元，P2P 贷款待偿还余额降至 2018 年 10 月的 0. 83 万亿元，同比下降 28. 64%。P2P 贷款的综合参考收益率也逐渐降落，自 2014 年初高达 19. 75% 的预期收益率，缓降至 2016 年 9 月的 9. 83%，此后持续稳定在 9% ~10%。

同时，我国的资产证券化和担保债务凭证的市场相较美国仍不发达，银行通过证券化和担保债务扩张信用的环节很少。因此自2017年至今，在强监管下我国影子银行规模已经得到有效控制。

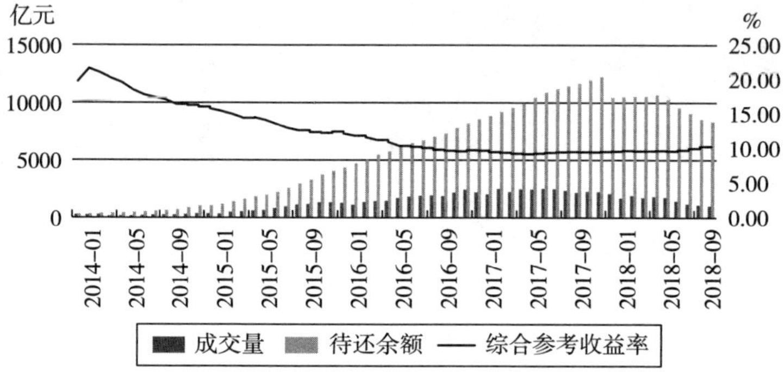

资料来源：网贷之家。

图3-9　2014—2018年间P2P网贷数据月度走势

3　影子银行的信用扩张机制分析

从历史上多次金融危机的案例看，危机发生前都有显著的信用扩张。在传统的金融体系中，银行由于可以同时经营吸收存款、发放贷款两项业务，整个银行体系具备了多倍扩张信用的特殊功能。因此，要讨论影子银行在金融体系中究竟发挥何种作用、如何发挥作用，这些作用有何利弊，关键是看，前面分析的各项影子银行业务是如何和传统的商业银行相互合作，推动信用扩张的。

以下将从信用扩张途径、扩张乘数机制、与美国影子银行信用扩张的对比、中国影子银行信用扩张规模测算四个方面来分析。

3.1　中国影子银行的信用扩张途径

根据传统的货币供给理论，商业银行的信用扩张受到央行发行的基础货币和存款准备金率的调节。央行发行的基础货币量（B）通过商业银行的存贷款业务，派生出信用贷款，最终实体经济使用的信用货币（M）是基础货币的$\frac{1}{R}$倍，即$M = \frac{1}{R}B$。当社会融资需求扩大时，如果银行贷款不能满足现有企业信贷融资需求，则信贷扩张将通过影子银行业务补充。通过影子银行扩张的信用不受存款准备金率的限制，且拥有比商业银行信贷扩张更多样化的形式。

下面通过各种不同业务类型讨论中国影子银行的信用扩张途径。

（一）银行理财产品

银行发行理财产品可以将银行贷款、银行同业资产和企业间资产等打包成标准化产品，以比存款类产品更高的收益率出售给客户。吸收的客户理财产品存款资金被投资于更广泛、不同信用等级的金融产品，以固定收益类资产为主，例如货币市场基金、债券等，也会投向少量的证券化产品。

信用扩张的途径一是规避资本充足率①约束。为了抑制风险资产的过度膨胀，巴塞尔协议Ⅲ等要求商业银行资本充足率不低于8%。但如果银行将表内贷款打包成表外理财产品，销售给家庭并吸收回款，通过委托贷款等形式再次投放出去，原本的资产被盘活。这一影子银行过程中，银行没有增加风险资产，因此绕过了资本充足率的约束，相对降低了商业银行风险加权资本的权重，银行信贷得以进一步扩张，信用风险也因此增加。

信用扩张的途径二是提高信贷扩张乘数。表外理财产品无须不良贷款准备金支持，降低了银行的流动性偏好，相当于更少的“准备金率”和更高的信贷扩张乘数 $\frac{1}{R'}$。影子银行使得基础货币的信用扩张倍数更高。但因缺乏担保金支撑，这一渠道的信贷扩张风险也更大。

信用扩张的途径三是商业银行信用的融入。在企业借款人和非银行金融机构贷款人之间，银行作为金融机构中介融入了自身的信用，原本以企业信用等形式扩张的信贷因为商业银行信用的融入，被购买群体更广泛接受。甚至促进了更多的家庭部门群体选择购买理财产品，这一过程扩大了高风险企业贷的融资规模，更高风险的信用形式被扩张。

信用扩张的途径四是促进含有更高风险溢价的信用扩张模式。将货币基金、银行间票据打包成理财产品，采用抵押回购等业务方式，进行银行间同业业务抵押。这使得抵押品的价值具备了不确定性和短周期性等特征。相对于价值稳定的固定收益类抵押品，理财类抵押品的价值波动风险更大，抵押品价值损失可能性更大，促进了以高风险抵押品价值为基础的信用扩张。此类影子银行的信用扩张包含更高风险溢价。

（二）信托贷款

中国的信托公司扮演了类似于商业银行的信用中介功能，而且有国企和政

---

① 资本充足率 = 资本/风险加权资本 ×100%。

府部门信用做支撑。中国信托业协会的数据显示，信托公司的所有者中，中央、地方政府和国有企业占比达64%，其中地方政府占30%。地方政府融资平台信用的融入，有利于政府扶植项目的定向信贷扩张。例如，回报收益率期限长、风险较大的基础设施建设项目，由政府平台组织定向发行信托产品，通过银信合作把标的资产打包成理财产品。客户购买这类标准化的理财产品时，或许并不充分了解理财产品背后的项目风险，但由于政府部门的信用担保，又存在"刚性兑付"的风险。在这一信用扩张过程中，客户原本不具有投资基础产业部门的需求，但拥有购买高利率理财产品的需求，信托公司通过与政府、银行合作将标的资产打包，促进了客户这两种需求的转换，从而扩张了信用。

（三）其他形式的"类贷款"业务

P2P贷款等形式的影子银行业务，其发展是为了满足民间存在的一对一贷款需求，属于需求驱动型的内生信用扩张。P2P贷款省略了金融中介机构这一信用担保、筛选和匹配环节，借款人和贷款人的业务需求通过网络平台完成，信息的不透明度增加，其信用扩张风险更大。

另外，互联网金融业务基于大数据匹配，搜集到更多具有潜在贷款需求的个人和中小企业的借款人信息，也搜集到更多愿意将闲置资金出借或投资高回报项目的出借人信息。因此，其信用扩张是基于挖掘因信息不对称而未能满足的潜在信贷内生需求，进一步拓展商业银行业务未能满足的信用扩张。由于网络借贷平台仅仅撮合借款人和出借人之间的借贷交易，网络借贷平台本身不是金融机构，因此不具有承担借贷风险的能力。

民间贷款、典当行等形式原理相似，挖掘更多潜在贷款需求信息，并以更高的风险溢价出售贷款产品，促进了信用扩张。也可将P2P贷款业务理解为本质上网络版的民间借贷。虽然这些形式的"类贷款"业务蕴含更高的风险，但其特征表现为与银行和非银行金融机构的联系并不紧密，在规模相对较小的情况下，不易导致系统性风险爆发。

3.2 影子银行的信用扩张机制分析

总的来说，影子银行的信用扩张实际上是放松了商业银行既有的信贷约束条件，导致信贷扩张程度高于不存在影子银行体系的货币信贷扩张。下面通过经典的货币乘数问题来理解影子银行的信用扩张机制。基于货币学派的信用扩张规模推导，假设银行存在两类存款账户：活期存款 D 和其他非活期存款 TD，分别适用的法定准备金率为 r 和 rr_t（通常情况下，$r \geq rr_t$），超额准备金率为 e；

流通中的现金通货比率为 $c = C/D$，则货币乘数 m 为货币供给 M 与基础货币 B 之间的比值：

$$m = \frac{M}{B} = \frac{C + D + TD}{C + R} = \frac{(c + 1 + t)D}{(c + rr + rr_t \times t + e)D} = \frac{c + 1 + t}{c + rr + rr_t \times t + e} \tag{3-1}$$

从简化的银行资产负债表结构来看，假设银行仅持有贷款资产 L 和准备金 R，则满足：

$$L + R = D + TD + K \tag{3-2}$$

式（3-2）左方为银行资产，右方为银行负债（存款）和资本 K。同时，商业银行需满足资本充足率 car 要求，即资本 K 与风险加权资产 Ω 的比重，$car = K/\Omega$。假设，表内资产的风险权数为 α，表外资产的风险权数为 λ[①]，则风险加权资产的计算公式为：风险加权资产 = 表内资产 × 风险权数 + 表外资产 × 转换系数 × 风险权数。假设简化银行的表内资产只有贷款业务，用 L 表示，其风险权数为 α；表外资产用 L_{off} 表示，其风险权数为 λ，转换系数[②]计为 ξ；则风险加权资产 Ω 的计算公式可以表述为

$$\Omega = L \times \alpha + L_{off} \times \xi \times \lambda = L(\alpha + \theta \times \xi \times \lambda) \tag{3-3}$$

其中，θ 为表外资产与表内资产的比率[③]，$\theta = \frac{L_{off}}{L}$；$\alpha$、$\lambda$ 为表内、表外各项资产的风险系数的加权平均值。一般情况下，$\frac{\Omega}{L} \leqslant 1$，即 $\alpha + \theta \times \xi \times \lambda \leqslant 1$；银行资本充足率 car 因此可以表示为

$$car = \frac{K}{\Omega} = \frac{K}{L} \times \frac{1}{\alpha + \theta \times \xi \times \lambda} \tag{3-4}$$

当商业银行资本量 K 变动不大且贷款规模 L 既定时，α、λ 等各项风险系数上升会导致资本充足率降低。在利润最大化的驱使下，银行有动力配置更高风险系数的资产，以使资本充足率达到约束条件下的最低值 $\overline{car}$。将式（3-4）代

---

① 即表内、外资产的风险系数 α 和 λ。

② 表外资产应先通过“信用转换系数”，此系数衡量其转变为表内资产的风险程度，然后再乘以相应表内资产的风险加权系数，计算加权风险资产。根据原银监会发布的表外业务管理办法，表外业务主要包括：担保承诺类业务（资本消耗型）、代理投融资服务（不占用资本）和中介服务类（不占用资本）。表外业务的信用转换系数在 10% ~100%。

③ 通过统计我国主要国有银行和股份制银行的表外业务占表内净贷款比值（基于 Bankfocus 数据），发现国有银行的 θ 基本在 50% 以下，股份制银行的 θ 偏高，30% ~100% 及以上不等，主要分布在 40% ~70% 内，基本小于 100%。

入等式（3－2）中，可将信贷资产 L 表示为

$$L = \frac{1}{1 - \overline{car}(\alpha + \theta \times \xi \times \lambda)}(D + TD - R) \qquad (3-5)$$

将信贷扩张乘数定义为银行信贷资产 L 基于基础货币 B 的扩张倍数，银行信贷扩张乘数 l_m 为

$$l_m = \frac{L}{B} = \frac{1}{1 - \overline{car}(\alpha + \theta \times \xi \times \lambda)} \frac{D + TD - R}{C + R} \qquad (3-6)$$

结合货币乘数公式（3－1）可得

$$l_m = \frac{1}{1 - \overline{car}(\alpha + \theta \times \xi \times \lambda)}\left[\frac{1 + t + c}{c + rr + rr_t \times t + e} - 1\right] \qquad (3-7)$$

为了分析各项系数与银行信贷扩张之间的关系，可以将 l_m 描述为包含以下系数的比率，银行的信贷扩张是基于基础货币和一系列系数影响的货币乘数之上的，即

$$L = l_m \times B = l_m(c, t, rr, rr_t, e, car, \alpha, \theta, \xi, \lambda) \times B \qquad (3-8)$$

因此，从信用扩张乘数的角度来分析，影子银行的信用扩张机制主要是放松了商业银行既有的信贷约束条件。在商业银行需要满足法定准备金率、资本充足率等约束条件下，影子银行的信用扩张主要表现在以下几个方面：

其一，对超额准备金率 e 放松的影响。如委托贷款、同业拆借、资产证券化等影子银行业务，为银行提供了更多高收益的资产配置渠道。特别是同业业务等不受法定准备金率的限制，因此银行有主动减少超额准备金去配置高收益资产的动力，e 下降导致银行信贷乘数 l_m 上升，促进了信用扩张。

其二，对表内、外资产的风险权重 α 和 λ 的影响。银行配置更高收益率的资产时，按照风险溢价原理，相应资产的风险系数上升，风险资产的权重改变。假设银行在利润最大化的趋势下，满足监管要求的最低资本充足率 $\overline{car}$，则此时配置的风险资产越多，风险系数 α 和 λ 越高，信贷的扩张倍数越大。

其三，表外资产比重 θ 的改变。为了满足《巴塞尔协议》等对资本充足率的监管要求，银行对风险资产的配置偏好被控制。商业银行选择通过理财产品、信托贷款等渠道将资产出表，表外资产比重 θ 上升，导致信贷扩张乘数提高。这样，商业银行满足了资本充足率的管制要求，同时仍通过影子银行体系扩张了信用。

3.3 与美国影子银行信用创造过程的比较

与我国的“通道式”影子银行业务不同，美国发达资本市场体制下的影子

银行体系，其信用扩张过程的核心内容之一是资产证券化。资产证券化允许银行将贷款进行表外操作，通过 SPV 等机构对贷款打包评级，以回购协议的方式出售给货币市场基金，获得融资，同时也将部分信贷风险转移给市场（Gorton & Metrick，2010）。

影子银行购买并接收商业银行的贷款资产包，发行以该资产为基础的证券化产品。证券化对金融产品进行了期限转换和风险转移，对短期存款购买的债权进行分级，原本的风险资产（例如次级贷款）转换成了安全、短期流动性债权。

虽然美国证券化形式的影子银行模式与中国的“通道式”影子银行模式不同，但本质上都扩张了信用，且两者之间存在共性。

其一，都具有信用和期限转换功能。在美国影子银行体系中，进行资产证券化的 SPV 机构对银行标的资产进行打包分级，解决了标的资产的信贷需求期限和供给期限不匹配的问题。而我国的信托业务和理财产品也具有同样的功能。

其二，都属于银行资产有序脱媒的过程。银行将传统的持有到期模式的贷款打包出售给 SPV，属于将表内资产转移至表外的过程，都属于绕开监管约束扩张信用模式，都有利于银行满足表内的资本充足率监管要求。

其三，都通过回购协议的方式吸引同业资金，提高了杠杆率，促进了证券化产品的交易。银行通过把长期、安全的资产进行证券化，出售给机构现金池或货币市场基金，以吸引回购资金。回购协议交易市场能为证券化资产的发行融通大量短期、低成本资金；当资产证券化产品又被作为抵押物的时候，融资发行的规模进一步扩大，信贷得以进一步扩张。

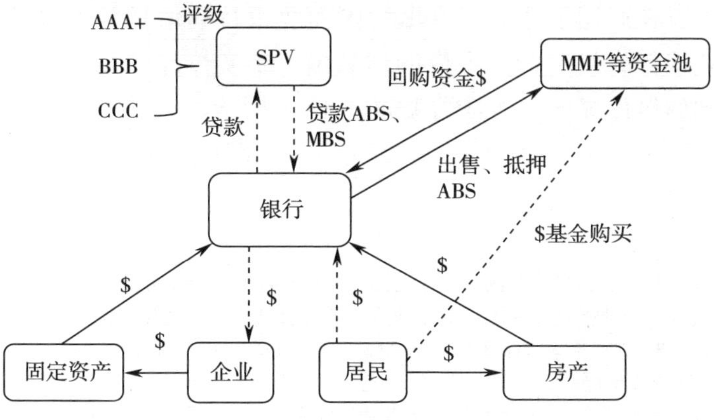

图 3 - 10　资产证券化的信用扩张

3.4 影子银行信用扩张规模估算

前文通过贷款乘数模型分析了影子银行对银行贷款约束条件放松的实现。但影子银行的信贷扩张是把“双刃剑”，一方面使得贷款风险上升，另一方面的确促进了实体经济的信贷扩张，实现了许多未能通过银行贷款渠道满足的融资需求。那么如果没有影子银行，我国商业银行的信贷扩张规模在什么水平？或者说，影子银行到底在多大程度上促进了银行的信贷扩张？下面我们将基于前文的贷款乘数进行估算。由于中国当前执行的是统一的准备金率标准①，即对活期存款与其他非活期存款不执行差异化准备金率标准，式（3-6）可简化为

$$L^{\max} = l_m \times B = \frac{1}{1 - \overline{car}(\alpha + \theta \times \xi \times \lambda)}\left[\frac{1 + c}{c + rr + e} - 1\right] \times B \quad (3-7)$$

即银行信贷扩张规模可以通过银行资本充足率约束、银行信贷扩张乘数与基础货币的乘积进行估算，但需要一系列的约束条件。《巴塞尔协议Ⅲ》规定银行的资本充足率不得低于8%，核心资本充足率不低于6%②。假设所有银行均在利润最大化的驱使下，实现了最低目标资本充足率 $\overline{car} = 8\%$；同时达到所能配置的最高风险溢价资产。由于风险加权资产的计算方法复杂，且一般情况下，风险加权资产小于等于总资产，在此考虑风险加权资产等于总资产的极大值③情况，即式（3-3）中的 Ω 等于 L，因此，$\alpha + \theta \times \xi \times \lambda = 1$。

由于影子银行的存在有利于银行表内的各项风险系数降低和资本充足率升高，因此，可以在假设条件下估算出我国商业银行的信贷扩张规模 $L^{max}_{估}$ 的最大值。这一商业银行的信贷扩张规模的估算值，是实体经济在不存在影子银行情况下能够达到的最优规模。估算结果如表3-3所示。

① 2018年10月15日以后，我国大型存款类金融机构的法定存款准备金率为14.5%；中小型存款类金融机构的法定存款准备金率为12.5%；超额准备金率为1.5%左右（数据来源：Wind）。

② 另需计提1.875%的资本留存缓冲（2019年以后上升至2.5%）和计提0~2.5%的逆周期资本。

③ 本文仅考虑极端情况的估算。不同的资本充足率标准下，风险权数最大值的取值不同，且不存在各项风险权数均取值为1的情况。实际情况应为各项风险系数的加权平均远小于1。例如，在8.5%的资本充足率水平下，风险系数组合最大值仅能达到0.8；在10.5%的资本充足率水平下，风险系数组合最大值仅能达到0.5。此时估算的银行信贷扩张规模值更低。

表 3-3　　2001—2017 年商业银行信贷规模模拟估算　　单位：亿元

年份	基础货币	货币乘数	$L_{估}^{max}$	国内信贷	社融规模	信贷缺口	融资缺口
2001	40000	3.96	128696	133015		4319	
2002	45000	4.11	152120	172625	148532	20505	-3588
2003	52300	4.23	183618	206284	181655	22665	-1963
2004	59000	4.29	210989	224419	204143	13430	-6846
2005	64000	4.67	255304	248367	224265	-6937	-31039
2006	78000	4.43	290804	288738	264500	-2067	-26304
2007	102000	3.97	329283	339659	321326	10377	-7957
2008	129000	3.68	375783	379379	379765	3596	3982
2009	147000	4.11	496924	494580	511835	-2344	14911
2010	185000	3.92	587174	587324	649869	150	62695
2011	225000	3.79	682337	687972	767478	5635	85141
2012	252000	3.86	783391	805594	914186	22202	130795
2013	271000	4.08	907261	927007	1074575	19746	167314
2014	294000	4.18	1016217	1076962	1228591	60745	212374
2015	276000	5.04	1212000	1332693	1381383	120693	169383
2016	309000	5.02	1350196	1600067	1559900	249872	209704
2017	322000	5.21	1473500	1780278	1828692	306778	355192

资料来源：中国人民银行。

对比信贷扩张估算规模 $L_{估}^{max}$ 与实际银行信贷总量数据①、实体经济社会融资规模数据可以发现，均存在不小的信贷缺口和社会融资缺口②，缺口走势如图 3-11所示。

从估算数据可以清晰看出，如果严格按照管制约束，我国将存在一定的未满足信贷需求缺口。且在 2008 年以后，特别是 2012 年以后，这一缺口逐步扩大。这与我国经济稳步增长所带来的信贷融资需求旺盛有直接关系。通过缺口数据的估算，我们可以认为，虽然影子银行的信用扩张提高了融资的风险特征，却一定程度上满足了一部分实体经济的潜在融资需求。这反映了影子银行信用扩张的风险与优势并存，具有“双刃剑”的特征。

① 资料来源于中国人民银行统计数据，实际国内信贷为央行测算的银行信贷总额。

② 信贷缺口 = 国内信贷总量 - $L_{估}^{max}$；社融缺口 = 社会融资总量 - $L_{估}^{max}$。

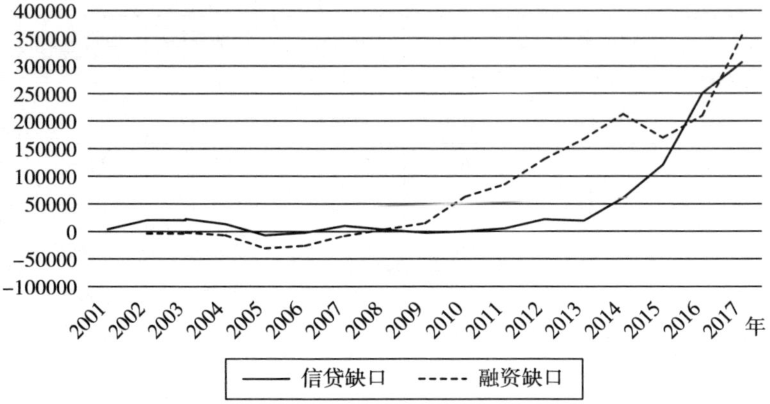

图 3-11　2001—2017 年缺失影子银行情况下的融资缺口数据（估算）

4　中国影子银行的风险分析和政策影响

4.1　中国影子银行的主要风险特征

影子银行不同于传统的商业银行信贷业务，其信用扩张机制中蕴含更高的风险。总的来说，影子银行风险敞口的核心问题在于标的资产的质量和资金的流向。如果标的项目出现经营问题导致坏账，则可能会成为系统性风险爆发的导火索。结合中国影子银行的业务模式，将其主要风险特征梳理如下。

1. 期限错配问题。为了投资基础设施、房地产等基础性产业，地方政府融资平台通过“银信合作”渠道借了大量款项。基础产业项目的投资回报周期较长，需要持续的现金流输入以维持项目的运行。一旦发生融资链断裂，期望的项目投资收益率将无法达成，导致地方政府将无法取得足够的收入偿还利息。而银行发行的理财产品期限有八成以上在 6 个月以内，因此存在十分明显的投资项目与产品到期期限错配的问题，这是此类影子银行业务的风险敞口所在。

地方政府融资平台往往使用土地等固定资产做抵押担保，土地和房地产市场的价格波动也会影响抵押担保品的价值。如果抵押担保品的价格波动下调，政府的偿债能力下降，银信合作类理财产品的违约风险将大大增加，导致影子银行的不良贷款率上升。

2. 流动性风险。将标的资产打包，通过买入返售和回购等同业业务，使银行间同业业务链条延长，不仅会增加标的资产的信息不透明程度，还会加大银行发生流动性风险的可能。采用表外业务的影子银行模式能够帮助银行的流动性指标满足监管要求，但却存在流动性风险敞口。表外理财产品具有信息不对称、无担保和无不良贷款准备等特征，存在更高的违约风险。一旦违约风险实际发生，风险会通过机构间层层传递，银行原本持有的流动性将不能满足违约赔偿和正常业务运营。

中国的“通道式”影子银行业务，通过银行间买入返售、卖出回购等同业业务将标的资产层层传递，链条的始端是拿到融资的房地产和地方政府融资平台，链条终端是被打包成表外业务、被投资者购买了的理财产品。资金在金融机构之间反复流转，满足了监管要求，却导致企业的实际贷款利率提高。一旦标的项目因经营不善导致坏账风险发生，则也会在同业链条中节节传递。2013年发生的“钱荒”事件即为典型的银行间流动性风险爆发，银行间同业流动性短缺，同业业务拆借利率飙升。

3. “刚性兑付”导致风险偏好上升。国有大型银行发行的理财产品，虽然名义上无法得到央行的流动性保障，但往往被视为具有国有银行的“隐性担保”，家庭部门将购买的理财产品视为“类储蓄”，存在严重的刚性兑付问题，是我国影子银行产品的风险敞口之一。实际上，信托公司并没有掌握项目的主动权，但在“银信合作”通道业务模式中，信托公司是理财产品的发行方，银行是理财产品的代销方，一旦产品违约，银信双方均存在连带责任。另外，国家会为违约的影子银行提供流动性保障（美国房利美存在同样问题），银行可能采用发行新理财产品方式来抵消旧产品的损失，发展为不可持续的贷款损失“常青化”模式。

4.2　影子银行与系统性风险

2011年由金融稳定理事会（FSB）、国际货币基金组织（IMF）和国际清算银行（BIS）联合出具的报告定义，系统性风险是指金融体系一部分或全部受到外部冲击，导致了大范围的金融服务中断，危机在整个金融体系内蔓延，给实体经济造成严重的影响。系统性风险具备时间上的连续性和空间上的广泛性等特点。当金融体系内累计的系统性风险越高，受到外部不确定因素冲击后，造成的系统破坏性就越强，且系统性风险往往具有不可分散的特点。

由于影子银行将银行、非银行金融机构和民间金融组织等联系在了一起，潜在市场风险、信用风险等爆发时，风险将在各主体之间交叉传染，导致各金融机构存在同时发生损失的可能，即系统性风险爆发。且金融体系内累计的系统性风险系数越高，危机爆发时的破坏力就越强，将给实体经济带来重创甚至萧条。

影子银行的交叉传染风险传导机制表现在多个方面，微观来看，影子银行涉及的业务具有重叠交叉性，且存在大量的融资、担保关系，虽然为银行等金融机构发展提供了流动性支持和信用保障，却提高了隐性系统性风险。宏观层面来看，影子银行各主体面临共同的风险因子，这一外部不确定性可能是信贷风险、投资者信心、自然灾害、金融市场运行状况、经济周期波动等。

如果宏观经济周期处于下行状态，进行中的企业项目的盈利水平下降，企业的偿债能力减弱，标的资产对应的信托贷款、委托贷款和理财产品等无法实现预期的风险溢价收益率水平，爆发产品违约的可能性大大升高。标的产品违约风险将通过反映在资产负债表中的返售回购业务在银行间市场传递，还会通过抵押担保品价值波动在银行与非银行金融机构之间传递，导致金融体系中遭受风险损失的空间范围更广。

表 3－4　　　2016 年我国影子银行与金融系统之间的关联数据

互联类型	金额（十亿元人民币）	占 GDP 比重（%）	相对量（%）	
银信合作	4.8	6.4	16.4	相对总理财产品
			23.5	相对总信托产品
投资于债券市场的理财和信托产品	17.1	22.9	26.1	相对总债券市场市值
投资于股票市场的理财和信托产品	2.2	3	4.2	相对总股票市场市值（2015 年末）
与信托受益人和资产管理产品有关的投资应收款①	7	9.4	9.9	相对总银行贷款
银行间理财产品	6	8	20.6	相对总理财产品

注：①指与信托受益人（Trust Beneficiary Rights）和资产管理产品（Asset Management Products）相关的总投资应收款项占总银行贷款的比例（总银行贷款 = 银行贷款总额 + 预付款总额）。

资料来源：T. Ehlers，S. Kong 和 F. Zhu（2018）。

4.3　影子银行对货币政策的影响

（一）对货币政策工具效力的影响

影子银行作为一种金融现象，其产生和出现将必然影响原有体系下央行对金融市场的政策工具调节作用。央行主要通过使用公开市场操作、准备金率和再贴现率等货币政策调节工具，影响商业银行等金融机构的流动性，进而对实体经济产生影响。但是，影子银行体系的产生促进了“金融脱媒”现象发生，金融资本为了规避监管或逐利驱使流入影子银行体系，造成金融市场的“实际利率”与货币政策官方利率之间出现偏差，调节工具的效力减弱。

在内生性货币环境下，利率和公开市场操作可能会受到金融市场环境的影响出现“适应性调整”。央行或许不会因为几家银行的流动性要求而调整政策，但银行间出现普遍性的流动性短缺时，央行还是会被动增加货币供给。影子银行的潜在风险可能导致央行“被动”执行货币政策调节的概率增加，货币政策的有效性受到影响，出现与维持物价稳定的最终调控目标相左的结果。另外，由于影子银行业务多被打包在表外，其创造的各类金融资产价格并不受传统渠道货币政策调控。被动货币政策调节的后果可能是央行输送的流动性并不是实体经济的真实需求，导致资产价格、商品价格上升，存在发生通货膨胀的风险。

（二）对货币政策传导的影响

根据 Bernanke 和 Alan（1988）的货币政策“信贷传导渠道”观点，央行通过货币政策工具调节基础货币投放将同时影响货币流动性曲线和商品信贷曲线①，宽松的货币政策可以不改变债券利率，却会对真实国民收入产生影响。在我国银行主导型金融体系下，货币政策通过信贷传导渠道影响银行的信贷投放量，进而影响企业的投融资活动。直观来看，影子银行拓宽了企业的融资渠道，降低了企业对银行的依赖，货币政策的信贷传导渠道对实体经济的影响力也被分散了。

如果央行认为表内存贷比率、资本充足率等指标满足监管要求，而无法准确识别机构整体的资本率是否充足，因而输送过少的流动性，这样会加重影子银行风险发生对整个金融市场损害程度，甚至会挫伤实体经济。因此，影子银行的发展将影响对实体经济的真实信贷供给。

当央行执行紧缩性的货币政策时，表现为在“信贷传导渠道”限制银行的信贷供给。影子银行为企业提供了银行外的融资渠道，但也会抬高企业贷款的外部融资溢价，一部分仍能接受高风险溢价的企业将通过影子银行渠道获得贷款，另一部分不接受更高风险溢价的企业将停止贷款行为。这一环节中，影子银行表现出两类特征，其一是削弱了“信贷传导渠道”的效力，导致紧缩性

① 详见 Bernanke & Alan（1988）“CC—LM 模型”引自 Bernanke. B, Blinder A. Credit, Money and Aggregate Demand [J]. The American Economic Review 1988, 78.

（宽松性）货币政策的调节预期效果和真实效果不同；其二是影子银行的“类贷款”行为可能会带来企业贷款的逆向选择和道德风险问题。由于影子银行缺乏监管，其对企业信用的信息搜集能力弱且其信贷评级标准相对商业银行来说并不那么严格，这就会导致面对更高的风险溢价时，违约风险更高的企业选择影子银行途径贷款。其三，影子银行增加了货币内生性扩张的传导渠道，导致央行的货币外生调节力度减弱。

由以上分析可以看出，影子银行通过复杂的金融设计和安排规避了正规金融监管，其过高的杠杆和期限错配蕴含了大量的流动性风险和信用风险，涉及较多主体以及过长的信用链条，会导致风险在系统内传染，削弱金融体系的稳定性。同时，影子银行也可能会弱化传统的信贷渠道，导致央行的货币政策无法达到预期效果。

另一方面，我们也应该看到，影子银行在中国乃至全球迅速发展，有其客观背景。当金融发展滞后于经济发展，传统银行信贷渠道无法满足经济中庞大的融资需求时，影子银行自然会应运而生。

中国影子银行的发展修正了金融分业经营和分业监管所造成的扭曲，促进了市场的融合，推动了不同金融机构和市场间的竞争与合作，提高了金融市场化程度，优化了金融结构。影子银行作为传统金融的补充，拓展了金融服务边界，在传统金融服务创新乏力，产品类型较少的情况下，影子银行能够在一定程度上满足多元化的投融资需求。同时，在宏观经济调控转型、实体经济发展仍需后续资金支持的背景下，影子银行为政府和受到调控影响的行业、企业提供了必要的流动性缓冲，缓解了宏观调控急速转向可能带来的负面经济冲击，增加了经济的弹性。

近年来，为了解决影子银行刚性兑付、多层嵌套、资金池操作等问题，出台了一系列监管政策，大幅压缩了影子银行的套利空间，抑制了理财、通道、同业业务。但是，近期，如何平稳收缩此前过度扩张的信用规模，防止金融与经济出现过度震荡，长期，如何建立一套均衡有效的金融体制，保证信贷供给有一定的弹性，能够适合经济发展的需要，仍然是未来政策设计的难题。

参考文献

［1］沈联涛，黄祖顺．影子银行阳光化——中国金融改革的新机遇［M］．上海：上海远东出版社，2016.

［2］方先明，谢雨菲．影子银行及其交叉传染风险［J］．经济学家，2016（3）：85－65.

［3］李波，伍戈．影子银行的信用创造功能及其对货币政策的挑战［J］．金融研究，2011（12）：77－84.

［4］易纲，吴有昌．货币银行学［M］．上海：格致出版社，2014.

［5］阎庆民，李建华．中国影子银行监管研究［M］．北京：中国人民大学出版社，2014.

［6］朱太辉．信贷内生扩张下逆周期资本监管效力的初步研究［J］．金融监管研究，2012（5）：52－69.

［7］银行业理财登记托管中心．中国银行业理财市场报告2017［R］．2018年2月2日．

［8］王喆，张明，刘士达．从“通道”到“同业”——中国影子银行体系的演进历程、潜在风险与发展方向［J］．国际经济评论，2017（4）：128－148.

［9］周小川．金融政策对金融危机的响应——宏观审慎政策框架的形成背景、内在逻辑和主要内容［J］．金融研究，2011（1）：1－14.

［10］本顿·E. 冈普，詹姆斯·W. 克拉里．商业银行业务——对风险的管理［M］．北京：中国金融出版社，2009.

［11］FSB. Shadow Banking：Scoping the Issues，12 April 2011，pp. 3.

［12］FSB，IMF，BIS. Macroprudential Policy Tools and Framework［R］．2011.

［13］IMF. Containing systemic risks and restoring financial soundness［J］．Global Financial Stability Report，2008（4），pp. 47－73.

［14］Paul McCulley. Teton Reflections. Global Central Bank Focus，PIMCO，August/September，2007.

［15］Gorton，G. and A. Metrick. “Regulating the Shadow Banking System”，Brookings Papers on Economic Activity. 2010，Fall：261－321.

［16］Moody’s Investors Service. Quarterly China Shadow Banking Monitor，August，2018.

［17］Torsten Ehlers，Steven Kong and Feng Zhu. Mapping Shadow Banking in China：Structure and Dynamics. BIS Working Papers，No 701. Monetary and Economic Department，February 2018.

第4章　现代金融体系中的货币市场：工具的多元化与流动性管理

摘　要

货币市场为金融体系与实体经济提供了流动性，发挥了“生命线”的职能。我国目前货币市场发展滞后，还具有相当的不完善性，因此通过探寻发达货币市场的运行规律，探讨其存在的问题，对研究我国货币市场具有较强的现实意义。本章主要采取理论分析与实证分析相结合的方法，阐述了货币市场与资本市场的联动关系，中国央行的流动性管理与创新，并以大量数据为依据阐述了中国货币市场与美国货币市场的结构特征、产品与子市场种类及规模的发展变化，同时运用 VAR 模型的脉冲响应函数方法研究货币工具的传导效果。实证分析表明，短期内货币市场利率对传统货币工具变量冲击均有影响，但长期影响较小。本章通过分析得出结论后，提出相应的政策建议，以求增强我国货币政策工具对货币市场的调控力度。

1　货币市场在现代金融体系中的“生命线”功能

货币市场与资本市场作为金融市场的关键组成部分，是现代金融体系的两大支柱，前者是短期金融工具交易的场所，而后者是长期金融工具交易的场所，期限通常以 1 年为分界。尽管存在人为划分，但是由于两大市场的交易对象均为货币资金，而货币资金逐利的特性使货币市场与资本市场存在貌离神合的关系，但是目标是将资金用于投资最终服务于实体经济。在市场主导体系下，资本市场是现代金融体系的基石，促进财富增长、提供资产管理职能，而货币市场是“生命线”，为金融体系与实体经济提供流动性，具体体现在以下几个方面（张留禄，2005）。

第一，两个市场是金融市场的支柱，其中资本市场是现代金融体系的基石，货币市场则是“生命线”。两者都是资金供求双方进行交易的场所，都一定程度上反映了信息，实现了资源配置，传导了政策意图，另外两者的参与主体都包括政府、金融机构、企业以及个人。金融工具的创新以及金融交易主体的发展导致两个市场的关联性加强。

第二，货币市场是资本市场发展的基础，资金通常是由短期的盈余方转移到资本市场，其中货币市场的重要作用得以体现。否则尽管有长期投资获取收益的动力，而没有资金供给跟上，则成了无本之木。货币市场也可以为资本市场的扩大再生产提供短期资金支持。

第三，资金会因为利润的驱使，从货币市场转移到资本市场，也会从资本市场转移到货币市场，货币市场强调流动性，资本市场则强调收益。如资本市场中的个人想要进行长期投资，那么他可以通过提取自己在银行的短期存款转而去资本市场买股票，这就实现了货币市场向资本市场的资金转移（钱小安，2001）。相反，在资本市场卖出股票反而去买短期证券，则会使资本市场的资金转移到货币市场。所以两个市场之间的资金转移是很容易发生的。

第四，两个市场的价格之间存在一定的负相关性。如果货币市场的利率上调，会导致很多资本市场的资金转移到货币市场，从而使资本市场交易资金减少，进而使资产的交易价格降低；相反，如果货币市场利率下调，则会使资金流到资本市场，资本市场资产价格上升。

第五，货币政策的资本市场传导机制。货币政策可以通过影响利率以及货币供应量两个渠道来影响资本市场。利率变动导致资金的使用成本以及机会成本变动，进而影响资金需求量变动，延伸到资本市场的资金流总量。另外利率的变动会影响投资者对市场的预期，这反映在股价或者其他资本市场资产的价格之中，假如预期经济繁荣则会引起资金流入。中央银行通过公开市场操作来影响货币供应量，当卖出债券时货币回笼、买回债券时发放货币，卖出债券时资本市场的资金量随之降低，引起证券需求降低。存款准备金率也是中央银行的操作手段，降低存款准备金率会导致资本市场的资金流增大，证券市场供不应求，资产价格提高，反之资产价格降低。

货币市场与资本市场的逻辑关系，在以下几个方面得以体现。

第一，利率价格的均衡关系可以用戈登模型来阐述：

$$P_i = (1 + G) \cdot \frac{D_i}{(R - G)} \tag{4-1}$$

$$P_i = (1 + G) \cdot \frac{D_i}{(I + I' - G)} \tag{4-2}$$

式（4-1）中 P_i 表示第 i 期股票价格，D_i 表示第 $i-1$ 期到第 i 期的每股股息，G

表示股息增长率，R 表示贴现率，I 表示货币市场利率，I' 表示股票的风险报酬率，其中 $R = I + I'$。从式（4－1）和式（4－2）可以得出：股票价格与货币市场利率存在关系，两者变化方向相反。随着货币市场利率的降低，股票价格会有所提升，变化后形成一个新的均衡。

第二，货币市场与资本市场之间的这种均衡关系也体现在资金方面，资金是货币市场与资本市场沟通的直接桥梁（赵峰，2005；李燕燕，2007）。根据托宾的资产选择理论，公众可以自由地在货币市场资产与资本市场资产之间进行选择来满足收益性与风险性的需求，从预期的收益与风险出发，进行资产组合的配置与转变可以实现资金在两个市场之间的流动。另外从总量上看，资金也应该在两个市场之间此消彼长，在逐利的驱动下进行转移（王贝贝，2017）。

第三，货币市场与资本市场还可以通过金融中介与金融工具同时在两个市场交易进行沟通，经营存款的银行通过存款——贷款循环创造出原始存款几倍的资金，也通过企业的资产运用调整以及居民的资金从储蓄向股票等证券转移来进行沟通。金融工具的发展，比如衍生品，由于期限弹性，也使得两个市场的边界越来越模糊。

第四，金融风险的传递也体现了两个市场的联动关系，通过将长期资金存在的风险转移到短期存款上面，某一个资产的市场价格的波动冲击着其他市场的资产价格（白钦先和汪洋，2007）。

纵观我国两大市场的发展，我国采取了“先资本市场、后货币市场”的政策来发展金融市场（吴杰云，2008），以致货币市场的发展滞后，还具有相当的不完善性，它所应该具备的功能还远远没有被发挥出来，存在准入机制过于严苛、工具的品种规模不完善、子市场之间发展不均衡等问题。由于货币市场不完善，货币市场与资本市场之间的跨市场资金流动受阻，会导致货币政策通过货币市场传递到资本市场继而影响实体经济的效果变差，“分业经营、分业管理”的金融体制也使货币市场与资本市场之间形成了无形的隔离，阻碍了金融市场的发展进程（赵圣刚，2018）。

发达的资本市场与流畅的货币市场的有效衔接和转换，是市场主导型金融体系有别于银行主导型金融体系最重要的微观结构特征（吴晓求，2005）。两个市场的衔接与转换在以下几个方面有所反映。首先，货币与资本的价格都体现在利率水平上，利率水平由无风险利率与风险溢价共同决定。货币市场利率与资本市场利率分别占完善的市场收益率曲线的短端与长端。资金的逐利性促使其在两个市场间向利率高的一侧流动。风险溢价在两个市场间产生联动，一个市场的风险会影响另一个市场的资产价格。其次，货币市场与资本市场衔接的广度由同时参与两个市场的交易主体的数量以及两个市场子市场的参与程度决定，而两个市场转化的效率则由两个市场工具的规模与发达程度决定。另外，资本市场交易主体除了收益也需要一定的流动性，而货币市场的交易主体除了流动性也需要一定的收益，所以两个市场的交易主体必定存在着关联。如果对主体参与进行限制，会导致套利机会产生，促使影子银行萌生。随着债券等金融工具到期期限临近，它们的性质逐渐由资本市场工具转变为货币市场工具，这点更体现出两个市场的衔接与转换，基于债券的回购交易更是深刻地反映了衔接与转换的程度。

2　中国货币市场结构的典型特征

2.1　产品种类与子市场结构特征

2.1.1　产品种类

随着国际贸易的发展，建立在商业信用基础上的银行承兑票据开始出现；各国中央银行以及银行体系的建立，尤其是存款准备金制度的建立，使得银行同业拆借逐渐发展；短期政府债券、中央银行融资融券等新的信用工具伴随着政府及货币当局参与到货币市场中，开始在市场出现并进行交易流通。目前，经济环境和金融市场的变化，一系列新的信用工具被不断开发和创新，进而极大地促进了货币市场的发展。

目前，我国货币政策工具主要有公开市场业务、存款准备金、利率政策、常备借贷便利、中期借贷便利、抵押补充贷款。而发达市场主要的货币市场工具包括：美联储基金、大额可转让定期存单、国债、商业票据、欧洲美元、银行承兑汇票、回购协议和货币市场共同基金。其中，联邦基金（Federal Funds）是指商业银行、储蓄协会和信用合作社等机构在预计准备金不充足时，往往会转向联邦基金以隔夜利率从其他机构借入准备金。同样，那些发现自己拥有过剩准备金的机构可以向美联储基金市场贷款，借出超额准备金并赚取利息。美联储的基金利率是由准备金的供求关系决定的。当准备金不足时，美联储的基金利率会增加；当准备金过剩时，美联储基金利率会下降。

大额可转让定期存单（Negotiable Certificates of Deposit，NCD）是大型商业银行以及储蓄机构发行的定期债务票据。支付凭证持有人固定利息，并在到期时返还本金。大额可转让定期存单可以在初次购买后转售给另一方，而不可转让的存单或定期存单必须由该票据的原始买方赎回。大额可转让定期存单的主要购买者是非金融公司和货币市场共同基金。国债（U. S. Treasury Bills）是美国政府的短期债务工具，一般以折扣价格出售，可以以低于其面值的价格购买，投资者通过到期时的面值价格与购买价之间的差额来赚取利息。国债具有低违约风险和高流动性的特征。商业票据（Commercial Paper）一般以短期融资为目的，直接向货币市场投资者发行。从期限看，美国商业票据的期限一般在270天以内，其中大多数票据期限都在90天以内，最低面额通常为10万美元。通常商业票据以折扣进行出售，买方支付的价值低于面值。在到期日，买方收到更高的面值，两者之间的差额是利息收入。商业票据的特点是低违约风险、短期到期日较短和相对较高的收益率。根据发行方式的不同，美国的商业票据可分为直接发行票据（Direct Paper）和中介发行票据（Dealer Paper）。其中，直接发行票据由发行人直接面对投资者进行销售，发行人主要为具有金融产品销售能力的各类金融机构。而大多数非金融机构需要在投资银行的协助下发行票据，即采用中介发行方式。根据商业票据交易结构及其是否含有增信措施，美国商业票据又可分为普通商业票据、资产支持商业票据以及信用支持商业票据三类。

欧洲美元是免受美国银行监管的以美元计价的存款债务。欧洲美元市场避免了国内存款机构面临的许多中介成本。美国银行的外国分行接收欧洲美元存款很容易避免非利息准备金要求和存款保险费。欧洲美元存款也面临着较低的资本要求和较宽松的金融监管。在伦敦，大型银行用伦敦银行同业拆借（出价）利率（LIBID）表示愿意借出欧洲美元的利率，用伦敦银行同业拆借（提供）利率（LIBOR）表示他们愿意借入欧洲美元的利率。银行承兑汇票（Bankers Acceptances）允许银行担保承诺其对客户的付款。在国际贸易中，对于一个不能确认国外购买方信用水平的出口方来说，银行承兑汇票显得尤为重要。由于存在违约风险，银行承兑汇票利率通常高于国债利率。另外银行承兑汇票有二级市场，这也是一个优势。银行承兑汇票促进了国际贸易，允许银行保证其客户向国外出口货物的付款兑现。

回购协议（Repurchase Agreements）是指卖方（资金借款人）同时向买方（资金放款人）出售政府担保的短期协议，并同意日后以更高的价格回购。简而言之，它类似于一种抵押贷款。由于抵押品的转移，回购协议被视为比联邦基金贷款更安全。这就是为什么与回购协议相关的利率通常低于联邦基金利率。货币市场共同基金（Money Market Mutual Funds，MMM Fs）于20世纪70年代末出现，是金融创新超越金融监管的典范，利用大部分资金购买违约风险小、期限短的商业票据和政府债券。小额的普通储户可以从存款机构中提取资金，投资于MMMFs。

可以看出，我国货币政策工具与发达国家相比品种较为单一，与市场参与者的需求结构不对称，而且信用工具间的相互替代性差，削弱了货币市场的灵活性、流动性和安全性。我国的票据市场大多都是汇票，而没有本票，但是本票却方便企业进行融资，所以我国货币市场与实体经济存在脱节。进行金融创新开发和扩展货币市场信用工具成为当务之急。另外，发达的货币市场中公开市场操作是货币政策实施的最主要工具和手段，为中央银行通过市场机制对经济进行有效宏观调控提供了重要支持。我国的情况则与此形成鲜明对比，中央银行可利用的货币市场工具不多，而且只能在银行同业债券市场上进行操作。而美联储在其货币市场上占主导地位，通过债券买卖交易频繁，美联储可以迅速调整利率；我国大多是通过回购协议、外汇占款以及再贷款三种方式进行货币量的调控，导致人民银行在公开市场操作量方面有限，影响不了市场利率，致使人民银行在货币市场上不占主导地位，所以形不成央行主导的利率。

2.1.2　子市场结构

我国货币市场主要由同业拆借市场、票据市场、短期国债市场和回购协议市场构成。同业拆借市场、证券回购市场等有利于商业银行业务经营水平的提高和利润最大化目标的实现，同时同业拆借市场是传导中央银行货币政策的重要渠道，票据市场为中央银行提供了宏观调控的载体和渠道，是短期资金融通的主要场所，是直接联系产业资本和金融资本的枢纽。在整个货币体系中票据市场是最基础、交易主体中最广泛的组成部分（袁天龙和陈翔，2008）。而美国货币市场子市场则主要包括国债市场、联邦基金市场、商业票据市场、银行承兑票据市场、大额可转让定期存单市场和回购协议市场，相互之间联系密切，构成了一个统一协调的货币大市场。而我国货币市场体系中的子市场处于彼此分割的状况，市场间相互独立性高，有时一个市场利率走势平稳，而另一个市场利率却大幅走低，不同市场的利率走势（如图4－1所示）的差异说明了不同市场之间的分割性（中国社会科学院金融研究所课题组，2013）。

2.1.3　交易机制

我国货币市场的交易机制可以从以下几个方面与美国货币市场进行对比分析。

第一，信用体系。从美国票据市场的发展来看，商业信用是商业票据市场

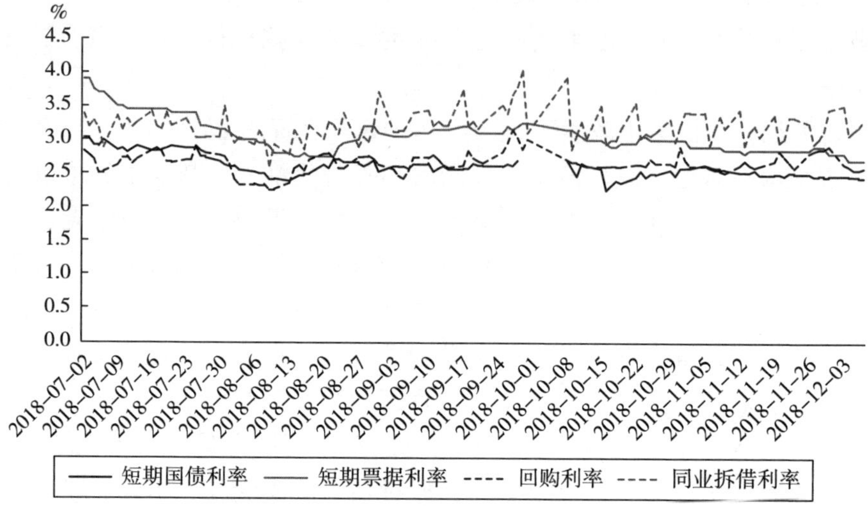

资料来源：Wind 资讯。

图 4－1　中国货币市场主要子市场利率变化

发展的基础，而我国一直以来重视的是银行信用，商业信用基础相对薄弱，缺乏完善的商业信用体系。这是由于我国信用评估制度不发达、企业信用不透明、对不守信行为的惩罚和制约不够，在这样的环境下建立货币市场难以取得投资者的信任，因而，导致近年来货币市场的发行规模和品种虽有很大幅度的增加，但信用主体仍主要集中于国有大型企业和金融机构，以商业信用为基础的票据和债券发展还相当滞后。

第二，市场主体。美国票据市场主体包括参与经济的商业银行和储蓄协会、美联储、政府和国企、金融机构、养老基金和保险公司、经纪人与交易商以及个人投资者，各种主体在不同情况下资金供求不同，才使得票据市场的资金融通成为关键。而我国货币市场的参与者结构相对简单，市场交易仍以少数商业银行尤其是国有控股商业银行为主，并且机构投资者存在买卖行为趋同、资金供求趋同的现象。另外我国的金融机构微观流动性管理流程和规则较为相似，也存在买卖行为趋同的情况，在市场流动性较为充足时，这种趋同性的弊端不大，一旦市场流动性出现紧缩，金融机构防范流动性风险的交易手段趋同，很难找到交易对手，市场利率被推高甚至出现有价无市状态（姜再勇和刘宁，2011）。

第三，货币市场体系结构。美国货币市场存在多个子市场（如同业拆借市场、商业票据市场、大额可转让定期存单市场等），各个子市场联系密切，构成了一个统一协调的货币大市场。然而在我国的货币市场体系中，同业拆借市场是发展最快的，在 1996 年就实现了全国联网交易，但货币市场体系中的其他子市场依然处于彼此分割的状况，子市场间相互独立性高，利率形成各异，难以形成基准，子市场之间发展失衡。

第四，我国宏观与微观流动性管理缺乏有效协调和沟通。货币市场是宏观与微观流动性管理相互作用的重要场所，宏观流动性管理与微观流动性管理由于在目标与管理方向上存在差异，在缺乏有效协调和沟通情况下，易产生市场的不稳定。

2.2　中国人民银行基于货币市场的独特创新及流动性管理实践

2.2.1　独特创新

人民银行于 2013 年初创设了常备借贷便利（SLF），主要功能是满足金融机构期限较长的大额流动性需求，对象主要为政策性银行和全国性商业银行。分支机构常备借贷便利是短期流动性调节方式的创新尝试，主要解决符合宏观审慎要求的中小金融机构流动性需求，完善中央银行对中小金融机构提供正常流动性供给的渠道。中期借贷便利（MLF）于 2014 年 9 月由中国人民银行创设，是中央银行提供中期基础货币的货币政策工具，对象为符合宏观审慎管理要求的商业银行、政策性银行，可通过招标方式开展。发放方式为质押方式，并需提供国债、央行票据、政策性金融债、高等级信用债等优质债券作为合格质押品。整体来看，在外汇占款渠道投放基础货币出现阶段性放缓的情况下，中期借贷便利起到了补充流动性缺口的作用，有利于保持中性适度的流动性水平。

公开市场短期流动性调节工具（SLO）是用来调控银行体系的流动性的。以 7 天期以内短期回购为主，操作在 7 天期等品种工具之后，继续构建隔夜等超短期品种，作为指引市场基准利率的努力，为利率市场化进程打下更好的基础。为支持国家开发银行加大对“棚户区改造”重点项目的信贷支持力度，2014 年 4 月，中国人民银行创设抵押补充贷款（PSL）为开发性金融支持棚改提供长期稳定、成本适当的资金来源。抵押补充贷款（PSL）的主要功能是为支持国民经济重点领域、薄弱环节和社会事业发展而对金融机构提供期限较长的大额融资。抵押补充贷款采取质押方式发放，合格抵押品包括高等级债券资产和优质信贷资产。

除传统货币市场工具的应用外，我国非标准化债权资产的发展极具创新力。在中国，除了大家所熟知的银行、证券公司、信托公司、保险公司以外还有大量为社会大众提供金融服务的类金融机构，例如融资租赁公司、小贷公司等，这些机构进行资金融通，也创立了很多期限不一、规模不等的金融产品，这类产品被称为“非标资产”。所谓“非标资产”是指未在银行间市场或者证券交易所市场交易的债权性资产，包括但不限于信贷资产、信托贷款、委托债权、承兑汇票、信用证、应收账款、各类受（收）益权、带回购条款的股权型融资等。非标资产的性价比和安全系数相对较高，产品透明度更高，规范性更强，在市场的议价能力也比较强。所以，“非标资产”的流转市场空间巨大。

需要注意的是“非标”并不等同于非法或违规。“非标资产”的出现，或者说商业银行开展“非标”业务，有其客观规律和市场需求。在以间接融资为主的市场体系中，“非标”业务客观上丰富了银行金融服务的方式和内容，是银行支持实体经济的探索和创新，只是因为其中存在一定的风险隐患，因此需要加以规范完善。在我国，“非标资产”受到一定的限制管理，首先是比例上限，要求规范商业银行理财产品所有非标准化债权类投资，并设定理财产品余额不得超过理财产品净资产的35%的上限，且不得超过银行上年度总资产的4%。另外还要求名单制管理，每个理财产品与所投资资产（标的物）应做到一一对应，做到每个产品单独管理、建账和核算（中诚信托，2017）。

现存的非标资产流转交易平台包括由金融监管部门批准，“一行两会”积极推动所监管领域金融资产的登记、流转，这种平台与现有登记结算平台整合和协作较多，但是很少全面覆盖，基本与所监管领域保持一致。另外还有地方政府批准的非标资产流转平台，以及市场机构自主发起设立的非标资产流转平台，如信托、证券等非标资产的创设机构以及部分互联网金融机构也在尝试搭建自己的非标资产流转平台，在为投资者提供便利服务的同时，也增加了客户黏性和新的盈利来源。由于基础资产法律关系差别较大、监管政策要求不一、交易流转市场基础设施发展程度不一、估值定价难度较大、市场投资主体较为单一等问题，非标资产流转面临困难。应该加强跨部门监管协调、加快推动非标资产流转基础设施平台的搭建、规范非标资产信息披露、在合法合规的前提下努力丰富市场投资主体。

2.2.2 流动性管理实践

市场的发展，离不开作为市场主体的机构的设立与管理。

（一）上海票据交易所的成立

票据融资已经成为越来越多中小微企业融资方式的选择，但是纸质汇票的不方便，票据市场的不完善，以及监管的不到位等问题导致票据融资的发展受到了阻碍。在这样的一个大背景下，2016 年 12 月 8 日，上海票据交易所（以下简称票交所）正式揭牌成立，作为央行认可的、全国统一的票据交易机构。票交所的成立标志着我国的票据交易在向统一化、透明化的电子交易过渡（央行原有的ECDS系统不受影响）。

票交所的参与主体包括金融机构法人以及非金融机构法人；业务内容包括转贴现、质押式回购、买断式回购等（所有的交易过程，都无须提供纸质版材料）。票交所以独立的第三方形式实现对票据市场参与标准、交易规则、风险流程、资金清算等的管理、规范和引导，提供的服务包括：组织票据交易、票据登记托管、票据交易的清算结算以及票据信息服务。

票交所的成立加快了全国统一票据交易平台的建成，促使票据市场更加规范有序。一方面，整个二级市场都通过票交所进行场内交易，这样信息更透明、利差收窄，对于票据中介利用“期限错配”套出资金的做法进行有效遏制。另一方面，票交所成立后市场存在的一些非标准交易将难以延续。票交所不仅仅打造的是一个交易平台，对大数据的海量收集可以形成更加完善的征信体系，营造票据信用环境。此外，票交所的成立更有利于央行进行主动监管，进一步完善中央银行宏观调控，优化货币政策传导，增强金融服务实体经济的能力。

（二）银行业信贷资产登记流转中心有限公司的建立

为规范开展信贷资产登记流转业务、助力监管、服务银行，2014年6月10日经财政部同意、银监会批准成立了银行业信贷资产登记流转中心有限公司，其业务上受银监会监管，以求切实为银行业金融机构业务发展、转型和风险防控做好服务工作为目标。

银登中心的业务范围包括信贷资产及银行业其他金融资产的登记、托管、流转、结算服务，代理本息兑付服务，交易管理和市场监测服务；金融信息服务和有关的咨询、技术服务以及银监会批准的其他业务。

银登中心的成立以信贷资产流转业务统一标准、规范流转、高效运作、有序发展为重要目标，为信贷资产及银行业其他金融资产提供登记、托管、流转和结算服务，并且承担着部分交易管理和市场监测服务职能。它也可以为交易各方提供优质便捷的信息披露、交易对手发现、交易记录查询等服务，促进银行的资产风险定价能力。持续服务银行业金融机构，助力金融监管，推动金融创新，为维护金融稳定提供重要保障。

（三）中国信托登记有限责任公司的成立

建立信托登记制度，是区分信托财产与其他财产，保持信托财产独立性的需要，也是我国立法的要求。所以2016年12月26日，经国务院同意、由原中国银监会批准设立并由其实施监督管理，现由中国银保监会实施监督管理、提供信托业基础服务的非银行金融机构应运而生，以求依托信息科技系统，有序开展信托登记、发行、交易、转让、结算、估值等各项业务。

信托登记公司的主要经营范围包括集合信托计划发行公示、信托产品及其信托受益权登记、信托产品发行、交易、转让、结算等服务、信托受益权账户的设立和管理、信托产品及其权益的估值、评价、查询、咨询等相关服务。并且以构建行业大数据中心、信托受益权账户体系、综合性信息查询披露平台和信托产品发行交易平台，探索信托财产登记为目标。

相比商业银行理财、券商资管、基金子公司等其他资管机构，信托公司无论是在信托财产来源、交易结构的设计还是服务领域方面，在支持实体经济上具有天然的优势。未来，社会结构和产业结构的变迁为中国经济带来了无限的遐想，也为信托公司探索拓宽投资业务领域、充分发挥主动管理能力、分享消费升级的成果等提供了前所未有的机遇。

2.3 中美货币市场结构的对比分析

我国货币市场由同业拆借市场、票据市场、商业汇票市场、回购协议市场等多个重要的子市场构成。图 4－2 刻画了中国主要货币市场子市场交易额的变化，从中可以看出，债券回购市场占比最大，商业汇票市场最小，票据贴现市场与同业拆借市场的市场份额较为稳定。

同业拆借市场的资金主要用于银行暂时的存款票据清算的差额及其他临时性的资金短缺需要。同业拆借市场能够及时反映资金供求和货币政策意图，同业拆借利率同样影响着其他货币市场。随着 2001 年股票市场逐渐步入熊市，证券机构资金短缺，部分机构开始利用证券交易所债券回购制度用客户债券进行融资。债券回购，对于融资方、融券方和交易所来说是各取所需，融资方在短时间内获得大笔资金的使用权，又没有失去其债券；而资金的提供方，一般是金融机构或某些企业，通过大笔资金进行短期拆借获取利息，是重要的货币市场的组成部分（谢多，2001）。

银行承兑汇票贴现累计发生额由 2002 年的 2.31 万亿元增长至 2017 年的 40.3 万亿元，余额 3.9 万亿元，相比较 2015—2016 年出现了明显下滑，2015 年巅峰时期达到 102.1 万亿元。截至 2018 年 6 月，银行承兑汇票贴现累计发生额为 13.9 万亿元，贴现余额为 4.3 万亿元，较年初增加了 4000 亿元，增至 10.26%，说明票据贴现市场的重要组成地位。2017 年，票据业务量步入正常回归期，票据市场资金化特征显著，受全年货币政策和资金市场影响，票据利率走势整体呈现逐步高升并趋于平稳。2018 年供给侧结构性改革将进一步深化，票据市场和票据发展在保持与经济发展适度的同时，在票据结构上有新的变化。

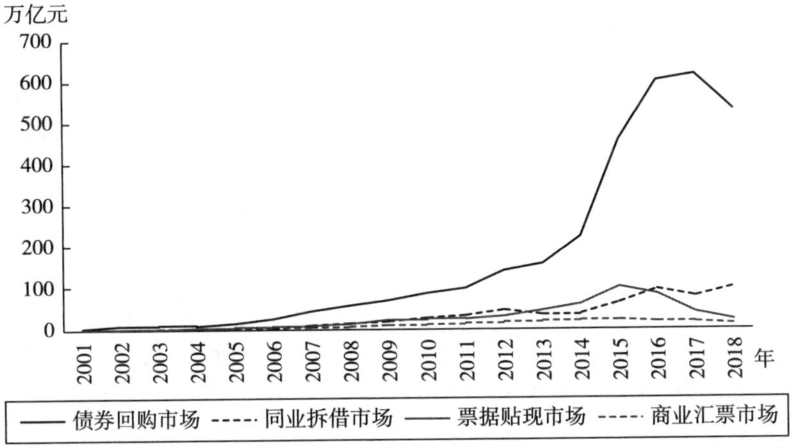

资料来源：Wind 资讯、中国人民银行官网。

图 4－2　中国货币市场主要子市场交易额变化

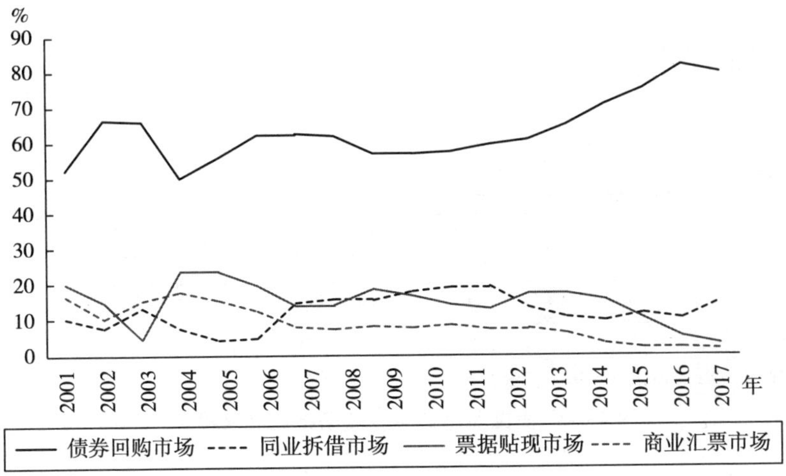

资料来源：Wind 资讯、中国人民银行官网。

图 4－3　中国货币市场主要子市场占比折线图

图 4－3 为货币市场各子市场占比的折线图，从中可以看出，债券回购市场占比虽前几年存在波动但近几年逐步提高，并且占有整个市场的绝大部分比例。

商业汇票市场占比逐年递减。票据贴现市场与同业拆借市场占比振荡波动且变化趋势相反。而从图4-4可以看出美国主要货币市场子市场的交易额变化情况，美国货币市场子市场以国债市场为主，占据整个市场绝大部分比重，因为国债市场的流动性很高，美联储公开市场中将短期国债市场视为操作的重要阵地之一，但是中国的短期国债数量少，无法形成大规模交易。票据市场方面，美国票据市场上的参与者包括商业银行、投资公司、证券公司、各种基金、政府机构以及各国中央银行等，而中国票据市场的主体相较美国显得非常单一，只有部分企业才有资格参与票据市场的交易与活动，并且缺乏各种中介机构与专业性的票据公司。关于回购协议市场，美国的回购协议市场虽然占美国货币市场比重不是最大，但是却是世界规模最大。我国的回购市场主要是国债回购市场，存在交易所和银行间市场两个独立体系，并且以银行间市场为主。美国通过回购市场公开操作可以调控基准利率的变化，对资金流向有引导作用，而我国国债回购市场停留在初级的短期融资阶段，传导货币政策的功能相对而言较弱（范俊敏，2018）。

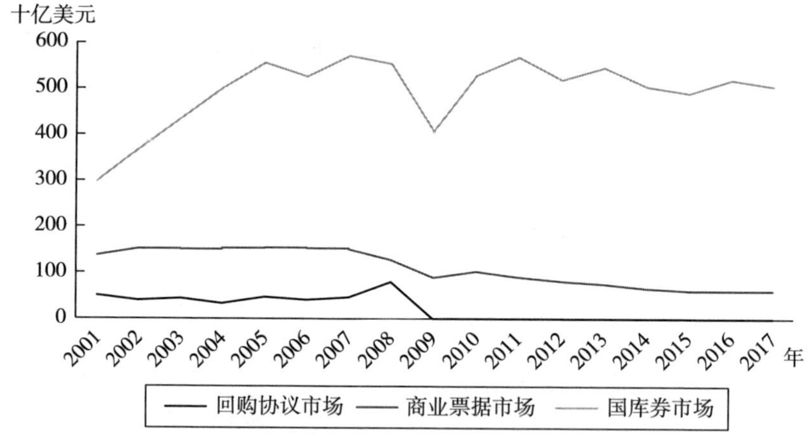

资料来源：Wind资讯、中国人民银行官网。

图4-4 美国货币市场主要子市场交易额变化

3 中国货币市场的流动性特征：工具与交易额

我国货币政策工具中同业拆借交易多种多样，按照交易方式划分，有信用拆借和抵押拆借；按期限长短分，有隔夜（1天）、7天、1个月、4个月等品种。同业拆借有以下几个特点：融通资金的期限比较短、同业拆借的参与者是商业银行和其他金融机构、同业拆借基本上是信用拆借、利率相对较低。回购协议指的是商业银行在出售证券等金融资产时约定在一定期限后按原定价格或约定价格购回所卖证券，以获得即时可用资金。协议期满时，再以即时可用资金作相反交易，在形式上表现为附有条件的证券买卖。回购协议中的金融资产主要是证券，而我国的回购协议则严格限制于国债。商业票据指由金融公司或某些信用较高的企业开出的无担保短期票据。短期国债是一国政府为满足临时性资金需要而发行的短期债券。大额可转让定期存单在我国发行单位限于各类银行，非银行金融机构不得发行大额可转让定期存单（陶鹏文，2013）。大额可转让定期存单的发行对象为城乡个人和企、事业单位，购买大额可转让定期存单的资金应为个人资金和企、事业单位的自有资金。

常备借贷便利是中国人民银行正常的流动性供给渠道，主要功能是满足金融机构期限较长的大额流动性需求，对象主要为政策性银行和全国性商业银行，期限为1 ~3个月。中期借贷便利是中央银行提供中期基础货币的货币政策工具，对象为符合宏观审慎管理要求的商业银行、政策性银行，可通过招标方式开展，发放方式为质押方式，并需提供国债、央行票据、政策性金融债、高等级信用债等优质债券作为合格质押品。公开市场短期流动性调节工具SLO用来调控银行体系的流动性。以7天期以内短期回购为主，操作在7天期等品种工具之后，继续构建隔夜等超短期品种，作为指引市场基准利率的努力，为利率市场化进程打下更好的基础。抵押补充贷款（PSL）为开发性金融支持棚改提供长期稳定、成本适当的资金来源，抵押补充贷款主要是指为支持国民经济重点领域、薄弱环节和社会事业发展而对金融机构提供的期限较长的大额融资。

图4-5刻画了中国主要的货币政策工具近年来交易额变化，从交易额数据可以看出来，逆回购2000—2007年间操作量较为平稳，从2012年开始交易额明显提升，这是因为该年人民银行为向市场释放流动性开启了三波逆回购操作。2016年1月21日，人民银行以利率招标的方式开展了两笔逆回购操作，交易量总计达4000亿元，使逆回购交易额创新高。常备借贷便利（SLF）自2013年初创以求满足金融机构期限较长的大额流动性需求，交易额逐年上升。公开市场短期流动性调节工具（SLO）用来调控银行体系的流动性，一般在年末实施，因为年末市场流动性状况受财政收支等因素影响较大。

2016年7月18日，为保持银行体系流动性合理充裕，人民银行对14家金融机构开展中期借贷便利（MLF）操作使MLF交易额达到高峰。2015年人民银

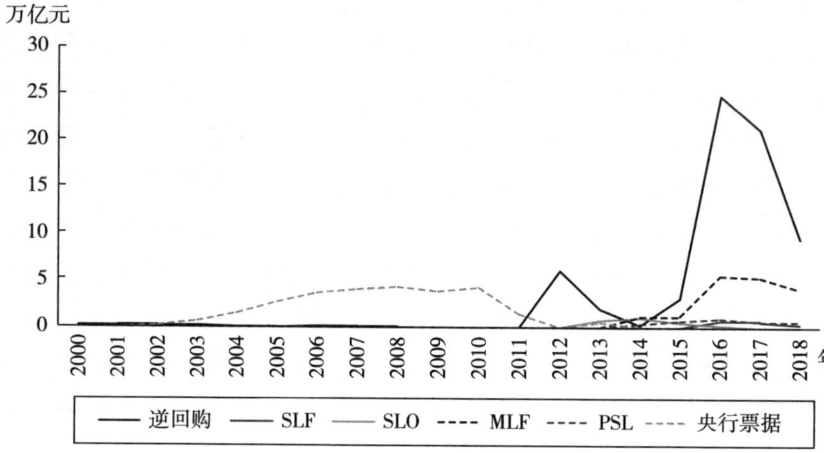

资料来源：Wind 资讯、中国人民银行官网。

图 4 -5　中国主要的货币政策工具近年来交易额变化

行继续通过抵押补充贷款为开发性金融支持棚改提供长期稳定、成本适当的资金来源。2015 年 5 月末，PSL 资金余额为 6459 亿元，其中 1—5 月新增 2628 亿元，使 2015 年达到 PSL 交易额历史以来的高峰。央行票据是中国人民银行成为中央银行后，从 20 世纪 90 年代开始经常使用的货币政策工具。央行票据的再次起势始于 2004 年 12 月，那时候宏观调控方式回归市场化已是必然。从 2008 年 10 月 28 日起，公开市场业务操作将以每两周一次的频率发行一年央行票据，减少央行票据的供应量，推动银行积极放贷。由于较高的成本以及限制性约束，央行票据已经退出市场。存款准备金是指金融机构为保证客户提取存款和资金清算需要而准备的资金，通过对存款准备金率调整的次数可以看出央行使用该种货币政策工具的频率。图 4 -6 刻画了近年来存款准备金率调整次数，从中可以看出在 2007 年、2008 年使用次数最多，是由于当时货币信贷投放偏多、流动性过剩。

图 4 -7 刻画了近年来货币政策工具占比的变化，从每种货币政策工具占比的逐年变化可以看出 2002 年以前逆回购占主导地位，随后逆回购的比例逐渐降低，央行票据在 2004—2011 年间几乎占据了全部市场领域，随后逆回购再次与央行票据占领市场。自 2013 年发行了创新型货币政策工具以后，央行票据逐渐淡出市场，SLF、MLF、SLO、PSL 开始应用广泛，占比逐渐提高，越来越成为央行调控货币市场的重要工具。

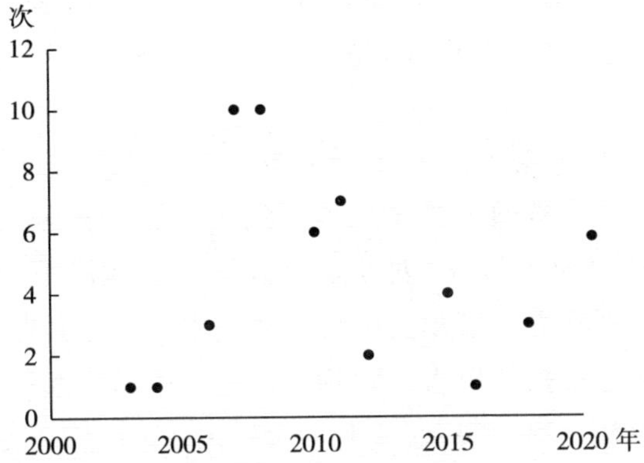

资料来源：Wind 资讯、中国人民银行官网。

图 4－6　近年来存款准备金率调整次数

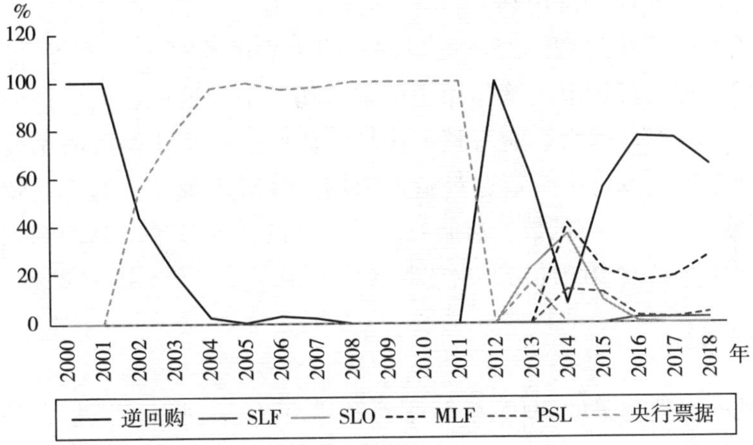

资料来源：Wind 资讯、中国人民银行官网。

图 4－7　近年来货币政策工具占比的变化

4　实证分析：货币市场与货币政策传导效果

数量型工具和价格型工具是央行货币政策操作主要采用的两种工具类型。长期以来，基于中国计划经济及经济转型时期的现实，我国资本市场尚不发达，银行占主导地位且国有银行占有绝对垄断地位，货币政策操作框架的中间目标是货币供应量（数量型目标），货币政策操作往往是通过信贷渠道来调节市场流动性，表现在“频繁动用”存款准备金率、“关注”货币供应量增长率等手段。特定时期背景下，数量型工具确实发挥出很好“疗效”，也有力支撑了我国经济的高速增长。

但随着市场深化和金融创新的不断发展，数量型工具调控的有效性逐渐下降（方先明，2015）。价格型工具越来越受到央行的“青睐”，表现在各种创新性工具（SLF、MLF、PSL等）的创设以及数量型工具使用频率的降低。此外，2015年10月央行已明确提出搭建货币政策利率体系，逐步构建利率走廊；《2018年第一季度中国货币政策执行报告》也指出，利率市场化改革要推动存贷款基准利率和市场利率“两轨”并“一轨”，趋向市场化，这也势必要求央行在货币政策逐步转为以市场化利率为调控目标，锚定市场利率，原因在于数量型工具的精准性难以把握，无法精细地将市场利率引导至央行的目标利率范围内。

利率市场化改革进程中，我国货币市场已基本实现利率市场化；央行通过货币政策工具引导货币市场利率，并向债券利率、贷款利率等传导，影响实体经济融资成本从而达到调节经济的目的。作为货币政策工具的首要影响对象，货币市场承担着央行货币政策作用于资本市场的中介地位，央行货币政策对货币市场的影响程度，极大影响着资本市场，从而决定实体经济的调控效果，因此，有必要分析我国货币政策通过货币市场工具对宏观经济的传导效果。本文采用VAR模型脉冲响应函数方法研究货币工具的传导效果，脉冲响应函数可以研究某因内生变量发生的冲击，对于系统中其余变量的动态影响效果。

4.1 数据说明

本章的样本数据采取2005年1月至2018年10月的月度数据，共计166个样本点；本章研究的各项数据，均来自Wind数据库和中国人民银行网站。本章使用的数据主要有两类：一类是央行货币政策工具的统计数据，如公开市场操作净投放额、存贷款基准利率等；另一类是货币市场利率的统计数据，具体指标详见表4-1。接下来，本章分别介绍这两类数据的选择依据和来源。

（一）货币（市场）工具数据

本章涉及的央行货币政策数据包括：公开市场操作、法定存款准备金率、存贷款基准利率；其中，央行公开市场操作主要包括回购交易、现券交易和发行中央银行票据，本章采用公开市场操作资金净投放额作为公开市场操作度量指标：

$$资金净投放额 = 资金投放额 - 资金回笼额$$

公开市场操作业务中，资金投放包括逆回购、正回购到期、央行票据到期、买入债券；资金回笼包括正回购、逆回购到期、发行央行票据、卖出债券，若资金净投放额为正，则表示资金净投放，若为负，则表示净回笼。

对于法定存款准备金率的度量，本章采用央行规定的大型存款类金融机构法定存款准备金率。央行调整存款准备金率是不定期进行的，月初、月中或月末均有可能，为简便处理，本章直接将调整后的存款准备金率作为调整月的准备金率。

有关存贷款基准利率的度量指标选择，本章采用央行发布的一年期整存整取定期存款基准利率，与法定准备金率的处理方法相同，本文将调整后的存款基准利率作为调整月的存款基准利率。

（二）货币市场利率数据

货币市场包括同业拆借市场、回购市场、票据市场、大额可转让定期存单市场等子市场；我国货币市场利率已实现市场化，央行通过各类货币政策工具来影响货币市场利率，并以此调控长期利率，达到经济调控效果。为检验央行货币工具操作在货币市场的传导效果，本章采用银行间同业拆借市场利率作为货币市场利率指标；目前我国全国银行间同业拆借利率包括隔夜、7 日、14 日等不同期限的交易品种，相当数量的文献是采用 7 天的同业拆借利率（如谢平和罗雄，2002；陆军和钟丹，2003 等）。此外，从交易规模而言，隔夜和 7 日拆借的交易量占据拆借市场总规模 90% 以上，因此本章采用 7 日拆借利率作为货币市场利率指标。同时，由于不同银行间拆借的利率是由双方自主决定，本章采用以交易量为权重的 7 日加权平均拆借利率。在由日度数据计算月度数据时，本章的处理方法是采用简单算术平均方法计算月度平均数据。

表 4-1　变量与数据说明

变量名称	符号	变量描述
存款准备金率	RES	以大型存款类金融机构法定存款准备金率衡量
公开市场业务	OMO	以公开市场操作净投放衡量
存贷款基准利率	BIR	以央行发布的一年期整存整取定期存款基准利率衡量
货币市场利率	R7	以 7 日拆借加权利率衡量

资料来源：Wind 数据。

4.2 平稳性检验

本文采用 ADF 单位根检验法对时间序列变量平稳性进行检验，以 AIC 法则确定滞后项，结果如表4－2所示：公开市场操作指标、法定存款准备金率、存贷款基准利率指标和货币市场利率指标不是平稳序列，但一阶差分后是平稳的，RES _ 1、OMO _ 1、BIR _ 1、R7 _ 1在1%的显著性水平下都拒绝了含有单位根的原假设。

表4－2 ADF单位根检验结果

变量	t统计值	1%临界值	5%临界值	结论
RES	－2.066	－3.471	－2.879	非平稳
RES _ 1	－3.777	－3.471	－2.879	平稳
OMO	－1.936	－3.473	－2.880	非平稳
OMO _ 1	－8.862	－3.473	－2.880	平稳
BIR	－1.680	－3.471	－2.879	非平稳
BIR _ 1	－6.160	－3.471	－2.879	平稳
R7	－2.868	－3.472	－2.880	非平稳
R7 _ 1	－9.426	－3.471	－2.879	平稳

资料来源：Wind数据。

4.3 VAR模型滞后阶的确定及平稳性检验

比对确定最优滞后期的六个指标——LogL、LR、FPE、AIC、SC、HQ，指标结果如表4－3所示，依据最多指标原则，确定最优滞后期。根据表4－3，可知最优滞后阶为2阶和4阶，但当滞后阶为4阶时，模型需要估计的参数过多，统计结果可能存在偏误，因此综合考虑，本章将VAR模型最优滞后阶确定为2阶。

表4－3 VAR模型最优滞后阶判定表

Lag	LogL	LR	FPE	AIC	SC	HQ
0	－1618.196	NA	11085.64	20.665	20.743	20.697
1	－1555.146	122.084	6088.345	20.066	20.455*	20.224
2	－1528.281	50.650	5303.623*	19.927	20.628	20.212*
3	－1512.545	28.867	5326.873	19.931	20.943	20.342
4	－1496.239	29.080*	5316.203	19.927*	21.250	20.464
5	－1481.521	25.500	5420.160	19.943	21.578	20.607
6	－1467.516	23.549	5584.682	19.968	21.915	20.759
7	－1460.300	11.766	6284.910	20.080	22.339	20.997
8	－1450.300	15.797	6840.504	20.157	22.726	21.200

资料来源：Wind数据。

对 VAR 模型进行 AR 根检验，根模型倒数小于 1，即在单位圆内，确保了 VAR 模型是稳定的，结果如图 4－1 所示。

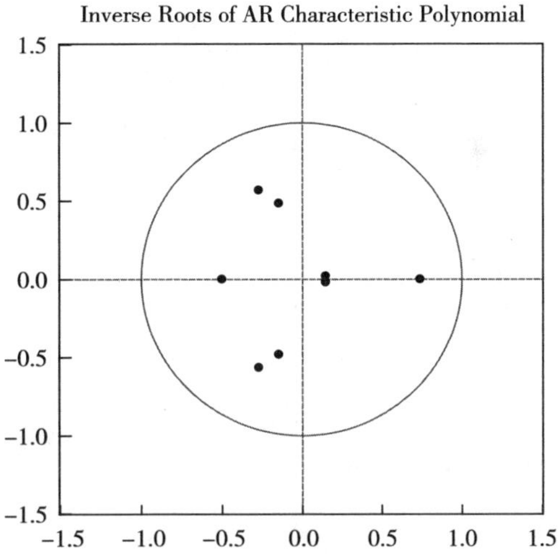

图 4－8　VAR 模型单位根检验

4.4　货币政策的传导效果分析

本章通过采用 Cholesky 分解法进行脉冲响应分析，反映货币政策冲击影响货币市场利率形成的动态过程。图 4－9 是货币市场利率对货币政策工具冲击的脉冲响应图。BIR _ 1 一个标准差正冲击在短期内会对 R7 _ 2 产生一个正的波动，同时波动会在第三期达到最大值，随后波动减小，直至收敛为零，说明存款基准利率的上升会在短期内带动货币市场利率的上升，并且短期内趋势会加强，但长期内其效果将减小；在 OMO _ 1 一个标准差正冲击下，R7 _ 1 将产生正负向交替波动，波动幅度较小，并在第 5 日收敛为零，说明货币市场利率对公开市场业务的敏感性较低；RES _ 1 的正向冲击会造成 R7 _ 1 在短期内上升，第 2 期达到峰值，随后逐渐收敛至零，短期内存款准备金率上升，会对市场流动性造成负向冲击，从而银行间同业拆借利率会有所上升，但从脉冲响应图上看，存款准备金的冲击对货币市场利率的敏感性不足，可能与我国频繁使用存款准备金率进行调控“不无关系”。此外，观察货币市场利率对 3 个货币工具变量冲击的反应，可以发现短期内均有所效应，但长期影响较小。

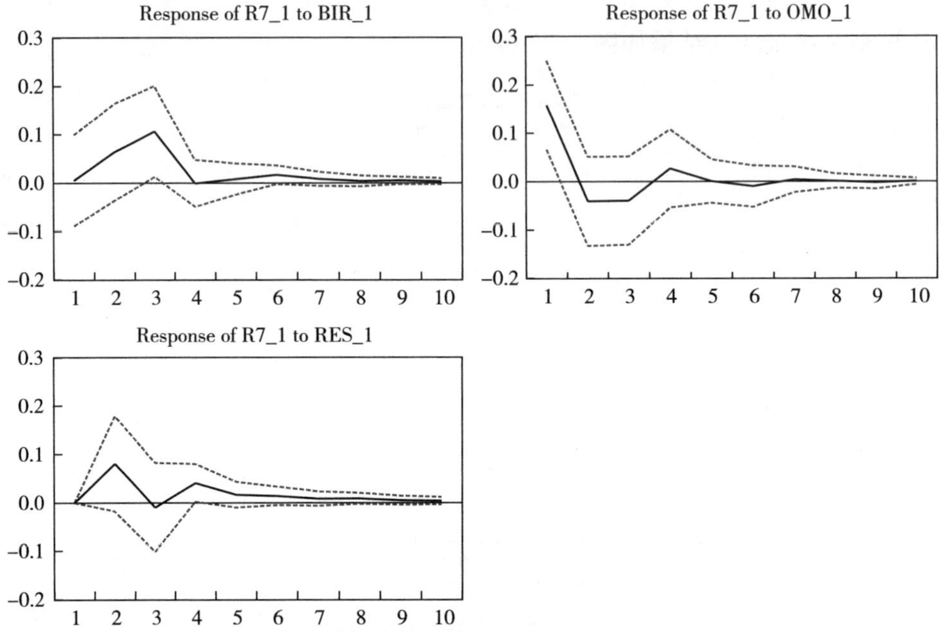

图4－9　货币市场利率对货币政策工具冲击的脉冲响应

5　政策建议

本章详尽阐释了货币市场的流动性提供职能，并基于中国货币市场的典型结构特征，与发达国家的货币市场进行了深入对比，从而探索我国货币市场发展与完善的思路和逻辑。

在此基础上，本章进一步运用中国数据对于货币政策通过货币市场进行传导的效果进行实证分析，根据分析结果，可以获得相应的政策含义，概括起来有以下几个方面：第一，我国传统货币政策工具对货币市场的影响并不显著，传统货币政策工具在货币市场的传导和调控效益未完全充分发挥，需要积极推动利率市场化进程，推动数量型工具向价格型工具转变，进一步加强我国货币政策对货币市场的调控力度；第二，存贷款基准利率这一货币工具是计划经济及转轨期的产物，这一工具未来必将随着利率化市场进程推进逐渐退出货币政策工具的舞台，因而有必要构建一个完善的基准利率体系，提高货币政策的传导效率，可以探讨适合我国国情的利率走廊机制；第三，公开市场操作业务对货币市场利率的影响方向不够明确，给定一个单位的政策冲击，货币市场利率呈现正负波动的响应，本章猜测公开市场操作更具有“冲销工具”的含义，例如央行在外汇占款持续增加的历史时期，央行发行央票来对冲由此带来的货币“超发”问题，因此，本章认为公开市场操作业务并非用于指导货币市场运行的货币政策工具。

参考文献

［1］白钦先，汪洋．货币市场与资本市场的连通与协调机理研究［J］．当代财经，2007（11）：49－54.

［2］陈守东．基于二元POT极值模型的货币市场与资本市场相依性分析［J］．财经纵横，2016（6）：153－156.

［3］范俊敏．中美金融市场比较［J］．金融商务，2018：79－80.

［4］方先明．价格型货币政策操作框架：利率走廊的条件、机制与实现［J］．IMI，2015（11）.

［5］姜再勇，刘宁．略论我国货币市场流动性管理——参与者视角的分析与展望［J］．金融研究，2012.

［6］蒋振声．中国资本市场与货币市场的均衡关系［J］．世界经济，2001（10）：32－35.

［7］李燕燕．我国货币市场与资本市场：互动、割裂与对策［J］．财政金融，2007（5）：152－153.

［8］陆军，钟丹．泰勒规则在中国的协整检验［J］．经济研究，2003（8）.

［9］钱小安．货币市场与资本市场之间的联结机制及其疏导［J］．金融研究，2001（9）：67－73.

［10］陶鹏文．我国货币市场的结构特征及其与货币政策的关联性研究［J］．流通经济，2013（42）：120－121.

［11］王贝贝．我国货币政策的资本市场传导机制［J］．北方经贸，2018（2）：115－116.

［12］吴杰云．试论我国客观上先资本市场后货币市场的发展思路［J］．商场现代化，2008（8）：356－357.

［13］吴晓求．市场主导型金融体系：中国的战略选择［M］．北京：中国人民大学出版社，2005.

［14］谢多．中国货币市场发展的分析［J］．经济研究，2001（9）：3－11.

［15］谢平，罗雄．泰勒规则及其在中国货币政策中的检验［J］．经济研究，2002（3）.

［16］邢兆鹏，高苗苗．贯通我国货币市场与资本市场的研究［J］．金融发展评论，2015（4）：148－158.

[17] 袁天龙，陈翔．以 Shibor 为契机完善中国货币市场利率体系 [J]. 中国货币市场，2008 (7) .

[18] 张留禄．货币市场与资本市场互动对经济发展的影响 [J]. 郑州大学学报，2005 (38)：76 – 79.

[19] 赵峰．关于货币市场与资本市场协调配合的再探讨 [J]. 经济体制改革，2005 (2)：135 – 137.

[20] 赵圣刚．试析我国货币市场的发展和完善 [J]. 投资理财，2018.

[21] 中国社会科学院金融研究所课题组．中国货币市场的未来发展之路 [J]. 科学发展，2013 (4)：32 – 44.

第5章　现代金融体系中的资本市场：资产定价与财富管理

摘　要

资本市场无疑在现代金融体系中占据着重要的地位。一个发达的资本市场既是现代金融体系的组成部分，又是其重要支撑。缺乏了资本市场的发展，现代金融体系就没有办法有效地实现其资产定价、资源配置、风险管理等基本功能。本章的内容由四部分组成：第一部分对资本市场的基本功能和角色定位进行分析。我们认为，资本市场功能定位与经济社会发展水平是密切相关的。过去二三十年，为经济和企业发展提供资金是资本市场的首要功能；而随着居民家庭财富管理需求的快速增长，尤其是随着人口老龄化程度的加剧，为居民家庭提供财富管理的工具和渠道变得越来越重要。第二部分阐述了影响资本市场发展的核心要素。我们认为，上市公司的质量、投资者的成熟度、监管制度设计以及市场信息效率是决定资本市场发展状况的核心因素。第三部分从规模和质量两个维度对资本市场发展情况进行了评价，中国股票市场的规模在过去近三十年的时间里规模快速扩张，但是发展质量并没有显著提升。第四部分对当前中国资本市场面临的主要问题和改革逻辑进行了阐述。我们认为，中国资本市场定位不明确，市场功能尤其是财富管理功能没有得到充分重视，上市公司质量良莠不齐，投资者专业度较低，监管制度不完善。这些问题在未来需要结合宏观经济供给侧改革、通过制度创新逐渐予以解决，从而不断适应宏观经济新的发展需求，实现资本市场的长远健康发展。

1　资本市场基本功能与角色定位

资本市场是金融体系的重要组成部分，在经济发展中发挥了至关重要的作用。发达的资本市场必须具备存量资源调整、风险流动和分散、经济增长的财富成长模式和分享机制三大功能（吴晓求，2015）。此外，发达资本市场的构成要素还包括具有创新能力的金融中介与理性专业的投资者。金融中介具有提供流动性、过滤风险以及发现价格的作用，而投资者是资本市场活动的参与者，是资本市场存在的基石，理性专业的投资者可以提高资本市场的效率。中国资本市场应该充分发挥其内在强大的资源配置功能，从传统的融资与投资功能过渡到财富管理功能以及完备的资产定价功能。

资本市场是现代金融体系的核心。从微观角度看，资本市场不仅为企业增量融资与存量优化提供了条件，而且为投资者进行财富管理与风险管理提供了平台；从宏观角度看，资本市场的发展与金融体系改革相互渗透，相互促进。从资本市场独有特点来看，其具有货币市场与银行体系难以媲美的优点，能有效满足现代金融体系对资产定价及财富管理功能的需求。

1.1 资本市场基本功能

资本市场的主要功能是实现对资本这种经济资源的有效配置；从资本的需求与供给角度来说，融资和投资是资本市场的核心金融活动。在资本市场上，资本的需求者一般借助于一定形式的金融工具进行融资，而资本的供给者通过购买金融工具，使得以货币计价的资本在市场上完成交易。随着经济的发展，居民和家庭的财富不断积累，传统的融资与投资活动已无法完全满足资本市场参与者的需求，资本市场应运而生，其在融资和投资的功能上分别衍生出资产定价功能与财富管理功能，此过程伴随产生了风险的流动与转移，因而资本市场也具有了风险配置的功能。

1.1.1 融资功能

资本市场的融资功能充分体现了资本市场的资源配置功能，具体途径为在发行市场上对增量融资进行配置，在流通市场上通过价格信号引导存量资源再配置。增量融资一般指企业通过IPO、配股、增发等形式获得资金，而存量融资主要表现在市场通过收购、兼并、重组以及存量金融资产的证券化等方式盘活存量资源。

融资活动根据融资渠道的不同主要分为股权融资和债权融资。企业的融资方式选择遵循优序融资理论，即在不同的生命周期，根据自身经营情况与风险承担能力选择不同的融资方式。相对于其他融资市场而言，资本市场不仅可以降低摩擦成本，更关键的是可以实现对企业生命周期的全覆盖，企业可以通过不同的融资方式实现对自身资本结构的调整，以适应不同的发展阶段，使得不同阶段的资本回报率与不同方式下的融资成本相匹配。正是这种对增量资源的合理配置，以及企业的主动选择，最终实现企业价值的提升。这是资本市场相对于其他市场对企业提升价值的最大优势所在。

资本市场对存量资源的主要优化方式为并购重组。经营能力较强、商业模式成熟的企业可以纵向收购上下游企业，打通产业链，降低经营成本；也可以横向丰富产品，拓展销售渠道，增加利润。而资源较少，发展不够成熟，但具有相应技术的企业通过被收购注入新的资源，在原有基础上提升盈利能力。并购重组过程也是融资过程的体现，收购企业为了筹集资金需要进行融资，这就需要资本市场的全力配合。总体来看，资本市场通过盘活存量资源，增加了市场活力。

1.1.2　投资功能

从融资功能看，资本市场是为了满足政府募集资金以弥补财政收入不足，以及满足企业在长期发展中资金的需要。而融资活动开展的对立面，则是投资活动的存在。

按照投资标的形态区分，投资渠道一般可以分为实物投资渠道和金融投资渠道。实物投资渠道是将资金投资于实物资产，例如投资性房地产、名画古董等。金融投资渠道是将资金用来购买金融工具或者金融证券，直接或者间接出借自己的资金供资本需求者使用。在境内，投资者常用的金融投资渠道有现金、储蓄存款、股票、债券、保险、外币储蓄、公募股权基金、公募基金等。对于境外投资证券的常用渠道有购买银行理财产品和 QDII 基金产品、开通港股通账户投资港股、通过美国证券经纪商开立美股账户投资美股等。与融资渠道相对应，在众多投资渠道中，债券市场和股票市场的资金流入量占更多份额。随着资本市场的不断发展，股票市场上市公司数量增加，证券投资基金种类丰富，可供投资者选择的股票投资项目增加。债券市场上各类债券年度发行额有显著增长趋势。股票市场中股票个数的增加和债券市场的债券发行量增加从不同侧面反映投资者可以选择的投资项目增加。

在资本市场中，投资者由个人投资者和机构投资者构成。个人投资者往往具有以下特点：（1）他们用于投资资金的总额相对较少；（2）对于金融知识的了解不全面；（3）处于投资项目的信息弱势方；（4）信息收集成本高。一部分个人投资者会通过对信息的简单分析，或是投机性的方式进行独立投资，而一部分个人投资者（通常是高净值个人投资者）则会选择把资金交给专业的机构投资者管理。机构投资者是一种特殊的经济人，他们将资本投入目标公司，或者介入目标公司重组，通过公司价值的提升实现投资收益。机构投资者所拥有的投资资金总额相对较多，雇佣专业的经理人对信息进行分析、对市场进行预测，而信息成本在规模效应中弱化。因此，在机构投资者和个人投资者之间的博弈中，机构投资者往往占据优势。

在一个投资主体成熟化的市场中，市场中的投资者主要是机构投资者。此时，由于各投资主体间的信息不对称得到极大改善，且各方的资金实力普遍较强，在机构投资者的相互博弈中，过度偏离公司价值的投机性炒作难以取得市场的认同，资本市场效率提高。

1.1.3　资产定价功能

资本市场的定价功能主要体现在通过交易，将市场参与者掌握的该资产的相关信息，进而将市场整体供给需求状况反映到市场价格中。定价功能是资本市场的基础功能。如果定价功能无法有效实现，那么资产价格就是扭曲的，资本市场其他功能的发挥也就无从实现。

从全球范围看，一个国家的资本市场要成为国际金融中心必定要掌握定价权，而定价机制对全球范围内的资源配置、风险配置及财富管理亦具有重要作用。金融市场获得定价权的标志主要有两个：一是该市场的价格波动能够反映市场波动趋势；二是该市场在同类市场的交易中具有优势交易量。当前，资本市场的定价机制主要集中在证券发行定价机制、二级市场金融产品定价机制和金融衍生品定价机制（孟剑和周梦，2015）。

1.1.4　财富管理功能

资本市场是金融体系服务实体经济的重要方式，资本市场的功能也应当与经济发展阶段、经济制度的演进相适应。从各国资本市场建立的经验来看，投融资功能确实是各国资本市场设立初期的核心功能。但是随着经济发展和人民生活水平的提升，资本市场的功能也应该逐渐由过度强调投融资功能，向财富管理、指导资源配置、促进经济健康发展过渡。

瑞信研究院于 2018 年 10 月发表的《2018 年全球财富报告》指出，从 2017 年中到 2018 年中的 12 个月里，全球财富总额增长 14 万亿美元，达 317 万亿美元，增幅 4.6%，超越人口增速。全球成人平均财富增长 3.2%，达 63100 美元，创下历史新高。随着资本市场的发展和日趋完善，将财富用于投资并从中获得收益将逐渐成为财富保值增值的手段。此时，家庭财富不再仅仅依靠收入带来的流量增加，而是通过对财富存量的管理增加。

国际资本市场的经验表明，如果从 50 年到 100 年的时间跨度来看，股票、房地产、国债、黄金四方面的投资收益最高的是股票，第二是房产，第三是债券，最后是黄金。家庭财富投资于资本市场，用于实体经济的发展并从中分享经济发展带来的收益，由此可见，资本市场提供了与经济增长相匹配的财富成长机制，建立了一种人人可以参与的财富分享机制。

资本市场的财富管理功能，不局限于吸引本国财富，而是致力于吸收国际上的流动资金。例如美国的金融中心纽约就是一个全球财富管理中心。美国拥有完善的资本市场结构，其资本市场上的金融产品种类丰富。美国的股票市场吸引了全球范围内大量投资者和大量国外优质公司，使国内和国际投资者分享经济增长带来的财富，实现财富（资产）的保值增值；债券市场规模极为庞大，品种齐全，吸引了大量国际投资者（包括国外政府）购买持有；共同基金数量和规模居于全球首位，在世界范围内投资金融资产标的，让投资者共享财富增长。

1.2　资本市场在现代金融体系中的角色定位

现代金融体系已成为现代市场经济的核心，而资本市场作为资金与资产流动的平台，不仅在微观上将资金的供需双方以某种金融工具联结，提供资金融通便利和满足财富增值需求，而且在宏观上与货币市场、银行体系共同形成金融体系，无疑将成为现代金融体系中最主要和最核心的部分。

1.2.1　微观角度

资本市场在现代金融体系中对微观主体发挥着重要的作用。对于企业而言，资本市场是提升企业价值的重要渠道。对于居民而言，资本市场是优化个人财富的重要场所。

（一）企业

从企业角度来讲，资本市场通过对资源的配置和对信息的传递为企业价值提升提供渠道。这体现在三个层面：融资效率提升；融资成本降低；融资适配性改善。首先，企业取得资金后可以进行再生产。一般而言，资金需求方的资本回报率往往高于资金供给方，因此将资金配置到资本回报率较高的地方可以实现更大的价值创造。这在资本市场和企业之间，就意味着融资效率，即企业利用资金的效率提升。其次，企业通过资本市场融资，可以降低融资成本，这尤其体现在资本市场的直接融资之中，直接融资相对于间接融资而言，有更低的中介成本和交易成本，融资成本相对较低（刘伟和王汝芳，2006）。在这点上，资本市场相对于其他市场有着较大的优势。最后，体现在融资的适配性上。企业可以通过资本市场不同的融资方式来调整资本结构，从而实现最优生产经营。

资本市场对于存量资产的配置同样也能实现企业价值的提升。存量资产的盘活主要来自资本市场上进行的兼并收购，这也是资本市场区别于其他市场最显著的特征。当企业发展进入成熟阶段后，增量将会趋于稳定，而存量资产的配置将会在资本市场中占据主要位置。存量资源配置中的兼并收购能够带动产业的优化升级，提高企业的经营效率，提升经济的增长活力（孟剑和周梦，2015）。具备规模优势的行业，横向并购可以扩大企业规模，实现规模效益，占据更大市场；而对于产业整合敏感的行业，则是可以通过纵向一体化并购打通产业链，贯穿产业上下游，实现协同效应；单一业务不具备可持续性的企业，则可以通过多元化经营，在分散经营风险的同时实现利润的稳定增长。

资本市场实现企业增值的第二个途径是通过信息传递。资本市场和企业是相互反映相互作用的关系。企业从资本市场获得融资的同时，资本市场也会反映出企业的价值，即实现资金和信息互通。相对于其他融资市场而言，资本市场的参与者较多，因此其对于信息的反映更为有效，传递的信息也更为丰富。资本市场作为一种典型的市场形态，可以对企业的经营状况进行评价，是衡量未来成长能力的最优秀的“评估师”（叶耀明和刘红，2006）。具体而言，资本市场反映信息，以及由此带来企业价值提升包括三个途径：企业自身信息披露所带来的影响，市场所传递的价格信号带来的影响，以及社会各利益相关方的资本市场行为所带来的影响。

在主动信息披露方面，资本市场相对于其他市场而言，有更高的信息披露要求。在大多数国家股票市场，公司上市必须具备现代企业制度，即建立起以董事会、监事会、管理层为核心的企业内部治理结构，拥有完善的内部控制体系。现代企业制度的建立和有效的内部治理，是企业实现价值提升的重要制度框架。资本市场通过信息披露为各利益相关方提供信息获取平台，而这些主体会根据信息做出相应行为。除了股东可以用脚投票或者积极参与投票表决外，外围的一些利益相关者也可以通过市场提供的公开信息积极有所作为。相关政府部门、权威媒体深入报道和追根溯源等主体行为，可以形成对企业的长期监督（杨海生，2016），而这种监督机制也使得企业合法经营，有助于提升企业价值。

（二）居民

资本市场对于居民的重要意义，主要是基于财富管理功能的发挥而实现居民个人财富优化，主要包括收入规模提升和支出结构优化，这反过来也是促进资本市场持续发展的重要动力。

收入分为工资性收入、财产性收入等，而资本市场的收入是财产性收入的主要构成来源。良好的资本市场是居民财富结构优化的重要渠道。这主要体现在两方面：一是储蓄结构的优化。资本市场将居民的投资渠道由单一的银行储蓄变为银行储蓄与个人投资相结合，起到优化整体储蓄结构的作用。二是投资标的结构的优化。对于个人投资而言，投资渠道并不限于资本市场，但资本市场是最主要的渠道，因为它为居民提供了最多元化的投资标的。与企业处于不同生命周期类似，不同的居民也拥有不同的风险偏好，其他市场的投资渠道较为单一，很难适应不同风险偏好者的投资需求。而资本市场由于其多层次性，涵盖股票、债券、基金等多元化投资标的，对于居民而言，可以根据个人偏好构建投资组合，实现其多元化的投资需求。因此资本市场，能够优化居民的储蓄结构，提高个人投资占比，并通过多元化产品实现个人投资渠道的多样化。

1.2.2　宏观角度

从发展历程来看，金融体系改革和发展的基本动力来自资本市场的成长。我国金融体系正经历以市场化程度逐步提升为主要特点的发展过程。新中国成立以来，我国金融体系变革大体经历了三个阶段。第一阶段是 1983 年之前的计划经济时期金融体系阶段。第二阶段是 1983 年至 1990 年间开始形成初具规模的多样化金融机构体系阶段。第三阶段是 1990 年之后资本市场逐步发展且取得了一定成果的阶段。从 1990 年沪深交易所相继成立以来，中国资本市场已经走过了 28 年历程，中国资本市场在规模、结构、功能、制度规范、法律建设和对经济社会的影响力诸多方面发生了根本性变化，虽然间接融资是企业获取资金的主要通道，但其比重正在逐渐下降。近年来，我国提倡充分发挥资本市场的优势与作用，促进直接融资的发展。根据人民银行数据，按增量法统计，我国直接融资比重自 2002 年至今基本呈持续增长态势，2002 年 12 月，直接融资占社会融资总量的 4.95%；截至 2018 年 10 月，该比重已上升到 21.36%。可见，从我国社会融资规模来看，直接融资比例确实有所提升，直接融资作用越来越大。“金融脱媒”趋势越来越明显。伴随着金融体系的变革和发展，资本市场在国民经济生活中的地位和作用日益凸显。

首先，居民收入水平提高将使投资主体更倾向于风险和收益更高的资本市场。根据国家统计局数据，截至 2017 年底，我国的居民人均可支配收入达 25974 元，与 2013 年底的 18311 元相比，四年间提高了 41.85%。在收入水平较低时，居民的金融需求处在一个较低的水平上，资产安全是其对金融服务最基本和最核心的要求。而当居民收入达到一定水平后，其对金融服务的需求就会超越基本的安全性要求，从无风险组合逐渐转向有风险组合。其次，国家金融制度、政策积极支持资本市场发展。习总书记在十九大报告中指出“中国需要深化金融体制改革，增强金融服务实体经济能力，提高直接融资比重，促进多层次资本市场健康发展”。再次，直接融资手段的丰富，也将对现代金融体系起到很好的支撑作用。资本市场拥有多种直接融资产品，涉及股票、国债、金融债、企业债及衍生品等。正因直接融资手段日益丰富，参与的资产与资金量不断增加，资本市场规模在 2017 年 12 月初就超过了 130 万亿元，其中股票市场约为 72 万亿元，债券市场约为 60 万亿元。随着金融产品的不断丰富，市场规模将不断扩大，资本市场将趋于完善，能更好支撑现代金融体系的发展。最后，科技的发展将使“金融脱媒”提速，从而能促进以资本市场为核心的现代金融体系形成和发展。信息技术的迅速发展大大提高了金融市场的交易效率，使得各类金融市场在区域和期限上不再处于分割的状态，跨期、跨品种和跨区域的套利机制不断趋于成熟和完善。移动互联网、大数据、云计算、人工智能、区块链、虚拟现实等现代科技的迅速发展对金融产生交叉式重要影响。若无技术的发展或技术缓慢发展，资本市场也会逐渐发展，但绝不可能有如今的规模，因为传统的金融脱媒是循序渐进的，是结构的慢慢调整，而金融科技作为一种新的基因介入后，使得“金融脱媒”正在朝着高速发展的方向前行。

简言之，从居民收入、政策监管和科技等方面来看，“金融脱媒”将提速，以市场为主导的现代金融体系必成为趋势。资本市场能有效满足现代金融体系的风险分散转移及财富管理需求，必将成为现代金融体系的核心；货币市场和银行体系作为整个金融体系的血液循环系统，将是现代金融体系的重要组成部分。

2　资本市场的核心要素

2.1　上市公司

上市公司是资本市场的基础，一切金融资产最底层的依托都来源于上市公司。上市公司的质量深刻地影响着市场中各类金融资产的风险收益特征。失去了上市公司质量的提升，资本市场的发展就无从谈起。而当市场中充斥着大量既丧失盈利能力又缺乏成长性的低质量公司的时候，理性投资只能是一句空话。

人们可以从多个角度评价上市公司质量的好坏，例如公司经营管理能力、创新能力、治理结构、社会责任感等。但是，从投资和估值的角度来讲，最直接因素还是公司的盈利能力、成长性以及成长的持续时间，这是公司各方面能力和素质的综合体现，也是人们在对公司进行估值的时候最关注的内容。整体上看，中国上市公司既有盈利能力很强的公司，也有成长性很高的公司，然而，缺陷在于上市公司盈利能力的持续性较差。我们统计了2001—2017年间中国所有上市公司的净利润增速，结果发现在这17年里，连续3年净利润增速达到30%以上的公司只有972家。如果将时间拉长到5年，达到这一指标的公司则下降到112家。

表5-1　　净利润持续增长能力

净利润增长情况	公司数量（家）
连续3年净利润增速超过30%	972
连续3年净利润增速超过50%	306
连续5年净利润增速超过30%	112
连续5年净利润增速超过50%	8

造成A股上市公司质量偏低的原因有很多，但决定性的因素还是股票的发行和退市制度，也就是市场的进出机制。良好的发行和退市制度能够保证优秀的企业“进得来”，劣质的公司“出得去”，而在这“一进一出”的标准则是影响在市场上挂牌交易的公司质量的关键。在过去近三十年的发展过程中，中国股票市场进出机制的设计存在较大的弊端。

第一，发行上市的标准过于关注公司当前和历史的发展状况，而对公司未来发展潜力缺乏评估；过于关注公司资产规模和盈利规模，而忽视公司成长阶段和成长性。这种评价体系对于传统制造业企业而言可能有一定道理，但是却无法适应高科技、高成长性企业的需求。很多企业可能要在高速成长期结束之后才能满足发行上市规模和盈利水平的要求。在这种情况下，投资者就很难分享上市公司高速成长带来的价值增值。

第二，股票市场新股发行制度虽然经历了多次修改，但依然没有脱离审核制的大原则。然而，审核制的基本假定是，对于特定证券而言存在相对确定的价值估计，而监管者又有能力确定这一估值水平，并能有效地协调公平与风险。这要求监管者既是金融投资方面的专家，又不乏伦理道德方面的良知（郭雳，2003）。然而，这与实践中监管部门人手短缺、能力有限的现实显然是不一致的。当“实质审查”无法发挥应有的功能，而市场又没有其他制度安排弥补这一缺失时，上市公司质量在入口处就出现了问题。

第三，发行不顺畅导致上市资格成为一种稀缺品，进而阻碍了退市机制的顺利运行。一旦当发行上市成为一件异常困难的事情之后，上市资格的价值开始凸显。公司估值除了其正常盈利能力决定的价值之外，还要包含一部分“壳资源”的价值。这样一来，即便公司经营不善，甚至长期亏损，依然可通过资产重组或者兼并收购等方式维持上市资格。截至 2018 年底，在中国证券市场 28 年的发展历程中，仅有 55 家公司因连续三年（或四年）亏损而退出市场。“壳”价值的存在使得众多退市指标形同虚设。

2.2 投资者

投资者是比上市公司更重要的市场参与方，这主要体现在三个方面。

第一，投资者结构会直接影响资产价格信息含量。当市场由理性和成熟投资者构成的时候，他们更多基于市场信息完成投资决策。此时，反映上市公司经营管理状况的信息会相对准确地反映市场价格，资产定价效率较高。而当市场主要是由非理性投资者构成的时候，他们的交易决策更多受到自身非理性情绪的左右。当非理性情绪发生不可预期的变化时，资产价格随之变化。这意味着资产价格中信息含量降低，噪声含量增加，市场信息效率下降。

第二，非理性投资者的大量存在会让理性投资者在投资过程中额外承担噪音交易者风险（Noise Trader Risk），并对他们的投资行为造成扭曲。在理性框架下，投资者在决策过程中需要考虑的风险只有资产的基本面风险（Fundamental Risk）。然而，现实中非理性情绪的存在导致理性投资者除了承担公司基本面风险之外，还要承担非理性情绪波动带来的风险。在这种情况下，如果资产价格出现偏差，理性投资者会减少套利活动，资产价格偏差持续的时间会进一步延长，市场信息效率大大降低。

第三，投资者的偏好会影响上市公司的行为。我们知道，资本市场既有融资的功能，又有投资或者说财富管理的功能，这是一枚硬币的两个方面。然而，从资金的流向看，投资者是资金的提供方，上市公司是资金的获取方，上市公司天然有迎合投资者偏好或者投资理念的动机。从某种意义上来说，有什么类型的投资者就会有什么类型的上市公司。当市场中投资者更关注公司短期盈利而不是长期盈利能力的时候，上市公司可能就会有更大的激励去迎合投资者而不是专注于公司业务发展和长期盈利能力提升。尤其是当公司大股东有股权质押或者减持股份需求的时候，这种行为会进一步加剧。

2.3　监管制度

关于中国金融监管吴晓求（2018）[①] 已经有了系统而深刻的论述。这里，我们对该文的主要思想简单作一总结。

第一，一国金融监管框架取决于该国金融市场风险的来源和特征，而金融风险又与其金融（资产）结构密不可分。在过去三十年的时间里，中国金融结构的变化主要体现在两个方面：一是证券化金融资产占比在巨大变动中呈上升趋势；二是商业银行表外业务占比快速增长。这导致了金融风险从单一的资本不足风险逐渐向资本不足风险和透明度风险并存的状态过渡。而金融监管的重点也逐渐发展为资本监管和透明度监管并重。对于资本市场而言，透明度监管尤为重要。人们经常说“卖者有责，买者自负”，然而，“买者自负”的前提是卖者要承担起自己相应的责任。在资本市场上，上市公司首要职责就是做好信息披露。公司可以盈利，也可以亏损，但是无论盈利还是亏损，信息披露都是公司必须完成的任务。只有当上市公司充分披露自身信息之后，“买者自负”才能成为一个有意义的话题。因此，强化信息披露主体责任，强调公平信息披露，就变得特别重要。

第二，金融监管的目标在于实现市场效率与风险间的平衡。金融存在的目的是为实体经济提供服务，但是，金融的创新和发展往往会超越实体经济的需要，有时候甚至会在实体经济之外自我循环。金融监管的目标事实上是在寻找市场效率与风险间的平衡，进而在维护金融体系稳健的同时促进经济的健康和可持续发展。在这一过程中，无论是片面强调效率还是片面强调风险都是有问题的。一味地强调效率而忽视风险必然会坐视风险积累、扩散并演化成系统性金融危机。但是，无视金融风险的规模、性质，无视金融系统对风险的自我免疫、吸收和化解的能力，而将所有风险“扼杀在摇篮里”的想法不但会对金融市场运作效率造成极大伤害，而且往往会酝酿或者催生出新的更大的风险。

第三，从监管模式来说，金融监管要实现微观审慎监管与宏观审慎监管的协调和功能上的统一。宏观审慎监管的重点在于监控风险跨市场传递、缓释金融风险系统性蔓延和扩张，防范金融危机爆发。微观审慎监管则侧重于准入监管、行为监管和市场风险监管。微观审慎监管是金融监管的基石，宏观审慎监管是监管的灵魂，二者在功能上要实现协调和统一。而为了适应上述监管模式，

---

① 吴晓求，等. 中国金融监管改革：现实动因与理论逻辑［M］. 北京：中国金融出版社，2018.

监管架构也应进行相应调整。其核心思想在于，充分考虑风险分层以及资本不足风险和透明度风险在监管制度上的根本差异，按照机构监管和市场监管职能的差异将监管机构划分为两类，由前者负责微观审慎监管职责，后者负责宏观审慎监管的职责。

2.4 市场信息

信息是驱动资产价格变化的重要因素，并通过价格的变化引导市场资源配置的方向和效率。资本市场效率在很大程度上取决于定价的信息效率，或者说是资产价格对信息的反应效率。从理论上来说，关于信息对资产价格的影响要经过三个阶段：信息的产生、信息的传播、信息的接收。然而，在短期内，信息传播技术和信息接收者（也就是投资者）特征相对稳定，因此，信息的产生就成为学者最关注的问题。一般来说，市场信息主要有三个来源：一是上市公司主动披露；二是分析师调研和分析报告；三是媒体报道。它们从不同角度影响着市场信息效率水平。

上市公司信息披露是市场信息的最主要来源，也是整个资本市场赖以运转的基础。美国国会制定 1933 年《证券法》的时候，采纳的就是以信息披露为核心的监管理念，即《证券法》无意阻止投资者作出坏的投资决定，而是希望通过信息披露来帮助投资者评估证券质量，防止公司的欺诈行为，使投资者与公司尽可能站在同一起跑线上（施天涛，李旭，2001）。上市公司有责任就影响公司价值判断的关键信息以及可能影响公司盈利水平的各种风险点进行披露和解释，从而使投资者能够在做出投资决策之前尽可能全面准确地获悉公司信息。至于投资者会据此对公司价值做出何种估值，则应交给市场完成。在上市公司进行信息披露的过程中，准确和公平是两个基本要求。准确要求上市公司的信息披露不能是虚假的、对市场造成扭曲的信息。而公平则要求上市公司要么向全部投资者公开披露信息，要么闭上嘴巴（Smith，2007）。2000 年 10 月 23 日美国证券交易委员会开始正式实施公平披露规则（Regulation Fair Disclosure）；中国深圳证券交易所也于 2012 年开始强制要求上市公司披露投资机构赴公司调研的相关信息，其目的都是为了打破和遏制证券分析师和机构投资者对部分重要信息的垄断和由此产生的内幕交易，维护广大中小投资者的知情权（刘少波，吴伟琳，2010）。

分析师调研和分析报告是市场信息产生的第二个重要来源。分析师在证券市场中扮演着重要的信息中介的作用。他们通过搜集和分析公司相关信息，对公司未来盈利能力进行预测，进而为投资者提供投资建议。在这一过程中，他们增强了股票价格的信息含量（Easley et al.，1998；Barber et al.，2001；Gleason and Lee，2003；Jegadeesh and Kim，2006），并成为市场对公司进行估值的重要环节（So，2013）。以往的研究表明，与简单根据历史数据进行时间序列模型预测的值相比，分析师给出的盈余预测相对更加精确（Brown et al.，1987；Bradshaw et al.，2012 等）。而且，根据分析师对股票的推荐进行投资通常是能够获得盈利的（Jegadeesh et al.，2004）。分析师之所以能够做到这一点，一方面固然与他们的专业能力密不可分，但是另外一个重要的原因在于他们的信息优势（Information Superiority）。除了上市公司公告和媒体报道之外，卖方分析师还能够通过电话会议、与公司管理层私下接触以及实地调研等多种渠道收集他们所关注公司的相关信息（Bradshaw，2011），从而为其预期形成以及投资决策提供帮助。

媒体是市场信息另一个重要的挖掘者和传播者，他们在改善市场信息质量，减少信息不对称方面发挥着重要的作用（Kross et al.，1990；Bushee et al.，2010；Fang and Peress，2009；Engelberg and Parsons，2011）。这主要体现在三个方面：一是媒体通过对信息的挖掘，帮助市场参与者获取了更多关于公司经营管理、行业和宏观的信息，进而增大了价格中的信息含量。二是媒体对信息的传播能够有效吸引投资者的注意（Liu，Sherman and Zhang，2009），缓解了市场参与者有限关注（Limit Attention）的问题，增大投资者在决策过程中能够获得的信息集，进而影响其对资产价值的判断以及具体的交易行为（Barber and Odean，2008）。三是媒体通过传播来自证券分析师等信息中介的信息或者自行调查原始信息以提前揭露公司的会计欺诈行为（Miller，2006），或者通过曝光引起政府关注促使行政监督介入（Dyck and Zingales，2002）等手段影响公司治理。

3 资本市场发展状况的评价准则

资本市场的发展是一个全面系统的工程，因而，对其发展状态的评价自然也应该是多维度的。如果将这些评价标准粗略地做一归纳，我们可以将其分为规模维度和质量维度。

3.1 市场发展规模维度的评价

从规模角度看，人们关注的核心指标主要有两类，一类是体现市场发展总体规模的指标，包括上市公司数量、市值以及交易量；另一类是体现市场投资和融资功能的发展指标，包括上市公司融资和再融资规模、投资收益率指标等。

从市场发展总体规模看，2001 年 5 月至 2018 年 12 月期间，上市公司总数从 1120 家扩张到 3567 家，上市公司数量增幅达 217%；公司总市值从 5.3 万亿元增加到 45.3 万亿元，增幅 754%；月度累计成交金额虽然也有一定幅度增加，但从图 5-1 上看，更多显示出大幅震荡的态势。月交易额在 2015 年 6 月曾一度达 36.6 万亿元，但是，2018 年 9 月萎缩到 5 万亿元之下的规模。

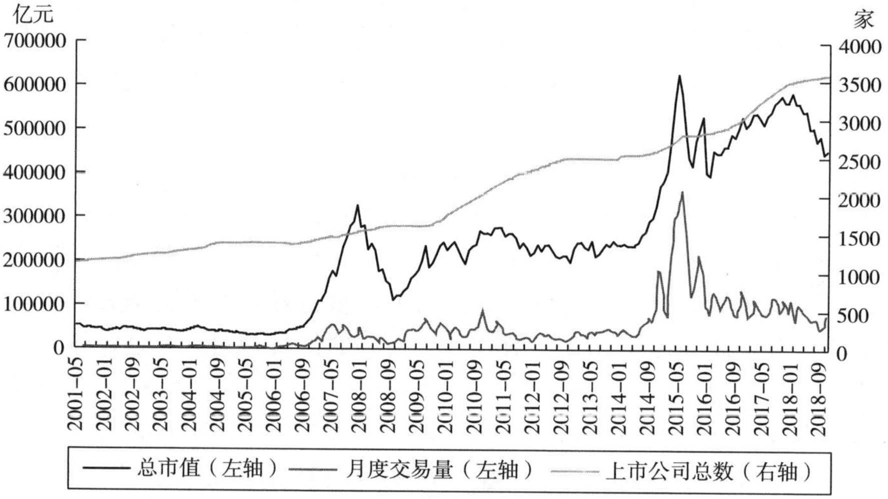

资料来源：Wind 数据库。

图 5-1　上市公司数量、市值与交易规模（2001—2018 年）

从融资角度看，中国股票市场融资活动有几个特征：第一，融资总额的波动幅度巨大。根据万得数据库的统计，2009 年以来，上市公司通过 IPO、增发、配股、优先股、可转债和可交换债券方式融资总金额最高出现在 2016 年，达 2.11 万亿元；最低出现在 2012 年，仅有 0.446 万亿元。即便考虑到市场规模的增长，这种落差也是巨大的。这表明股票市场融资功能的发挥并不稳定。第二，从融资方式上来看，IPO 融资规模远远低于增发渠道的融资规模。除了 2010 年之外，至 2018 年，其他 9 个年份增发都超过 IPO 方式的融资规模。2016 年，增发融资规模一度达 IPO 融资规模的 11.3 倍。由此可见，在不控制增发融资规模的情况下，试图通过控制新股发行节奏调控市场的做法实属缘木求鱼。

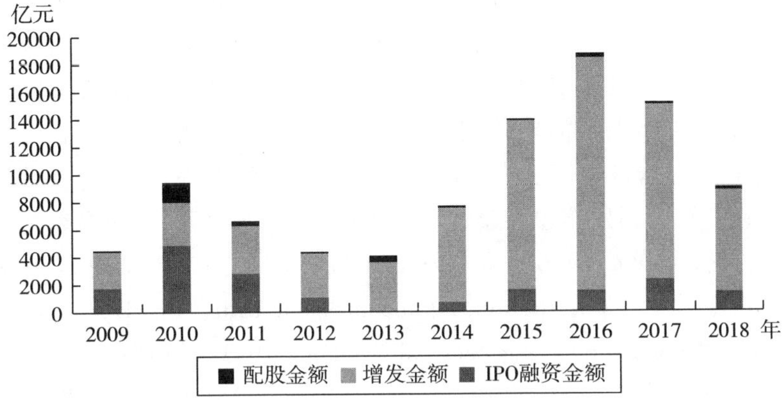

资料来源：Wind 数据库。

图 5－2　上市公司融资规模（2009—2018 年）

3.2　市场发展质量维度的评价

市场发展质量主要体现在市场效率和市场公平两个方面。其中，市场效率主要是指市场信息效率，也就是市场价格对信息反应的及时性和准确性。这是现代金融学研究的经典问题，也是一个经久不衰的研究话题。早在 1900 年，巴契里耶的《投机理论》开始考察资产价格的可预测性问题，其实就是在研究价格对当前信息的反应程度。1965 年，就在资本资产定价模型面世后不久，法玛（Fama）在他的博士论文——《股票市场价格行为》中深入讨论了价格和信息之间的关系，并于 1970 年对该理论做了进一步总结和深化，提出了市场有效性假说（Efficient Market Hypothesis）。之后，关于市场是否（信息）有效就成为了金融学界持续的研究热点。

关于市场是否有效，一方面考察资产价格对信息反应的速度，另一方面是考察资产价格对信息反应的准确程度。这方面的研究文献有很多，主要是利用事件研究法计算当特定类型的事件发生后，公司股票的异常收益率（Abnormal Return）或者累计异常收益率（Cumulative Abnormal Return）在事件窗内的走势，进而作出相关判断。如果资产价格能够在事件发生后很短时间内及时反应，那就说明市场信息效率较高。反之，如果事件发生后，资产价格需要经过很长时间才反应到位，或者在短期内有过激反应并在长期出现大幅回调，那就说明市场信息效率较低。我们把前者称为市场“反应不足”（Under－Reaction），把后者称为市场“反应过度”（Over－Reaction）。

究其原因，反应不足产生的原因主要是市场投资者在认知过程中注意力是有限的（Limit Attention），因此，当市场信息公开的时候，开始只有少量人群能够关注到该信息，信息需要经历一个较长的时间才能在所有投资者群体中传播和扩散开，资产价格也就需要花费较长时间才能反映出信息价值。当市场存在反应不足问题的时候，资产价格在短期内呈现出惯性走势。例如，Ball 和 Brown（1968）发现，在公司发布盈余公告后，未预期盈余较高的公司在未来一段时期内的市场回报会显著高于那些未预期盈余较低的公司，该文将这一现象称为“盈余公告后漂移”（Post Earnings Announcement Drift，PEAD）或者“盈余惯性”（Earnings Momentum）。Jegadeesh 和 Titman（1993）发现在过去六个月收益率最高的股票组合在未来六个月回报率依然较高，这也是资产价格惯性的一个体现。过度反应主要源于投资者非理性情绪。尤其是当市场出现巨大的、超预期的利好或者利空的时候，投资者在短期内往往会出现过度乐观或者过度悲观的情绪。这种情绪推动着资产价格在短期内过度上涨或下跌，并在随后较长时间内进行修复。过度反应会导致价格在长期出现反转的现象，DeBondt 和 Thaler（1985）发现过去五年回报率最差的资产组合在未来三年时间内回报率显著高于之前五年回报率最好的资产组合。

除了用事件研究法直接测量资产价格如何对市场信息进行反应之外，自 Roll（1988）开始，学者们普遍采用股票价格的个体波动率来度量市场信息效率水平①，后来，这一指标进一步优化为个体波动率在总波动率的比例 R^2（又称股价同步性，实际使用中进行了对数化处理，即 $\ln[(1-R^2)/R^2]$。这一测度方法的原理在于，当市场信息效率比较高的时候，公司股价中个体信息的含量较高，股票的个体波动率较大，股价同步性较低。这一观点在 Jin 和 Myers（2006）、Hutton 等（2009）、Durnev 等（2003）等文献中均得到了一定证实。图 5 -3 为 2001—2017 年间市场平均个体波动率和股价同步性的趋势图。从该图可以看出，两个指标的趋势基本是一致的。但两个指标都表明，中国股票市场信息效率并没有趋势性改善的迹象。

关于市场公平的度量并没有一个统一的指标，但我们可以根据监管层查处的违规行为数量判断一下市场环境的公平状况。图 5 -4 显示了 2001—2017 年间，证监会每年就上市公司违规信息披露、内幕交易和股价操纵行为的立案数量。从图 5 -4 可以发现，2011 年之前，中国证券市场对违规事件的监管力度相

① 这里，个体波动率指股票收益率中不能被市场模型（或者 Fama - French 三因素或五因素模型）解释的方差。

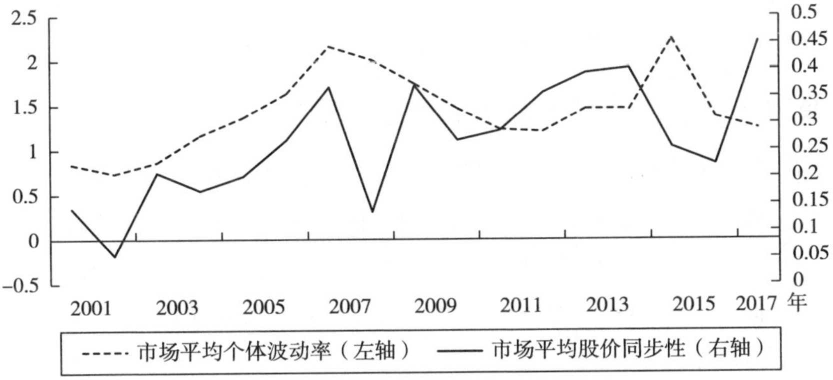

资料来源：Wind 数据库。

图 5－3 市场平均个体波动率和平均股价同步性

对宽松，查处的违规行为也相对较少。2011 年之后，随着证监会监管力度加强，违规事件查处数量也开始大幅上升。随着监管趋严，2017 年、2018 年两年，市场违规行为大幅下降，市场环境得到了一定程度的改善。

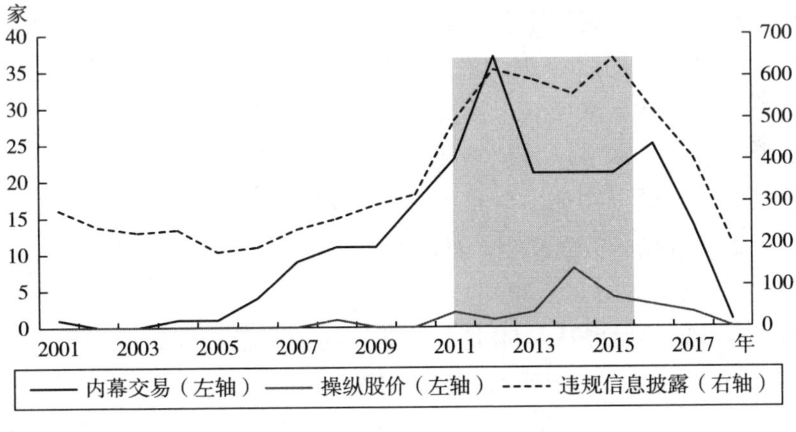

资料来源：国泰安数据库。

图 5－4 上市公司历年违规情况

4 中国资本市场面临的问题与改革逻辑

结合中国资本市场发展现状与态势，促进资本市场功能的发挥、培育多层次的资本市场、提升资本市场监管效率和质量，已经成为资本市场发展的必然选择。而要实现这一目标，必须深刻认识当前中国资本市场发展过程中面临的核心问题，进而准确把握资本市场未来的改革逻辑。

4.1 当前中国资本市场发展面临的核心问题

我国资本市场发展并不完善，因而对我国经济改革的进程存在一定的制约。我国资本市场发展面临的问题主要存在于四个方面：一是资本市场功能定位不合理；二是上市公司质量良莠不齐，中小企业板和创业板市场准入机制不科学，退市机制不健全；三是投资者专业度低，长期资金入市规模小；四是监管制度不完善，监管理念落后。

4.1.1 关于资本市场功能定位问题

资本市场最原始的功能是融资和投资，或者说是融资和财富管理。在市场参与者实现投融资目的的过程中，资本市场衍生出了资源配置功能、资产定价功能、风险管理功能等。然而，从市场自身健康发展的角度看，上述功能顺利实现的核心是定价。如果资本市场没有办法为风险资产合理定价的话，首先风险管理会成为无本之木。其次，由于市场无法区分资产的优劣，资源配置效率就会大打折扣。当市场定价不合理的时候，投资者就很难利用资本市场实现财富管理，投资功能也随之丧失。最后，当投资者不愿意参与市场投资活动时，企业的融资功能自然无法实现。因此，资本市场的建设，核心问题是实现资产的有效定价。这是资本市场其他功能得以实现的基础。然而，现实中，由于我们过于重视市场的融资功能，导致了价格长期扭曲，进而给资源配置、财富管理以及风险管理造成了负面影响。具体而言，主要体现在如下几个方面。

（一）重融资，轻财富管理

中国资本市场的发展从总体上来说是重视企业融资而轻视投资者财富管理的。截至 2018 年底，A 股上市公司通过 IPO、增发、配股三种方式累计募资金额达 11.29 万亿元。其中，IPO 募资总额为 2.97 万亿元，增发募资总额 7.74 万亿元。2011 年之后，增发募资总量远远超过 IPO 而成为融资的首要渠道。

过于重视为企业提供融资服务给资本市场健康发展带来一系列的问题。第一，市场退市制度过于宽松，一些上市公司即便长期经营状况不佳，也能通过各种手段维持上市资格。截至 2018 年底，中国 A 股市场累计 3667 家公司上市，但退市公司总数仅 100 家。这导致大量资金长期沉淀在运作效率低下的公司，资本市场资源配置功能难以实现。第二，由于公司退市风险低，相当于为投资者“炒小盘股”、“炒绩差股”变相提供了保险，市场理性投资的理念长期无法

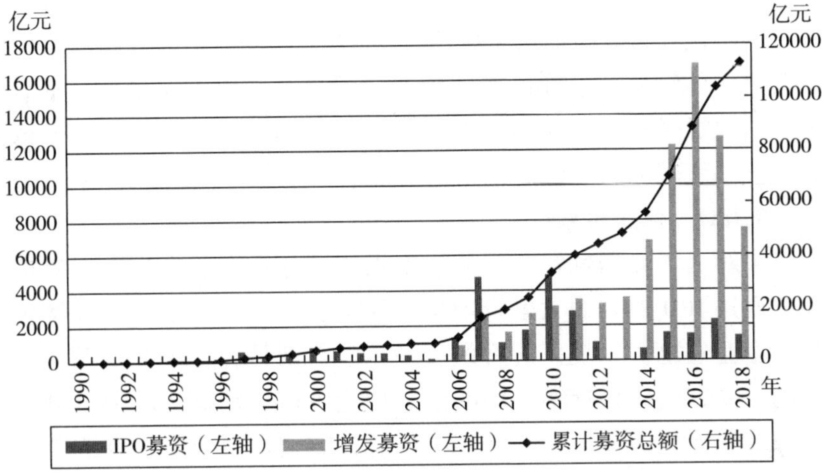

资料来源：Wind 数据库。

图5－5 中国A股市场历年融资情况（1990—2018年）

实现。资产价格中非理性情绪的成分较高，资产定价效率降低。第三，由于过于重视为企业融资提供服务，导致监管层大大降低对上市公司的监管要求。上市公司违规需要支付的成本远低于其违规的潜在收益。投资者除了要面对公司正常经营管理活动中的基本面风险，面对非理性投资者给资产价格带来的噪音交易者风险（Noise Trader Risk），还要面对上市公司各种可能的违规风险。在这种情况下，利用股票市场进行财富管理对于绝大部分居民家庭而言是不现实的。

这些问题在资本市场发展初期，上市公司数量少、市场规模相对较小，资产价格的扭曲对经济社会的影响相对较低的时候还不明显。然而，随着家庭财富规模增加，上市交易公司数量增大，资本市场在整个金融体系中的重要性越来越大，资产定价错误给资本市场和经济社会带来的负面影响就凸显出来。

（二）重融资金额，轻资产定价效率

如果说财富管理功能的缺位应当归咎于长期以来过度强调市场的融资功能，资本市场定价效率的缺失则应主要归咎于长期以来过度强调融资的总体规模而忽视其质量。

中国资本市场的定价效率一直被诟病，甚至达不到弱势有效的状态（孙显超等，2017）。许多学者在研究我国资本市场定价效率时采用衡量股价涨跌的同步性指标 R^2 来衡量我国资本市场定价效率。比如，Morck 等（2000）针对美国等成熟市场的研究发现，包括美国在内的成熟市场的 R^2 都不超过 0.1，而中国则达到0.45，位居世界第二。而Eun等（2015）的统计表明，截至2010年中国市场的股价同步性仍位于该研究中所涉及的47个市场之首。较高的股价同步性意味着关于公司的特质信息在决定股价波动的信息当中占比较低，不能够将公司基本面的情况通过资本市场进行有效反映和传递，表明我国资本市场价格发现和资源配置功能较弱。

（三）重IPO，轻并购重组

长期以来对资本市场融资功能的过度强调还导致了一个问题，就是市场主体过多关注通过IPO方式做大融资增量，忽略了以并购重组的方式做优资产存量。并购是企业快速扩张规模的有效途径，重组则是优化企业资源、提升资产利用效率的重要方法。将资本市场的核心功能由做大向做优转换，符合我国经济发展追求发展质量而非一味扩张规模的总体方向。只有通过并购重组，我国企业的竞争力才有本质提升，这才应该是资本市场应当发挥的作用（吴晓求，2013）。

最近几年，我国资本市场上发生的并购重组案例的数量有了一定增长。2010—2018年，我国共发生并购重组事件47920件，并购数量总体呈上升的趋势。但是对比欧美国家发达的资本市场，我国一级市场权益融资仍以场内交易为主。受到国有企业管理体制以及重组审批等制度因素的限制，我国的资本市场并购重组整体来说并不十分活跃（朱建明和李贵强，2014）。

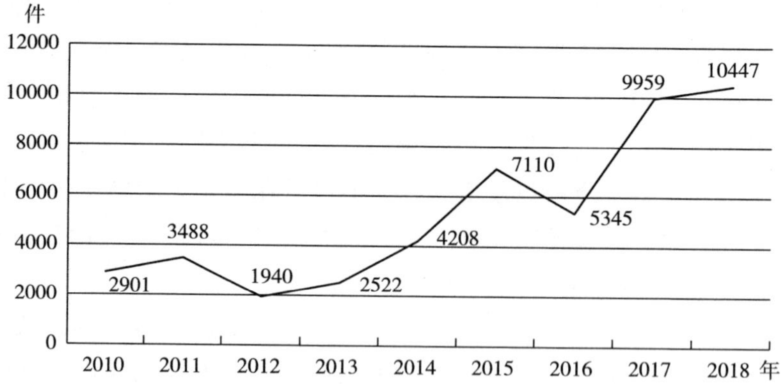

资料来源：Wind资讯。

图5-6　2010—2018年中国并购重组案例数量统计

我国未能从政策上为并购重组营造良好的发展环境。首先我国在制度设计上对并购重组有诸多限制，阻碍了资本市场这一功能的实现。其次，在并购重组的案例中，借壳上市占了相当一部分比重。2016年监管部门出台了《上市公司重大资产重组管理办法》以规范市场行为，但借壳上市容易滋生内幕交易、引发非公允关联交易以及容易沦为上市公司掩盖历史不合规行为的工具，而《管理办法》并没有使这些症结得到根治。此外，由于并购重组对资源的配置作用只有在市场定价透明、有效的前提下才能充分发挥，而如前文所述，我国资本市场的定价效率受到各种制度和非制度因素的影响，从而对并购重组市场也产生了一定的抑制作用。

（四）重股权融资，轻债权融资

一直以来，我国资本市场融资中都存在重股权轻债权的“跛脚”现象。资本市场常常成为股票市场的代名词，甚至在许多学者的著作中也常常将资本市场与股票市场等同起来。股票市场层次的丰富、VC和PE的兴起与发展、上市公司治理等一系列股权融资相关问题也一直是市场的关注焦点。实际上，我国债券市场的建立早于股票市场，只是受到“327”国债期货事件、银行等机构退出交易所债券市场等一系列事件的影响，债券市场的发展逐步萎缩。外加此后资本市场建设的制度导向也以股票市场为重，逐渐导致债券市场的发展落后于股市，形成重股轻债的现象。

表5－2是2009—2018年证券市场筹资情况，从中可看出自2011年开始公司债券筹资规模逐步上升，2012年超过股权再融资，2015年筹资额达10850.43亿元，实现跨越式增长。从筹资增量上看，“重股轻债”的情况得到了一定的改善。但就存量规模来说，虽然债券总市值高于股票市场总市值，但是企业及公司债券规模远低于股票。企业债主要是由国有企业或者国有控股企业发行，一般是为基础设施建设项目融资，而公司债由股份制公司发行，是一般企业生产经营融资的方式。企业债券作为直接向社会筹措资金的重要金融工具，不仅可为我国经济建设提供大量资金，而且还会促使社会资金得以向优势企业集中，因而对经济资源的优化配置和发挥企业债券市场的宏观调控功能具有重要的积极作用。公司债券作为一种长期筹资方式，在很大程度上能够发挥准资本职能，有效改善信贷资金的期限错配问题，促进实体企业的平稳发展，但是我国直到2007年才出现第一只公司债券。截至2017年末，在中国证券登记结算有限公司登记存管的沪深证券交易所A股总市值为566400亿元，企业债和公司债的市值则分别为8175.76亿元和52621.33亿元，二者合计占A股市值比率为10.73%。

表 5－2　　2009—2018 年证券市场筹资情况　　单位：亿元

年份	首发筹资	再筹资				合计
	A 股	配股	增发	可转债	公司债	
2009	1831.38	105.97	1870.70	46.61	638.40	4493.06
2010	4882.63	1438.25	2549.83	717.30	603.00	10191.01
2011	2825.07	421.96	1796.55	413.20	1262.20	6718.98
2012	1034.32	121.00	1972.22	157.05	2471.97	5756.56
2013	0.00	669.28	2327.01	551.31	3219.91	6767.51
2014	668.89	137.98	4049.56	311.23	2482.30	7649.96
2015	1766.91	42.33	6709.48	107.80	10850.43	19476.95
2016	1464.14	298.51	12229.69	195.42	28802.23	42989.99
2017	2186.10	156.56	12871.15	792.21	16802.96	32808.98
2018	1194.51	165.27	7357.22	417.62	13391.18	22525.80

资料来源：中国证券监督管理委员会网站①。

表 5－3 是 2009—2017 年各类债券发行规模，从构成来看，我国债券市场以政府债券和金融债券为主，企业债和公司债的发行量和存量都较低，非金融企业债务融资主要通过短期融资券及中期票据等形式，对长期债务运用不足。此外，公司债券中很大一部分由商业银行等金融机构持有，偏离了债券作为直接融资工具的定位。

表 5－3　　2009—2017 年各类债券发行规模　　单位：亿元

年份	政府债券	金融债券	非金融企业债务融资工具	企业债券	公司债	合计
2009	17927	14524	11599	4295	735	49080
2010	19778	14123	11666	4543	603	50713
2011	17100	23492	15302	6548	1253	63695
2012	16154	26202	26404	7999	2550	79309
2013	20230	26310	28688	6252	1395	82875
2014	21747	36552	41812	8260	1028	109399
2015	21058	102095	54326	5031	7708	190218
2016	91086	18252	51358	7326	23372	191394
2017	83513	258056	40244	5931	9807	397551

资料来源：中国人民银行。

① 2012 年 11 月至 2013 年 12 月，证监会暂停 IPO 审核。

但是，仅仅股权融资不足以满足市场主体全部的融资需求。而不平衡的资本市场结构必然对实体经济的发展形成阻碍。这是因为，无论是从经典的公司资产结构理论的角度，还是从自古以来企业经营中自发形成的负债行为实践的角度，负债经营都符合企业扩大规模、获得税收优惠的内在需求，是必然需要通过某种途径得以满足的。诚然，通过银行贷款等间接融资方式可以满足一部分债务融资需求，但是银行贷款能覆盖的企业类型和服务地域都存在局限性。同时，比例不协调的间接融资与直接融资体系可能进一步放大市场的系统性风险。因此，应该大力支持满足条件的企业通过债券市场自主推进融资计划。实体经济有需求，为实体经济服务的金融市场就应该不断完善功能，提升服务实体经济的能力。一个健康的、可以充分满足各种类型企业债务直接融资需求的市场应该被不断健全和优化。

应该肯定，我国的债券市场融资发展速度很快，总量规模也很大。截至 2018 年 10 月底，我国债券市场存量已突破 83 万亿元，其中我国企业债的总量为 19. 51 万亿元，占比约 23. 51%①。但是相对于股票市场来说，债券市场的市场化程度比较低，并且还存在许多问题。目前来看，债券市场至少还存在品种结构如何进一步优化，相互分割的市场如何实现一体化，投资者结构如何调整，信用评级的公信力如何提高，监管体制如何改革等问题（吴晓求等，2018）。中国应该充分借鉴外国以及我国股市建设的经验，不断优化制度、确立强度合理的市场监管制度、完善债券相关法律法规，不断提升债券市场服务实体经济的能力。

4. 1. 2　上市公司质量问题

上市公司质量是资本市场的基石。然而，从投资角度来讲，中国上市公司质量整体水平相对低下。首先，上市公司并没有为投资者提供相应的利润。图 5 - 7给出了 2009—2017 年上市公司每年募资总额与净利润总额的对比。从该图可以看出，虽然上市公司总体利润逐年上升，但是，一个非常明显的趋势在于 2013 年以来，募资占净利润的比例逐年提高。2015—2017 年，连续三年全市场的募资占净利润比例超过 50% 。而且，剔除金融类企业之后，这一现象就更为明显。在 2009—2017 年期间，除了 2012 年和 2013 年两年之外，所有年份非金融类企业的募资金额占其净利润的比例都超过 60% 。2015 和 2016 年，非金融类企业募资金额甚至超过其净利润水平 21% 和 29% 。上市公司从市场中获取的

---

①　数据来自中国人民银行官网。

资金与其反馈给市场的利润之间整体上看是失衡的，这体现了中国股票市场重融资而轻财富管理的重要特征。

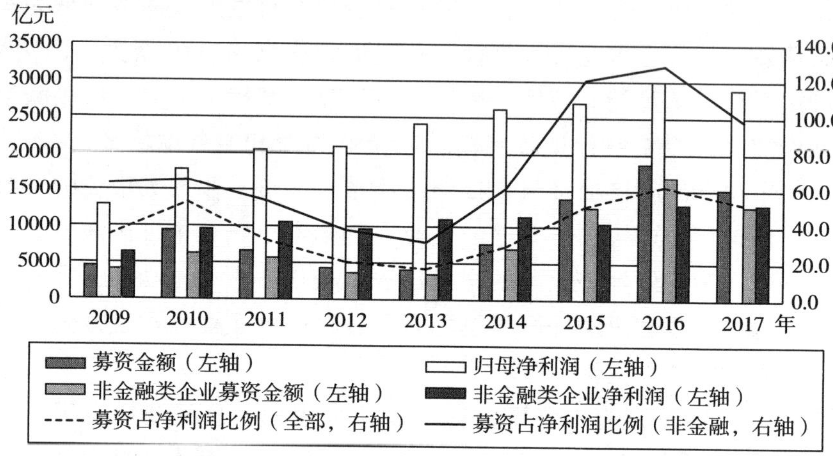

资料来源：Wind 数据库。

图 5-7　中国 A 股上市公司募资与净利润对比（2009—2017 年）

其次，我国对上市公司质量进行监督的保荐制度在实行时也会受到挑战。证券发行审核制，限制了我国证券发行的市场化程度，因此即使我国目前对上市公司实行了保荐制度，这一制度也并不能充分发挥作用。保荐人是企业上市的“保举推荐者”，是证券发行上市的“第一看门人”。但实际中，保荐人与发行上市公司密切合作。保荐代表人利用其自身特殊地位，熟悉保荐发行上市环节，运用此便利违法违规，与发行人合谋造假，与众多利益相关方结成价值同盟，包装上市，欺诈上市，获取巨额经济利益。作为上市企业“第一看门人”的保荐人基本丧失了独立性。此种行为不仅严重危害证券市场秩序，损害投资者利益，而且严重损害保荐人的职业形象，违背我国保荐制度设立的初衷。另外，保荐代表持股现象造成利益输送、诱发上市腐败，变相的保荐代表人持股不仅会损害投资者利益，而且挑战了资本市场监管体系，扰乱资本市场的秩序。最后，保荐代表人若不能尽职尽责，将使尽职调查和持续督导流于形式。以花旗环球金融亚洲有限公司为例，其作为瑞金矿业有限公司的上市申请保荐人，花旗并没有对瑞金的客户进行充分及合理尽职审查，也没有在进行瑞金上市申请的保荐人工作时妥善监督其职员。

最后，上市公司信息披露机制并不完善。一方面，上市公司信息披露不够及时，从而会使一些内幕人员利用时间差来进行交易，牟取私利。另一方面，上市公司信息披露在很大程度上存在主观随意性和不一致性，能不披露就不披露，能少披露则少披露，这造成社会责任信息的较大缺失，使得信息披露并没有发挥其应有的增量效用。我国虽制定了大量的法律法规，但这些法律法规具有时滞性，实施力度不够，条文不够细致，使上市公司有空可钻。例如在会计准则和会计创新实践的对比上，存在着一定的时间差，因而会出现无法可依的局面。同时，由于违法违规的成本和风险与收益的差距太大，会使上市公司不惧怕这样的法律规定，顶风作案。

4.1.3　投资者结构问题

长期以来，投资者结构不合理一直都是中国证券市场面临的重要问题。以上海证券交易所的数据为例，2007—2017 年间，上交所上市公司的股东结构中自然人持股占比虽然从 48.2% 下降到了 21.3%，但是专业机构的持股占比几乎同比例地从 33.7% 下降到了 16.1%。而且，经历了十余年的发展，上交所自然人交易占比依然维持在 80% 以上，而机构的交易占比则长期维持在 10% ~15%（见图 5－8）。

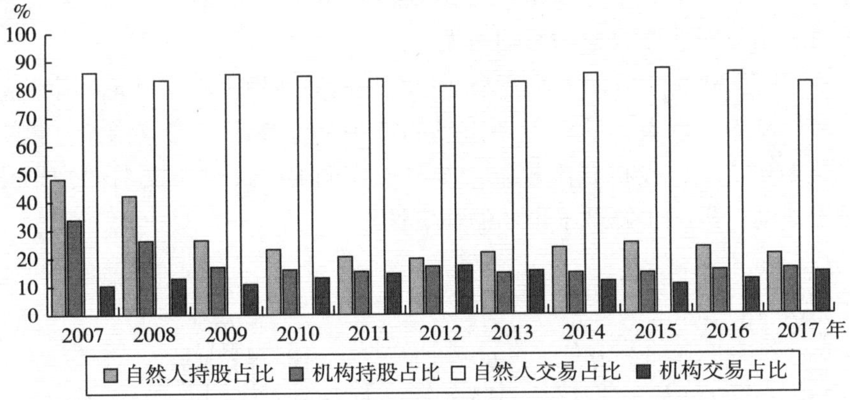

资料来源：《上海证券交易所统计年鉴（2008—2018 年）》[①]。

图 5－8　上海证券交易所投资者持股和交易占比

对于个人投资者来说，情绪主导与非专业性是其最大的特征。最突出的表现是从众心理，其中追涨杀跌尤为典型。大多数个人投资者在市场热度升高时争先恐后进场抢购，而在市场低迷时，消极情绪则会迅速蔓延，纷纷恐慌出逃，这也使得我国股市在历史上发生多次暴涨暴跌的现象。而另一个突出表现是过度

① 网站链接为：http：//www. sse. com. cn/aboutus/publication/yearly/。

自信，即投资者在做决策时，对不确定事件发生的概率估计过于自信，也因而愿意主动承担更大的风险，从而偏向非理性行为。这种行为可能会造成投资者的过度交易，并最终导致较低的投资绩效。另外，随着金融产品在定价机制、交易设计上趋于复杂化，个人投资者由于缺少相关知识和足够信息，在选择投资产品、产品业绩比较上存在认知偏差，容易被理性人的营销策略利用，从而陷入“投资陷阱”，选择与自身风险承受能力不相匹配的金融产品，造成不必要的损失。

当投资个体的情绪特征与非专业性叠加在一起之后，最终表现出整体性的决策误差，这将使证券价格偏离其基础价值，出现资产定价方面的偏差，而这一偏差又会再次反馈到投资者情绪中，进一步影响资产价格，最终形成恶性循环。有研究表明投资者信心指数与沪深 300 指数之间存在较强的相关关系，在股市下跌或上升行情中，投资者信心也相应处于下降或上升状态，且其变化幅度要大于股指变化幅度，这种不稳定的心理现象又会同时反作用于股市，引起股市的大幅震荡；还有研究结合 2010—2016 年沪深 A 股数据，使用 Fama - MacBeth 估计方法，发现投资者情绪与股票收益间呈正相关关系，且情绪交易者越多，投资者情绪对股票收益的影响越大。

图 5 - 9 是 2005 年以来沪深两个证券交易所股票换手率与其他国家证券交易所的比较，从中可以看出我国股票市场的换手率远高于美国等国家，投资呈现很强的短期化特征，投机氛围较浓，羊群效应明显。此外，交易的短期化又加剧了股价波动，进一步降低了市场的稳定性。

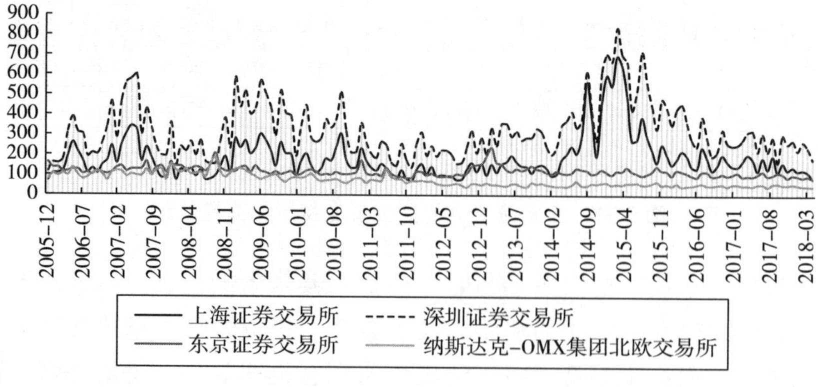

资料来源：Wind 数据库。

图 5 - 9　2005—2018 年各交易所股票换手率

从这个角度来说，中国证券市场专业证券投资机构的发展依然任重道远。发展机构投资者，降低个体投资人直接参与股市交易比例，这是中国资本市场走向成熟的重要条件。

4.1.4　监管制度

监管制度在资本市场发展中起到规范作用，投资者的利益能否得到保护，关键在于监管者能否在良好制度和平台的基础上，发挥建设性和引导作用。美国的资本市场有更加健全的法律体系和更完善的信息披露制度，可以在很大程度上降低信息不对称带来的信用风险，整个市场透明度较高。同时公司控制权市场的强有力约束能够有效地减少公司经理人的渎职行为和市场操纵行为，保护投资者的权益。而中国目前属大陆成文法体系，与英美判例法相比较为僵化，难以对新的市场违法行为进行有效惩处和遏制，中小投资者权益易被大股东侵占。但就当前我国资本市场而言，监管层面上还存在以下问题。

1. 监管者缺乏外部监管。法律赋予了监管机构自由裁量权，但对监管者自身的监督和制约却很薄弱，这给予了监管者广阔的设租和寻租空间，从而与券商、上市公司形成利益共同体，使其依靠不透明与不受问责的决策获得不对称收益，最终导致“监而不管，管而不力”，降低金融监管的有效性。

2. 监管标准不统一引起监管套利。虽然目前我国组建了银保监会，旨在降低监管的重叠性，提高监管效率，但现有的监管体制改革依然没有放弃机构监管，而只是几种监管模式的简单融合，这使得不同机构之间的监管标准依然存在差异，给被监管者以套利机会，同时也给具体监管实施带来一定困难，导致被监管者在彼此差异的监管标准下无所适从。

3. 监管者定位不明晰。在我国，监管者兼具监管主体和特殊利益主体的双重角色。一方面，政府作为公共利益的维护者和规则的制定者，对资本市场进行监管；而另一方面，政府也作为国有上市公司的股东，有权实现自身价值最大化。监管者与市场参与者的双重身份一定程度上弱化了其市场监管职能，导致政府对市场和企业的监管始终处于无力或缺位状态。

4.2　未来中国资本市场的改革逻辑

资本市场是我国经济发展的一部分，资本市场发展是为了更好地服务实体经济。因此，中国资本市场的改革要与我国现行的供给侧结构性改革相结合，配合实体经济的调整，完善传统功能与制度，加强创新，以适应市场新的需求。

4.2.1　加强资本市场创新，完善资本市场功能

在供给侧改革的背景下，供给的调整也对资本市场的定位提出了新的要求。

资本市场作为资金融通的主要场所，为了适应不同的投资者的发展，必然要在结构、制度上跟上时代的脚步。

第一，应进一步培育多层次资本市场，加强结构创新。我国目前的资本市场层次为主板市场、中小板市场、创业板市场、全国性场外市场、私募股票市场、区域性股权交易市场、证券公司柜台市场。无论是行业结构，还是产业结构及产能结构的调整，都会吸引新的企业进入资本市场，不同类型的企业在资本规模、成长潜力及融资需求方面具有不同的特征。除了经济改革要求的调整外，创新时代风险投资与天使投资规模不断增大也体现了投资者对资本市场的融资功能有了新的需求，为了提升资本市场直接融资的能力，在丰富主板、中小企业板、创业板融资功能的基础上，还应该通过设立战略新兴板、股权交易中心等来完善资本市场的多重融资功能。这些市场可以给暂时不满足上市要求的新兴企业提供新的融资平台，实现资源共享。不仅如此，还要发挥“孵化器”的作用，稳步推进代办股份转让市场发展。

第二，资本市场应加快制度创新，提升资产定价效率水平。首先要加快从审核制向注册制的转变。在审核制下，证券监管部门对股票发行的价格、时间以及规模进行管控，虽然短期内可起到稳定证券市场和投资者心理的作用，但是却不利于市场自身机制的发挥。随着创新型企业的增多，中小企业板和创业板的制度变革对于新创企业进入资本市场的重要性不断增强，因此对于中小企业板来说，有必要适当放宽股本规模、发审要求，将企业自主创新、成长潜力作为主要的参考指标。其次，应完善 IPO 定价机制，强化信息披露和责任认定，建立保荐机构的责任跟踪机制等。最后，应加强中小企业板市场国际化建设，发挥其在创业板和主板之间的纽带作用。对于创业板来说，应对股票发行制度进行优化，通过强化信息披露、严格保荐制度及完善创业板上市公司的退市制度来控制创业板风险。创业板也应该适当降低门槛，让更多创新型企业享受到上市资源，另外也应加强监管，与中小企业板一样，对于 IPO 也需要建立利益的阻断机制，建立关于发行人、上市公司、主承销商的责任追踪机制，一旦发现违规即进行处罚。

第三，资本市场应创新融资工具，细化融资规模。加快债券市场的发展，完善企业债券法律法规。在控制风险的基础上，进一步放松政府管制，建立科学合理的偿债保障和信用评级机制，为企业债券市场发展构建制度平台。其次，要创新企业债券品种、优化债券定价机制，鼓励更多金融机构和非金融机构参与债券发行。2016 年以来，银行间债券市场创新发行了多种非金融企业债务融资工具首单产品，募集资金投向扶贫攻坚、绿色产业发展、创新创业等社会发展重点领域。

表5-4　　2016年以来首单发行的主要创新型债务融资工具一览表

债券种类	首单发行债券	发行时间	发行主体	发行金额	债券期限	票面利率	主承销商
社会效应债券	首单扶贫社会效应债券	2016.12.23	沂南县城乡建设发展有限公司	5亿元	10年	3.25%~3.95%	青岛银行 农业银行
绿色债务融资工具	首单绿色ABN	2017.4.24	北控水务（中国）投资有限公司	21亿元	7年	3.80%	东方证券 招商银行
	首单绿色债贷基金	2016.10.25	武汉地铁集团有限公司	20亿元	15年	3.35%	国发行
扶贫票据	首单扶贫中期票据	2017.3.14	贵州高速公路投资有限公司	5亿元	5+n	5.39%	兴业银行
	首单扶贫超短期融资券	2017.3.14	重庆鸿业实业（集团）有限公司	2亿元	270天	5.30%	建设银行
双创专项债券	首单双创专项债务融资工具	2017.5.8	成都高新投资集团有限公司	5亿元	5年	5.60%	国开行 成都银行

资料来源：根据《首单创新型债务融资工具的发行运用对甘肃省直接融资的借鉴》整理。

这些首单债券融资工具借鉴了国际上创新债券基本原理并结合传统债务融资工具优点，与中国国情相结合，对发行主体、投资主体、发行程序、信用评级、第三方评估认证等方面做了积极改进，将市场化融资方式引入投资渠道不畅、投资资金不足、投资主体不多的公益或准公益项目，兼具了效率和效益（谢晓娜，2018）。另外，提到创新融资工具必不可少的是创新融资工具的审批模式，可参考A股市场审批制转向注册制的模式，建立融资工具的分类机制，改进发行模式。完善债券发行的监管机制，建立事前风险控制、事中风险监控及事后清偿的保障制度。

4.2.2　完善对上市公司质量的监督机制

上市公司质量的提高一靠自身内部治理结构的完善与提高，二离不开资本市场这一外部因素对其的约束。我国资本市场应该保持正本清源的态度，从制度上和法律上对上市公司进行规范，建立并完善退市机制，遵循优胜劣汰的竞争法则，不仅可以起到激励企业有效经营的作用，而且不会浪费上市资源，发挥资本市场在资源有效配置方面的作用。

第一，引导建立多元化的分析师评价体系。目前证券分析师缺乏揭露上市公司质量问题的积极性，原因是证券分析师的评价掌握在机构投资者手中，而机构投资者主要关心的是股票短期的涨幅。由于担心曝光上市公司质量事件导致股价下跌，进而影响个人职业生涯，证券分析师即使发现公司内部存在问题也缺乏积极揭露的动机。因此，有必要丰富、建立多元化的证券分析师评价体系，引导市场对分析师评价的多重标准，将是否能在揭露上市公司不规范操作等问题方面作出突出贡献也作为对分析师的重要考量，使分析师除了依靠推荐股价上涨的公司之外，通过筛选出质量低劣的公司，降低投资者的成本与风险，同样也可获得职业提升。

第二，建立上市公司评价体系。上市公司经营业绩对公司内部、政府、债权人和投资者都具有重大的意义。但是不同的评价主体应该有不同的评价体系。例如公司内部员工在意的是薪酬或股利的发放，政府看重上市公司创造的经济效益，债权人注重公司的偿债能力，投资者关心上市公司经营引起的股价变动。所以，整体公司经营业绩评价体系的指标应该多元化，反映不同评价主体的利益因素。大多数研究者提出要选择多元指标，将财务指标与非财务指标相结合，以经济收益指标为核心，以会计收益指标为基础，以现金流量指标作为补充（祝映兰，2006）。另外，由独立董事人数较少与监事会监督力度不足也易影响上市经营决策方面来看，上市公司评价指标中也应加入反映独立董事与监事会监督力度的指标。

4.2.3　提高投资者专业水平

提高投资者专业水平，要注重教育和引导并重。

第一，制定投资者教育中长期发展规划。价值投资理念的缺失、专业分析能力的不足，使得投资者易受个人情绪的干扰而表现出非理性投资行为，因而有必要将投资者教育提升到国家金融发展的战略高度，围绕保护投资者合法权益，完善制度体系设计，明确各方职责，加强各部门协调配合，督促市场经营主体履行投资者教育义务，全面提升我国投资者教育水平。

第二，完善投资者适当性规则。为了维护市场稳定，缓解个人投资者和机构投资者之间的利益冲突，我国借鉴境外市场的制度安排，制定相应的投资者适当性规则，即要求证券公司有义务在对证券和投资者进行合理调查的基础上，向投资者推荐符合其投资目的和投资需求的证券，但这一原则的实施由于缺乏相应立法及实践经验，还有待进一步完善。其中观念的转变十分重要，过去在投资者利益保护的制度设计中过于强调事后寻求司法救济的途径，而适当性规则旨在规范金融机构的行为，使其真正从投资者利益出发，实现二者之间的公平交易。

第三，引导机构投资者成为积极股东。一方面，加强对于信息披露机制的完善，减少机构投资者和其他利益相关者之间的内幕交易，这需要政府、第三方中介机构、董事会等机构的合力监管，最大限度降低信息不对称程度，同时，对信息披露应以专章规定，建议采纳“重大性”标准，提高信息披露的质量和有效性，降低投资者信息搜寻成本。另一方面，通过金融产品创新、体制机制创新来引导机构投资者进行理性投资、价值投资，引导其成为积极股东，提高公司治理水平。

4.2.4　明确监管目标，创新监管

因此，在现阶段，要突出资本市场的投资功能，就必须切实保护投资者在投资过程中的合法权益，使得投资者的投资能够得到合理回报。首先，政府监管应该以保护投资者的利益为中心展开。中小投资者是资本市场的弱势群体，在过去的制度设计中，中小投资者的利益往往没有被放在一个重要的位置，政策制定者更加关注资本需求者能否顺利在市场上获得资金。但是，如果重筹资、轻回报的状况持续发展，资本市场势必会被投资者边缘化，而缺少了投资者的资本市场，犹如无本之木、无源之水，最终导致资本市场运行停滞。其次，应该建立健全资本市场的信息披露制度，市场的信息能够反映公司实际经营状况，反映证券真实价值。总的来说，对资本市场制度更新完善的关键在于政府应摆脱自身落后观念的束缚和经济利益导向，让所有市场参与主体在“公平、公正、公开”原则平台上展开平等竞争，逐步把市场制度设计的权力还给由投资者主导的市场。届时，投资者尤其是个人投资者，将以红利和长期资本增值为主要持有目的，市场投机性成分降低，投资银行在一级市场业务、经济交易商在二级市场业务上充分竞争，竞争的市场能够给不同企业不同的价格评价，资本配置合理高效。

第一，加强监管层“被监管”体系建设。一方面，建立起监管层内部的激励与约束机制，如优化绩效考核机制，在监管部门内部设立发现检查违规等重大侵占中小投资者利益的特别奖励，以此鼓励监管人员强化自身行为；另一方面，引入外部监管力量，如构建媒体、群众举报和信息反馈平台，对监管者形成行为约束，及时发现问题，提高监管效率。此外，还可以通过提高监管人员违规成本来惩罚其“不作为”的失职表现，如建立责任跟踪机制，并针对性地对监管人员的违规查处力度和制度设计进行完善。

第二，统一监管体系。国务院总理李克强在全国金融工作会议上谈到，要

增强金融监管协调的权威性、有效性，强化金融监管的专业性、统一性、穿透性。继续推动监管体系一体化，从机构监管向功能监管转型，对跨入本行业的交叉性证券产品进行监管。从而消除在多头监管体系下，监管标准差异过大所导致的监管套利问题，而统一是长期持续性的过程，在此之前各监管机构应加强协调合作，缓解彼此之间理念与文化的冲突。

第三，正确定位监管部门的角色与职能，创新监管模式。明确监管部门在市场当中的“监管者”角色，其职责应是制定市场规则并保证其公平执行，保护投资者合法权益。同时应解决行政审批与事后监管之间存在的矛盾，实行监管与审批相分离，审批部门可以监督监管部门是否按照审批决定的事项进行行政执法和管理，监管部门又能够在行政执法和管理的过程中监督审批部门作出的审批决定是否合法，如此一来才能让监管者真正到位，将工作重心放在法治建设和依法监管上。另外，要积极探索建立事中、事后监管新机制，提高风险和线索发现能力。尤其是在“互联网 +”时代，新兴企业不断涌现，融资模式和资金配给模式具有不同的特征，业务的交叉性导致资本市场的监管必须以功能监管为主线，提高金融监管的专业化水平，加强风险防范能力。国家应积极转变互联网金融监管法律理念，支持和鼓励互联网金融创新法律制度的构建，必须制定新的监管准则以适应互联网环境下上市公司的发展，做到既能有效控制和化解资本市场投资风险，又能不阻碍资本市场在“互联网 +”时代的新发展。要创新运用大数据等新技术手段，建立资本市场综合信息监管平台。通过对大数据的分析，可以刻画被监管对象完整的活动轨迹，为监管部门提供准确的信息资料，从而为资本市场监管提供全新平台（兰竹虹，2017）。

资本市场在现代金融体系中具有重大的作用，但是目前资本市场的功能还未完全发挥。资本市场存在的问题从来都不是割裂的、孤立的，恰恰相反，它们之间存在千丝万缕的联系。比如，资本市场在财富管理方面的功能依靠资本市场对金融资产的定价能力，因此在没有效率的市场环境下单独强调财富管理功能无异于无源之水。只有当市场具备成熟的定价、风险评估体系后，投资者才愿意利用资本市场管理家庭财富。同时，财富管理功能的充分发挥也离不开债券市场在产品广度和深度方面的不断提高。再比如，完善权益市场并购重组无疑是整合资源、提升资本市场定价效率的重要途径之一，但是并购重组的顺利进行又有赖于高效合理的市场定价。因此，中国资本市场需要深化和改革，众多问题之间错综复杂的联系要求我们递进、协调推进各项工作。

参考文献

［1］郭雳．比坚持更重要的是坚持什么——美国证券监管的二元实践与理念分歧［J］．金融法苑，2003（5）．

［2］兰竹虹，杜金泉．供给侧结构性改革对资本市场发展的作用机理及策略找寻［J］．理论探讨，2017（3）：85－90.

［3］刘少波，丁菊红．我国股市与宏观经济相关关系的“三阶段演进路径”分析［J］．金融研究，2005（7）：57－66.

［4］刘少波，吴伟琳．公平信息披露规则研究评述［J］．经济学动态，2010（3）．

［5］孟剑，周梦．中国资本市场的开放与国际化：功能定位［J］．现代管理科学，2015（8）：82－84.

［6］施天涛、李旭．从“选择披露”到“公平披露”——对美国证券监管新贵的评价与思考［J］．环球法律评论（冬季号），2001.

［7］孙显超，潘志远，李杰．QFII提高我国A股的定价效率了吗？——基于沪深交易所数据的实证分析［J］．商业研究，2017（7）．

［8］吴晓求．建立以市场为主导的现代金融体系［J］．中国人民大学学报，2005（5）．

［9］吴晓求．理念错位误导资本市场［J］．观察家，2013（1）．

［10］吴晓求．资本市场的发展与现代金融体系的形成［J］．经济理论与经济管理，2001（5）．

［11］吴晓求．资本市场和现代金融体系——兼谈股权分置改革问题［J］．中南财经政法大学学报，2006（2）．

［12］吴晓求，汪勇祥，应展宇．市场主导与银行主导：金融体系变迁的金融契约理论考察［J］．财贸经济，2005（6）：3－9＋96.

［13］吴晓求．大国金融中的中国资本市场［J］．金融论坛，2015，20（5）：28－35.

［14］吴晓求，等．中国金融监管改革：现实动因与理论逻辑［M］．北京：中国金融出版社，2018.

［15］吴晓求．当前中国资本市场面临的三大问题［J］．经济理论与经济管理，2004（9）：5－10.

［16］吴晓求．对当前中国资本市场的若干思考［J］．经济理论与经济管理，2007（9）：5－11.

［17］吴晓求．中国资本市场未来10年发展的战略目标与政策重心［J］．中国人民大学学报，2012，26（2）：32－40.

［18］谢晓娜．首单创新型债务融资工具的发行运用对甘肃省直接融资的借鉴［J］．甘肃金融，2018（6）：12－15.

［19］朱建明，李贵强．中国资本市场功能的现状、问题与制度改革［J］．软科学，

2014, 28 (1): 64 - 67.

[20] 祝映兰. 建立我国上市公司业绩评价体系和财务预警体系的构想 [J]. 中国劳动关系学院学报, 2006, 20 (6): 82 - 86.

[21] Barber, B., R. Lehavy, M. McNichlos and B. Trueman, 2001, "Can Investors Profit from the Prophets? Security Analyst Recommendations and Stock Returns." Journal of Finance, 56 (2): 531 - 563.

[22] Barber, B. and T. Odean, 2008, "All That Glitters: The Effect of Attention and News on The Buying Behavior of Individual and Institutional Investors," Review of Financial Studies, 21 (2): 785 - 818.

[23] Bradshaw, M., M. Drake, J. Myers, and L. Myers, 2012, "A Re - examination of Analysts' Superiority of Time Series Forecasts of Annual Earnings." Review of Accounting Studies, 17 (4): 944 - 968.

[24] Brown, L., P. Griffin, L. Hagerman, and M. Zmijewski, 1987, "Security Analyst Superiority Relative to Unwanted Time - series Models in Forecasting." Journal of Accounting and Economics, 9 (1): 61 - 88.

[25] Bushee, J., J. Core, W. Guay, and S. Hamm, 2010, The Role of the Business Press as an Information Intermediary, Journal of Accounting Research, 48 (1): 1 - 9.

[26] Durnev, A., R. Morck, B. Yeung, and P. Zarowin, 2003, "Does Greater Firm - specific Return Variation Mean More or Less Informed Stock Pricing?" Journal of Accounting Research, 41 (5): 797 - 836.

[27] Dyck, A. and L. Zingales, 2002, "The Corporate Governance Role of the Media," National Bureau of Economic Research, Working Paper, No. w9309.

[28] Easley, D. and M. O'Hara, 1987, "Price, Trade Size, and Information in Securities Markets," Journal of Financial Economics, 19 (1): 69 - 90.

[29] Engelberg, J. and C. Parsons, 2011, "The Causal Impact of Media in Financial Markets," Journal of Finance, 66 (1): 67 - 97.

[30] Eun C. S., Wang L., Xiao S. C., 2015, "Culture and R^2", Journal of Financial Economics, 115 (2): 283 - 303.

[31] Fang, L. and J. Peress, 2009, "Media Coverage and the Cross - section of Stock Returns," Journal of Finance, 64 (5): 2023 - 2052.

[32] Gleason, C. and Lee, C., 2003, "Analyst Forecast Revisions and Market Price Discovery." Accounting Review, 78 (1): 193 - 225.

[33] Hutton, A. P., A. J. Marcus, and H. Tehranian, 2009, "Opaque Financial Report, R - square, and Crash Risk," Journal of Financial Economics, 94 (1): 67 - 86.

[34] Jegadeesh, N., J. Kim, S. Krische, and C. Lee, 2004, "Analyzing the Analysts: When

Do Recommendations Add Value?" Journal of Finance, 59 (3): 1083 - 1124.

[35] Jin, L. and S. Myers, 2006, "R^2 Around the World: New Theory and New Tests," Journal of Financial Economics, 79 (2): 257 - 292.

[36] Kross, W., B. Ro, and D. Schroeder, 1990, "Earnings Expectations: The Analysts' Information Advantage," The Accounting Review, 65 (2): 461 - 477.

[37] Liu, L., A. Sherman, and Y. Zhang, 2009, "The Role of the Media in Initial Public Offerings," Hong Kong University of Science and Technology Working Paper.

[38] Morck, R., B. Y. Yeung, W. Yu, 2000, "The Information Content of Stock Markets: Why Do Emerging Markets Have Synchronous Stock Price Movements?" Journal of Financial Economics, 58 (1): 215 - 260.

[39] Roll, R., 1988, "R^2," Journal of Finance, 43 (3): 541 - 566.

[40] So, E., 2013, "A New Approach to Predicting Analyst Forecast Errors: Do Investors Overweight Analyst Forecasts?" Journal of Financial Economics, 108 (5): 615 - 640.

第6章　现代金融体系中的私募股权基金：企业孵化与成长机制

摘　要

私募股权投资作为重要的直接融资模式，为现代经济体系的发展提供了重要支持，尤其是在我国向创新驱动战略转变时期，私募股权基金的作用日益凸显。私募股权基金不仅为企业的孵化和成长提供了资金和增值服务，还为困境中寻求重组的成熟期企业提供了重要的金融服务，推动了整个创新型经济体系和金融体系的结构优化。在企业不同生命周期中，私募股权基金发挥着不同的作用。在新企业孵化阶段，私募股权基金的主要作用表现为对新企业孵化提供资金支持、提升企业的公司治理水平。在企业成长过程中，私募股权基金有助于促进企业的创新绩效和提升企业的价值。在企业的成熟期，私募股权基金会帮助企业实现转型升级。最后，本章对私募股权基金发展所需要的环境、制度要求提出了相关的政策建议。

1　创新型经济体系中的私募股权基金

1.1　创新型经济体系中的现代金融体系

1.1.1　创新型经济体系的意义及特征

从人类社会历史发展看，自16世纪以来，经历了两次重大科学革命和三次重大技术革命，引发了浪潮迭起的产业革命。美国、日本、德国等发达国家均是依靠强大的科技实力，不断开发新产品、发展新产业，崛起为世界强国。总结历史经验，创新是现代化经济体系的内容和动力源泉，是一国发展的必然要求。因此，发展创新型经济体系就成为各国的重要战略。

党的十九大报告明确提出了建立创新型经济体系的战略目标，“创新是引领发展的第一动力，是建设现代化经济体系的战略支撑”。这对我国经济发展具有重大的意义。首先，创新型经济体系将充分发挥创新对现代化经济体系建设的战略支撑作用，是现代化强国建设的重要基础。创新型经济体系通过促进大众创业、万众创新，加强知识产权保护和创新人才培养，为科学技术研究、企业发展和经济增长带来全新的内生动力，增强一国在世界舞台的竞争力。其次，创新型经济体系将大力推动科技创新与经济社会发展深度融合，降低经济体系中的交易成本，为一国科技、经济、军事等发展创造动力。通过发展产学研深度融合的创新体系，提高基础研究—应用基础研究—研发成果产业化和市场化这一创新链的一体化程度和全要素生产率，将提升科技进步的经济贡献率和一国在世界舞台的竞争力。最后，创新是解决人民日益增长的美好生活需要和不平衡不充分发展之间矛盾的必然选择。在要素驱动明显减弱、经济规模大但结构有待优化的时期，尤其需要创新驱动发展，通过创新解决发展过程中的质量问题，实现经济发展和社会文化、环境保护等多方面的协调，实现发展内生动力的转变，缓解社会矛盾和发展不平衡不充分等问题。

创新型经济体系具有以下普遍特征：（1）经济增长方式向创新驱动型转变，更加注重高质量和高效益，产业链和价值链从低端向中高端升级；（2）市场导向作用更加明显，发展过程以企业创新为核心，以市场为导向；（3）经济结构不断优化，创新发展更加注重区域之间的协调布局和对外开放；（4）政策制度引导创新人才培养和基础研究，保护知识产权，支持企业创新，尤其注重对中小企业、初创期企业的资金支持。当前我国处于“新常态”，经济由高速增长转为中高速增长，创新发展战略已成为适应“新常态”的必然要求。

1.1.2　现代金融体系在创新型经济体系中的作用

现代金融体系要与创新型经济体系相匹配。一方面，现代金融体系是支持技术创新的重要基础。金融发展为创新提供了重要的资金支持和给力的市场环境。纵观历史，英国第一次工业革命时期的银行体系、美国第二次工业革命时期的风险投资都为经济体系创新发展提供了重要支撑。资金融通作为金融体系的基本功能，将促进一国的科技创新和经济增长。另一方面，现代金融体系的运行效率直接影响着科技创新的速度，为提升资源配置效率创造了可能。现代金融体系具有更加市场化和信息化的特征，金融服务质量的提高和服务覆盖面的扩大能够大大降低信息不对称性和交易成本，将有效提升一国的资源配置效率，为提高创新速度提供有力支持，引导产业结构向科技化和创新型方向升级，优化一国的经济结构。此外，金融体系本身的结构优化也需要创新的支持，创新支持金融体系发展是适应社会发展的必然趋势。创新作为金融体系发展的重要推动力，将进一步健全金融服务体系，为实体经济发展提供支持。目前来看，我国已经明确要建立创新型经济体系，但应与之相匹配的现代金融体系还不健全。在传统银行为基础的金融体系难以应对创新型企业风险的背景下，发展现代金融体系为创新型经济发展提供支持应该成为我国的重要战略之一。

1.2 现代金融体系中的私募股权基金

1.2.1 私募股权基金的兴起与发展

广义的私募股权基金包括风险投资、成长型资本和并购基金。狭义的私募股权基金是指并购基金（Buyout Fund），也称并购基金，是指专注投资于企业并购的基金。

1946 年，世界上第一家具有现代意义的风险投资机构——美国研究和发展公司（ARD）成立。之后，随着 20 世纪 70 年代美国信息化浪潮的到来，私募股权基金得到了迅猛发展，有限合伙制成为私募股权基金机构的主要形式。但在 20 世纪 80 年代中期，过度投资和融资渠道衰竭导致风险投资基金的回报急剧下降，而在随后的 90 年代，一些缺乏经验的投资者退出以及技术创新不断深化，私募股权基金行业又实现了飞速增长。2004 年到 2007 年间，杠杆收购呈现爆发性增长态势。随着全球金融危机的到来，风险投资和并购基金也受到了负面冲击。

我国私募股权基金起步较晚，目前还处于发展阶段。根据美国证券交易委员会发布的《2017 年四季度私募基金行业统计报告》，美国私募基金净资产管理规模截至 2017 年底达 8.31 万亿美元（约 57.78 万亿元人民币），基金管理人数量为 2997 家，而我国相应的基金管理规模和管理人数量分别为 11.1 万亿元人民币和 22446 家。相比之下，我国私募基金数量领先美国私募基金近 8 倍，而美国私募基金管理规模领先中国私募基金近 6 倍，由此可以看出中国的私募股权基金发展的空间广阔。

中国的并购基金市场兴起于 2000 年，2003 年弘毅资本的成立标志着本土并购基金的崛起，以弘毅资本、中信资本为代表的本土机构深入参与到国企改革、产业整合的浪潮中。随后，以硅谷天堂为代表的私募机构的出现代表了具备中国特色的“PE + 上市公司”运作模式的兴起。“PE + 上市公司”模式是我国并购基金常见的运作模式，即上市公司与 PE 机构共同成立产业并购基金，主要投资于上市公司相关企业，待项目运营成熟后，再由上市公司进行收购，并购基金从而实现退出。

2010—2017 年，中国股权投资市场共募集完成 986 只并购基金，其中披露募资金额的基金有813只，募资规模达到7040.61亿元。在此期间，并购基金在中国市场共完成1222起并购投资，其中披露投资金额的案例有797起，投资金额达689.34亿元。从投资行业来看，活跃度最高的是生物技术、医疗健康、IT和互联网行业，投资规模排名前三的行业是金融、清洁技术以及生物技术/医疗健康行业。大部分并购基金投资集中在东部沿海经济发达地区。

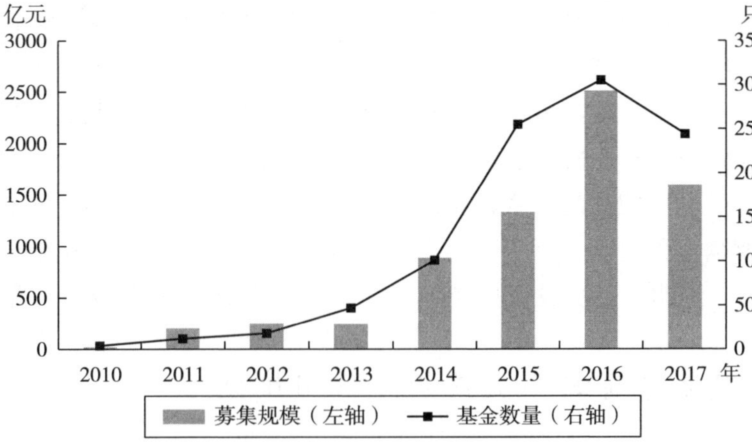

资料来源：私募通。

图6-1　2010—2017年中国并购基金募集情况

自2008年国际金融危机以来，全球并购投资市场呈现稳步增长态势。2012—2017年间全球并购投资市场共发生23962起投资案例，投资总金额为2.07万亿美元，其中北美地区依然是最主要的并购投资市场。从并购投资行业分布来看，工业、信息技术以及非必需消费品行业的受关注程度最高，资金集中度最高行业为信息技术和医疗健康产业。

1.2.2　私募股权基金的基本运行机制

私募股权基金的运行规模和效率取决于供给和需求。投资者根据预期回报率决定是否向私募股权提供资金，而寻找私募股权基金的创业企业数量决定了对募集资金的需求。相比于实体经济中的供给和需求，私募股权基金的供需变化较为缓慢，可能会导致大幅和持续的供需不平衡。新科技的发现和应用将增加对私募股权募集资金的需求，但私募股权基金本身的结构以及投资者获取基金业绩信息的滞后性会影响私募股权基金供给随需求调整的速度，某些时候公开市场的误导性信息也可能导致私募股权基金反应过度。

具体来看，私募股权基金的运行步骤主要包括：第一步，基金募集及选择。基金募集以私募股权公司和投资于基金的投资者的利益一致为目标。有限合伙的架构是连接资金提供者（有限合伙人 LP）与进行投资和管理投资的个体（普通合伙人 GP）的首选组织形式。通常，提供资金的 LP 愿意投资于行业中有长期业绩的私募股权公司，LP 与 GP 通过利益分配协议来实现管理和利润分配等的权责划分。第二步，项目寻找。私募股权公司会在适合自己专业和声誉并符合 LP 规定的领域内寻找投资机会，通过吸引项目或寻找项目来实现分散化或集中化的投资。第三步，项目估值。普通合伙人 GP 在尽职调查的基础上，会评估项目的市场吸引力、产品差异化、管理能力、环境威胁抵御能力和可退出方式等，决定是否投资于该项目。第四步，交易结构建立。私募股权基金要求建立一种对被投资公司有积极影响的交易结构，维护投资者利益的同时激励企业家为投资者提供尽可能高的投资回报。第五步，融资后的项目管理。投资者会加入私募股权基金所投资企业董事会参与项目管理，以期改善公司治理和投资回报。第六步，退出。私募股权基金退出的方式包括 IPO、收购或清算等。

2　私募股权基金与企业成长：作用机制

企业是推动整个经济体系成长的微观主体，企业能否健康成长是关乎一个国家经济体系能否正常运转的核心。企业既是一个社会经济组织，也是一个生命有机体。企业的生命周期反映了一个企业从初创到消逝的完整历程。中外学者对企业生命周期提出了诸多理论模型，总的来讲，企业生命周期一般可以分为初创、成长、成熟、衰退或再发展等阶段（参见图 6－2）。

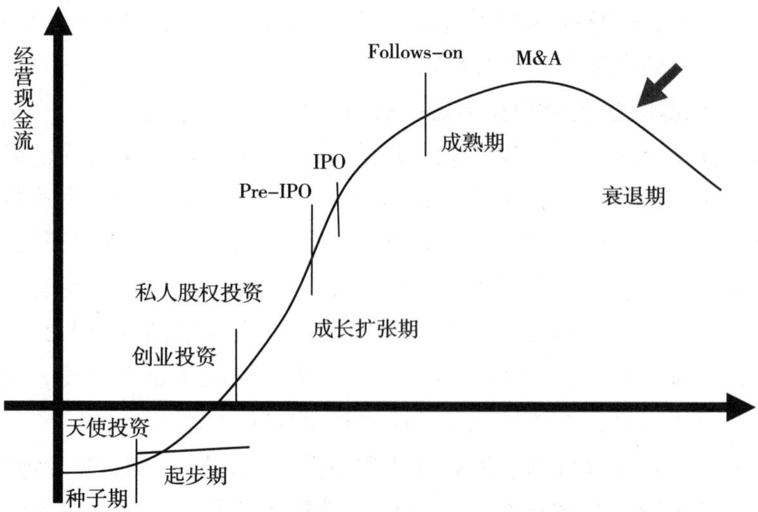

图 6－2　企业生命周期不同时期经营现金流变化情况

在企业的成长中，私募股权基金既是企业的孵化器，也是企业成长的助推器，还是企业转型升级的催化器。

2.1　私募股权基金：新企业的孵化器

2.1.1　为初创期企业提供资本

初创期企业没有经营记录，企业知名度不高，资金不充裕。整个生产经营活动过程中出现的任何差错都可能导致企业夭折。新产品开发的成败以及未来企业现金流量的大小都具有极高的不确定性，经营风险非常高。初创期企业主要有四种可供选择的融资方式：商业银行贷款、发行债券、直接上市融资和私募股权投资（包括种子投资、天使投资和风险投资等）。商业银行是明显的风险厌恶者，为规避风险，在对待客户时倾向于向经营成熟、现金流稳定的企业提供贷款。由于大多数初创企业的财务状况不规范、不透明，判断其经营、盈利以及偿债的能力存在较大困难，再加上没有足够的资产用于抵押，出于风险的考量银行不能完全满足企业的资金需求。另一方面，新企业研发成果能否转化为经济利益仍然存在较大不确定性，很少有初创企业能够取得商业银行直接贷款。发行公司债券或者公开发行股票具有严格的准入门槛，一般的初创企业难以达到标准。直接融资要求高，只有在企业满足一定条件的情况下，才能得到证券发行监督机构的行政许可，从公众投资者处获得资金，新企业并不具备传统意义上的债权融资和股权融资资格。显然，私募股权基金在新企业孵化阶段提供资金支持具有一定的必然性。

1. 种子投资和天使投资阶段。当企业往往只有一项技术上的发明和设想，但其产品、商业模式仍旧有待验证时一般称其处于种子期，此时创业企业经营风险非常大，实物资产较少，但可能已经有了雏形，有了初步的商业模式，积累了一些用户资源。处于这个阶段的初创企业几乎不能获得金融机构特别是商业银行的贷款。同时，由于企业缺乏收入来源，无法进行内源融资。因此，除了企业创始人自己从亲友手中募集资金外，天使投资人就成为他们募集资金的最可能的途径。该阶段往往融资规模较小、风险较大，而一旦成功之后天使投资人的收益率将会非常可观。

2. 风险投资阶段。在该阶段，企业的产品、运营模式进一步稳定，具备了更多可评估的财务、运营数据，但是此时企业对于产品研发和运营的投入依然巨大，企业的自有资金难以维持后续发展，必须通过其他途径获得融资。然而此时企业仍处于非盈利状态，企业总体规模依然较小，还存在着一定的经营风险，这就使得企业无法通过股权融资和债权融资获得资金。

风险投资（Venture Capital，VC）不仅可以满足初创企业的资金需求，更可以给企业带来运营管理上的支持。风险投资家有别于一般的投资者，他们从资金、融资渠道、参与管理决策等多方面介入所投资的风险企业，给予一定的扶持和培育，待其壮大后，风险资本便择机退出，从而完成一个投资周期，进入下一个投资循环。因此，吸引风险投资，不仅带来了企业发展所需的资金，还引进了管理、市场开发等方面的专业人才，使初创企业发展之路更加平坦。图6－3为企业上市前各阶段的融资示意图。

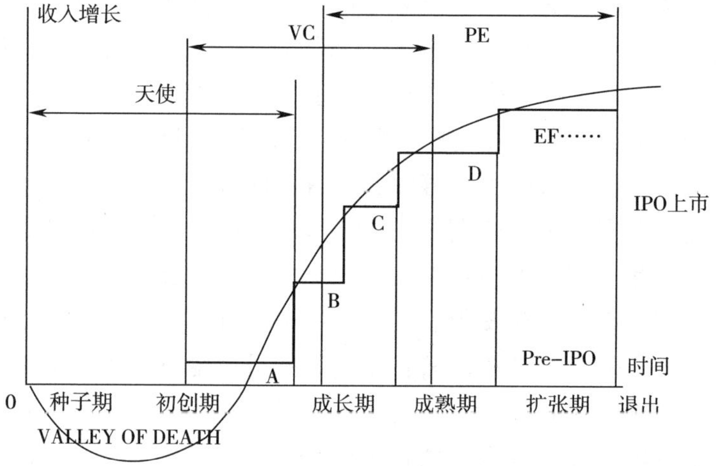

图6－3　创新型企业上市前各阶段融资情况

A轮融资：初创企业已步入正轨，开始正常运作一段时间并有完整详细的商业及盈利模式，在行业内拥有一定地位和口碑。此时，公司可能依旧处于亏损状态。资金来源一般是专业的风险投资机构（VC），投资量级一般在1000万元到1亿元人民币之间。

B轮融资：此时企业的商业模式已经充分得到验证，企业获得较大发展，或者已经开始盈利。此时企业可能需要推出新业务、拓展新领域，B轮融资的资金大多来源于上一轮的风险投资机构跟投或者新的风险投资机构加入、私募股权基金机构（PE）加入，投资额度一般在2亿元人民币以上。

C轮融资：此时企业的商业模式发展相对成熟，拥有大量用户，已经开始盈利，在行业内具有一定的影响力。企业此时可能需要拓展新业务、补全商业闭环、准备上市，此阶段的资金主要来源于PE或者之前的VC跟投，投资额度一般在 10 亿元人民币以上。

D 轮融资：大多数企业在经历 C 轮融资后将会准备上市。由于某些企业具有特殊的商业模式，过早上市不符合企业的发展战略，因此该类企业还会在上市前进行后续轮次的融资。

2.1.2　提升新企业的公司治理水平

由于私募股权基金在所投资的新企业中持有较高的股份，所以其自身利益与所投资企业的利益紧密相连。企业经营的好坏、成本的高低、市场的营销状况直接影响到私募股权基金投资的收益率。私募股权基金在向所投资企业注入资金的同时，一般会利用长期积累的经验、知识和商业网络关系参与新企业的公司治理。

新企业的股东结构往往较为简单，其股东及合伙人多为自然人，通常只对自己所处的行业与专业技术比较熟悉，而对公司治理、资本市场融资的了解相对较少。同时，新企业在孵化期内相应的管理制度体系建设较为缺乏。作为长期资金投资方，私募股权投资或风险投资的进入会帮助企业建立科学的管理体系，提升新企业的公司治理水平（Caselli S 和 Negri G，2018）。我国私募股权投资和风险投资正在经历从之前的行业全覆盖向专业行业覆盖的转变过程，基于在行业长期的耕耘沉淀，私募股权投资和风险投资机构能够积累更为专业的知识，为新企业提供更为专业的服务。

私募股权基金的进入，可以改善企业股权结构，优化提高新企业的治理水平。通常，私募股权基金通过以下三种方式参与新企业的经营管理，提升公司治理水平：（1）参与董事会活动。私募股权基金将自己的人员或代表安排到公司董事会中，他们对董事会的参与一方面加强了对该公司的直接控制，另一方面也及时掌控企业的情报、动态和趋势。（2）组建管理层。新企业在初创期管理团队往往不健全，并且缺乏管理经验和营销知识，私募股权基金能够帮助其构建管理层，并设计高级管理人员的薪酬激励机制。（3）监督和控制。风险投资者的监督和控制对于一个新企业而言是必要的。决定投资之后，私募股权基金对该项目开发的用款逐笔监督，一看是否必要支出，二看该项支出是否经济，有无更好的替代方案。

2.2　私募股权基金：企业成长的助推器

私募股权基金参与对创新企业的作用是长期的、连续的，只是在企业的不同阶段其作用有所不同。具体地，在企业成长过程中私募股权基金亦对企业提供资金支持以及提升公司治理能力，但主要作用还是体现为促进企业的创新绩效以及提升企业的价值。

2.2.1 为企业成长期提供资金支持

企业进入成长期之后，中小企业可供抵押的资产有所增加，内部管理制度日臻完善，企业的信息具备了一定的透明度，同时由于规模的不断扩大，需要更多的资金维持企业发展。由于私募股权提供的资金不要求偿付本息，更可以为企业提供相对长期的资本，所以此阶段企业在融资方式的选择上更倾向于私募股权融资。

如果企业希望在股票市场上市，预期满足上市条件时，企业可以寻求PRE - IPO 投资。常见的 PRE - IPO 投资主要有投行性基金和战略性投资基金两种，前者主要来自投资银行自有投资基金，目的是为股票价值背书，便于上市；后者作用主要为在上市前协助企业规范化，私募股权基金通常为企业提供此类资金。企业经营到一定规模，如果需要进一步扩大规模、进一步融资，往往会选择上市融资。企业上市后获得了持续融资的渠道，当企业资金短缺时，可以采用公开股票增发配售或者非公开定向发行的方式获得大量的资金，缓解公司短期困境。

私募股权基金往往通过对投资企业进行管理获得价值增值，同时会考虑通过 IPO、并购、回购等多种方式退出。

2.2.2 促进企业的创新绩效

私募股权基金行业的一大特点就是高风险高收益。对初创企业进行投资，伴随较高的风险以及较高的预期回报率。企业一旦失败，以股权形式投资的私募股权基金将一无所获。同时，创新作为企业的核心竞争力，是保证创业公司在激烈的行业竞争中存活下来并得以成长的关键。然而企业的创新研发是一个漫长的不断试错的过程，因此私募股权基金对失败的容忍度会对创业公司的创新活动产生重要影响。通常情况下，风险投资人对失败的容忍度越高，其所支持的初创企业创新能力就越强，它们对研发的投入更高，拥有更多高质量的专利。风险投资人对失败的容忍使得创业企业有机会克服企业初创阶段的困难，充分发挥自身的创新潜能（Tian 和 wang，2014）。

相比于其他传统的投融资方式，私募股权基金更能激励和促进创新，原因有以下两点：首先，私募股权基金作为有效的股权融资方式，专注于早期中小微企业的长远投资，能有效缓解这些融资约束很强的企业的研发投资不足（ Metrick 和 Yasuda，2011），降低外部融资成本，促进创新绩效（ Rajan 和 Zingales，

1998；Hsu et al.，2014）。私募股权基金的筛选和监督能力均强于银行，对企业估值更准确。在信息不对称严重的创新活动中，股权形式的创业投资比债权更能发挥优势，更能提高资源配置效率，提升企业的创新效率（Brown et al.，2009；Hsu et al，2014）。其次，私募股权基金为企业提供专业增值服务，进入董事会监督企业，促进企业的创新活动（Bottazzi et al.，2008；Celikyurt et al.，2014）。

我国学者王兰芳、胡悦（2017）以制造业工业企业 2002—2013 年面板数据为样本，检验了私募股权基金对企业创新绩效的影响。结果表明，私募股权基金所支持的企业在创业投资进入之后创新绩效的变化显著高于同期间非创业投资支持的企业的变化。对于对外部融资依赖度更高、高新技术密集度更高的行业以及产权保护更好的地区，私募股权基金对企业创新绩效的促进作用更显著。进一步区分创业投资机构的特征，发现非国有创业投资机构对创新绩效的促进作用显著大于国有创业投资机构；高声誉、高网络资本的创业投资机构对创新绩效的促进作用更显著。

2.3　私募股权基金：企业转型升级的催化器

当企业进入成熟期后，为了实现企业的成长，企业会一方面通过并购巩固自身在行业中的地位，或者通过资产重组对自己的业务结构进行调整，包括对不适应需求的业务剥离、出售。另一方面，企业可以通过风险投资实现向企业生命周期中的第二曲线的跃迁。

私募股权基金在企业成熟期可以帮助企业资产重组，参与企业的风险投资，从而帮助企业实现转型升级。

2.3.1　并购基金的价值增值机制

并购基金的收益来源是控股权的价值增长，而股权价值的最大化依附于企业内在价值的提升，价值挖掘与价值创造是并购基金的天然属性。并购基金的价值创造模式如图 6－4 所示。

在我国，并购基金通常采取“上市公司 + PE”的形式作为上市公司产业整合的主体，围绕公司发展战略，利用其资源、渠道、品牌等优势开展相关项目的投资、并购、整合等业务。私募股权基金在产业分析、投资价值的提升等方面具有丰富的经验，PE 以其专业的投资运作和资产管理能力为拟并购项目的筛选、立项、组织实施，以及已投项目的监督和共同管理提供好的技术支持；上市公司以良好的信誉为并购基金募集资金，后期可将并购项目装入上市公司实

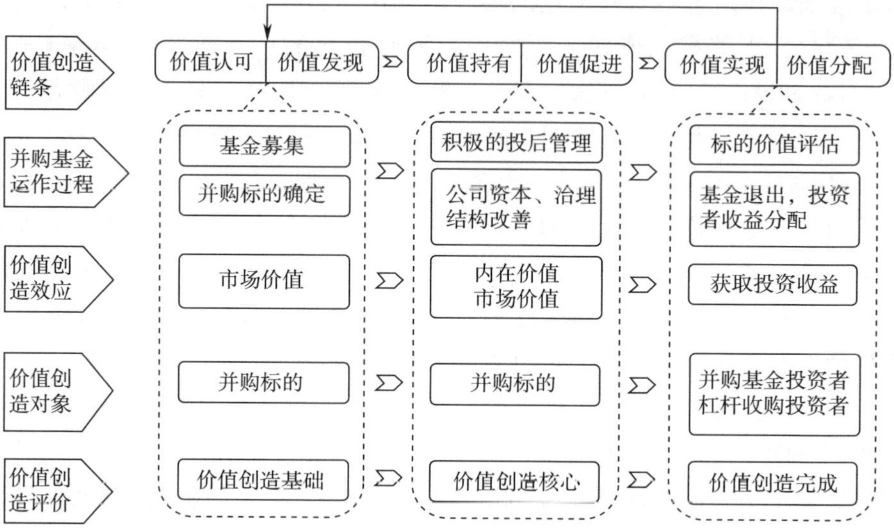

图6-4 并购基金的价值创造模式

现安全的投资退出，该模式可实现 PE 和上市公司互利共赢。作为基石投资者的上市公司在其行业具有较强的产业经验，有助于并购项目质量判别和降低投资不确定性。另外，上市公司利用其强大的产业链资源运作优势，快速提升项目公司的经营业绩使其做强做大。上市公司为提高项目公司的经营管理能力，通常会参与或主导项目公司的投后管理。

2.3.2 并购基金的外部治理机制

在现代企业治理中，管理者利用特权追求私人利益的代理问题是不可忽视的。一般公司通过报酬安排、经理市场、有效的股票市场以及将企业的所有权与控制权相分离的机制可以在一定程度上减少代理问题。但是当这些机制都不足以控制代理问题时，接管可能是最后的外部控制机制。如果由于低效或是代理问题而使企业经营业绩不佳，那么收购机制将使得企业高管面临被接管的威胁。收购方作为股东，可以提出正式的股东提议，或对管理层公开批评并要求改革，或是威胁通过代理权争夺获得董事会席位，或起诉管理层失职，抑或发起代理权争夺以替换董事会或通过其他方式直接获取目标公司的控制权，并购基金可以通过接管威胁来减少代理问题所带来的经营效率低下等，实施新的战略规划、优化组织结构和提升运营效率等，在短期内改善公司的经营业绩，实现公司价值提升。

杠杆收购中，自由现金流的代理成本会降低，如果经理倾向于规避风险，那么增加的债务会对企业高管施加压力，让他们有动力改进企业绩效以避免破产。因此杠杆收购还会给企业高管带来一种债务约束，避免了浪费资源的投资，让公司高管在做决策时将公司价值的提升作为其目标之一。

3　私募股权基金与企业价值增值：基于中国A股市场的实证分析

就微观角度而言，私募股权基金给被投资企业注入了充沛资金并提供增值服务来改善公司治理结构，促进经营绩效的提高和企业价值的提升。从宏观角度来说，PE支持了各类有潜力企业的发展，创造了巨大的社会价值，促进了整体经济的抬升（Jensen和Kaplan，2006）。

亦有学者将企业的价值进一步细化为企业的产品价值与企业的金融价值。（Tian，2012）认为，私募股权基金机构充分利用自身的优势从不同方面支持所投企业，同时他们拥有更多的渠道获取信息，对行业的理解更深入，对企业产品的定位更准确，从而能更有效帮助企业提高产品市场价值。另一方面，私募股权基金能为企业创造金融市场价值。首先，在同等条件下，私募股权基金所支持的企业更容易被收购和实现首次公开募股（IPO）；其次，私募股权基金所支持企业实现IPO的可能性高于被收购的可能性；再次，私募股权基金联合投资中机构的数量越多，以上的优势越明显。因而，从资本市场的角度看，PE/VC的参与能够提升企业的金融价值。

专业的投资能力和丰富的投资经验，一方面使私募股权基金可以更充分掌握企业信息，筛选出更好的投资项目，而这也被市场视作企业具有投资价值的信号从而进行追捧，另一方面也可以使私募股权基金在企业的投后管理中促进企业价值提升。同时，多个私募股权基金的联合使它们的信息面更加广阔，掌握的资源更加丰富，可选择性更多。出于同一个目标也就是利益最大化的考虑，他们的合作能够充分发挥资源的整合作用，把风险最小化，做出更加高效的决策，推动企业稳定发展与企业价值稳步上升，从而获取最大投资收益。基于以上设定，我们提出如下假说：同没有私募股权基金参与的企业相比，有私募股权基金参与的企业价值更高；私募股权基金的联合投资机构数量越多，被投资企业价值越高。参照（Coakley，et al.，2007）已有的研究模型和框架，下面我们来进行简单的计量检验①：

选取企业的托宾 Q 值（Tobin's Q）作为被解释变量衡量企业的价值，Tobin's Q = 市场价值/重置成本 = （流通股 × 股价 + 非流通股或限售股 × 每股净资产 + 负债账面价值）/总资产。解释变量为虚拟变量 PE，当有 PE 参与投资时取值1，否则为0；PE 的联合投资机构数量为 N。控制变量为企业净资产收益率（ROE）、总资产周转率（TAT）、资产负债比（DAR）以及企业规模（S），所有变量情况如表 6－1 所示。

表 6－1　　　　变量描述与定义

变量类型	变量名称	变量定义
被解释变量	Tobin's Q	企业市场价值/重置成本
解释变量	PE	虚拟变量，是否有 PE 参加，有取 1，没有取 0
	N	PE 联合投资机构数量；即企业 IPO 前有多少 PE 参与
控制变量	ROE	净资产收益率，等于税后利润/所有者权益
	TAT	总资产周转率，等于销售收入/总资产
	DAR	资产负债率，等于总负债/总资产
	S	企业规模，根据企业总资产规模取对数衡量

我们选取 2016 年 1 月 1 日至 2017 年 12 月 31 日期间我国 A 股市场在中小板和创业板 IPO 上市的公司为研究对象。出于数据的可得性和样本的有效性考虑，我们通过 Wind 和 CSMAR 数据库所提供的招股说明书对企业的解释变量 PE 及 N 进行统计，被解释变量及控制变量的统计值均选取招股说明书中上市前最新会计年度的值。剔除了金融业、数据缺失和数据值异常的样本企业，共得到有效样本 323 个。其中，有 PE 参与的企业有 228 家，没有 PE 参与的企业有 95 家。

运用多元线性回归模型进行估计，首先对 323 个样本按式（6－1）进行回归；其次按照式（6－2）对有 PE 参与的 228 个样本进行回归，回归结果如表 6－2所示。

$$Q = \beta_0 + \beta_1 PE + \beta_2 ROE + \beta_3 TAT + \beta_4 DAR + \beta_5 S + \varepsilon \qquad (6-1)$$

$$Q = \beta_0 + \beta_1 N + \beta_2 ROE + \beta_3 TAT + \beta_4 DAR + \beta_5 S + \varepsilon \qquad (6-2)$$

① 在样本数据中，我们采用广义 PE 定义，广义 PE 包含狭义的 PE 定义以及 VC 等。经检验，回归前相关性检验均能通过，出于篇幅的考虑，样本的描述性统计以及相关性检验等在这里不再赘述。

表 6 –2　　PE 参与对企业价值影响的回归结果

变量	估计系数	变量	估计系数
C（截距项）	5. 446（8. 314）***	C（截距项）	7. 857（7. 829）***
PE	1. 145（2. 874）**	N	0. 521（4. 257）***
ROE	0. 093（3. 186）**	ROE	0. 132（3. 391）***
TAT	1. 977（5. 945）***	TAT	2. 153（5. 279）***
DAR	–0. 052（–4. 284）***	DAR	–0. 046（–2. 763）*
S	–0. 937（–3. 962）***	S	–1. 985（–5. 274）***
样本数量	323	样本数量	228
Adj – R^2	0. 3729	Adj – R^2	0. 3577

注：括号内为 t 值，*、**、*** 分别代表在 10%、5% 和 1% 的水平下显著。

如表 6 –2 所示，对于表左对应式（6 –1）回归结果，变量 PE 的系数在 5% 水平下是显著的，并且其余控制变量均至少在 5% 水平下显著；表右边对应式（6 –2）回归结果，变量 N 在 1% 水平下显著，且控制变量均保持显著水平。由此，计量结果证明了上述假设：同没有 PE 参与的企业相比，有 PE 参与的企业价值更高；PE 的联合投资机构数量越多，被投资企业价值越高。

4　私募股权基金的良性发展

4. 1　私募股权基金的环境要求

4. 1. 1　私募股权基金的资金募集

我国私募股权基金有着广泛的资金来源。当前，私募股权基金资金募集市场的活跃主要受益于经济转型期多项改革利好政策的推动。我国逐步放开商业银行、社保基金和保险资金等进入私募股权基金行业，私募股权基金呈现出快速增长的态势。国内机构投资者、海外资本参与私募股权基金市场的步伐加快，成为私募股权基金募集的重要资金来源。此外，富裕的家庭与个人出于分散风险和资产增值的目的，将闲散资金投资于私募股权基金领域。

从现实情况来看，我国私募股权基金资金募集存在诸多问题：（1）国家部委或地方政府设立和运营的若干产业投资基金是我国政府参与私募股权基金的主要渠道，但参与方式过于简单，缺乏激励机制，投资效率低下。（2）商业银行参与私募股权基金领域还有诸多限制。（3）社保基金缺乏有效投资手段，投资方式相对单一。(4）富裕家庭和个人投资零散、规模不大，在整个私募股权基金中所占的份额较小。(5）海外资本在国内私募股权基金中的占比相当大。

因此，我们认为，未来，中国的私募股权基金的资金来源渠道需要不断拓宽：(1）积极发挥政府资金的引导作用。政府应该在消除管制障碍、降低税率等方面有所作为，通过完善私募股权基金发展的软环境，引导社会资金流向。(2）规范商业银行涉足私募股权基金领域。(3）鼓励社保基金进入私募股权基金领域。(4）适度放宽保险资金的投资领域，积极引导保险资金投向私募股权基金领域。(5）鼓励富裕家庭和个人投资私募股权基金。(6）加强对海外资本的引导与监管。

4.1.2 私募股权基金的退出机制

我国私募股权基金退出的主要渠道有 IPO、兼并收购、新三板、股权转让、借壳上市、股份回购、清算等。但从现实情况来看尚存在诸多问题：

1. 相对美国等发达国家，我国私募股权基金的退出渠道狭窄。美国拥有完善的多层次资本市场，美国场外市场交易更加发达，主要有纳斯达克市场、公告板市场和粉红单市场等，投资机构退出可选择途径较多，非常便利；而我国资本市场起步较晚，多层次资本市场正处于不断建设中，还未完善。

2. 并购退出障碍较多。并购退出，操作程序较 IPO 退出要简单得多，投资回报率更接近于 IPO 退出。在美国并购退出方式所占的比重超过了 50% 以上，而根据我国私募股权基金的退出现状来看，IPO 退出的比例远远高于并购退出的比例。我国并购市场发展前景广阔，但是并购退出仍面临重重障碍，主要表现在：并购中监管较多、外资并购限制较多、并购遗留问题较多等。

3. 缺乏私募股权二级市场。我国目前的私募股权基金市场基本上是私募股权基金的一级市场，也就是我们所说的投资机构筛选被投资企业然后进行投资的阶段。美国等发达国家已设有专业的私募股权基金二级市场，私募股权基金二级市场主要指从已经存在的 LP 手中购买相应的私募股权权益，也包括从 GP 手中购买私募股权基金中部分或所有的投资组合。虽然这种退出方式有可能不能实现投资回报最大化，但是能及时“止损”，快速帮助私募机构收回初始资本，满足现有投资人获得流动性的需求。

4. 我国私募股权基金相关法律和制度不完善。我国私募股权基金退出的具体配套法律、法规和制度还处在不断完善的过程中，退出成本很高，通常是无奈之举；我国证券市场的交易所之间并没有一系列政策法律法规来明确如何转板。

我们认为要从以下几个方面完善私募股权基金的退出方式：（1）构建多层次市场体系，完善转板机制。（2）建立与完善私募股权基金行业的法律体系。（3）鼓励企业兼并收购。（4）推动建立私募股权基金二级市场，有效提高其流行性，以便于交易。

4.2　私募股权基金良性发展的保障

4.2.1　私募股权基金的监管问题

目前，我国私募股权基金监管存在以下问题：

1. 监管一刀切，增加私募机构的制度成本。私募股权基金的监管原则是实行统一立法基础上的分类监管。但是，从中国证券投资基金业协会发布的《关于进一步规范私募基金管理人登记若干事项的公告》以及部分地区暂停投资类企业工商登记来看，并没有体现出对私募股权基金机构的事前分类分级，即缺少对私募股权基金机构的前端分类。

2. 缺少监管协调机制，不利于及时发现风险。目前的监管体系明确中国证监会是私募股权基金的行政监管部门，中国证券投资基金业协会履行私募股权基金的自律监管职能。但由于私募股权基金在短期内的迅速发展和私募股权基金统一法规的缺失，导致各个监管部门之间容易出现监管冲突或监管真空。

3. 存在监管盲区，非法募集形式层出不穷。已登记备案的私募机构通常选择性地在基金业协会上备案产品，并以此为增信措施，私下向投资者推销其未备案的私募产品；不少私募基金通过互联网公开向不合格投资者销售私募基金产品。

因此，关于加强私募股权基金监管提出如下建议：

1. 对私募股权基金进行分类分级，实行差异化监管。应在私募机构注册登记时就明确其用途，分为专门用于项目投资的公司、用于自有资金投资的公司以及真正涉及募集行为的私募机构等，同时可从私募基金的规模、涉及投资者人数等角度，对私募股权基金管理人进行分类分级，并根据分类分级情况，在注册资本、专业人员从业资格等方面设立不同的门槛，对私募股权基金实行差异化的备案和监管制度。

2. 建立私募基金管理人牌照制度，强化信息披露。在管理人资格方面，对私募股权基金管理人实行牌照管理制度，要求管理人遵循与公募基金一样的监管规则，提高私募股权基金管理人的门槛，从源头上保证行业的专业性。在信息披露方面，要求管理人定期报送数据并接受证监会的不定期现场检查。

3. 加强监管信息的共享与匹配，实现协同监管。建议搭建私募股权基金监管信息平台，将私募管理人登记备案信息、持牌机构托管信息、证监会现场检查掌握的信息归集起来，与市场及质量监管部门、公安等部门归集的私募机构工商登记、税务、社保、实际控制人出入境、银行代销业务流水等信息实行共享，形成交叉匹配。

4. 强化投资者教育，优化合格投资者。监管的最终目的是为了维护市场稳定，保护投资者。建议通过网络、媒体、报纸等公开渠道加深投资者对私募股权基金的了解，建立私募股权基金典型案例库，加强投资者教育，变事后监管为事前防范，同时避免从单一资金层面确定合格投资者。

5. 进一步完善私募股权基金监管法律法规和自律规范。目前对私募股权基金的监管缺少一些特定的、清晰明确的规定，监管依据不充分。建议结合目前的监管工作，抓紧修订或出台新的私募股权基金监管法律法规和自律规范。

4.2.2 私募股权基金的财税政策问题

1. 公司制私募股权基金双重征税的困扰解决措施。在现行税法体系下，公司制基金本身需要就其所得缴纳25%的企业所得税，其将这部分所得分配给投资人后，对个人投资人而言，其仍需要按照股息红利所得缴纳20%的个人所得税，这样就造成了双重征税的问题。应该以企业的经济收入作为标准进行税收制定，对部分发展能力不足的企业进行相关免税扶持，激发企业的发展动力，可以先将企业所得收益进行划分，根据出资人自身的纳税情况和标准进行缴税，提高企业税收的针对性，去除传统双重征税对企业发展的阻碍。

2. 合伙制私募股权基金所得性质的彻底穿透问题及处理。法人合伙人通过合伙制私募股权基金投资于其他居民企业取得的股息、红利等无法享受《企业所得税法》规定的免税待遇，这将造成法人合伙人通过合伙制私募股权基金投资相对于通过公司制私募股权基金投资要承担更多的税负。而个人合伙人就合伙企业对外股权转让产生的收益，根据财税〔2000〕91号文第四条规定，应该按照“个体工商户的生产经营所得”适用5%~35%的五级超额累进税率，而不是按财产转让所得纳税适用20%的个人所得税税率。

应该实现对基金所得性质的彻底穿透，按照合伙企业所得性质，由合伙人汇总纳税。尽量缩小合伙制和公司制私募股权基金在同一征税对象上的差异性，建议将法人合伙人从基金中获得的股息、红利等权益性收益参照符合条件的居民企业之间获得的股息、红利等，纳入免税范围。

3. 合伙制私募股权基金亏损弥补问题及处理。按照财税〔2008〕159号文

第三条规定，当年生产经营所得和其他所得，不管是否分配都要缴税，在计算其缴纳企业所得税时，不得用合伙企业的亏损抵减其盈利。这一规定将造成法人合伙人在项目盈利时纳税，在项目亏损时不得抵扣，税负明显高于公司制合伙人。如果合伙人为自然人，前期出现盈利，应按税法缴纳个人所得税，后期出现亏损，则无处弥补，也不能退税。

基于此，不论合伙企业的合伙人是法人、其他组织，还是自然人，现行的税收政策都不利于私募股权基金的发展。因此建议对于法人合伙人在基金中的亏损，允许法人合伙人用基金未来 5 年内的利润弥补当年的亏损。

4. 私募股权基金优惠政策的现状及改善措施。我国有关私募股权基金的财税支持政策，主要由地方政府制定，各地差异很大。我国目前未设资本利得税，缺乏有效激励措施。相关应税项目只有个人所得税的“利息、股息、红利所得”和“财产转让所得”税目，且均为 20% 比例税率，难以体现税收的纵向公平，也较难吸引长期资本。

因此，从优惠政策的现状来看，应继续加大政策引导力度。一是要取消各地为吸引投资，所给予投资者的过高的税率、税额等优惠政策，限制各地所给予的财政补贴和税收返还，解决区域间税负差异大、恶性竞争等问题。二是将资本利得税从“个人所得税”税目中剥离，新开设资本利得税，针对不同期限不同类型的资本利得项目，制定不同的税率和税收目标，对长期资本利得以及投资中小企业、高新科技企业的资本利得实行轻税收，以体现对投资人的直接税收激励。

参考文献

[1] 陈丹青. 创新企业需要多元化资本市场 [J]. 新产经，2016 (5)：48 – 49.

[2] 陈佳贵. 关于企业生命周期与企业蜕变的探讨 [J]. 中国工业经济，1995 (11)：9.

[3] 何德旭，苗文龙. 怎样建立中国现代金融体系 [J]. 财经智库，2018 (4)：5 – 16 + 139.

[4] 唐文进，冀志斌，许超. 金融改革、资本市场完善与企业创新——第九届中国金融与投资论坛暨《2016 中国金融发展报告》成果发布会综述 [J]. 经济研究，2016 (9)：175 – 179.

[5] 田轩，丁娜. 风险投资如何支持创业企业 [J]. 清华金融评论，2016 (4)：107 – 108.

[6] 田轩，孟清扬. 如何利用金融体系促进企业创新？[J]. 清华金融评论，2016 (3)：97 – 99.

[7] 田轩，赵海龙．如何在资本市场压力下激励企业创新？［J］．清华金融评论，2016（2）：99－101.

[8] 王兰芳，胡悦．创业投资促进了创新绩效吗？——基于中国企业面板数据的实证检验［J］．金融研究，2017（1）：177－190.

[9] 项卫星，刘旸．全球私募权益资本发展的特点和新趋势［J］．世界经济研究，2010（3）：20－25＋87.

[10] 徐忠．新时代背景下中国金融体系与国家治理体系现代化［J］．经济研究，2018（7）：4－20.

[11] 伍聪．现代金融体系应如何服务现代化经济？［N］．证券日报，2018－12－01.

[12] 安青松，张兆兵，熊焰，王蕊，叶向辉，王强，赵海鹏，许娟，邓洁．中国上市公司并购基金研究［N］．证券时报，2016－10－28（A03）．

[13] 陈颖，刘小鸽．并购基金价值创造模式研究：海外与国内的比较［J］．现代管理科学，2018（8）．

[14] 程文，郭永济．我国并购基金运作机制的思考及启示［J］．西南金融，2016（9）．

[15] 邓茂．浅谈并购基金融资方式［C］//中国证券业协会．创新与发展：中国证券业2012年论文集，北京：中国财政经济出版社，2012.

[16] 黄亚玲．论私募股权基金杠杆收购与债券市场的发展［J］．国际金融研究，2009（8）．

[17] 田轩．西学东渐：海外杠杆收购与公司治理［J］．清华金融评论，2017（1）．

[18] Adizes, I. Organizational Passage: Diagnosing and Treating Life Cycle Problem in Organizations [J]. Organizational Dynamics, 1979, 8 (1): 3－25.

[19] Dutta, S., Folta, T, B. A Comparison of the Effect of Angels and Venture Capitalists on Innovation and Value Creation [J]. Journal of Business Venturing, 2016, 31 (1): 39－54.

[20] Hsu, Po－Hsuan., Tian, X., Xu, Y. Financial Development and Innovation: Cross－country Evidence [J]. Journal of Financial Economics, 2014, 112 (1): 116－135.

[21] Jain, B, A., Kini, O. Venture Capitalist Participation and the Post－issue Operation Performance of IPO Firms [J]. Managerial and Decision Economics, 1995, 16 (6): 593－606.

[22] Large, D., Muegge, S. Venture Capitalists' Non－financial Value－added: an Evaluation of the Evidence and Implications for Research [J]. Venture Capital, 2008, 10 (1): 21－53.

[23] Lippitt, G, L., Schmidt, W. Crisis in a Developing Organization [J]. Harvard Business Review, 1967, 45: 102－112.

[24] Moshirian, Fariborz., Tian, X., Wang, Z., and Zhang, B. Financial liberalization and innovation [C]. Kelley School of Business Research Paper, 2014－08 (2014).

[25] Myers, S. C, Majluf N. S, Corporate Financing and Investment Decisions When Firms Have Information That Investors Do Not Have [J]. Journal of Financial Economics, 1984, (2):

187 -221.

[26] Obrimah, O, A. How Important is Innovation for Venture Capitalists (VCs) Market Reputation? [J]. Quarterly Review of Economics and Finance, 2016, 61: 64 -76.

[27] Scott W. Financial Performance of Minority Versus Non - minority Businesses [J]. Journal of Small Business Management, 1983, 22 (4): 45 -52.

[28] Smith K. G, Mitchell T. R, Summer C. E. Top — level Management Priorities in Different Stages of the Organizational Lifecycle [J]. Academy of Management Journal, 1985, 28: 799 -820.

[29] Tian, X. , Tracy Wang. Tolerance for Failure and Corporate Innovation [J]. Review of Financial Studies, 2014, 27 (1): 211 -255.

[30] Tian X. The Role of Venture Capital Syndication in Value Creation of Entrepreneurial Firms [J]. Review of Finance, 2012, 16 (1): 245 -283.

[31] Caselli S, Negri G. Private Equity and Venture Capital in Europe: Markets, Techniques, and Deals [M]. 2nded. Cambridge, U. S: Academic Press, 2018: 279 -294.

[32] Lerner, J. , Leamon, A. , Hardymon, F. Venture Capital, Private Equity, and the Financing of Entrepreneurship [M]. Tsinghua University Press, 2018.

第7章　现代金融体系中的衍生品市场：价格发现与风险对冲

摘　要

自20世纪70年代初以外汇期货为代表的金融期货出现以来，衍生品（尤其是金融衍生品）市场实现了极为迅猛的发展，成为全球金融体系中不可或缺的一部分。衍生品的发展部分缘于像布雷顿森林体系崩溃这样的外在事件，但也许更重要的，其是金融市场更深层次变革共生（或者说是金融功能深化）的产物。衍生品的出现和发展不仅可使风险在分解的基础上实现商品化，进而可以以一种公平的价格进行分配，而且提供了至为关键的价格信息，使得经济体系更有效率。与美欧等发达国家衍生品市场的出现和发展时间一般要明显滞后于股票、债券等基础资产市场不同，中国股票、债券等基础资产市场与其衍生品市场的出现几乎是同步的。在经济运行市场化程度较低的背景下，中国这种颇为独特的基础资产与衍生品市场同步发展路径选择造成了早期衍生品市场发展的混乱，并最终导致了场内金融衍生品的长期缺失。2005年以来中国金融机构的一些市场化风险管理需求主要是通过银行间市场中的衍生品交易得以实现的。衍生品市场的发展将成为中国金融体系实现现代化的关键一环。只有当中国形成了一个场外和场内市场协同、标的资产类型完整且期限多样化、市场微观结构合理的衍生品市场体系之后，中国的金融体系现代化才能成为现实。

1　引言

以外汇期货为起点的金融衍生品市场的出现及迅猛发展无疑是近40余年来全球金融最引人关注的现象，衍生品市场已成为全球金融体系的重要构成之一。但从现实来看，无论是对中国金融现货市场的发展而言还是从国际层面的金融衍生品构成体系对比来看，中国衍生品市场整体上均处于发展相对滞后的状态。相应地，衍生品（尤其是金融衍生品）市场的发展就成为当前中国金融体系现代化进程中一个两难抉择的问题：一方面，随着 20 世纪 70 年代以来全球范围内金融衍生品市场的快速发展及其在各国金融体系中相对重要性的不断提升，与衍生品市场相关的金融创新风起云涌，其对实体经济运行的推动作用（尤其是借助风险配置优化和信息显示改进而实现的资源配置改善）日益得到学术界和实务界的认可，发展金融衍生品市场对于中国而言似乎迫在眉睫。另一方面，20 世纪 80 年代以来数次与金融衍生品相关的巨大损失事件，以及 2007—2009 年全球金融危机中以信用违约互换（CDSs）、债务抵押凭证（CDO）等为代表的衍生品所扮演的“危机放大器”或“扩散器”角色使人们强化了对这种“大规模杀伤性武器”产生与发展相伴随的金融不稳定性的极大担忧。事实上，如今中国，尽管在 2006 年中国金融期货交易所成立以及 2010 年股指期货推出之后，对于要不要发展金融衍生品市场形成了一定的共识，但在如何看待中国金融衍生品市场实际发挥的作用以及如何发展金融衍生品市场等问题上仍存在较大的分歧，进而导致衍生品市场（尤其是场内衍生品市场）在中国整个金融体系中仍处于较为边缘的状态。本章立足现代金融体系中衍生品（尤其是金融衍生品）市场的经济功能，通过梳理中国衍生品市场发展的历史轨迹及内在逻辑，尝试对中国金融体系现代化进程中衍生品市场模式及其发展路径进行较为系统的思考。

2　金融演进中的全球衍生品市场：一个简要回顾

从技术上说，衍生品就是一些合同，其价值则与作为其标的物的商品、债券、股票、货币或者一些其他基准（如股价指数等抽象的市场表征）的收益相联系。从历史上看，衍生品不仅不是什么特别新的产品——早在 17 世纪，日本就有了大米期货交易，荷兰也有商品期权和期货交易（当时被称为“时间交易”或“风中交易”）的记录，1850 年前后在美国芝加哥期货交易所（CBOT）则出现了被认为是现代期货发展起点的“To - Arrival”合约，而且在这类市场出现之后相当长的一个时期内，商品期货等衍生品在包括美国在内的很多国家均不被视为是金融体系的一部分，仅仅是商品市场（交易方式）的一个延伸。[①]

对于衍生品市场定位的这种理解在 1972 年 5 月 16 日芝加哥交易所（CME）推出外汇期货之后开始出现了改变。尽管当时还没有多少人意识到外汇期货推出的历史意义（米勒，1991），但外汇期货合约可以显著降低外汇敞口管理成本

① 这一点在美国最为典型——直到 1974 年商品期货交易委员会（CFTC）成立，对商品期货的监管一直是由农业部下设的一个部门来实施的。

的预想的确在其推出之后得到了事实的证明——由于布雷顿森林体系崩溃之后实施的浮动汇率制度，汇率出现了大的波动，对冲需求提升，芝加哥交易所的国际货币市场（IMM）实际从一开始就吸引了可观的交易量。

外汇期货市场的出现及其成功激发了芝加哥的后续交易产品创新的加速（参见表7－1）。事后看起来很明显，打开外汇期货缺口的条件在债券市场同样存在，于是债券（利率）期货开始出现。1975年，在芝加哥期货交易所引入了政府国民抵押协会（GNMA）期货后不久，芝加哥交易所推出了短期国库券期货；而短期国库券之后，1997年长期国债自然就成为下一步期货交易创新的对象。此后，芝加哥各家交易所的创新进一步拓展，新的交易品种层出不穷——在20世纪70年代，期货交易所年均新增品种为5个，20世纪80年代这一数字变成了20，而20世纪90年代则增加到了48个（Gorham和Singh，2009）。

表7－1　　20世纪70—90年代的主要衍生金融工具创新

年份	衍生金融工具品种	年份	衍生金融工具品种
1972	外汇期货	1973	股票期权
1975	短期国债期货、抵押债券期货	1977	长期国债期货
1979	场外货币期权	1981	货币互换
1982	股票指数期货、中期政府债券期货、银行存单期货、欧洲美元期货、利率互换、长期政府债券期货期权、货币期权	1983	利率上限和下限期权、中期政府债券期货期权、货币期货期权、股票指数期货期权
1985	欧洲美元期权、互换期权、美元及债券指数期货	1987	场外平均期权、场外复合期权、商品互换、长期债券期货和期权
1989	3月期欧洲马克期货、上限期权、欧洲货币单位期货、利率互换期货	1990	股票指数互换
		1991	证券组合互换
1992	特种互换		

资料来源：（英）《国际银行业专题》，《经济学家》1993年4月10日，第9页。

美国芝加哥期货交易所金融衍生品创新的成功逐渐吸引了国际市场的关注。在芝加哥期货交易所上市金融期货合约10年后，英国伦敦国际金融期货交易所（LIFFE）成为美国之外的首个金融衍生品市场。1986年建立的巴西商业交易所（BM&F）和法国国际金融期货交易所（MATIF）也非常成功。而成立于1990年的德国期货交易所（DTB）由于一开始就采用了电子交易系统所以其发展也极为迅猛。随着美国之外场内金融衍生品市场的不断创设及迅猛发展，场内金融衍生品交易的区域分布从20世纪90年代开始就渐趋国际化，1986年全球衍生品交易的90%发生于美国，而1996年则有60%以上的交易发生在美国之外。

在场内金融衍生品创新不断加速的同时，从20世纪80年代初开始，随着货币互换（1981年）、利率互换（1982年）等金融创新的涌现，场外交易（OTC）衍生品市场（也就是根据客户要求定制的衍生品市场，这些衍生品包括互换、远期、上限、下限、双限、互换期权等）开始了其迅猛发展的历程。尽管OTC衍生品市场起步较场内衍生品市场要晚，但从1986年开始，OTC衍生品市场的交易规模就超过了场内衍生品市场，且进入20世纪90年代之后市场增长率保持了极高水平（OTC衍生品市场可以说是近30年来金融产品发展最为迅猛的市场），导致OTC衍生品市场成为全球衍生品市场最为重要的构成部分（参见表7－2和表7－3）。

表7－2　　发行在外的OTC衍生品名义金额存量及其构成变化：1998—2017年　　单位：10亿美元

类别	1998年	2001年	2004年	2007年	2010年	2013年	2016年	2017年
总计	80277	111059	258863	585926	601043	710338	482418	531912
外汇合约	21713	20665	34577	66575	67913	70553	68598	87117
直接远期与外汇互换	14858	13337	18286	35195	34943	33218	37215	50847
货币互换	2672	4467	9287	16445	21895	25448	20903	25535
期权	4159	2836	6998	14892	11075	11886	10478	10679
利率合约	56395	86871	205574	432404	492347	584799	368356	426649
远期利率协议	7375	9009	14264	29827	55493	78810	60666	68334
利率互换	40246	65375	162040	340666	385041	456725	275168	318871
期权	8743	12485	29250	61911	51810	49264	32226	39112
股权联结合约	1563	2054	5059	9541	6262	6560	6140	6570
远期与互换	175	369	853	2461	1932	2277	2526	3210
期权	1388	1685	4207	7079	4330	4284	3613	3360
信用衍生品	108	774	11653	68066	31089	21526	10103	9578
信贷违约互换	—	—	6396	61242	30718	21142	9931	9354
商品合约	474	692	1542	9250	3357	2469	1671	1862
远期与互换	287	385	769	5981	2316	1634	1249	1414
期权	209	307	774	3268	1041	835	422	447

资料来源：国际清算银行（BIS）。

表7-3　发行在外的场内衍生品名义金额存量变化：1998—2017年

单位：10亿美元

类别	1998年	2001年	2004年	2007年	2010年	2013年	2016年	2017年
总计	12741	21865	42970	71523	62311	57459	67245	80985
期货								
小计	8072	9346	18305	27089	21249	24524	26169	33669
利率	8040	9273	18191	26907	21077	24280	25944	33381
外汇	32	73	114	182	172	244	225	289
期权								
小计	4669	12519	24665	44444	41062	32935	41076	47315
利率	4621	12492	24605	44311	40917	32792	40954	47191
外汇	49	27	60	133	144	143	122	124

注：国际清算银行（BIS）的场内衍生品统计没有包括权益（含股指）类衍生品。

资料来源：BIS。

借助国际清算银行（BIS）关于衍生品的相关统计，可以发现如果把场内和场外衍生品名义金额简单加总的话，那么在过去的40余年间，衍生品市场的创新与成长成为全球金融体系演进中最引人关注的现象。1998年底全球未平仓衍生品名义金额总数就达75万亿美元（约为当年全球GDP的2.5倍），而到金融危机刚刚爆发的2007年底，这一数字就超过了650万亿美元的规模（约为当年全球GDP的11倍）；金融危机爆发之后全球的衍生品规模增速尽管有所下降，但绝对名义金额仍维持了上升态势（2013年底接近770万亿美元）。尽管最近几年，全球未平仓衍生品规模有所回落，但2017年底的规模超过了612万亿美元（约为当年全球GDP的6倍），市场整体规模远远超过了当年全球股票市值和债券市值的总和。换句话说，这意味着在金融期货出现45年之后，衍生品（尤其是金融衍生品）市场不仅成为全球金融体系不可或缺的构成之一，而且是规模最大、增长最快且创新最为活跃的领域。

值得一提的是，以2007—2009年爆发的全球金融危机为时间节点，全球衍生品市场的产品构成呈现出从简单到复杂、又从复杂回归简单的发展态势。以信用衍生品为例，尽管2004年之前，单一名称CDS等较为简单产品一直是信用衍生品市场最主要的产品，但随着Trac-x系列信用违约互换指数和道琼斯iBoxx指数的推出，组合类信用衍生品创新不断推出，整个衍生品市场的复杂性程度不断加深；2009年之后，这一发展态势出现了逆转，在规模显著下降的同时，单一名称CDS等简单产品的市场份额逐渐提升，重新成为市场主流产品，而其他较为复杂的信用衍生产品市场规模出现了显著的下降，尤其是与次级贷款关联度高、结构复杂的 CDO 、CDO^2 及 CDO^3等产品，更是几乎销声匿迹。

3　现代金融体系中的衍生品市场：功能视角的经济分析

从历史上看，自20世纪70年代开始的衍生品的迅猛发展对全球金融活动所产生的重大影响应该是其他种类证券难以匹敌的。但客观地说，衍生品的发展也引发了众多争议。事实上，因为衍生品内含的高杠杆性，可以瞬间使人暴富或破产。所以直到今天，还有很多人以怀疑的眼光看待衍生品，认为衍生品仅是一种高效的投机工具而已。此外，鉴于所有的衍生品都是“冗余”证券，从理论上说，它们均可以用一系列基础资产直接基本操作来复制，因此衍生品的出现和发展没有“创造”任何事物。那么，为什么衍生品市场在过去的40余年间能出现如此幅度的增长呢？在我们看来，以金融衍生品为代表的金融创新并不是经济运行的偶然，而是经济、金融发展到一定阶段的必然产物。

3.1　衍生品市场的经济功能之一：价格发现

众所周知，现代市场经济主要是一个分散决策的经济，换句话说，在现代市场经济中，在一个复杂的消费品供应链上工作的人并不需要了解该产品的完整生产过程。事实上，没有人需要了解整个生产过程的全貌，并且也没有人能够做到这一点。而无论是从金融运行的微观还是宏观层面看，也存在类似的情形，在缺乏中央权威的市场经济中，不仅单独经济主体储蓄和投资决策的实施需建立在关于利率期限结构、证券价格以及投资收益等变量准确、完整的信息之上，而且由于不同主体之间的各类投资既可能存在竞争性，也可能存在互补性，不同投资项目在宏观层面上的协调也必须建立在信息协调的基础之上。因此，信息的收集、加工和处理是金融体系最为基础的经济功能之一。

从现实来看，尽管以外汇期货、国债期货以及股票或股指期权等为代表的场内金融衍生品市场并不直接提供关于未来的利率、汇率等信息，但这些衍生品市场的出现和发展已经使这些信息变得多余。这实际上意味着场内期货期权市场提供的信息中含有巨大的价值，进而人们愿意为减少一些不想承担的风险而支付价格的同时，也使得经济体系更加有效率——设想在不存在利率期货价格的情形下，此时要做出现在融入资金还是再等一段时间，是现在还是晚些时候贷出等相关决策会变得很困难，因为人们必须按各自的主观想法进行决策，而这种主观想法很可能与实际相距甚远。

从理论上说，之所以金融期货、期权等场内金融衍生品具有价格发现的功能，是因为场内衍生品是一个标准化合约，所有规格相同的期货合约都是其他同品种合约的完美替代品，进而可以形成一个有流动性的、完全由供求决定价格的自由市场。在这个市场中，聚集了大量偏好有异、信息来源不同的买者和卖者，而买卖双方根据各自掌握的信息充分竞争并形成对未来市场供求的理性预期，相应形成的价格就是竞争性交易的结果。这些价格通过复杂的交易所支持的报价系统连续地向全世界传播，成为各类主体决策的重要参考指标。

此外，相比金融现货市场的价格发现功能实现机制，无论是从理论还是实践来看，衍生品市场的出现和发展对基础资产的信息内涵、波动，甚至交易者的信息收集动机均有不可忽视的影响。Grossman（1988）非正式地提出了这一点，他认为由于期权引入之后，经济信息整合的程度应可以达到交易者自由运用动态对冲策略状态的水平（由于交易成本的存在，期权引入之前这一策略要么是非现实的，要么就仅限于一些机构）。Cao（1999）借助竞争性价格信息传递与整合功能的基本模型，对（股票）期权引入前后股票价格信息内涵的变化做了深入的模型化研究，其基本结论是：（1）期权的引入导致知情交易者收集准确度更高的信息；（2）期权的引入将在提高股票预期价格的同时，减少价格的波动性。换句话说，无论是理论分析，还是实证证据都表明衍生品市场的发展极大地强化了基础资产价格信息的准确性与完备性（应展宇，2004）。

3.2 衍生品市场的经济功能之二：风险对冲

理论上说，衍生品的出现改变了传统金融交易在时间与空间上的维度概念。也就是说，衍生品把未来的不确定性以时间价值的方式“转化”为当前契约来交易，从而帮助人们把不确定性交易了：有抵抗力的把不确定性买进来，没有抵抗力的把不确定性卖出去。从现实来看，借助金融衍生品，金融工程技术已经基本能够实现在把经济体系中众多不同的风险元素（主要是市场风险与信用风险）分离的基础上，通过分析和重新包装与组合来创造各种新的产品或策略，而这些产品或策略可以让使用者精确决定在什么价格区间他们愿意承担一些损失（或者不承担损失），在什么价格他们希望保留盈利的可能性。换句话说，在以金融衍生品与金融工程技术为核心的风险管理金融时代，风险成为了和商品一样的“工具”——可以在任何时候以一个公平合理的价格在不同主体之间进行交易（或者说分配）。

从风险管理视角着眼，在信息通讯技术巨大进步导致计算能力呈几何级数增长和成本显著下降的大背景下，作为一种风险管理的全新载体，与标的基础资产相比，金融衍生品（及其交易）在风险管理功能实现上具有四个非常明显的优势：（1）交易成本低廉，即相对于原生产品而言，利用金融衍生品的交易进行风险管理可以获得极大的交易成本节约；（2）风险头寸管理的精确性与灵活性，即通过对冲比率调节和金融工程技术，利用衍生品进行风险管理时主体不仅可以精确地分割和处理风险，实现风险的完全对冲，或根据其风险偏好和承受能力将风险头寸调节至理想大小，而且更为重要的是为其随市场变化调节风险管理策略提供了很高的灵活性，实现了风险的动态管理；（3）信息优势，即衍生市场交易的存在，不仅提供了一种全新信息收集渠道，也使得信息的准确性有了相当改善；（4）交易制度差异导致的交易处理优势，即衍生品特有的保证金交易制度，使得衍生品市场的参与者只需付出很少的资金便可以进行巨额资金交易，进而为风险头寸的调节创造了“杠杆效应”等。

显然，正是由于这些独特优势，金融衍生品以及以其为基础的动态套期（如投资组合保险策略、风险免疫策略以及对冲策略等）逐渐成为金融领域中最流行的风险管理手段。

此后，随着以市场风险管理为目标的金融衍生品市场的日趋成熟，交易量的增长和交易成本下降，反过来又刺激了需求，这样金融风险技术改进的一种良性循环就产生了。大约从20世纪80年代中后期开始，一种以金融体系中市场和机构之间的“创新螺旋”动态关系为依托所实现的基于风险“原子化”的“商品化”的风险管理技术——金融工程技术[①]逐渐成形，极大地推动了风险度量和定价模型的开发，而这些技术目前已被广泛应用于金融风险管理领域，其涉及的风险类型也不再局限于利率、汇率、股价波动等市场风险，信用风险的分离与交易也逐渐成为现实。[②]

---

① 从操作上看，金融工程技术的核心思想是利用各类金融衍生品将经济活动内含的风险分解为最基本的组成部分之后，通过这些不同基本风险元素的重新组合来创造出各种可交易的风险产品，进而借助高流动性的有效金融市场来实现风险在不同主体间的优化配置。

② 应该说，近年来以期货、期权、互换等传统金融衍生品为基础而再度衍生出来的信用衍生产品、结构化金融产品（如CDO等）、混合证券以及合成型资产证券化等的出现及其规模迅猛扩张都是金融工程之于风险管理最为引人注目的现象。

3.3 衍生品市场的其他经济功能

3.3.1 弱化金融运行中不同主题之间的利益冲突

作为一种制度安排，金融体系的基本功能之一就是为处理财务契约中的激励问题提供有效的手段，即在承认金融契约设计中激励问题的存在及其性质的前提下，以金融创新为基本手段，要么通过证券设计与激励问题的内在互动，要么利用企业财务政策以及其他一些外部协调机制（如接管机制等）来消除或弱化激励问题的负效应[①]（Merton，Bodie，1995）。

从理论上说，之所以金融活动存在较大的激励（或代理）问题，主要是指在契约双方利益不一致的前提下，契约一方（委托人）无法轻易观察或控制另一方（代理人）的行为，或仅仅是契约实施成本的现实存在，导致代理人在机会主义[②]动机的驱使下其行为表现出明显的自利倾向，甚至有时不惜以牺牲委托人利益为代价来实现自身利益。从现实来看，尽管金融活动中的利益冲突很难根除，但借助权变报酬机制设计、公司控制权市场中的兼并收购机制等措施确实存在弱化的空间（应展宇，2004）。

值得一提的是，内含期权的可转换债券等衍生品的出现和发展也为金融运行中的利益冲突弱化提供了新的方式。如 Brennan 和 Schwartz（1981）就认为，对于公司的股东和债权人而言，可转换债券的发行伴生两种有效弱化两者之间利益冲突的方式：第一，可转换债券可抑制股东的“逆向选择”行为。这一点主要是因为对于公司可转换债券的持有者而言，无论股东试图想通过从低风险投资转向高风险投资的“资产替换”，抑或发行更多债务等其他方式来提高公司的财务杠杆，降低债权价值，提高股权价值，内含于转债的“债权转换为股权”权利事实上向他们提供了在股权价值提高情况下通过转换进而分享成果一种保证，进而减少了股东收益，削弱了其进行这种行为的动机。换句话说，这也就意味着可转债中转换条款的存在使得转债的价值在一定意义上独立于公司风险的变化。当公司从事高风险投资时，可转换债券的价值下降了，但股权的价值可能上升，而且考虑到公司股价波动程度的扩大，转债所内含的期权价值也增

---

① 当然，如果反过来考察，财务契约设计中存在的激励问题也就成为了金融体系演变过程中一个非常独特的内生性因素，即如何减弱激励问题经济效应的动机构成了推动金融体系不断趋于完善的基本动力之一。

② 机会主义指运用诡计来寻求个人利益，包括逃避责任、欺诈以及其他的非最优行为，如数据的曲解、作出连自己都无法相信的承诺等。

加了。第二，转债特有的低息条款，使得公司通过减少利息支付，降低了其遭受财务危机的可能性，进而在一定意义上缓解了公司的“投资不足”问题，保证了对公司发展有益的投资策略能够得到资金支持，促进公司的长远发展。

此外，可转换债券也可以用于解决由于管理层机会主义行为导致的管理层和股东两者之间的利益冲突问题。Isagawa（2000）利用一个非常简单的模型，论证了带有可赎回条款的可转换债券在抑制管理层机会主义行为的独特优势。他认为如果设计恰当，使得债务有利于阻止管理层过度投资行为，转债不会发生转换，而当债务过多导致管理层出现投资不足的时候，转换发生，可以减少公司的杠杆程度，进而缓解投资不足，而这样一种作用是单纯的债务或者股权融资所无法实现的。Mayers（1998）从融资能力的视角出发，论证了可转换债券在不同状态对管理层机会主义行为的约束作用。

3.3.2　改进资源的跨期跨区域（尤其是跨国境）优化配置效率

无论是从理论还是实践来看，衍生品市场在强化不同地区、不同国家之间的经济关联，促进资源的跨区域配置方面有着极为重要的作用。如果没有互换等衍生品的出现和发展，各个国家的金融市场将会在一定时期内呈现一种相互割裂的状态，而互换等衍生品实际上发挥着连接全球不同市场的功能。利率互换交易可以将短期和长期利率，或是资本市场利率和银行贷款利率连接在一起，进而当不同地区、不同国家利率之间的利差足够大时，就会吸引足够的业务，最终使利差得以缩小；类似地，货币互换交易起着将长期和短期美元和非美元利率连接在一起的作用，或者说将美元债券市场借款利率和借款条件与不同非美元债券市场的借款利率和条件联系到了一起。

从现实来看，以互换为代表的衍生品交易主体能够高效地在世界上所有的金融市场中每天 24 小时连续不断地运作，寻找互换等衍生品交易的可能性，并以此为参与者提供附加价值的同时，迅速就这些可能性与客户沟通。一旦一笔交易完成，市场就会立即得知有关情况，交易中任何新的内容就会被模仿，接下来的几笔同样类型的交易，可能会收取更高的手续费或者成本更高一些，以反映它们的创新性。然后，用不了多久，利差就会变窄，优势将会消失，市场就会等待下一次机会。之所以能够有这样的速度和效率，是因为竞争的力量，再加上出色的通讯设备以及银行和客户的市场敏感度都得到了急剧提升，技术能力也大大加强。互换等衍生品市场运转得越快、越有效，一个国家不同地区之间乃至不同国家之间各种关联效率就越高，相应地，资源配置效率也就得到了有效改进。

3.4 衍生品市场的崛起与现代金融体系的形成

众所周知，尽管就金融功能实施效率的提升而言，衍生品市场的出现及其迅速崛起有其内在的理论逻辑，但衍生品出现和崛起更为现实的背景是宏观经济金融运行环境的深刻结构性变化。换句话说，衍生品市场的出现及迅猛崛起部分是因为诸如布雷顿森林体系的崩溃等外在事件，但也许更重要的，它应该是金融市场更深层次变革共生的产物，反过来，衍生品也对这一变革作出了重大的贡献。

之所以有这样一个判断，首先是因为当我们回顾金融衍生品的发展历程进而探索金融创新的动力源泉时，可以发现初期的金融创新很大程度上是“需求导向”的，也就是说市场中产生了对某类金融产品的强烈需求，而金融机构则顺势而为，提出了相应的金融创新，较为明显的是前文提及的外汇期货、利率期货以及股指期货等产品。这种需求的产生主要是由于经济环境的改变。对于这种变化，现在更为专业化的称谓是伴随着经济自由化、经济全球化进程出现的“金融放松管制”或“金融自由化”趋势，这也可以认为是金融创新的制度根源所在。

虽然从理论上说“需求与满足需求的手段同时出现”，但是需求的满足不可能是无条件的。这时就出现了所谓的“供给导向型”金融创新，比如几乎与外汇期货同时期 CBOT 推出的股票期权交易。股票期权的成功，离不开我们今天所熟知的布莱克—斯科尔斯期权定价公式的推出和计算机技术的发展。这就是技术——我们认为金融创新的第二个源泉的力量。① 随着经济金融的不断发展，技术在金融创新中的作用日益明显，成为了创新的重要驱动力。

金融创新的第三个源泉是默顿（1995）提出的所谓“创新螺旋”，也即由一项创新衍生出另一项创新。一项全新的创新出现以后，可能有两种影响：或者受启发而发现一个更好的创新，或者在原有的创新之上开发出更有意义的创新——这就意味着一种创新的出现，使另一种创新成为可能，同时也降低了创新的成本和难度。

金融创新的第四个源泉是各国法律法规的不断变化。这可能有些讽刺意义。原来旨在限制金融机构活动所构建的庞大的金融法规体系，现在竟然成为了金融创新永恒的源泉，各种旨在逃避管制、规避税收、降低成本的金融创新源源

① 显然，这里的技术主要指的是金融工程技术，既包括类似布莱克—斯科尔斯期权定价公式、投资组合保险策略设计这样的学术发现，也包括新的计算机算法、网络技术等工具。

不断。而且，不管在哪里，法律、法规总是在不断变化，“管制—反管制—管制”的“螺旋”永远在继续，这些变化为创新提供了动力和机会……

金融衍生品是金融创新活动的结果和载体。从而，金融创新的必然性也就意味着金融衍生品出现和发展的必然性。

在思考衍生品市场崛起的动因之外，我们应该清醒地意识到一点那就是衍生品市场的发展实际上远比股票、债券等基础资产市场的发展更为艰难。仅以期货等交易所衍生品合约为例，要想取得市场的成功就必须具备一些基本要素，诸如对于作为标的物的基础资产或工具而言，其应当在具有同质性的同时要存在一个具有市场深度和流动性的现货市场；包括交割规定在内的合理产品设计，在借此提升合约到期时现货和期货价格之间的趋同程度同时确保合约的定价容易理解，进而对保值者和投机者均有吸引力；与其他合约的互补性，提高交叉保值的效率；竞争性合约的存在与否以及有效监管等。

容易理解，衍生品市场成功所需外部条件的满足绝非易事。仅以流动性为例，可以发现鉴于衍生品只有在基础工具市场产生连续价格的情况下才能定价，进而在很大程度上，交易所衍生品交易的增长依赖于市场参与者是否能够产生日内“优良资金”（在结算银行中的存款）的能力，来满足潜在的由于价格剧烈波动产生的大量日内追加保证金需求[①]，因此，在股票、债券等基础资产发展之外，是否存在以流动性调剂为核心功能的发达货币市场也是决定衍生品等创新金融工具成功的关键所在。

正是因为衍生品市场的出现和发展需要建立在相对成熟的货币市场和资本市场基础之上，所以衍生品市场无疑是金融发展的高级阶段的必然产物，进而也可视为现代金融体系形成的重要标志。理论上说，如果一个国家或地区没有通过制度创新来提供在流动性好的市场上交易的衍生品和满足特定需要的定制衍生品，金融风险就无法实现原子化进而商品化（或者说具有流动性），金融风险定价的透明度和信息效率就难以实现根本性提升，金融运行的效率就仍存在较大的改进空间。而衍生品的出现改变了公司和银行管理其金融业务的方式，在推动金融中介与市场之间激烈竞争的同时又使得两者之间实现了功能的互补，进而使金融业的焦点与结构出现了根本性的变革。事实上，衍生品市场的存在增加了整个经济的风险暴露，同时强化了经济体对技术和需求变化的调节能力，进而增加了经济产出，这也正是现代金融体系内在演进的终极目标所在。

① 类似地，动态保值技术也依赖于在下跌的市场中出售大量基础工具和在上涨的市场中购买大量基础工具的能力。

4 金融发展中的中国衍生品市场

从历史上看，一方面中国衍生品市场的总体发展轨迹与美国、欧洲等发达国家大致类似，也就是经历了一条“先商品，后金融；先场内，后场外”的道路；另一方面，金融衍生品市场的发展却颇为曲折，在场内市场发展呈现不连续性的同时，场外市场的构成体系和具体衍生品发展顺序等方面都颇具中国特色。

4.1 中国衍生品市场发展的历史轨迹

与美国、欧洲类似，中国衍生品的发展始于商品市场。1990 年 10 月，经国务院批准成立的郑州粮食批发市场在以现货交易为主的基础上，首次引入期货交易机制，实际上迈出了中国衍生品市场发展的第一步。在经济金融体制改革深化的大背景下，商品市场的交易创新很快拓展到了金融市场。1992 年 6 月 1 日，全国外汇调剂中心（中国外汇交易中心的前身）就推出了人民币外汇期货，开展了人民币与美元、日元、德国马克的期货交易，中国的金融衍生品市场也就此掀开了发展的序幕。

从历史上看，1992—1995 年间，由于金融衍生品在当时属于金融监管的盲区（既没有明确的行政主管部门，且缺失与衍生品市场运行相配套的法律法规），中国的场内金融衍生品呈现出一个盲目发展的态势——在极短的时间内，外汇期货（1992 年 6 月）、国债期货（1992 年 12 月）、股指期货（1993 年 3 月）、可转换债券（1992 年 11 月）以及认股权证（1994 年 10 月）等多种金融衍生品就得以推出并大都随后直接向社会公众开放①。但“其兴也勃焉、其亡也忽焉”，这些场内金融衍生品推出之后短至半年，长至三年，随着 1995 年以“327 国债期货风波”为代表的一系列重大风险事件爆发，相关的交易逐步停止。1995 年 5 月 17 日，证监会发布《关于暂停国债期货交易试点的紧急通知》，终止了交易所的国债期货交易；1996 年 6 月，出于稳定证券市场，实施全国统一配股政策的考虑及对权证的存在对其他国家股、法人股转配不公平问题的担

① 以国债期货为例，1992 年 12 月，上交所首先向证券公司推出了国债期货交易。由于交易清淡，1993 年 12 月进一步向社会公众开放。1994 年至 1995 年初，国债期货得到迅速发展，全国开设国债期货的交易所从 2 家增加到 14 家（包括 2 家证券交易所、2 个证券交易中心和 10 家期货交易所），各地挂牌的合约达到 60 多个品种。

心，证监会取消了交易所认股权证的交易。[①]

当场内金融衍生品交易在 1995 年到 1996 年陆续暂停之后，伴随着 1997 年中国银行具有远期交易性质的远期结售汇业务的推出，场外市场事实上成为了此后十余年间中国金融衍生品存在并得以发展的唯一舞台。一般认为，中国大规模的场外金融衍生品发展始于 2005 年 6 月 15 日中国外汇交易中心/全国银行间同业拆借中心推出的债券远期交易。此后，银行间远期外汇交易（2005 年 8 月 15 日）、人民币利率掉期交易（2006 年 2 月 9 日）、外汇掉期交易（2006 年 4 月 24 日）、利率互换交易（2007 年 4 月 6 日）和人民币对外外汇期权交易（2011 年 4 月 1 日）逐渐在中国出现[②]。

随着 2006 年 9 月 8 日中国金融期货交易所成立，中国场内金融衍生品开始有了发展的平台。[③] 但中国金融期货交易所设立伊始，仅仅推出了沪深 300 指数的模拟盘交易，因此直到 2010 年 4 月 16 日该合约正式上市交易之后，中国才真正有了场内金融衍生品交易。2015 年之后，中国金融期货交易所陆续推出了中证 500 股指期货（2015 年 4 月）、上证 50 股指期货（2015 年 4 月）、5 年期国债期货（2013 年 9 月）、10 年期国债期货（2017 年 3 月）和 2 年期国债期货（2018 年 8 月）。

在银行间金融衍生品和场内金融衍生品不断创新和发展的同时，交易对手方应限于机构（包括专业交易对手方和非专业交易对手方）的金融衍生品的证券公司机构间市场[④]与证券公司柜台交易市场也从 2013 年开始出现——证券公司柜台市场始于 2013 年 1 月，机构间市场的首只产品正式上线于 2014 年 8 月。

此外，经中国证监会批准，上海证券交易所于 2015 年 2 月 9 日上市交易了上证 50ETF 期权合约品种，成为中国内地交易市场的第一只期权产品。

---

① 外汇期货存续了约 1 年时间，1993 年中国外汇调剂中心就终止了该类交易；海南证券交易中心于 1993 年推出的股票指数期货交易则仅仅运营了半年时间就停止。

② 从 2005 年起，银行间债券市场还推出了资产支持证券，但到 2009 年就没有新证券发行。

③ 场内交易的权证在中国也存在过一段时间。2005 年 8 月，作为股权分置改革的配套措施，宝钢股份有限公司发行了第一只股改权证，至 2008 年 6 月最后一只股改权证到期，沪深两个交易所共发行股改权证 21 只。从 2006 年开始，中国证券交易所还出现过可分离交易债券及其权证。自 2006 年 11 月首只可分离交易债券及其权证在上海证券交易所上市，至 2011 年 8 月最后一只可分离债券的权证到期，证券交易所共发行 19 只分离交易的公司债券。目前，沪深两个交易所已无权证交易。

④ 在中国，证券公司机构间市场又被称为机构间私募产品报价与服务系统，是经中国证监会批准设立的为机构投资者提供私募产品报价、发行、转让及相关服务的专业化电子平台。

4.2 中国衍生品市场的现状分析

尽管经过20余年的持续探索与创新，目前中国已经形成了一个与发达国家颇为类似的场内和场外协同发展的衍生品市场体系，但从最近几年场内和场外市场的发展对比来看，从沪深300股指期货推出直到2015年，场内市场的交易规模持续走高——2010年就达到了41万亿元人民币，到2015年则达到了创纪录的417万亿元人民币，年均增长速度达到159%，无论是交易规模总量还是增长速度均远远地超过了（包括利率和外汇交易在内的银行间）场外市场（见图7-1和表7-4）。

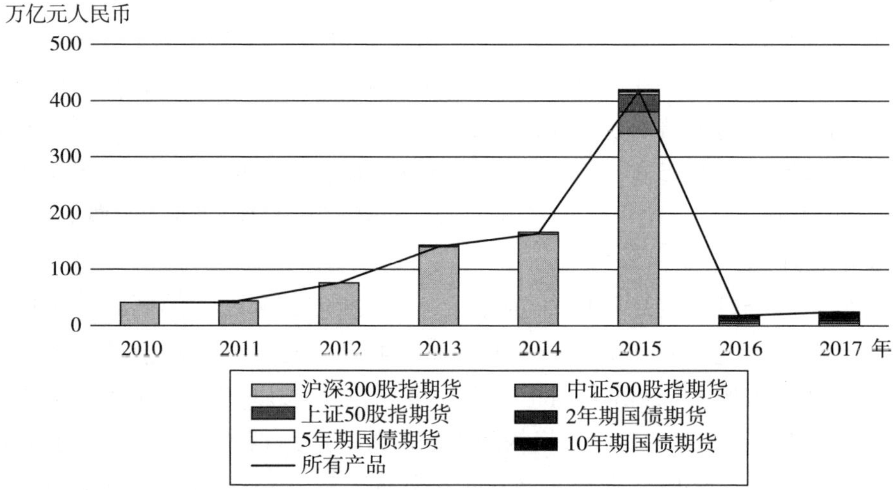

资料来源：中国金融期货交易所。

图7-1 中金所交易的衍生品年度成交金额

表7-4 中国银行间市场金融衍生品交易规模

年份	人民币债券远期（亿元）	人民币利率互换（亿元）	人民币远期利率协议（亿元）	标准利率衍生品（亿元）	人民币外汇掉期（亿美元）	人民币外汇远期（亿美元）	人民币外汇期权（亿美元）
2005	177.99						
2006	664.46	355.7			508.6	140.6	
2007	2518.1	2186.9	10.5		3154.67	223.87	
2008	5005.5	4121.5	113.6		4403	174	
2009	6556.37	4616.35	60		8018.02	97.67	

续表

年份	人民币债券远期（亿元）	人民币利率互换（亿元）	人民币远期利率协议（亿元）	标准利率衍生品（亿元）	人民币外汇掉期（亿美元）	人民币外汇远期（亿美元）	人民币外汇期权（亿美元）
2010	3183. 4	15003. 4	33. 5		12800	327	
2011	1030. 1	26759. 6	3		17710	2146	10. 1
2012	166. 13	29021. 39	2		25200	866	33
2013	1. 01	27277. 8	0. 5		34000	323. 7	217. 5
2014		40347. 2		413. 5	44995	529	1299
2015	19. 6	82304. 07		5014	83600	372	2887. 57
2016		99184. 2		8	100229	1529	7471
2017		144000			134640	1034	3712

资料来源：中国人民银行《货币政策执行报告》（2005—2018 年）。

但场内金融衍生品的这种迅猛发展态势随着 2015 年 5—8 月间中国股票市场异常波动的发生而戛然而止。在中金所大幅提高交易保证金比率且对投机性交易施加极为严格的限仓措施之后，2016 年中金所发生的交易量仅为 18. 22 万亿元人民币（约为 2015 年交易规模的 4. 3%），而场外利率和外汇衍生品交易则继续保持了较高的增长态势，全年交易规模按人民币计算超过了 80 万亿元，进而出现了金融衍生品场外交易远超场内交易的市场结构性变化。进入 2017 年，中国金融衍生品的市场交易格局继续维持了 2016 年的发展态势。尽管 24. 59 万亿元的场内交易量较 2016 年有了近 25% 的增长幅度，但场外交易量的增长也接近类似速度（总额接近 109 万亿元），场内和场外市场之间交易差距进一步扩大（参见表 7 – 1 和表 7 – 4）。借助表 7 – 1 和表 7 – 4，我们还可以发现从现有的衍生品构成来看，无论是交易所市场还是场外市场，外汇类衍生品的交易规模远较利率类衍生品大。

此外，在银行间与银行柜台衍生品市场快速发展的同时，2014 年以来，证券公司机构间市场与证券公司柜台市场衍生品交易发展也颇为迅猛。以证券公司柜台衍生品市场为例，2015 年末的未平仓衍生品初始名义金额也达到 9468 亿元，2016 年和 2017 年尽管较 2015 年有所回落，但截至 2017 年底未平仓合约名义金额也接近 7500 亿元，全年交易笔数达到 33972 笔，也是一个颇为活跃的场外市场（参见表 7 – 5）。

表 7－5　　证券公司场外衍生品交易情况：2015—2017 年　　单位：笔/亿元

业务类型	项目	2015 年	2016 年	2017 年
互换	交易笔数	38235	15133	16325
	初始名义本金	5454.87	1997.71	2478.11
期权	交易笔数	3145	20848	17647
	初始名义本金	4013.16	3474.48	5011.36
合计	交易笔数	41380	35981	33972
	初始名义本金	9468.04	5472.19	7489.47

资料来源：中国证券业协会。

4.3　中国衍生品市场：基于国际比较视角的一个再思考

如果我们把中国的场内和场外衍生品加在一起，那么衍生品市场的增长一直到 2015 年为止可以说维持了较高的增速。从 2005 年规模化的场外衍生品市场重新启动开始，到 2015 年全年场内和场外的各类金融衍生品交易达到 500 多万亿元人民币，远远超过了股票、债券等基础资产的交易规模总量。但问题是如果我们换一个角度，从国际比较来看中国衍生品市场的发展可以说不仅仍远滞后于中国股票、债券等基础资产的发展，而且相比发达国家的衍生品交易也显得较为落后。

为了了解这一点，我们首先看一下中国股票、债券等基础资产市场的国际地位。借助于世界银行关于各国上市公司总市值的统计数据，可以发现中国沪深两个证券交易所尽管发展起步较晚，但到 2009 年底两个交易所的 A 股总市值就约合 3.57 万亿美元，超越了日本（3.53 万亿美元），进而成为了列美国（15.08 万亿美元）之后的全球第二大市值市场，而到了 2015 年中国上市公司总市值占全球的比重上升到 13.3%，进一步强化了其市值世界第二的地位（参见表 7－6）。

表 7－6　　1993—2017 年上市公司总市值　　单位：亿美元

年份	美国	英国	日本	中国	全球	中国占全球比重（%）
1993	52511	11503	29063	20	140169	0.01
1995	69520	13299	35453	421	177881	0.2
2005	170008	30582	47529	4018	432097	0.9
2010	172835	31070	38278	40278	514529	7.8
2015	250675	31826	48949	81880	617811	13.3
2017	321200		62200	87100		11.3

资料来源：世界银行。

中国债券市场在世界地位的变化也与股票市场类似。尽管在2000年前后，中国的国内债券市场规模（仅2023亿美元）还远远低于很多发达国家，但到了2017年底，中国的国内债券市场规模已突破了10万亿美元大关，成为了仅次于美国和日本的全球第三大债券市场（参见表7－7）。

表7－7　　全球国内债券规模的国际比较　　单位：亿美元

国家	2000年	2005年	2010年	2016年	2017年
中国	2023	8992	30551	91786	114190
美国	146503	218581	293531	358223	382930
日本	65715	90140	143392	116650	122980
英国	6955	18899	35380	28675	54270
法国	10376	16129	25403	25630	30690
韩国	3540	7530	11490	17200	16930

资料来源：国际清算银行（BIS）。

相对于股票和债券市场而言，中国衍生品市场的国际地位明显要靠后。借助国际清算银行的相关统计，可以看到在2010年之前主要新兴经济体（EME）中OTC外汇衍生品交易量的国际分布中，中国所占的份额可谓微乎其微，2010年的交易规模不仅远低于中国香港和新加坡，也较韩国、俄罗斯、印度、墨西哥要低，仅与土耳其持平（参见表7－8）。

表7－8　新兴经济体OTC外汇衍生品交易的地区分布（2004—2010年）

单位：10亿美元

经济体	2004年	2007年	2010年	2010年份额（%）
新兴经济体总额	222	430	535	100
发达经济体总额	1546	2546	2689	503
亚洲	184	354	442	83
中国香港	70	143	194	36
新加坡	91	153	175	33
中国		1	11	2
印度	3	24	14	3
韩国	10	18	25	5
其他	9	16	22	4
拉丁美洲	7	14	21	4
巴西	1	1	5	1

续表

经济体	2004 年	2007 年	2010 年	2010 年份额（%）
墨西哥	5	11	12	2
其他	1	3	4	1
中东欧	19	43	50	9
波兰	5	7	6	1
俄罗斯	6	16	19	4
土耳其	2	3	11	2
其他	6	17	13	2
其他区域新兴经济体	12	19	22	4
南非	8	11	10	2
其他	4	8	12	2

注：数据为当年 4 月日均值；涉及的衍生品包括直接外汇远期、外汇互换、货币期权和其他外汇衍生品。

资料来源：国际清算银行（三年一度的中央银行调查）。

进入 21 世纪之后，中国整体衍生品市场发展较为迅猛，成为了新兴经济体中外汇类场外衍生品增长最为迅猛的一个国家。根据国际清算银行（BIS）的调查数据，2016 年 4 月人民币 OTC 外汇衍生品日均交易规模达到了 1500 亿美元（较 2013 年 4 月增长了 55%），跃居全球 OTC 外汇衍生品交易规模的第八位货币，超过了巴西雷亚尔（1080 亿美元）、韩元（830 亿美元）和墨西哥元（810 亿美元）。但值得一提的是，随着中国经济金融全球化，尤其是人民币国际化进程的不断推进，在以人民币计值的在岸衍生品市场快速发展的同时，中国香港、新加坡等地的人民币离岸衍生品市场也得到了迅猛的增长①。根据 BIS 的调查数据，2016 年 4 月，中国香港（占人民币离岸衍生品交易的 39%）、新加坡（26%）、英国（20%）和美国（12%）等主要国际金融中心完成的以人民币计值的 OTC 离岸衍生品交易份额已占到全部人民币 OTC 衍生品交易的 73%。这意味着如果剔除人民币离岸衍生品市场交易的话，中国衍生品市场在国际的排名要更为靠后，远滞后于股票和债券市场的地位。

① 此外，美国的 CME 早在 2005 年左右就推出了以人民币计值的期货合约，巴西、中国香港、南非、新加坡、中国台北和韩国分别于 2011 年 8 月、2012 年 9 月、2013 年 5 月、2014 年 10 月、2015 年 7 月和 2015 年 10 月推出了人民币场内期货合约。目前主要的离岸人民币场内期货合约交易集中在中国香港、新加坡和中国台北。

4.4　中国衍生品市场演进逻辑的经济分析

中国衍生品市场的出现及其演进有着颇为明显的中国特色。在其诞生伊始的20世纪90年代初，中国的利率市场化还未真正启动，人民币汇率形成机制也处于官方汇价和外汇调剂市场汇价并存的双重汇率制度阶段，银行的商业化改革尚未启动，包括银行等在内的经济主体仍在很大程度上受到多类指令性计划的制约。换句话说，在当时的中国经济中，市场被政府政策所抑制、包括利率汇率在内的价格受到了严格的政府管制，市场的波动性也处于较低的水平。因此，从理论上说，当时的中国经济金融运行环境并不具备孕育和发展衍生品的基本条件。

但正如我们在之前所回顾的那样，外部条件的缺失并没有完全阻碍金融衍生品的登堂入室。在“摸着石头过河”的渐进式经济金融转轨策略下，尽管中国政府也意识到外汇期货等衍生品在中国远未达到推展开的程度，但在1992年确立建设中国特色社会主义经济的大目标之后，经济发展面临的巨额资金缺口要求政府能够更有效地借助国债来动员资金，开展基础设施项目建设，而国债流动性的缺失使得财政部的国债发行面临巨大的阻力，原本应作为利率风险管理有效工具的国债期货被当时的财政部作为增强国债流动性进而提升国债吸引力的试点措施引入了中国金融舞台。

但市场的运行有其内在的规律，进而国债期货的实际交易很快就偏离了政府的初衷，转变为一个允许过度投机甚至交易欺诈的对象。在利率市场化尚未启动，再加上外部监管缺失、交易所交易制度不完善等背景下，保值贴补率等由政府制定的非市场化经济指标变成了交易双方投机（甚至可以说赌博）的对象，最终酿成了“327 国债期货风波”等一系列事件，迫使监管部门关停场内金融衍生品交易的同时，进一步健全期货市场的规章制度，规范交易行为来加强市场的风险控制，防范过度投机。①

从历史上看，国债期货这一场内衍生品试点的失败对于中国后续衍生品，尤其是场内金融期货与期权的发展可以说影响极为深远。在我们看来，中国之所以在金融衍生品（尤其是场内金融期货与期权）发展上长期举棋不定，可能主要是因为以下几个方面的担心。

---

① 证监会于1995年9月、10月连续发布《关于期货交易所进行会员制改造的意见》《关于进一步控制期货市场风险、严厉打击操纵市场行为的通知》，1996年2月发布《关于进一步加强期货市场监管工作请示的通知》。

一是市场稳定，即对与金融衍生品市场发展相伴随的过度投机进而可能引发市场（甚至整个经济）巨幅震荡的风险的担忧。从历史上看，近一二十年来，有一些金融市场的扰动转变成全面的危机，且危机在与衍生品相关联的国内与国际市场上得到放大，以超过20世纪90年代的人们所能想象的方式传递到全球的同时导致了更多的混乱。理论上说，金融衍生品市场存在使金融危机更具传染性且使得处理危机的政策效果降低的四个主要途径是：（1）其缺乏市场透明度，即缺乏对在不同价格水平上市场参与者对供给与需求状况的了解；（2）对风险的动态保值及履约价格的集中度，即在价格快速变动时期，与动态保值相关的标的资产的交易量比在价格相对平稳期要大，而更多的买入和卖出会对市场产生更大的波动压力；（3）对市场流动性的高度及无规则的依赖性；（4）创造大量的高杠杆投机性头寸。这种状况在1997年的东南亚金融危机以及2007年开始的全球危机中均可得到验证。对于中国而言，本来投机气氛就较为浓厚，市场的波动幅度就极为显著，对一旦金融衍生品引入后对市场稳定的可能冲击更是颇为担忧。

二是市场监管。首先，金融衍生品监管是一个金融监管领域的难点，其有效监管架构与制度如何设置在发达国家都存在巨大分歧和缺陷，对于中国这样的新兴市场而言，任务显得更重也更艰难。其次，从实践来看，尽管金融衍生品在中国也曾有过试点，并且新《证券法》为混业经营管理打开了法律之门，但囿于长期以来分业监管模式以及现有的人民银行、证监会、银保监会并立的局面，中国金融衍生品市场确立全面系统监管原则所面临的挑战十分巨大，如何在现有框架下协调好机构权力的矛盾和冲突，避免监管真空的出现而利用监管机能的整合和联动，显然需要长期沟通。最后，即便监管架构和制度构建相对完善了，长期习惯传统领域的现有监管机构及人员的素质是否可能在短期内跟进，也是一个大问题。

三是国有资产流失。如果说2004年12月中航油（新加坡）公司的巨亏（亏损5.5亿美元）仅仅是一个起点并为中资公司敲响了警钟的话，那么问题是对中国企业而言，吃一堑似乎并没有长一智。在自2007年夏以来次贷危机进而全球金融危机肆虐下，中资企业衍生品业务一片狼藉。几乎是在一夜之间，中国中铁、中国铁建、深南电、中信泰富、中国平安、上海实业等众多央企或国有控股企业的损失都暴露出来，其中一些企业也许只是缴纳了昂贵的学费，而另一些企业却已深陷其中，难以自拔。这种状况，再加上衍生品特有的“零和博弈”特性，使得政府担心一旦放开金融衍生品市场，其有可能成为国有资产快速流失的一个场所。毕竟，在1995年的“3·27”国债期货事件中已有类似的状况发生。

四是中小投资者利益保护，即在目前市场中小投资者的比重仍较高的情况下，政府担心现有机构利用金融衍生品以及杠杆特性，凭借其对金融衍生品市场的主导性，操纵或影响现货市场价格短期走势，损害中小投资者利益。

五是与金融现货市场发展的匹配性。从理论上说，金融衍生品市场必然是“双向”且可随时交易（“T+0”）的市场，其价格的确定也是建立在高度流动的货币和资本现货市场基础之上。这意味着现货市场的“双向”交易和流动性是发展金融衍生品市场的必备前提。但在中国，是否以及如何允许股票现货卖空这个问题迟迟没有得到解决，同时，货币市场目前也主要是由银行主导的市场，适合企业以及个人（间接）的产品稀缺，资本市场和货币市场间的资金流动也存在诸多限制。

尽管中国对场内衍生品市场的发展顾虑重重，但中国经济金融体制改革的步伐并未停滞。在银行商业化改革的基础上，利率市场化进程于1996年1月同业拆借利率放开而正式启动，汇率并轨和有管理的浮动汇率制度也于1994年正式开启，汇率利率形成机制的市场化程度不断提升。基于这样一个背景，当2001年中国正式加入WTO，中国经济全面融入。全球化时代的来临带来了国际贸易、国际投资规模的迅猛增长，人民币汇率波动风险的管理和控制自然成为国内外经济主体需要考虑的重要因素。在美国CME推出场内人民币金融期货合约的同时，中国银行间市场中OTC外汇衍生品交易的恢复也就非常自然了。由于OTC外汇衍生品交易依托的是银行间债券市场，于是从债券现货向债券远期交易的转变就成为市场发展的第一步，紧接着就是人民币利率互换、汇率掉期交易和人民币远期利率协议的推出，到2011年OTC外汇期权交易推出之后，场外市场的产品结构基本定型。随着2010年6月19日以来形式多样的有管理的浮动汇率形成机制建立，外汇市场人民币兑美元交易价日浮动幅度逐渐扩大（2012年4月，浮动幅度由0.5%扩大至1%，2014年3月由1%再度扩大至2%，2015年8月在启动人民币汇率中间价形成机制改革的同时，浮动幅度扩大至3%），市场供求日益成为人民币汇率的主要因素，相应地旨在管理外汇风险或投机的外汇衍生品的交易也得到了持续扩大。

中国场内金融衍生品交易的重启随着2006年中国金融期货交易所（中金所）的成立被提上了日程。但有意思的是，在中金所成立之后的3年半时间里并没有真实的产品交易。要想理解这一点，有必要了解中国2005年4月启动的股权分置改革引发的后续市场影响。作为中国资本市场一项影响深远的重大制度变革，股权分置改革结束了上市公司两类股份、两个市场、两种价格并存的历史，强化了各类股东的共同利益基础，为进一步发挥市场定价机制和资源配置功能，提高上市公司治理水平和推进市场创新发展创造了基础条件。这一重大制度性变革改变了市场预期，引发了一场期待已久的上涨行情。上证综合指数从2015年4月1180点的水平一路上行，于2017年10月达到了历史性高点6124点。容易理解，鉴于沪深300指数期货模拟盘推出的2016年9月正处于这样一个特殊（单边上行）的市场运行阶段，中国政府有关部门担忧股指期货的推出可能会进一步推波助澜，进而导致市场出现更大幅度的波动，进而迟迟没有将模拟盘转变为正式交易品种。此后几年间，中国资本市场改革持续推进，诸如证券公司综合治理、大力发展机构投资者、发行制度改革、创业板推出、融资融券试点等，使股指期货的推出条件日益成熟的同时，机构投资者资产管理规模不断扩大、业务不断创新，对于股指期货的需求更为迫切，再加上2008年全球金融危机爆发之后，市场指数一路下行，潜在风险得到了有效释放，终于在2010年4月得以正式挂牌交易。

在股指产品挂牌交易之后的9年来，中金所仅借助沪深300指数一个产品，交易量就从无到有，实现了跨越式的增长，2013全年的成交金额达到了141万亿元人民币（包括5年期国债期货的0.31万亿元），到2015年上证50、中证500期货合约推出之后，全年交易达到了创纪录的417.76万亿元人民币（其中国债期货仅6.01万亿元人民币交易额），实现了全球股指期货市场规模上的最快发展。但2015年的股市异常波动使这一趋势出现了逆转。2016年和2017年的股指期货交易金额分别仅为9.32万亿元和10.51万亿元人民币（分别为2015年的2.26%和2.55%），相反国债期货的交易量有了明显上升（14.09万亿元人民币），2017年甚至超过了股指。这种状况的出现既有股指期货交易制度（含保证金制度、限仓制度）的变化和国债期货产品创新的原因，也和中国利率市场化进程的持续推进以及固定收益类证券规模的持续扩张都有着密切的关联。

整体上看，在经历了十余年的摸索之后，中国近十余年来的金融衍生品的市场化程度有了较为显著的提升，其最突出的表现就是衍生品的市场交易规模基本可以通过GDP、进出口总额、外部资产和负债等因素予以解释（参见表7-9）。

表7－9　　中国衍生品交易规模决定因素的实证分析

变量	总交易量		外汇衍生品交易量		利率衍生品交易量	
	(1)	(2)	(3)	(4)	(5)	(6)
GDP	0.50*** (6.70)	−0.03 (−0.09)	0.29*** (7.39)	−0.24 (−0.74)	0.21*** (5.34)	0.21 (0.92)
进出口总额	0.13 (1.07)	−0.15 (−0.19)	0.09 (1.38)	0.50 (0.58)	0.04 (0.65)	−0.65 (−1.05)
债券市场规模		0.49*** (4.89)		0.35** (3.15)		0.14 (1.80)
外部资产		−10.42*** (−3.42)		−7.92** (−2.36)		−2.50 (−1.04)
外部负债		9.09*** (6.53)		4.29** (2.80)		4.80*** (4.38)
常数项	−3.4e+04*** (−4.93)	−7695.64 (−0.26)	−1.9e+04*** (−5.25)	37111.71 (1.12)	−1.5e+04*** (−4.12)	−4.5e+04* (−1.89)
调整的 R^2	0.80	0.96	0.84	0.81	0.71	0.90
观测值	54	15	54	15	54	15

注：（1）1、3、5列为2005年第二季度至2018年第三季度的季度数据；2、4、6列为2015年第一季度至2018年第三季度的季度数据。（2）所有解释变量滞后一期。（3）括号内为t值。（4）*，**，***分别表示在10%、5%、1%的置信水平上显著。（5）利率衍生品交易量包括场外衍生品交易量和中金所交易的国债期货交易量。

5　衍生品市场的发展与中国金融体系现代化

自2012年中国经济进入“新常态”以来，中国经济金融运行的大环境发生了较大的改变，在经济增长从高速转向中低速的同时，金融改革的市场化、全球化和法制化方向日益明确，金融发展的重点也从规模扩张转向效率提升，相应地，衍生品市场的发展也成为中国金融体系走向现代化的迫切要求。

5.1　中国衍生品市场发展的机遇和挑战

5.1.1　机遇

现实来看，当前中国衍生品市场面临着极为难得的发展机遇。

第一，在经济进入“新常态”的大背景下，国内外环境的巨大改变客观上使中国经济运行面临的不确定因素变得极为多元和复杂的同时，经济运行振荡的潜在幅度也出现了加大的态势，各类经济主体的金融风险管理（进而对金融衍生品）需求处于急剧放大的进程之中。

第二，随着经济体制改革市场化、法治化的深入推进，政府与市场两者之间的行为边界在中国变得更为清晰（或者说有章可循、有法可依），政府的市场抑制政策（尤其是价格管制）将显著放宽，来自政府的隐性担保将逐渐退出，利率和汇率市场化持续推进，金融市场的波动性也将呈现相应扩大态势，客观上对衍生品提出了更为现实的要求。

第三，在股票、债券等基础性金融资产市场规模已取得迅猛增长的背景下，中国资本市场领域的改革和发展目前持续推进。以多层次资本市场建设为依托，证券发行制度正努力实现从核准制向注册制重大转变；在融资融券推出之后，做市商等证券交易制度安排也纳入改革的议程；证券投资基金、养老基金等机构投资者也实现了较高的增长进而导致市场的投资者结构呈现出机构化发展态势等，也为衍生品市场的发展提供了良好的基础条件。

第四，伴随着中国货币市场产品的结构性变化与规模扩张，再加上中国人民银行日益多样化、市场化的流动性补充机制的建立，中国金融市场的流动性供应机制也日益完善。

第五，中国经济与金融日益融入全球的步伐在进一步加快，在人民币国际化程度不断提升的同时，资本市场和金融机构业务开放的进程目前呈现出加速的态势。中国与全球经济金融之间的关联正在进一步强化。

5.1.2　挑战

第一，以股票市场为代表的金融基础资产市场波动过于剧烈。现实来看，中国股票市场的换手率和波动率均长期高于成熟市场股市。根据世界银行给出的国际比较数据，2015 年，中国股票市场波动率高达 27 倍，而法国、德国、日本等波动率较高的国家则仅有 18 倍左右，美国、英国等市场更为成熟的国家波动率只有中国的一半左右。

值得一提的是，与中国股市高波动、高风险相伴随的并不是高收益。事实上，中国股市的收益率在大多数年份都低于其他国家。股票等基础金融资产市场风险与收益的这种显著失衡使长期投资者很难获得较理想的回报，客观上加剧了短线炒作的市场氛围。

第二，中国金融市场的流动性提供网络尚存在一定的缺陷，商业银行与资本市场之间的资金流动渠道相对较少，一旦市场出现流动性问题，中央银行以最后贷款人身份提供的资金很难通过主要商业银行的行为来稳定市场异常波动。

第三，金融市场投资者主体构成不尽合理，其中股票市场投资者结构中散户占据主导地位。2016年底自然人投资账户占全部账户的比重高达99.72%；债券市场中以商业银行为代表的机构投资者则占据了绝对主导地位。2016年末中国商业银行持有的国债占比高达67%，其中全国性商业银行持有的占比高达50%。

中国股票债券等基础资产市场的这种与成熟国家有较大差异的投资者结构客观上使得衍生品市场的参与者也不尽合理。以股指期货为例，原本主要应该是机构投资者参与的市场大量散户也参与其中，而散户的交易仓位控制、止损线设置等风险控制措施很难有效实施，导致市场的投机性氛围过重的同时，一旦出现股票市场异常波动，则会进一步放大，引发颇为严重的系统性风险爆发。

第四，衍生品市场发展面临的监管约束极为严格。一方面，目前中国不仅包括OTC市场在内的创新性金融衍生品设计与推出需要极高的政府层级许可才能进入，而且已有衍生品的交易规则调整权限也集中于政府高层，市场一有异常就可能出现较大的调整，致使市场对监管的预期高度不确定，事实上成为影响市场发展最为重要的因素之一。另一方面，国内场外市场衍生品推出的主协议与国际衍生品市场中起主导作用的ISDA主协议之间存在较大的差异，使得国内外投资者之间场外衍生品交易面临较大的法律风险。

5.2　现代金融体系中衍生品市场整体架构及中国的实现路径

在中国金融体系的现代化进程中，衍生品市场发展的目标应该是形成一个场外和场内协同、标的资产类型完整且期限多样化、微观结构合理的市场体系。

5.2.1　衍生品市场的组织结构：交易所和OTC市场共生基础之上的协同发展

从世界范围来看，衍生品OTC市场和有组织交易所市场共存是一个普遍现象。之所以会这样，是因为尽管交易所市场比OTC市场更具流动性，更适用于那些具有较大价格波动基础资产，同时也可以实现价格发现这类显著的社会收益，但问题是客观上清晰地定义和度量基准风险，并通过标准化建立一个有流动性的市场绝非易事，无论从理论还是实践来看，决定是否适合在交易所交易有两个关键因素：潜在用户的数量和价格波动，进而在因总量有限或是差异化[①]

① 差异化可能是由于需求或者人为偏好导致。在后者情况下，通过标准化可以产生更高的流动性并最终在交易所交易。

明显而导致需求有限的时候，OTC 合约较期货等交易所产品有明显的优势。

在看到 OTC 衍生品和交易所衍生品差异的同时，我们还应该意识到两个市场之间存在极为密切的关联（或者说协同效应）。某些金融产品创新进而投资只有在风险能够对冲的情况下才会变得具有吸引力，因此两者之一的供应会增加对另者的需求，进而实现共生式的发展。以套期保值功能的实现为例，通常情况下，对于为某一方定制的一个衍生品，在 OTC 市场上交易商往往不能立即找到两个匹配的对手方，此时交易商会自己作为头寸的另一方直接找到产品下家，利用交易所交易产品对这些 OTC 衍生品敞口头寸进行对冲。这意味着交易所衍生品的存在可以降低利用 OTC 衍生品套期保值或基础资产动态保值的成本，而 OTC 衍生品以及动态保值的增长会增加对交易所衍生品的需求。

基于这样一种理解，可以看到中国当前衍生品交易所市场和 OTC 市场发展失衡的状况已在客观上成为制约衍生品市场功能发挥的宏观约束因素之一。因此，对于中国而言，如何实现衍生品交易所市场和 OTC 市场的协同发展也就成为了现代金融体系构建的重要问题。

从现实来看，要想实现中国交易所衍生品市场的发展，重点应围绕以下几个方面开展活动。

第一是在明确衍生品的监管权限基础上适当下沉新合约的批准权限。在美国，所有交易所新合约上市前要得到 CFTC 的批准，提出申请的交易所必须说明合约符合商业需要，可以有效保值，并有足够的可交割供应量来防止市场操纵，有助于价格发现并且符合“公众利益”。在中国，尽管由于市场状况的差异，完全照搬美国式监管存在较大的难度，但适当简化、下放交易所产品创新权限目前显得较为迫切，否则在经济金融日益市场化、国际化的背景下较难适应来自市场不断增长的需求。

第二是在适当引入交易所之间竞争的基础上，修改和完善交易所的组织。事实上，由于境外多家交易所推出了以人民币计值的外汇衍生品，而境内外汇场内衍生品又处于缺失的状态，致使境内交易所市场在竞争上处于明显的劣势。要想转变这种市场状况，中国需要在尽快推出境内外汇衍生品的基础上，在合约设计、与其他合约的互补性等方面下大工夫，提升合约的竞争力。而要实现这一点，进一步修改和完善交易所的组织，尤其是交易所市场微观结构就显得极为迫切。换句话说，中国需要通过对交易所市场现有的保证金交易、限仓、大户报告等诸多交易制度进行进一步调整和完善，以降低市场各类交易成本，提升市场整体的流动性和透明度。

第三是改变目前仅有股指和利率以及股指期权等少数场内衍生品的状况，加快交易所内上市产品的多元化，更好地满足来自各类经济主体在经济金融不确定程度不断加大背景下的保值、投机或套利需求。

第四是加快金融期货经纪类中介机构体系的培育和建设，构建一个良好的支持交易所市场的金融期货信息中介服务体系。

第五是培育一批业绩导向的机构投资者，鼓励证券投资基金等机构积极介入衍生品市场。

就中国 OTC 衍生品市场的发展而言，鉴于 OTC 市场内生的缺乏透明度、缺乏流动性和缺乏竞争力定价的特征，发挥商业银行和证券公司等金融中介机构的主动性和积极性就成为关键所在。首先，要加快商业银行、证券公司等核心业务能力转变的进程，使这些金融机构逐渐意识到评估和管理涉及客户衍生品交易头寸的信用额度和 OTC 风险管理头寸中的信用风险，随着金融脱媒进程的加速，取代评估日益萎缩的工商业贷款的信用风险成为影响机构未来发展甚至生存的重要业务技能。其次，要适当改变银行间 OTC 衍生品市场与证券公司 OTC 衍生品市场之间的分割状态，引入适当的银行和证券公司之间的竞争，更好地激发机构的创新热情。再次，考虑到出于交易对手风险和缺乏信息披露的担忧，参与者对与信用评级高的对手在 OTC 市场进行交易有强烈偏好，再加上金融机构层面出于交易以及在技术发展、信息获得与学习中的规模经济，进而 OTC 衍生品市场集中度很高。因此适当改变交易规则，尤其是加强 OTC 衍生品交易的信息收集和中央结算变得至关重要。最后，为了更好地融入经济金融全球化，达到更高的国际认可度，中国 OTC 相关专业协会要适当修改完善 OTC 产品主协议，减少 OTC 衍生品的交易成本以及不确定性，控制交易的（跨国）法律风险。

5.2.2　衍生品市场的产品结构：基础资产覆盖完整基础上的有限复杂化

要想更有效地发挥衍生品市场的功能，产品构成的多样性或者说完整性是必要前提。事实上，尽管最近几十年来全球衍生品市场有了巨大的发展，但现实世界距离阿罗—德布鲁基准模型所构想的理想世界仍很远。当然，随着时间的推移，技术的发展在不断地降低通信的成本和后台与交易操作的成本，来自象牙塔的理论创新及其与金融实务的融合不断实现开拓，衍生品需求也从一小批专家扩展到更广泛的人群，相应地，越来越多的衍生品合约将在经济上变得可行进而成为现实。

现实来看，不用说与美国、英国等成熟经济体来比较，就是仅和与中国经济发展阶段类似的巴西、印度等新兴经济体相比，我国交易所和OTC衍生品构成显得极为简单。根据中国金融期货交易所的相关统计，2014年巴西、南非、印度、俄罗斯等金砖国家金融期货品种可比口径分别达到70个、62个、49个和45个，中国香港、中国台湾和韩国的产品数量也分别为26个、20个和18个，既有期货也有期权，完整覆盖了股权、利率、外汇等主要资产系列，而中国到目前为止交易所衍生品仅有股指期货、国债期货和股指期权三大类、20余个产品，OTC市场的品种也较为集中，主要涉及利率和外汇等基础资产。显然，这样的衍生品结构难以支撑中国金融从大国向强国跨越，衍生品的创新进而产品结构的丰富也就成为中国金融体系现代化面临的现实挑战。

在我们看来，坚持“从简到繁、由易到难”的衍生品发展思路，尽快在交易所市场推出外汇类衍生品，同时加快信用类衍生品在OTC市场的发展是中国衍生品市场发展所面临的最为迫切的问题。

前已述及，外汇期货是人类推出的第一个现代意义的金融衍生品，进而也是国际上非常成熟的衍生品。中国改革开放40年以来，人民币汇率政策（包括汇率制度）较之前发生了极为显著的改变，汇率弹性在得到不断增强的同时，市场在汇率决定中扮演的角色也越来越重要。考虑到中国目前已然是世界第二大经济体，成为世界贸易大国（2017年中国进出口贸易总额达到4.1万亿美元）以及巨额跨境资本（2017年中国是全球第二大FDI流入国）使得人民币汇率风险成为影响众多经济决策的重要因素，相应地，外汇衍生品在中国具有极大的发展空间。在市场条件具备且境外（离岸）以人民币计值外汇场内场外衍生品迅猛发展的同时，如何通过境内外汇衍生品的发展获得人民币（远期）汇率的定价权变得至关重要。

尽管近年来国内信用债市场得到快速发展，包括资产支持证券、信用风险缓释工具、信用风险缓释凭证等在内的信用类衍生品从无到有，也获得了一定的发展，但从整体上看，中国信用衍生品市场仍处于发展初期，国际上较为成熟的单一名称CDS等简单信用衍生品尚在探讨阶段。考虑到信用衍生品提供了更系统化的评估和转移信用风险的方法，可以给商业银行等金融机构一个管理风险的灵活工具，在中国这样一个以商业银行为主导的金融体系中发挥极为重要的功能。创造一个活跃的信用衍生品市场，可以使商业银行、机构投资者等使用者根据其对经济和金融发展的预期，在目标经济行业动态地管理特别对手或对手群的信用风险，借以实现在降低过多集中于某种信用风险敞口的同时降低信用约束，进而放开信贷额度以更有效使用它们成本高昂的资本。随着中国商业银行信贷投放以及债券投资规模的迅猛增加，信用风险管理的这种需求越来越显性化，相应地为信用衍生工具在中国的发展提供了巨大的空间。

6　结语

1980 年之前，恐怕很少有人会想到，衍生品市场竟能在短短 40 余年的时间里发展成为全球金融版图中一个不可或缺的重要构成部分。从微观层面上看，作为一种管理金融风险敞口、降低资金成本或是增加投资回报的手段，衍生品目前已成为银行等金融机构、企业和机构投资者在日常金融运作中的重要选择。从宏观层面上看，互换等衍生品的发展使全球金融市场的参与者能够联结不同区域、不同时点金融市场上的不同到期日、货币以及付款方式，极大地强化了全球金融运行之间的关联，显著提升了全球资源的配置效率。因此，衍生品市场已演变成为现代金融体系一个不可或缺的重要构成部分。

就中国而言，由于颇为特殊的衍生品发展历程、股票等基础资产发展问题丛生、极为严格的监管约束等，众多因素相互交织，尽管从衍生品市场自身角度看在过去 20 余年实现了跨越式发展，但放眼全球，中国的衍生品市场整体仍处于相对落后的状态。从中国目前金融体系的发展来看，衍生品市场的后续发展既存在巨大的机遇，也有着很现实的诸多障碍。但要实现中国金融体系的现代化，衍生品市场的进一步发展势所必然。换句话说，只有当中国形成了一个场外和场内市场协同、标的资产类型完整且期限多样化、市场微观结构合理的衍生品市场体系之后，中国的金融体系现代化才算真正得以实现。当然，要想做到这一点绝非易事，需要在政府层面转变监管思路的前提下，监管层、交易所、商业银行、证券公司、期货经纪公司及其他参与者共同努力。

参考文献

[1] 阿尔弗雷德·施泰因赫尔．金融野兽：金融衍生品的发展与监管［M］．陈晗，张晓刚，译．上海：上海远东出版社，2003.

[2] 罗伊·C. 史密斯，英戈·沃尔特．全球银行学［M］．黄为忻，等译．上海：上海译文出版社，2005.

[3] 中国证券监督管理委员会．中国资本市场二十年［M］．北京：中信出版社，2012.

[4] 克里斯托弗·L. 卡尔普．管理资本和风险的艺术——结构性金融与保险［M］．杜墨，任建畅，译．北京：中国金融出版社，2008.

[5] 莫顿·米勒. 金融创新与市场的波动性 [M]. 王中华, 杨林, 译. 北京: 首都经济贸易大学出版社, 2000.

[6] 应展宇. 储蓄—投资转化中的资本市场: 功能视角的经济分析 [M]. 北京: 中国人民大学出版社, 2004.

[7]《径山报告》课题组. 中国金融开放的下半场 [M]. 北京: 中信出版社, 2018.

[8] Crane, D. B., Froot, K. A., Mason, S. C., Perold, A. F., Merton, R. C., Bodie, Z., Sirri, E. R., and Tufano, P. (1995). *The Global Financial System: A Functional Perspective*. Boston: Harvard Business School Press.

[9] Bruce Carruthers, Diverging Derivatives: Law, governance and modern financial markets, Journal of Comparative Economics, 2013.

第8章　现代金融体系中科技的力量：基础设施与普惠性

摘　要

金融科技在近年迅速发展，已成为现代金融体系中重要的力量。本章首先对金融科技在中国发展的硬件及技术条件、发展现状和现存问题等方面进行梳理，讨论金融科技在中国的发展逻辑。之后，将基础设施建设分为金融信息服务、支付、征信等五个方面，对新技术的应用机制、现状及效果进行梳理，从理论和实际角度，分析新技术在降低成本，提高金融服务普惠性方面的积极作用。最后，对金融科技对传统金融行业的挑战进行梳理，并讨论了金融科技在智能监管方面的应用，包括风险度量、数据共享及道德风险的避免等。

1　金融科技在中国发展的逻辑

金融科技（Financial Technology，FinTech）正处于飞速发展的时期，2016年3月，全球金融治理牵头机构金融稳定理事会在报告中指出，金融科技是指通过技术手段推动金融创新，形成对金融市场、机构及金融服务产生重大影响的模式、应用、流程和产品。[①] 这是金融科技首次在国际组织层面被定义。自2014年以来，金融科技引发广泛关注，在各大国际金融中心得到迅猛发展，并逐步改变全球金融业格局。

得益于改革开放以来高速经济增长，和作为世界第二大经济体的国际影响力，中国已成为全球金融科技发展创新的领导者之一。回顾其发展历程，金融科技在中国的迅猛发展具有必然性和独特性。一方面，国内的传统金融基础设施发展不均衡、不完善，很难满足大量机构和个人的金融服务需求。另一方面，2003年以来互联网基础设施的完善和电子商务的大爆发，创造了数以亿计的活跃互联网用

① FSB，Fintech：Describing the Landscape and a Framework for Analysis，March 2016.

户和海量的电子化的经济活动数据。这为金融科技的爆炸式发展创造了优越的条件，其中政府的支持与资本的流入又起到了重要的作用。本节就金融科技在中国发展的独特性与其背后的逻辑进行简单剖析。

1.1 未被满足的金融服务需求

随着改革开放以来中国经济的飞速发展，国民收入获得显著提高，对存贷款、保险等基础金融服务的需求与日俱增。同时，日益壮大的中产阶级带来了大量的对证券、基金、外汇和私人银行等高端服务的需求。中国金融业亦随之取得了长足的发展，但在基础设施覆盖、银行账号开设、贷款审批等方面仍存在进一步发展的必要性。

根据国际货币基金组织发展指数显示，中国每 10 万成年人拥有的商业银行分支数为 8. 78，低于世界平均值 12. 60，与发达国家地区如北美（27. 83）和欧洲（24. 04）更是差距巨大。[①] 基础银行设施覆盖不足，导致一部分零售客户群体被隔绝在金融体系之外，尤其是贫困地区的贫困人口。根据世界银行 Global Findex 数据库数据，截至 2017 年，中国仍有 2. 25 亿人口不具备最基础的金融设施——银行账号，占总人口的 16. 5%。[②] 全国平均 1000 人仅开设存款型账户（包括支票账户，储蓄账户和定期存款）22. 17 个，远低于世界平均水平 933. 21 个。[③]

尽管对于金融系统的评价应该从多个维度进行考量，基础设施覆盖度不足凸显出中国当下仍有大量金融需求缺口亟待满足。大部分商业银行面对此种形势，采取了扩大其覆盖范围的策略。然而其表现出的缺少创新、忽略客户感受等特性在服务需求日新月异的信息时代中也一直为人所诟病。

1.2 网络基础设施发达（传统 + 移动），网络经济数据量大

面对零售客户和中小企业日益增长的金融需求和反应迟钝的传统金融企业这一矛盾，中国的科技巨头们（典型代表为互联网企业“BAT”，百度、阿里巴巴和腾讯）借助已有的服务平台、技术优势、客户资源和充足的资金纷纷向金融服务领域大举进军。现举几个典型案例：

---

① International Monetary Fund. Financial Access Survey [DB]. 2016.（访问地址：http://data.imf.org/?sk=e5dcab7e-a5ca-4892-a6ea-598b5463a34c&sId=1460043522778）.

② World Bank. Global Findex [DB]. 2017.（访问地址：https://globalfindex.worldbank.org/）

③ International Monetary Fund. Financial Access Survey [DB]. 2016.（访问地址：http://data.imf.org/?sk=e5dcab7e-a5ca-4892-a6ea-598b5463a34c&sId=1460043522778）

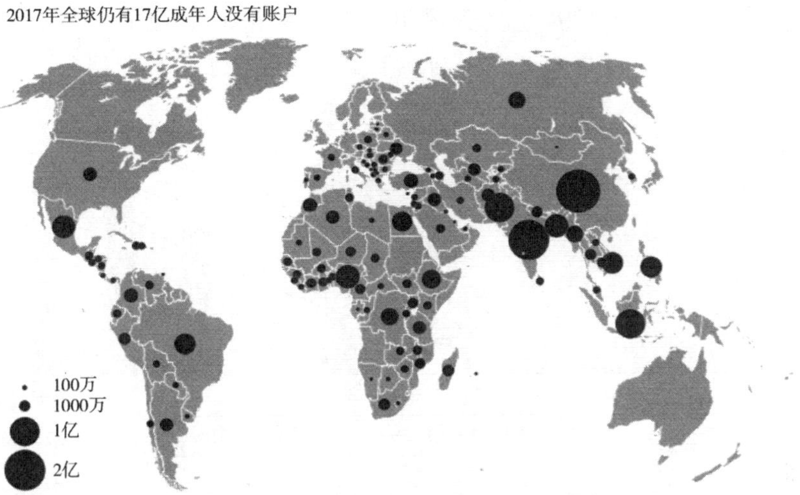

注：没有账户的成年人占比等于或低于 5% 的经济体未在图中列示。

数据来源：世界银行 Global Findex 数据库。

图 8－1　全球没有银行账号的成年人口分布图①

2018 年春节 6 天之内，全国共有 7.68 亿人发送微信红包，其中 1980 年后出生的用户占比 65%②，其在特定时间段的用户覆盖度与年轻用户比例令世界咋舌。微信红包基于腾讯的移动支付服务财付通，能成为国民现象，所凭借的正是微信在中国移动即时通讯应用市场的垄断优势。

与腾讯由社交服务领域向金融服务领域渗透不同，它的主要竞争对手阿里巴巴的根基和切入点在于电子商务。2018 年是“双十一购物狂欢节”的十周年，一个原本略带戏谑的“光棍日”，被阿里巴巴旗下淘宝网打造成年度营销盛事。2009 年“双十一”销售额 0.5 亿元，8 年后的 2017 年，仅一天时间全球消费者通过支付宝完成的支付总笔数即达 14.8 亿笔，淘宝天猫一家总销售额 1682 亿元③，其中 90% 为线上消费。每年的这一天已成为名副其实的全民购物盛宴，其社会影响力不容小觑，并有向海外扩散的趋势。与之对比，根据 Adobe Digital Insight 报告，2017 年美国感恩节购物周④一周之内 4500 个电商网站共产生营业

① World Bank. Global Findex [DB]. 2017.（访问地址：https：//globalfindex. worldbank. org/）

② 腾讯. 2018 年春节期间微信数据报告 [R]. 2018.

③ Baidu. 百度百科：双十一购物狂欢节. 2018.（访问地址：https：//baike. baidu. com/item/%E5%8F%8C%E5%8D%81%E4%B8%80%E8%B4%AD%E7%89%A9%E7%8B%82%E6%AC%A2%E8%8A%82.）

④ 从感恩节前夜开始，到网络星期一（Cyber Monday，大量美国消费者会在感恩节过后的首个星期一网络购物）的一周是美国传统销售热季，包括感恩节、黑色星期五、网络星期一等几个销售节点。

额186亿美元①，折合1294亿元人民币，不及淘宝（含天猫）一家企业一日的销售额。毋庸置疑，中国电子商务与线上支付已走在了世界前列。

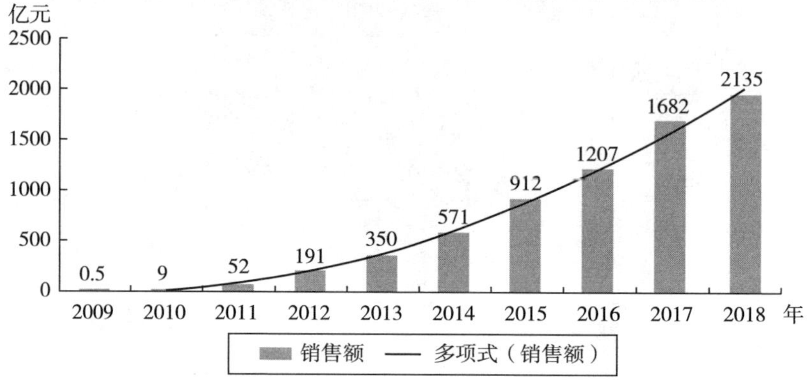

资料来源：中商产业研究院。

图8－2　淘宝天猫历年双十一销售额

热火朝天的“双十一购物节”、万人空巷的微信红包，其背后是中国巨大的电子商务服务和社交服务市场。全球领先的技术支撑和国内垄断性的市场份额，辅以精准的用户洞察，腾讯和阿里巴巴得以快速在大部分金融服务领域建立规模优势。这些互联网奇迹无不得益于快速普及的国内互联网基础设施和数以亿计的，已习惯在“数字生活”中分享经济活动数据的千禧一代中国网民。

1.3　人工智能的创新基础

现代金融科技的创新离不开人工智能的支持。而人工智能行业的发展除了算法理论的创新，仍需两个必要条件：高性能的计算设备与海量数据。数据是人工智能技术发展的基石，这是因为进行机器学习的模拟需要用大量现实世界中的数据进行“训练”。数据量越大，获得的结果就越准确。

得益于政府多年的互联网普惠化措施，中国互联网络信息中心（CNNIC）发布的最新报告显示，中国网民人数已达到8.02亿，其中移动互联网使用人数7.88亿②。移动互联网用户人均单日使用时长291分钟，月人均打开APP数目19.2个③。这些线上活动覆盖了当代中国人生活的方方面面，无时无刻不在产生

① Adobe. Adobe Digital Insight［R］. 2017.（访问地址：https：//landing. adobe. com/en/na/solutions/digital－index/ctir－2840－holiday－predictions－2017/index. html？ sdid＝MLR7SG1G&mv＝other.）

② 中国互联网络信息中心．中国互联网络发展状况统计报告［R］. 2018.

③ QuestMobile. 2018中国移动互联网春季报告［R］. 2018.（访问地址：https：//www. questmobile. com. cn/blog/blog＿141. html）

海量数据。这些国民的社交，娱乐，出行，购物，理财等大数据为人工智能技术在中国金融科技的发展提供了得天独厚的优势。

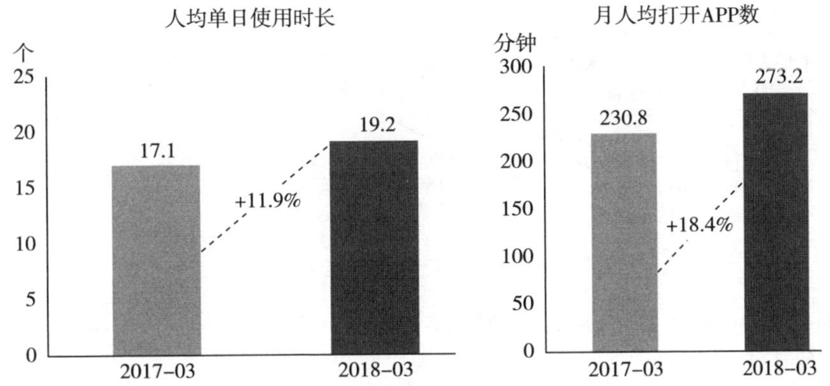

资料来源：QuestMobile. 2018 中国移动互联网春季报告［R］. 2018.（访问地址：https：//www. questmobile. com. cn/blog/blog _ 141. html）

图 8－3　中国移动互联网用户使用情况

人工智能和大数据在金融科技发展中的应用可大致分为三个方面：第一，对金融科技的基础设施进行完善和赋能；第二，可以提高效率，提升金融服务的普惠性；第三，可以辅助监管机构和执法机构打击金融违法、违规行为。

1.4　资金，政府对创新的大力支持，充足的人才储备

金融科技在中国的发展离不开政府营造的有利环境和金融资本的大力支持。2014 年，全国“两会”期间，“互联网金融”首次写入政府工作报告。李克强总理在政府工作报告中强调“促进互联网金融健康发展，完善金融监管协调机制，密切监测跨境资本流动，守住不发生系统性和区域性金融风险的底线”。2015 年“两会”期间，政府报告提出“制定‘互联网＋’行动计划，推动移动互联网、云计算、大数据、物联网等与现代制造业结合，促进电子商务、工业互联网和互联网金融健康发展，引导互联网企业拓展国际市场”。

上述内容体现出政府对待金融科技创新的政策思路，即在保护消费者，防范系统性风险的基础上进行大力发展。这一点也和我国政府的“科技强国”战略以及一系列鼓励科技创新的政策一脉相承。2016 年 8 月，科技金融创新被明确纳入国家《“十三五”国家科技创新规划》。另一方面，面对日新月异的科技发展，监

管的滞后性一定程度上也造成了金融科技的自由发展和先发展后规范的现实。

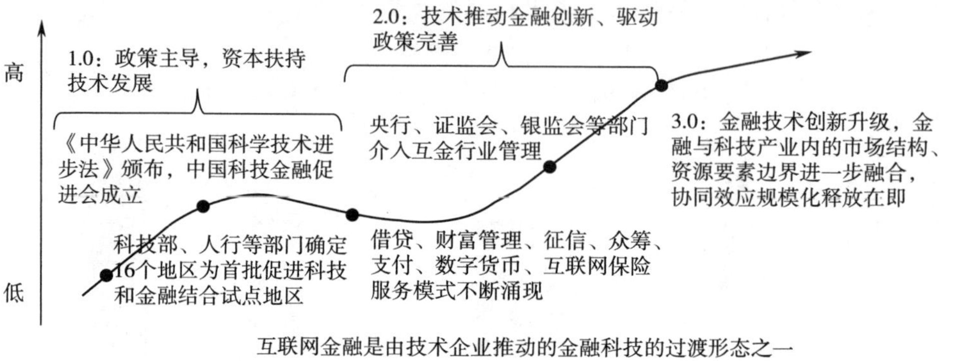

资料来源：Analysys. 中国金融科技专题分析 2017 [R].（访问地址：https：//zhuanlan. zhihu. com/p/25017350.）

图 8－4　金融科技在国内发展概览

2018 年毕马威（KPMG）《金融科技脉动》报告中指出，全球金融科技创新投资大幅增加，2018 年半年内即超过 2017 年全年总和。中国金融科技投资在 2018 年上半年创出 151 亿美元新纪录，几乎等同于 2013 年至 2017 年中国此类投资的总和①。持续投入的资本保证了行业的高速发展。

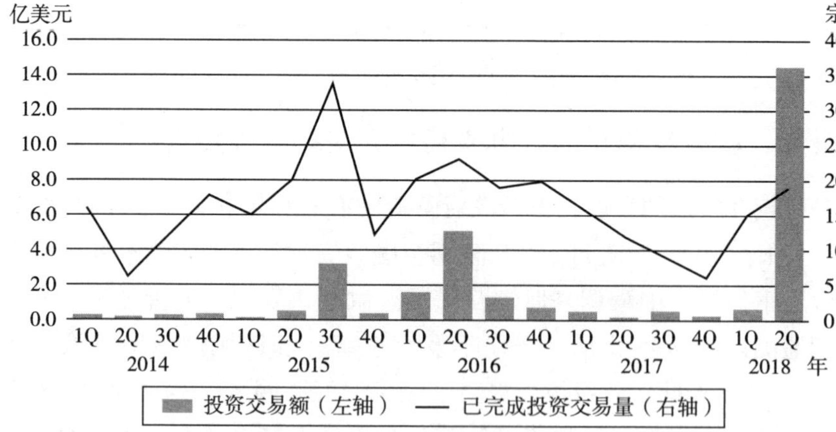

资料来源：KPMG. 金融科技脉动 [R]. 2018.

图 8－5　2014 年至 2018 年 6 月 30 日中国金融科技风险投资交易

金融科技的发展还离不开高层次科技人才。北京、上海、深圳、杭州等大

① KPMG. 金融科技脉动 [R]. 2018.

城市集中了中国大部分的科技巨头，依靠当地的密集的教育资源向产业内源源不断输入人才。这些城市也不断加大人才竞争力度，靠户籍、资助、就业等优惠政策从全国甚至国外进一步吸纳高端人才。这对近年来国内金融科技的突飞猛进功不可没。

2　金融科技与基础设施

在我国，金融科技近年的飞速发展已受到广泛重视。2017 年 5 月，中国人民银行成立金融科技（FinTech）委员会，旨在加强金融科技工作的研究规划和统筹协调。根据中国人民银行的定义，金融科技是技术驱动的金融创新，强调新技术对金融业务的辅助、支持和优化作用，而其运用则仍遵循金融业务的内在规律及现行法律监管的要求。①

2.1　基础设施建设

金融科技的基础设施主要是指金融运行的硬件设施。金融科技的发展，离不开众多基础设施的建设。例如，金融科技中最有应用潜力之一的人工智能技术，其理论在 20 世纪便已开始出现，但受限于当时的计算水平，其应用长时间难以实现；再如金融科技中智能合约的创新模式，其理念也于 20 世纪 90 年代就被提出，但同样缺少实现途径。在计算机不断更新换代和互联网的飞速发展下，上述疑难均已被解决，相关技术和模式已经朝更深入的理论研究和更完善的应用体系方向发展。基础设施建设所带来的不仅仅是上述“从无到有”的创新可能，还更多提供了金融业务不断优化升级的动力。

金融科技的几项关键技术支撑，包括人工智能、大数据、云计算等，均与计算机运算能力高度相关②。近年来，随着计算机领域的技术进步，无论是超级计算机，还是个人电脑，均连续取得大的技术飞跃，金融行业的企业和参与者才得以谈论和尝试上述技术的运用和推广。在基于人工智能的金融信息服务、利用分布式存储和云计算的第三方支付系统、征信等许多方面，企业或机构均需要配备足够好的硬件基础设施以满足大量高频的计算需要。

互联网是金融科技的重要基础设施。在我国，关键词“互联网金融”甚至

---

① 新闻来源：中国人民银行网站（访问地址：www.pbc.gov.cn/goutongjiaoliu/113456/113469/3307529/index.html.）

② 赵鹞．FinTech 的特征、兴起、功能及风险研究［J］．金融监管研究，2016（9）：57－70.

早于“金融科技”受到广泛关注。一方面，许多金融创新均以网络平台为依托，同时也不断追求更多的网络参与者和更频繁的活动以放大平台效应；另一方面，网络为金融信息服务、支付等创造更快捷、方便的途径。在这一问题上，带宽成为关键的技术指标。近年来，随着技术的发展，移动网络在十年内由2G进入4G、5G时代，为移动支付创造了条件；智能手机的普及也为该网络创造了巨大的潜在用户数量。

2.2 金融信息服务

金融信息服务的基础核心在于信息快速、全面提供。随着金融行业的发展，尤其是网络金融市场的崛起，金融信息出现明显的信息量增长、频率提高等现象。对此，用户也需要更快速准确地获取权威金融信息，动态了解金融市场。这也对金融信息服务行业提出了更高的要求。对于这一需求，相关基础设施建设提供了基本条件，如高速带宽、经过优化和模式改进的存储硬件及方案、强大的计算和数据处理能力等；而数据挖掘、人工智能等技术在该领域的创新使用，也为优化金融信息服务效率和质量提供了出色的解决方案。

人工智能写作作为人工智能技术与新闻业结合的产物，其对新闻内容的采集、组织、发布进行全自动化生产，目前在金融新闻、体育新闻、突发事件报道等标准化程度高、时效性要求高的领域已经有较多的应用[①]。美联社、纽约时报社等国外大型媒体机构最早开始研发和使用这项技术；在国内，新华社“快笔小新”、腾讯财经“Dreamwriter”等也取得高速发展。这项技术可用于金融信息快速收集推送的任务，其效率远高于人工撰写新闻稿；同时，其工作机制也决定了它收集信息广度和数量上的巨大优势。当然，目前的人工智能写作在金融信息服务中仍有较大局限性，例如，人工智能难以对新闻内容进行深度解析，通常只是简单的数据汇报和模式化的分析；此外，虽然目前高度结构化的智能写作新闻无须面对复杂的审稿问题，但一旦需进一步优化，进行非结构化的新闻写作及文稿审核，则需要非常前沿的人工智能技术，一些技术瓶颈还有待突破。

伴随着信息量的增长，金融信息服务的另一大要求是精准推送。基于大数据和人工智能分析用户的浏览行为偏好、金融活动参与历史等信息，可以有效实现信息定制服务。目前，大量金融信息服务平台在这一方面已有较长的应用和发展。

① 刘松浩．机器新闻写作现状与发展趋势研究［D］．郑州：郑州大学，2017.

2.3　支付清算业务

随着近年数据库、互联网和智能手机等硬件设施的飞速发展，支付业务在模式、效率等多方面均取得重大突破，分布式数据库、第三方支付等应用已经逐步进入成熟发展期。而支付本身就与科技紧密联系，因而也是金融科技的重要应用领域。云计算、大数据、人工智能等众多新技术均可与支付清算业务紧密结合，助力支付业务的创新①。

云计算技术的高扩展性、高连续性，能够迅速扩张支付服务能力，对大量支付及相关服务要求进行动态支持。基于云计算的支付业务系统在面对支付业务的高波动性时，例如节假日的爆发性增长，可以发挥其高承载力的优势，保持系统稳定。以支付宝为例，其于 2014 年起采用自研分布式数据库架构，2015 年至今均成功经受考验。

大数据在支付清算行业中主要应用于用户行为分析和交易欺诈识别。在用户行为分析方面，企业通过大数据构建精准的用户画像，以进行精准营销，同时也便于提供定制财务管理和规划等服务；交易欺诈识别方面，大数据可利用账户基本信息、位置及行为模式历史信息等进行反欺诈分析，以面对便捷支付环境下盗刷、金融欺诈等风险。

在支付业务的飞速发展过程中，第三方支付的巨大发展最为引人关注。以互联网公司为代表的非银行第三方机构进入支付体系，即在中央银行的大额支付清算系统和商业银行之间的代理支付清算体系之外，在企业和金融机构之间形成的支付体系，而第三方网络支付体系是近年最为典型的载体②。

2.4　征信

征信（Credit Reporting，或 Credit Reference）是指依法收集、整理、保存、加工自然人或法人及其他组织的信用信息，并对外提供信用报告、信用评估、信用信息咨询等服务，帮助客户判断、控制信用风险，进行信用管理的活动③。在金融活动中，征信在防范信用风险、降低交易成本、提高决策效率及优化商业环境等方面均有重大影响。

---

① 马海敏．理性、客观应对金融科技变革——专访中国金融科技 50 人论坛首席经济学家杨涛［J］．金融博览，2017（16）：14－17.

② 徐超．第三方支付体系：兴起、宏观效应及国际监管［J］．经济问题，2013（12）：11－16.

③ 修永春．金融科技与普惠金融——征信业的变革与挑战［J］．科技金融，2018（10）．

近年来，随着以互联网为代表的新技术与金融活动的结合，互联网、大数据、人工智能等技术能够大幅提升模型的预测能力，为征信系统的优化带来极大的潜力。

一方面，大数据技术可大幅提升模型变量的维度。传统征信模型中，预测变量往往较少，例如美国个人信用评分 FICO 的数据变量为 50 个①。而大数据技术为更多变量数据的采集、整理、使用都提供了可能，其海量数据来源和高效的采集过程可极大扩充变量维度，从而实现预测模型的优化。另一方面，人工智能方法可以使模型更好地面对非线性问题等；此外，硬件设施的进步以及云计算等技术的使用也为上述方法提供了基础和保障。

目前，国内外已有许多公司和机构尝试建立和使用基于金融科技的新征信系统，其在实践中所遇到的问题和解决方法也十分具有借鉴意义。

美国新兴互联网金融公司 ZestFinance 主要面向 FICO 信用评分低于 500 分的人群，在面对这类高风险人群的情况下，征信模型的准确性和鉴别能力受到更严峻的考验②。且在现实情况下，申请借款人在面对变量较少的征信预测模型时，甚至可以通过有意“操纵”几个变量，从而“刷高”信用评分。基于此，ZestFinance 利用大数据技术强大的数据挖掘能力，结合机器学习领域较为成熟的技术，开发出不依赖传统信贷数据的模型。该模型提取 70000 个变量，利用 10 个预测分析模型进行集成学习或多角度学习，最终得到信用评分，包括消费者还款能力、还款意愿等多种描述性风险特征。该公司的技术核心便在于对这些描述性风险特征的抽取与筛选。

在国内，百行征信于 2018 年 5 月正式挂牌，成为第一家且目前唯一持牌市场化个人征信机构，由中国人民银行监督管理。百行征信立足于信贷征信，其数据来源于 200 多家网贷公司，8000 多家县域小贷公司、消费金融公司等，聚焦互联网信贷数据，与侧重传统银行的央行征信中心形成差异化互补③。对于征信服务而言，接入机构越多，数据质量越好，便越能提供更加优质的服务。百行征信为信贷信息覆盖率低、共享率低及政务数据信息孤岛等问题提供了一个解决的视角，而互联网和大数据等金融科技则为这样庞大的结合提供可靠的技术支撑。

---

① 李稻葵，刘淳，庞家任．金融基础设施对经济发展的推动作用研究——以我国征信系统为例［J］．金融研究，2016（2）：180－188.

② 刘新海，丁伟．美国 ZestFinance 公司大数据征信实践［J］．征信，2015（8）：27－32.

③ 数据来源：百行征信．https：//www. baihangcredit. com/baihang. html.

因此，在健全法制、规范管理等前提下，基于互联网、大数据、人工智能等技术的征信将显著提升效率与准确率，有助于推动信用体系建设和普惠金融发展。

2.5　区块链、分布式账本与智能合约

在金融科技迅速兴起的过程中，分布式账本被认为是最有发展潜力的金融科技之一。

分布式账本是一种多类技术组合方案，其随着共享数据库、加密技术、点对点传输网等技术的发展逐渐形成。目前，学界尚未对分布式账户下统一定义。根据英国金融行为监管局的定义，分布式账户是一种用于在网络中实现对参与者交易活动同步记载的技术模式方案，满足数据记载的唯一性、连续性、标准化和不可篡改性①。分布式账本在交易记录、资产确权、身份验证等方面有着极广的应用前景。

区块链是分布式账本最主要的表现形式，它使网络中的所有参与者同步记录某一交易活动信息，并互相验证信息真实性，防范信息被篡改②。在区块链模式下，每一个交易网络参与者即一个节点（Node），均拥有一个用来记录交易数据的分布式账本。交易发生后，通过节点向网络提交交易信息，并经过加密后以不可篡改的数据包的形式储存，这种数据包即称为“区块”（Block）。每一个区块同时传送给网络中的其他参与者，与各分布式账户的历史记录对比验证，当网络中大多数（或一个设定条件）参与者对比结果与该区块信息符合且有效时，该区块便存入各分布式账户，并形成与已有区块的链接（Chain），从而形成区块链。

区块链的最早应用在于比特币等数字货币，业界普遍认为，未来支付行业将是区块链应用的重点领域，而预计在支付清算、风险管理、证券交易、会计、审计等方面，也有很高的应用价值和很广的应用前景。

智能合约的概念最早于 20 世纪 90 年代提出，但类似于“人工智能”的概念，智能合约同样受到当时计算能力的限制而难以实现并发展。它是一套以数字形式定义的承诺，包括合约参与方可以在上面执行这些承诺的协议，即相当于在计算机系统中构建一份参与方均可读的合同，当特定事件触发后，则会立

---

① FCA, Discussion Paper on Distributed Ledger Technology, April 2017.

② 李文红，蒋则沈．分布式账户、区块链和数字货币的发展与监管研究［J］．金融监管研究，2018（6）．

即执行相应条款。

智能合约的具体实现方式并不固定，而区块链数据的不可篡改性、去中心化等一些基础特性则十分适合用来实现智能合约的创建和使用，也可方便审计等工作。在应用前景方面，智能合约在商业合作流程上可能产生大的颠覆。例如，此前需要第三方公信机构提供担保的商业合作项目，可以通过智能合约的方式减少人工的参与。另一方面，采用智能合约也有助于改善和解决合约执行过程中的违约、失效等问题，其高效的执行方式也可使合作双方减少一定风险。

总体而言，在研究和开发层面，区块链技术及与其相关的技术或应用尚处于起步阶段；在应用层面，也仅是在有限的场景或机构中实现了小范围的尝试。这套技术尚存在几点亟待解决的不足和困难：第一，对计算量和速度的要求较高，硬件设备、网络、电力等消耗大，在理论上尚有许多重复计算之处可能存在很大优化和改进的空间，在应用上尚需要更先进的技术支持以降低整个应用环境的基础成本；第二，其“去中心化”、“多边互信”等特征可能增大交易各方间的风险敞口，增大风险管控的难度，对金融稳定可能产生不利影响，这一点在理论和应用中尚未有完整清晰的改善或解决思路；第三，以目前的应用思路和模式，区块链技术的应用可能降低用户对银行等传统金融中介的依赖，可能对传统金融业造成冲击，甚至可能产生恶性竞争，增加金融体系的复杂性。

因此，区块链和分布式账本作为最有发展潜力的金融科技之一，其应用还需要更高的硬件、网络等基础设施支持，还需要经过更加全面细致分析论证，以解决上述发展中的困难。

3 金融科技与普惠性

AI 技术与互联网相结合，可以降低成本，降低准入门槛，大规模提高金融服务的普惠性，使得原本不能享受金融服务的人群也享受到金融服务。普惠性的核心就是降低成本。金融科技大大降低了金融服务的成本，从而提升了效率。

比如，中国的中小企业的金融需求很大程度上无法在现有银行体系内得到满足。截至 2017 年末，国内小微企业贷款余额 30.74 万亿元，仅占银行贷款总余额的 24.67%[①]。与中小企业在国民经济中的地位、做出的贡献不相匹配。大量的中小企业贷款融资、贸易结算、资产托管等金融服务无法得到满足，不得

① 金融壹账通．中小企业金融服务变革与金融科技前沿发展［R］. 2017.

不另觅他途。然而，金融科技的引入如蚂蚁微贷的出现大大降低了小微企业获得金融服务的门槛，提高了贷款的可获得性。再比如，基于人工智能的人脸识别、指纹识别等技术广泛应用于支付场景中的身份识别和指令验证中，有助于提高支付安全性和便捷性，降低支付使用者的使用门槛。此外，机器学习技术也可与大数据相结合，分析用户行为特征，为用户提供精准服务和技术支持。

目前，人工智能的引入大大降低了人力的投入，降低了成本，提升了服务效率。将 AI 用于分析数字金融服务用户的收支规律、资产分布、风险偏好等信息，来提供智能咨询、智能资产管理、智能保险等衍生服务。另一方面，对于金融服务提供商，同样的数据则可以用来进行咨询和风险控制。金融创新对于金融业务的辅助优化作用在相关基础设施和服务方面体现得尤为明显，例如：结合了文字采集与人工智能写作技术的高效即时金融信息服务，在速度和内容丰富程度上均有显著提升；新技术下的高速贷款等优化的网络基础设施建设，为大数据计算、高频交易等金融业务相关活动提供支持；互联网技术推送第三方支付的飞速发展；结合大数据与机器学习的征信系统；基于分布式账本技术的更具透明性的智能合约等。这些基础设施服务在新技术的带动下，在功能和效率上均有明显优化，甚至在模式上也出现创新，正是金融科技所带来的积极影响。

规模经济告诉我们，对于相同类型的金融服务，资金量越大，单位资金享受金融服务的成本也越低。因而，把客户分散的资金通过互联网渠道聚拢起来进而形成较大量的资金可以降低单位资金的成本。余额宝是利用互联网平台汇集资金进而实现规模效应的产品。它的诞生使得原本无法购买货币基金的低收入家庭可以购买货币基金，并实现相对于活期存款更高的投资收益。例如在基金理财领域，阿里巴巴凭借支付宝，推出了天弘余额宝。从 2013 年上线至 2018 年仅用五年时间，即成为世界第一的货币基金①，截至 2018 年上半年，余额宝为超过 5.5 亿元人管理着 1.45 万亿元人民币的财富②。腾讯也在金融服务领域与阿里巴巴展开了激烈竞争。其中最有代表性的是移动支付入口。数据显示，2018 年我国有 7.88 亿人使用移动互联网。移动支付在手机网民中的渗透率达

① 路透社.（2018）. Jack Ma's Ant Financial adds two new money market funds to its platform.（访问地址：https://www.reuters.com/article/us-ant-financial-funds/jack-mas-ant-financial-adds-two-new-money-market-funds-to-its-platform-idUSKBN1I5085）

② 天弘基金. 天弘余额宝货币市场基金 2018 年半年度报告［R］. 2018.

92.4%[①]，可以不夸张地说，中国正快速进入“无现金社会”。支付宝和财付通经过多年竞争博弈至今，“双寡头”合计占据了移动支付市场92%的市场份额[②]，根本性地改变了中国人的衣、食、住、行模式。

4 金融科技对传统金融业态的挑战

金融科技在发展初期主要以“互联网金融”的形式走入大众视野，并以“新金融”的名义对传统金融发起挑战。经过数年发展，伴随更多领域前沿技术的进入和融合，金融科技对传统金融发展的贡献有目共睹；但其对传统金融业态的挑战亦不可忽视，传统金融的部分业态被改变、被同化，甚至被颠覆。传统金融从最初被金融科技的高速发展倒逼开放、被动发展，到现在的主动迎纳，接受挑战，意味着金融科技从最初的颠覆者，变成了现在与传统金融相辅相成的共生体。有理由相信，金融科技对传统金融业态的挑战促使传统金融向更高效率、更优化的新金融发展。

4.1 效率的提升

Bodie 和 Merton[③] 共同构建了完整的功能金融理论。该理论认为，金融功能比金融机构更加稳定，金融功能随时间和环境的变化相比于金融机构要小；金融功能比机构的组织形式更加重要，功能大于形式，机构之间的竞争和创新会提升金融功能，即提高效率。换言之，要对金融科技进行研究，需要先对金融科技的金融功能进行研究；要对金融科技与传统金融业态进行比较分析，需要先对两者的功能差别或功能优劣进行研究。

Bodie 和 Merton[④]认为金融系统主要有六项基本职能（即金融功能），分别为：在时间和空间上转移资源、管理风险、清算和支付结算、储备资源和分割股份、提供信息以及解决激励问题。基于这样的功能金融理论陈述，我们希望通过对比金融科技和传统金融业态，更深入地分析金融科技对金融功能效率的提升。

---

① 中国互联网络信息中心．中国互联网络发展状况统计报告［R］．2018.

② IPSOS. 2018 上半年第三方移动支付用户研究报告［R］．2018.

③ Bodie, Zvi, and Robert C. Merton. Finance. N. J.: Prentice Hall, 2000. Merton, Robert C., and Zvi Bodie. “The Design of Financial Systems: Towards a Synthesis of Function and Structure” Journal of Investment Management 3, No. 1 (First Quarter 2005): 1 – 23.

④ Bodie, Zvi, and Robert C. Merton. Finance. N. J.: Prentice Hall, 2000.

传统金融业态提供了在不同的时间、地区和行业之间经济资源转移的途径，而金融科技所具有的打破时空限制的特性，则将这一途径近乎无限拓宽。比如，在传统金融场景下，学生贷款需要学生亲自到金融机构操办具体的手续，经过一段时间审批，最终发放；而在金融科技场景下，学生的部分个人信息已经被金融机构的系统所记录，系统可以生成类似于信用分之类的指标，在学生申请学生贷款的时候，数秒即可下发审核结果并在数分钟内完成转账。从交易时间内炒股到全天候炒币，从自有资金炒 A 股到个人信用融资炒遍全球股市，金融科技将我们的金融视野从时空的限制中逐渐解放。

提供风险管理的方法是传统金融的核心功能之一，风险转移是风险管理的核心思想。当人工智能等金融科技标志性技术被投入量化交易的模型设计中时，更智能的机制和更强的计算能力会进一步优化量化交易的风险管理，从而很可能提高量化交易模型的夏普比。此外，对金融企业本身而言，金融科技大幅提高了他们的风险管理能力。金融科技相关技术使得金融科技企业的大数据收集、处理能力以及风控模型的设计能力都有了长足的进步。

传统金融业态提供了稳定有效的清算和结算支付的途径，使得交易能够顺利完成。作为金融科技核心优势领域，支付系统使得金融科技企业在不少业态上对传统金融具有不小的优势。前端金融科技企业的业务开展，离不开成熟且高效的支付系统；而后端金融科技企业又依赖于支付系统获取与清算和结算单据相关的大数据，用于搭建各种各样的金融科技模型。同时，支付系统（或功能）又是作为最早的互联网金融因素走入寻常百姓家的金融科技，可以称作传统金融业态和金融科技业态的分水岭。以支付宝为代表的金融科技支付系统使秒存、秒取、秒转，甚至是秒贷、秒还成为了可能，进而变成了日常。此外，金融科技企业的支付系统留存了大量的用户数据，使得用户可以相应地使用金融科技企业更多的增值服务和信用业务，这比传统金融业态更高效，也更容易估测到用户的真实信用情况，一般情况下可在信用贷款等业务上给予用户更优惠的利率、更高的额度。

金融系统可以为储备资源和在不同的企业中分割所有权提供有关机制，相关机制的设计是该功能的关键。对比传统金融业态，金融科技在相关的机制设计上暂时并没有特别大的进步，对该功能的贡献主要体现在拓宽渠道进而提升效率。以阿里系的余额宝系列产品和腾讯系的零钱通系列产品为代表，互联网基金销售打开了一个万亿市场，使货币基金成为互联网用户最主要的理财方式之一。根据中国证券投资基金业协会发布的《中国证券投资基金业年报（2015

年)》，2012 年的公募基金（封闭式和开放式合计）资产规模为 28661.81 亿元。在余额宝等互联网基金理财产品快速发展后，2015 年的公募基金资产规模达到了惊人的 83971.83 亿元，增长了 193.0%；而 2009 年（26024.80 亿元）至 2012 年的增长则仅有 10.1%。根据前述分析，我们可以认为金融科技企业拓宽了基金募集的渠道，做大了基金行业的整体盘子。同样地，这样的提升也提高了基金的募集效率和整体体量，为金融市场注入了活力和增量资金。

提供价格信息是金融市场的重要功能，而信息相关技术又是金融科技企业的核心竞争优势。Fama①论述了传统金融中最重要的假说之一——市场有效假说，该假说认为金融资产价格能够充分反映所有信息。而在实际金融市场中，信息不对称是不可忽视的重要现象。金融资产的实际交易价格能够提供价格信息，而价格信息亦能影响金融资产的价格。金融科技天生具备信息技术优势，在传统金融业态中比传统金融机构更容易获取更多的数据，也更可能从获得的有限信息中充分发现有效的价格信息。这不但意味着金融科技企业能通过该优势，在量化交易等领域对传统金融机构保持一定领先，还意味着金融科技企业的实际操作和相关金融资产价格能够为居民反映更准确的价格信息。同时，由于时效性上的优势，这样更准确的价格信息还几乎是即时的、应激的，更有效率的。

金融系统为解决激励问题提供了很好的途径。道德风险、逆向选择等是激励问题的普遍表现形式，而前述分析论述了金融科技在信息相关内容上比传统金融业态更有效率，从而有助于解决激励问题，此处不再赘述。而委托—代理问题则是激励问题的另外一个主要方向。传统金融为委托—代理问题提供了解决思路，但在实际操作中，仍受限于部分信息的不可获取，无法完全解决。而区块链技术则能为我们提供全新的思路，不可伪造、不可篡改、可追溯的数据结构被应用到实际管理事务中，可以近乎完全消除委托人和代理人之间的信息不对称，委托人只需要提出更简单、更直接的激励方案，即可激励代理人为其服务，代理人的努力亦能被委托人所观察到，获得与之匹配的报酬，达到双赢的局面。虽然，区块链技术的覆盖率仍有待提高，但其核心思路是获取业界主流认可的，相信会在未来得到广泛的应用。

---

① Fama, Eugene. "Efficient market hypothesis: A Review of Theory and Empirical Work." Journal of Finance 25, No. 2 (1970).

4.2 脱媒

在中国的互联网行业发展初期，“去中介化”是讨论的重点，主流观点认为互联网天然具有点对点的脱媒特质，去中介化才是互联网开放性的核心思想。然而，经历数年发展，中国的互联网行业诞生了以 BAT 三巨头为代表的众多大型平台。于是，“再中介化”的声音慢慢浮现，从业人员开始了对“去中介化”的反思。互联网平台的网络效应促使互联网行业马太效应愈发显著：头部金融科技企业的先发优势使得他们积累了大量的优质数据，使得后续模型研发和业务开展具备了得天独厚的优势，这些更稳健或更高收益的模型和更便捷的末端触达极大地提高了用户使用体验且能在一定程度上提高收益或夏普比。这意味着不犯错的金融科技巨头——那些强大的金融科技企业，会在其安身立命的金融科技领域中越活越好，持续保持着领先地位，这也是金融科技巨头们先入局并投入巨额资金进行研发的应有回报。这也引出了金融科技（尤其是互联网金融）乃至其他互联网平台的新趋势——“强中介化”。

从“去中介化”到“再中介化”再到“强中介化”，金融科技平台的中介角色逐渐被承认，具有强大技术的新型中介是金融科技系统的主要元素之一。在目前看来，金融科技的“脱媒”性质，“脱”掉的不是中介（即“媒”），而是传统金融中介（即传统金融业态下的“媒”）。这样的强中介化“脱媒”貌似比传统金融业态更容易形成垄断，但这样的垄断并不一定带来不好的结果。监管部门对传统金融机构进行监管时，十分依赖于现场调查和月报、年报等材料，时效性和可信程度均有待商榷，这样的监管普遍是滞后的。相反，当金融科技相关的法律法规被完善，且智能监管被广泛应用后，监管部门只需要一套成熟的智能监管模型和金融科技企业对其开放的数据接口，即可实施对金融科技企业的实时、同步监管，甚至做出违规预判和风险预警。因此，强中介化“脱媒”下的金融科技企业虽然可能形成一定程度上的垄断，但这样的垄断不可能为金融科技企业带来法律法规允许范围外的超额垄断利润。相反，“强中介化”意味着数据会更加集中、单个金融科技企业所拥有数据量会增大，这会使数据隐私得到更好保护，大数据分析及人工智能等应用方法得到更优的产出。

提到“脱媒”，不得不提的是，传统金融中介的高门槛（如基金代销机构动辄数万的基金购买门槛）使得普通城镇居民早年普遍缺乏合理的家庭理财途径，被迫选择定期存款，收益率过低。金融科技企业提供平台，将金融机构（如基金管理公司）和普通投资者直接连接起来，大幅降低了金融机构的销售成本和普通投资者的购买成本。金融科技企业从中获利的根本原因是技术所带来的低交易成本。边际成本几乎为零的金融科技平台增加利润的最直接途径就是扩大用户群，用户群的扩大意味着“强中介”的诞生，“强中介”正是强在用户数量。显而易见，金融科技平台扩大用户群的最直接办法就是降低门槛，进一步降低交易成本（费率）。同时，金融科技平台比传统金融中介更容易触达非投资者，更直接的信息传递使得非投资者向投资者转换成为可能。这正是金融科技平台通过降低门槛实现“脱媒”的逻辑。虽然，在最近两三年，传统金融中介在金融科技平台的倒逼下，对中介业务进行了大幅度创新，在费率上几乎给出了与金融科技平台相近的优惠政策，但用户习惯已经被金融科技平台培养起来，且大多数金融科技平台通过支付系统连接了用户的投资与日常消费，传统金融中介的颓势在短期内无法扭转。

5　金融科技与智能监管

5.1　金融监管的挑战与机遇

金融科技在我国有着坚实的成长基础与广阔的发展前景，将持续为金融体系的基础设施和普惠性带来革新性变化。但必须注意到，金融科技在冲击传统金融业态的同时也挑战着现有的监管体系。金融科技没有改变金融风险的本质属性，但使其隐蔽性、传染性、广泛性和突发性在程度上有所深化。一方面，在网络效应下，新兴业态的增长速度更快、影响面更广，对风险的识别和控制能力提出了更高的要求；另一方面，业态复杂多样，增加了跨行业的交叉性隐患，提高了监管难度，因此监管机构亟需对这些新变化作出反应。

2017 年 5 月，人民银行成立了金融科技（FinTech）委员会，以加强金融科技工作的研究、规划与统筹协调。同期，人民银行金融研究所所长、互联网金融研究中心主任孙国峰在相关文章中建议“以 RegTech 应对 FinTech”。[①] 所谓 Regtech，便是利用新兴科学技术来解决监管合规问题，即实现“智能监管”。

智能监管的概念和方法得到了众多行业专家学者的认同，如周小川 2018 年 11 月 18 日在第九届财新峰会上表示，在金融科技发展过程中，技术开发商以及商业性金融机构可能出现一些扭曲行为，出现一些对社会不利的现象，可能过

---

① 孙国峰．从 FinTech 到 RegTech［J］．清华金融评论，2017（5）．

度偏重短期投机，因此都需要监管，而且监管应当动态演进。未来监管的负担可能越来越重，会更加依靠科技和 IT 技术。[①]

金融科技的发展给监管带来的不只有挑战，更有机遇。综合运用大数据、云计算、人工智能、区块链等技术，金融监管将大有作为。

5.2　科技在智能监管中的应用

5.2.1　风险度量

金融监管的重点在于管理金融体系的风险，而传统金融监管的痛点往往在于监管者很难获知哪里有风险、风险有多大。传统金融监管受到的限制主要来源于信息和技术，而金融科技的发展为提高风险度量能力创造了机会。

首先，风险度量的基础在于数据。过去，人工无法对交易明细进行实时详尽记录，监管过程中可能面临数据缺失的情况。而且，当数据以书面材料的形式呈现，监管机构几乎无法进行大规模分析。但当信息技术使金融交易转向电子化，数据获取和处理的难度就被大大降低了。随着金融基础设施的完善，金融业务数据转到线上，并且可以进行自动管理、即时报告。监管机构实时、动态地采集信息，进行非现场监管，降低了信息不对称的程度，利于突破传统监管静态、滞后的困局。

人工智能的发展则进一步为风险度量提供了技术支撑。以金融机构的内部控制为例，P2P 网络借贷平台往往难以获知贷款者的还款意愿与还款能力，在发放贷款的过程中时常遭遇逆向选择的问题。而科技带来的新手段在于：基于数据挖掘和分析，可以建立贷款者违约概率预测模型，为平台甄别贷款者与选择项目提供依据。根据以往积累的大量业务数据，可以将贷款者样本分为训练集、验证集和测试集，分别用于估计、优化和评估模型。在数据训练环节，目前已有多种成熟的机器学习算法可供选择，如随机森林、K – means、支持向量机等。深度学习亦提供了构建预测模型的途径，如循环神经网络能够处理时序信息，便于分析金融交易主体不同时点的行为，提高了监管实践的适用性。通过传统机器学习算法和深度学习算法的有机结合，借贷平台可迅速获得贷款人的准确信用评分，实现对风险的有效度量。

除了对统计规律的模拟之外，人工智能进行案例推理的能力同样可以应用于金融监管。金融体系具有一定的周期性，但监管者的案例学习能力是相对有

① 周小川．数字货币和电子支付或多方案并行［EB/OL］．［2018 – 11 – 19］．中国证券报·中证网，http：//www. cs. com. cn/xwzx/hg/201811/t20181119 _ 5894136. html.

限的，这就限制了面临风险时的识别能力。而通过机器学习全球范围内的大量历史案例，当金融市场遭遇波动时，监管者可以了解该现象的可能后果，从而对风险程度进行衡量和预测。

因此，金融科技的应用为监管机构度量风险提供了充分的数据基础和技术手段，推动智能监管中风险度量的自动化、动态化、精确化。

5.2.2 数据共享

科技为金融监管带来结构性改进渠道，离不开数据共享。吴晓求在 2016 年 12 月首届智能金融国际论坛上演讲时曾谈到，“如果我们能把全国的金融，特别是系统性金融机构，无论是证券、保险、还是银行，他们的一些系统性重要机构，他们的资金，他们的资金的运动，以及市场的活动，都可以统一上传到大数据平台里面，就能非常明显地看到我们国家整个资金和资产价格变动情况，以及他们直接的相关性。这对于改善中国的金融监管非常重要”。[①]

就现实情况来看，数据共享也有其必要性。举例，在 P2P 网贷平台频繁暴雷的背后，存在不少“马甲平台”扰乱市场，一个实际控制人可能同时掌控多家 P2P 平台，不同平台的资金相互挪用，不断维持和扩大经营，平台倒闭时给投资者带来成倍的损失。这一现象背后，也反映了工商信息不透明、身份认证不完善的危害。数据共享将很大程度上弥补传统监管在信息孤岛方面的缺陷，大大提高监管效率。

在互联网时代，无论是政府、企业抑或个人，都不再是孤岛，也不应是孤岛。通过数据共享，可以将各个平台的数据实现联通，表现出多方面的优势：其一，降低不同主体为搜寻信息而进行重复的成本，增进社会经济效益；其二，整合不同主体掌握的零散数据，发挥数据的规模效应；其三，为缺乏信息的人提供便利，进一步降低信息不对称所导致的风险。

科技进步使数据共享成为可能。一方面，监管机构可以建立起监管云平台，既为金融机构上传资金运动情况、工商登记注册信息等数据提供接口，也采集个人在电商平台、第三方支付上的信息，对多源异构数据进行整合，形成金融大数据。另一方面，区块链等新技术的出现为数据共享提供了新工具。区块链作为一个开放、透明、永久的信息系统，其数据不可伪造、不可篡改、可追溯，可以为任何人所查询，在智能监管的数据共享过程中颇具潜力。

数据共享真正融通了金融体系的各个主体，无论对于监管当局监督市场，

---

① 吴晓求．科技进步可使金融监管走向智能监管［EB/OL］．金融界网站，［2016－12－08］http：//opinion. jrj. com. cn/2016/12/08114721809348. shtml.

还是对于金融机构内部控制，都可谓影响深远。

5.2.3　监管中道德风险的避免

道德风险不仅存在于金融交易中，还存在于监管过程中。金融监管中，监管者有一定的激励采取行动以最大化自身效用，但由于监管者的特殊角色，这样的行为往往会对金融市场的规则和秩序产生相当负面的影响。

信用卡业务是监管道德风险的高发区之一。随着信用卡业务的兴起和扩张，违规申请和使用信用卡的情况时有发生。出于业绩指标或额外收益的考虑，当不具备信用卡申请资格的居民利用虚假材料进行申请，或当不法分子冒用他人身份申办信用卡时，银行从业人员可能没有足够的激励进行仔细核查，甚至还会利用自身工作经验加以指导。一些银行从业人员也可能凭借对信用卡运作模式的了解和对信用卡、POS 机的掌握参与信用卡套现活动，导致金融资源的误用。

从更宏观的角度来看，“救市”等行政监管过程也可能孕育道德风险。巨额救市资金到位后，标的如何选择、具体如何操盘都存在很大的操作空间。在监管过程中，若信息不对称、操作不透明，监管者很可能为个人谋取私利，进行官商勾结，破坏“公开、公平、公正”的原则，导致内幕交易的出现，也导致市场中充斥各类炒作信息，引发金融体系动荡，危害经济秩序。

“让监管回归中性”是金融市场持续健康发展的必要条件，人工智能可以在监管中提供一个中性的方案。机器可以既学习监管规则和监管理念，又剥离情绪因素。通过对输入的参数进行计算，从是否应该发放信用卡，到救市中购买股票的权重，人工智能可以给出一个更加客观的答案，为监管机构决策提供参考。

如果获取的信息不真实，计算结果就没有意义。仍以信用卡审核为例，过去不法分子之所以能冒用他人身份申办信用卡，是因为其材料和身份的真实性只能通过业务人员肉眼来判断，暗藏了伪造、包庇的风险。因此，KYC（Know - Your - Customer）规则在实现金融普惠的过程中也得到了越来越多金融机构的关注。但新技术也为保证监管材料的真实性提供了科学方法。就身份判断来说，生物识别技术的出现大大提高了判断的准确性，目前指纹识别业已得到较为广泛的应用。未来，区块链也有望在信息核实中发挥更大的作用。

新兴科技通过获取和核实信息、提供中性计算结果的方式避免监管过程中的道德风险，使金融监管更有益于现代金融体系的健康发展。

参考文献

[1] Analysys. 中国金融科技专题分析 2017 [R/OL]. https://zhuanlan. zhihu. com/p/25017350.

[2] 金融壹账通. 中小企业金融服务变革与金融科技前沿发展 [R]. 2018.

[3] IPSOS. 2018 上半年第三方移动支付用户研究报告 [R]. 2018.

[4] QuestMobile. 2018 中国移动互联网春季报告 [R/OL]. https://www. questmobile. com. cn/blog/blog_141. html.

[5] 百度百科. 双十一购物狂欢节 [EB/OL]. https://baike. baidu. com/item/% E5% 8F% 8C% E5% 8D% 81% E4% B8% 80% E8% B4% AD% E7% 89% A9% E7% 8B% 82% E6% AC% A2% E8% 8A% 82.

[6] 李稻葵, 刘淳, 庞家任. 金融基础设施对经济发展的推动作用研究——以我国征信系统为例 [J]. 金融研究, 2016 (2): 180 - 188.

[7] 李文红, 蒋则沈. 分布式账户、区块链和数字货币的发展与监管研究 [J]. 金融监管研究, 2018 (6): 1 - 12.

[8] 刘松浩. 机器新闻写作现状与发展趋势研究 [D]. 郑州: 郑州大学, 2017.

[9] 刘新海, 丁伟. 美国 ZestFinance 公司大数据征信实践 [J]. 征信, 2015 (8): 27 - 32.

[10] 马海敏. 理性、客观应对金融科技变革——专访中国金融科技 50 人论坛首席经济学家杨涛 [J]. 金融博览, 2017 (16): 14 - 17.

[11] 孙国峰. 从 FinTech 到 RegTech [J]. 清华金融评论, 2017 (5): 93 - 96.

[12] 腾讯. 2018 年春节期间微信数据报告 [R]. 2018.

[13] 天弘基金. 天弘余额宝货币市场基金 2018 年半年度报告 [R]. 2018.

[14] 吴晓求. 科技进步可使金融监管走向智能监管 [J]. 金融界网站, 2016.

[15] 修永春. 金融科技与普惠金融——征信业的变革与挑战 [J]. 科技金融, 2018 (10): 52 - 55.

[16] 徐超. 第三方支付体系: 兴起、宏观效应及国际监管 [J]. 经济问题, 2013 (12): 11 - 16.

[17] 赵鹞. Fintech 的特征、兴起、功能及风险研究 [J]. 金融监管研究, 2016 (9): 57 - 70.

[18] 中国互联网络信息中心. 中国互联网络发展状况统计报告 [R]. 2018.

[19] 中国人民银行广州分行课题组, 李思敏. 中美金融科技发展的比较与启示 [J]. 南方金融, 2017 (5): 3 - 9.

[20] 中国日报. 人工智能全面加持, 斩断"羊毛党"灰色产业链 [N]. 中国日报中文网, 2018 - 07 - 02.

[21] 周小川．数字货币和电子支付或多方案并行 [J]．中国证券报·中证网，2018.

[22] FSB. Fintech: Describing the Landscape and a Framework for Analysis. March, 2016.

[23] Adobe. Adobe Digital Insight. https://landing.adobe.com/en/na/solutions/digital-index/ctir-2840-holiday-predictions-2017/index.html? sdid = MLR7SG1G&mv = other, 2017.

[24] Bodie, Z. and R. C. Merton, 2000. Finance. N. J.: Prentice Hall.

[25] Fama, E.. Efficient market hypothesis: A Review of Theory and Empirical Work. Journal of Finance, 1970, 25 (2).

[26] FCA. Discussion Paper on Distributed Ledger Technology, 2017, April.

[27] International Monetary Fund. Financial Access Survey. http://data.imf.org/? sk = e5dcab7e-a5ca-4892-a6ea-598b5463a34c&sId = 1460043522778, 2016.

[28] KPMG. The Pulse of Fintech, 2018.

[29] Merton, R. C. and Z. Bodie. The Design of Financial Systems: Towards a Synthesis of Function and Structure. Journal of Investment Management, 2005, 3 (1): 1-23.

[30] Reuters. Jack Ma's Ant Financial adds two new money market funds to its platform. https://www.reuters.com/article/us-ant-financial-funds/jack-mas-ant-financial-adds-two-new-money-market-funds-to-its-platform-idUSKBN1I5085, 2018.

[31] World Bank. Global Findex. https://globalfindex.worldbank.org, 2017.

第9章　现代金融体系中的监管架构：基于风险与效率的平衡

摘　要

一国金融体系的健康发展需要与之匹配的监管框架，而这个监管框架的建立应该是基于风险与效率的平衡。本章首先从宏观杠杆、金融市场重要性、混业经营、产融结合和金融科技发展五个方面介绍了中国金融结构的主要变化，继而通过分析经济转型必要性以及经济效率对经济发展与结构转型的要求，对金融和经济两者发展与结构转型间的关系进行阐释，并指出当前金融结构变化存在与经济体系改革目标不匹配的问题，这也对监管改革提供了有力支持。最后，提出监管的边界应该是效率与公平的统一，并结合当前金融体系中主要风险的变化，从监管套利与功能监管、监管真空与协调监管、监管政策与其他政策以及传统监管与智能监管四个角度讨论了当前监管体系的主要缺陷和应对措施。

1　中国金融结构的变化

1.1　高杠杆

我国宏观杠杆率分为非金融杠杆率和金融杠杆率。非金融杠杆率主要由政府、居民和非金融企业等部门贡献。2008 年全球金融危机以来，国内非金融部门的杠杆率大幅上升（见图 9 - 1）。截至 2018 年 3 月底，我国非金融部门债务总量为 351100 亿美元，约占 GDP 的比重为 261.2%，其中政府部门、家庭部门和非金融企业部门债务与 GDP 之比分别为 47.8%、49.3%和 164.1%。

图 9 - 2 展示了自 2008 年以来我国信贷缺口状况。[1] 2016 年第三季度至今，

[1] 国际清算银行（BIS）对信贷缺口的定义为私人部门信贷与 GDP 之比偏离其长期趋势值的幅度。

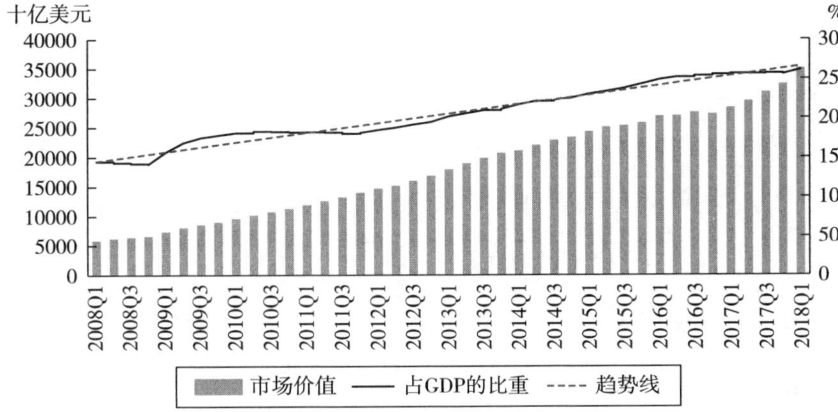

资料来源：国际清算银行（BIS）。

图9－1　我国非金融部门杠杆率

我国信贷缺口逐步下降，虽2018年第一季度略有反弹，但整体维持在15%的水平。BIS的研究结果表明：信贷缺口是银行危机（尤其是新兴市场经济体）一个非常有用的预警指标（EWI），并且在大多数金融危机之前的三年里，信贷—产出缺口超过了10%，这表明我国高杠杆与高信贷缺口的现状蕴含着巨大的潜在风险。

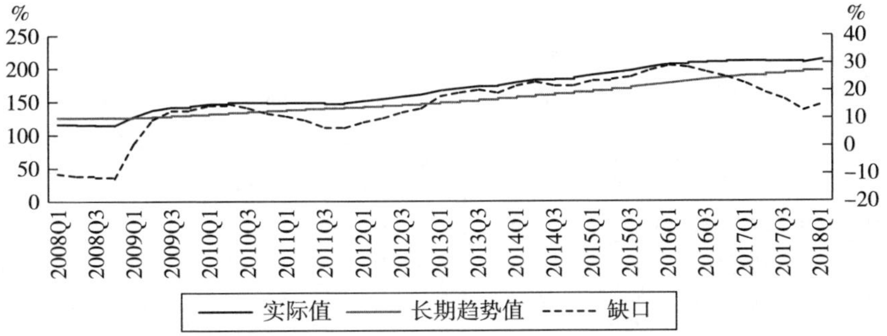

资料来源：国际清算银行（BIS）。

图9－2　我国信贷缺口状况

2002年以来，我国社会融资规模不断攀升，截至2017年底，社会融资规模存量达到174.7万亿元人民币。社会融资规模占GDP的比重同样呈上升趋势，特别是近三年，比重均超过200%（见图9－3）。我国社会融资的主要形式为间接融资（如银行贷款等），这也从侧面反映出我国非金融杠杆率不断上升的事实。

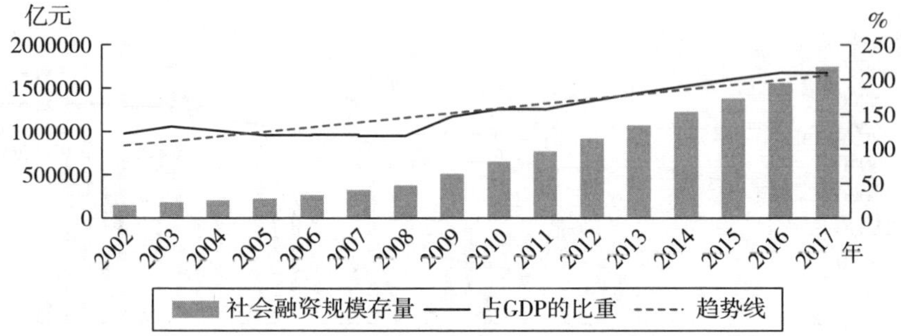

资料来源：中经网统计数据库。

图9－3　我国社会融资规模状况

我国金融体系以银行为主体，所以可以通过计算其他存款性公司的杠杆率来衡量我国的金融杠杆率。[①] 通过表9－1发现，2013—2016年，我国金融杠杆率持续攀升，从98%增长到160%，这主要是因为其他负债和银行理财产品规模大幅提高。由于GDP增长幅度超过金融负债，2017年金融杠杆率下降到156%。具体数据见表9－1。

表9－1　　2013—2017年中国金融杠杆率　　单位：万亿元

	2013	2014	2015	2016	2017
金融杠杆率（2）/（1）	97.82%	114.84%	139.91%	159.95%	155.83%
GDP现价（1）	59.52	64.40	68.91	74.36	82.71
负债合计（2）	58.22	73.96	96.41	118.94	128.89
债券托管量：同业存单	0.03	0.60	3.03	6.28	8.01
其他存款性公司：对中央银行负债	1.17	2.66	3.36	8.79	10.55
其他存款性公司：国外负债	1.80	2.51	1.30	1.27	2.05
其他存款性公司：债券发行	10.37	12.31	16.00	20.11	22.59
其他存款性公司：其他负债	16.09	18.51	20.50	23.24	26.71
其他存款性公司：对其他存款性公司负债	11.04	11.11	13.13	14.48	12.61
其他存款性公司：对其他金融性公司负债	7.48	11.24	15.59	15.73	16.84
银行理财产品规模	10.24	15.02	23.50	29.05	29.54

资料来源：Wind资讯、太平洋证券研究院。

① 狭义的金融杠杆率＝（对中央银行负债＋国外负债＋同业负债＋一般债券发行＋其他负债＋表外理财）/GDP。

1.2　金融市场的相对重要性增强

近年来，我国金融市场建设取得了突破性的进展。首先，金融市场整体规模不断扩大，市场覆盖面积和影响力不断增强，参与主体日趋广泛。其次，金融市场创新不断推进，金融产品不断丰富，为企业提供多样化的直接融资服务。再次，金融市场价格形成机制不断完善，市场功能日趋深化，利率市场化和人民币汇率市场化改革在整个金融改革史上都具有重要的里程碑意义。最后，金融市场结构不断优化，多层次金融市场体系建设稳步推进，平稳推出创业板，设立全国中小企业股份转让系统（即“新三板”）、科创板，加快与有关国家和地区资本市场互联互通的步伐，如“深港通”“沪伦通”的开闸、中欧国际交易所的成立等。

图 9－4 展示了截至 2017 年底我国社会融资（存量）的结构。通过观察我国社会融资结构，可以发现我国实体经济的融资仍然以贷款为主，人民币贷款占实体经济融资资金的比重接近 70%。但金融市场的重要性大幅度提高了，公司债券成为了实体经济的第二大融资来源。虽然股票市场提供的资金所占份额相对较小，但增长速度很快，增长率为 15.2%。

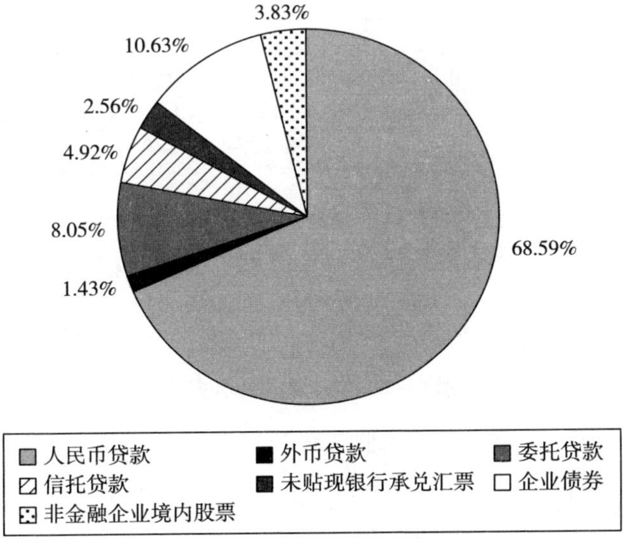

资料来源：中国人民银行。

图 9－4　2017 年底我国社会融资结构

1.3 混业经营

2000年以来，我国金融业混业经营的趋势逐渐增强。2002年，国务院批准中信集团、光大集团和平安集团成为综合金融控股集团试点。金融控股集团的主要特征在于集团全资拥有或绝对控股商业银行、投资银行、保险公司、金融服务公司以及非金融性实体等附属机构或子公司，这些附属公司或子公司都具有独立法人资格，分别具有相关的营业执照，独立对外开展相关的业务和承担相应的民事责任，子公司的最高决策权和人事权都直接受制于集团公司。中信集团、光大集团和平安集团的业务概况如图9－5、图9－6和图9－7所示。

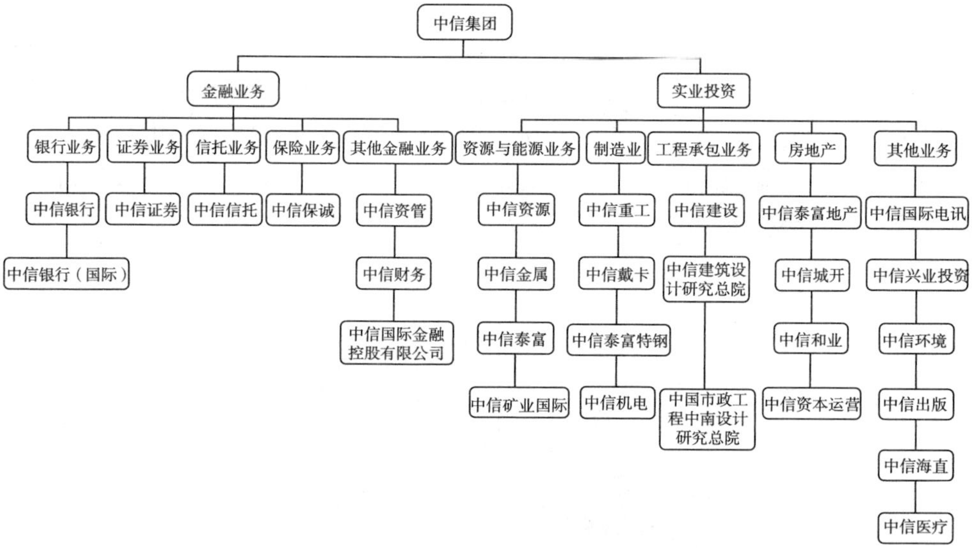

资料来源：中信集团官网。

图9－5 中信集团业务概况

此外，我国银行也通过海外控股和信托控股等方式控股其他类型金融公司，实现多牌照混业经营。[①] 我国商业银行拥有的金融牌照情况如表9－2所示。

---

① 这主要是由于银行母公司的经营模式在我国受到诸多法律限制，如《商业银行法》第四十三条规定，商业银行在中华人民共和国境内不得从事信托投资和证券经营业务，不得向非自用不动产投资或者向非银行金融机构和企业投资，但国家另有规定的除外。

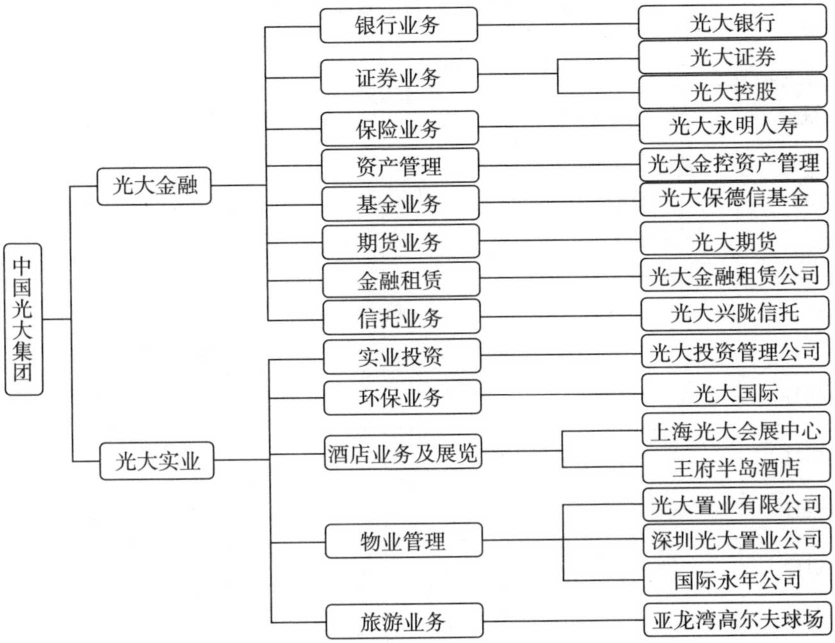

资料来源：光大集团官网。

图 9－6　光大集团业务概况

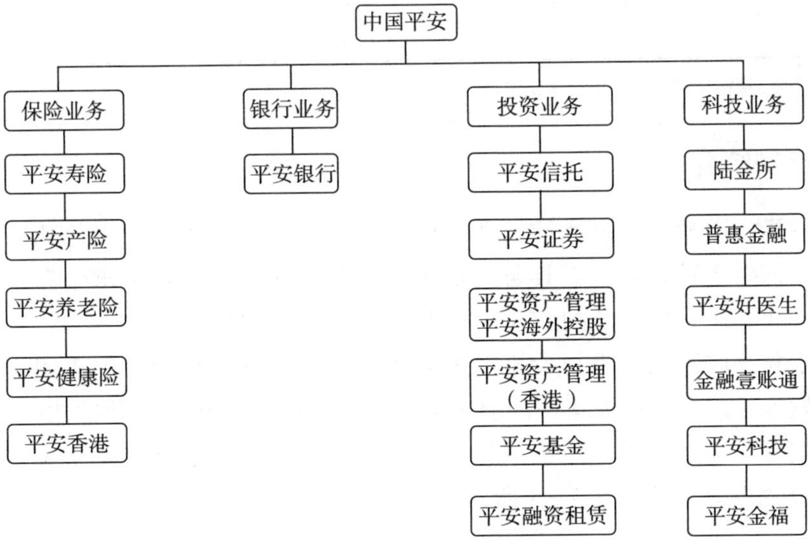

资料来源：平安集团官网。

图 9－7　平安集团业务概况

表 9-2　　我国商业银行拥有的金融牌照情况

银行名称	银行	证券	保险	信托	基金	租赁	期货
工商银行	√	√	√	√	√	√	
农业银行	√	√	√		√	√	
中国银行	√	√	√	√	√	√	√
建设银行	√	√	√	√	√	√	√
交通银行	√	√	√	√	√	√	
招商银行	√	√	√		√	√	√
民生银行	√	√			√	√	
浦发银行	√			√	√	√	
华夏银行	√	√	√			√	
兴业银行	√		√	√	√	√	√
北京银行	√		√		√		
南京银行	√				√	√	
宁波银行	√				√	√	

资料来源：根据各银行 2017 年年报整理。

1.4　产融结合

近年来，随着资本市场的发展，我国企业纷纷开始在主业之外拓展金融业务，且目前处于扩张阶段。具备一定规模的企业在扩张阶段追求金融业务的规模和多样化形态，故涉及的金融业务往往包含多个领域。

由于我国政策规定银行业不能投资实业，所以目前我国大型集团企业产融结合的发展方式多为产业集团向金融业投资。产业集团新设或收购银行、证券、保险、期货等金融机构，甚至主导其经营活动。部分央企及民营企业主要控股或参股金融机构情况如表 9-3 所示。

表9-3　部分央企或民企主要控股或参股金融机构情况

名次	企业名称	入股金融机构数量			控股金融机构			参股金融机构	
		控股	参股	合计	名称	持股比例（%）	总资产（亿元）	名称	持股比例（%）
央企									
1	招商局集团	6	2	8	招商银行	29.97	59432.11	台州银行	10
					招商证券	50.85	2430.58	中诚信托	3.33
					招商信诺人寿	50	271.49		
					招商基金	100	3452.8		
					招商期货	100	55.88		
					博时基金	149	3760.1		
					合计		69402.96		
2	华润总公司	5	2	7	华润银行	75.33	1377.32	国信证券	25.15
					华润深国投信托	51	8272.2	银河证券	0.41
					华润元大基金	51	24.1		
					合计		9673.53		
3	华能集团	3	8	11	永诚财险	20	102.14	杭州银行	2.06
					长城证券	51.53	436.29	华西证券	14.18
					华能贵诚信托	67.58	7240.62		
					长城基金	47.06	1027.4		
					宝诚期货	100	20.53		
					合计		8826.98		

续表

名次	企业名称	入股金融机构数量			控股金融机构			参股金融机构	
		控股	参股	合计	名称	持股比例（%）	总资产（亿元）	名称	持股比例（%）
4	宝武钢铁	3	8	11	华宝证券	100	120.98	渤海银行	11.67
					华宝信托	98	5366.04	湖北银行	9.28
					华宝兴业基金	51	1195.3	汉口银行	13.34
								新华人寿	15.1
								长江养老保险	7.62
								长江财险	18.67
								北部湾财险	2
					合计		6682.32	长信基金	15.11
5	五矿集团	5	2	7	绵阳银行	20	648	工银安盛人寿	12.5
					五矿证券	99.76	60.46	金鹏期货	2.97
					五矿国际信托	66	4188.76		
					安信基金	38.72	372.1		
					五矿经易期货	99	46.05		
					合计		5315.37		
6	中石油	4	3	7	昆仑银行	77.1	2932.08	山东国际信托	25
					昆仑信托	82.18	1511	中银国际证券	15.92
					中意人寿	50	583	银河基金	12.5
					中意财险	51	18.61		
					合计		5044.69		

续表

名次	企业名称	入股金融机构数量			控股金融机构			参股金融机构	
		控股	参股	合计	名称	持股比例（%）	总资产（亿元）	名称	持股比例（%）
7	中化集团	2	0	2	对外经贸信托	100	4800.89	—	
					中宏人寿	51	225		
					合计		5025.89		
8	中航工业	5	1	6	中航证券	100	124.93	景德镇农商银行	8.25
					中航信托	80	4835.03		
					中航安盟财险	50	29.1		
					中航基金	100	5.2		
					中航期货	100	5.27		
					合计		4999.53		
9	国开银行	4	1	5	安信证券	100	1225.88	安信基金	33
					国投泰康信托	55	2714.88	锦泰财险	20
					国投瑞银基金	51	930.3		
					国投安信期货	100	62.78		
					合计		4933.84		
10	中海油	2	0	2	中海信托	95	3530.76		
					中海基金	41.59	342.4		
					合计		3903.16		

续表

名次	企业名称	入股金融机构数量			控股金融机构			参股金融机构	
		控股	参股	合计	名称	持股比例（%）	总资产（亿元）	名称	持股比例（%）
民企									
1	中国平安	9	3	12	平安人寿	99.51	18586.18	台州银行	14.86
					平安财险	99.51	2836.23	众安财险	12.09
					平安健康	75.01	16.3	工商银行	1.21
					平安养老	100	346.85		
					平安银行	57.94	29534.34		
					平安证券	96.62	909.5		
					平安信托	99.88	1303.31		
					平安大华基金	60.7	836.7		
					平安期货	100	16.6		
2	安邦集团	6	8	14	安邦财险	100	7954.52	民生银行	16.59
					安邦人寿	100	14525.61	招商银行	10.72
					安邦养老	100	285.25	浙商银行	7.8
					和谐健康	100	2488.05	天津信托	5.26
					成都农商行	35	6731.49	农业银行	0.27
					邦银金融租赁	100	30	中国银行	0.23
								建设银行	0.05
								工商银行	0.11

续表

名次	企业名称	入股金融机构数量			控股金融机构			参股金融机构	
		控股	参股	合计	名称	持股比例（%）	总资产（亿元）	名称	持股比例（%）
3	明天控股	23	20	43	包商银行	32.56	4315.83	民生银行	2.82
					哈尔滨银行	25.93	5390.16	兴业银行	5.64
					潍坊银行	38.86	1036.28	天津银行	3.68
					泰安银行	45.91	630.05	内蒙古银行	<1.5
					广东华兴银行	27.02	1228.68	厦门银行	3.19
					沈阳农商行	30	398.14	甘肃银行	11.23
					华夏人寿	92.92	3914.63	北京农商行	9.06
					天安人寿	40	1013.16	大连银行	1.03
					天安财险	75.85	3025.84	华夏银行	0.66
					易安财险	56	10.93	上海银行	0.01
					恒泰证券	31.66	371.49	中国平安	4.31
					恒泰长财证券	100	4.85	太平洋保险	1.39
					新时代证券	83.83	258.15	富德生命	11.7
					国盛证券	58.01	203.23	长城人寿	11.78
					新时代信托	100	3598.65	昆仑健康保险	29.81
					中江国际信托	71.3	1951.27	大通证券	3.55
					新华信托	88.76	1383	广发证券	2.99
					融通基金	60	892.4	申万宏源	0.47
					新华基金	100	440.8	世纪证券	0.3
					江信基金	30	33.5	北京国际信托	7.99

续表

名次	企业名称	入股金融机构数量			控股金融机构			参股金融机构	
		控股	参股	合计	名称	持股比例（%）	总资产（亿元）	名称	持股比例（%）
3	明天控股	23	20	43	恒泰期货	100	5.91		
					江信国盛期货	97.55	0.75		
					哈银金融租赁	80	20		
4	恒大地产	2	1	3	恒大人寿	50	731.38	大陆期货	49
					盛京银行	27.24	9054.83		
5	蚂蚁金服	3	1	4	网商银行	30	616.13	众安财产保险	16.04
					国泰财险	51	16.08		
					天弘基金	51	8449.7		
6	中植集团	4	1	5	中融信托	32.99	8584.72	恒邦财险	12
					中融基金	100	420		
					中融汇信期货	94.5	11.56		
					美尔雅期货	45.08	16.66		
7	富德集团	4	3	7	富德生命	80.54	4558.97	浦发银行	20.68
					富德财险	100	47.85	重庆银行	6.96
					国民信托	72.45	2514.95	乐山市商业银行	7.62
					汇丰人寿	50	62.5		
8	泰康保险	3	1	4	泰康人寿	100	5629.1	国投泰康信托	35
					泰康财险	100	11.74		
					泰康养老保险	100	107.88		

续表

名次	企业名称	入股金融机构数量			控股金融机构			参股金融机构	
		控股	参股	合计	名称	持股比例（%）	总资产（亿元）	名称	持股比例（%）
9	海航集团	9	11	20	营口沿海银行	24.8	641.41	天津滨海农商行	8.92
					新光海航人寿	50	7.52	过低证券	5.21
					渤海人寿	61.08	294.5	东方基金	9
					华安财险	56.85	141.25	长安基金	24.44
					联讯证券	23.67	302.56	国银金融租赁	6.29
					渤海国际信托	100	3549.33	招商证券	0.74
					海航期货	100	6.75	江苏银行	0.06
					海航财务	100	360.36	海南银行	9
					皖江金融租赁	53.65	46	永安财险	0.75
								杨凌农商行	2.5
								天津银行	1.76
								华龙证券	0.69
10	宏达集团	2	1	3	四川信托	54.2	3787.57	长城华西银行	3.78
					宏信证券	63.1	124.32		

注：银行、保险、证券、信托、基金类金融机构总资产为2016年末数据沈阳农商行总资产为2015年末数据期货公司为2015年末数据。

资料来源：《新财富》2017。

1.5 金融科技与新兴金融（准金融）机构快速发展

中国金融科技化的趋势非常明显。根据高盛（2017）的统计，中国第三方支付额从2010年的1550亿美元增长到2016年的114000亿美元，实现了74倍增长；网络借贷额从2013年的40亿美元增长到2016年的1560亿美元，实现了36倍增长；私营企业在线支付在新的清算系统中占比超过60%，等等。KPMG（2017）对全球金融科技公司进行排名，考虑了融资情况、业务地域分布、业务多样性、产品/服务/商业模式创新情况等指标，中国金融科技公司蚂蚁金服、众安在线、趣店占据了前三位。

我国金融科技的快速发展主要体现在以下几方面。①

1. 互联网巨头积极打造自身的金融科技生态圈，具体如表9－4所示。

表9－4　　中国金融科技生态圈

	蚂蚁金服	腾讯	中国平安	京东	百度	万达集团
支付	支付宝	微信支付 QQ钱包	壹钱包	京东钱包	百度钱包	快钱
融资	花呗 蚂蚁小贷 网商银行 蚂蚁达客	微众银行 财付通（小贷） 腾讯公益	陆金服 陆金所 平安众筹	京东白条 京保贝 京小贷 京东众筹	有钱花 百度小贷 百众	快易花 万达贷
储蓄与投资	余额宝 天弘基金 网商银行	理财通 微众银行	陆金所 陆基金	京东小金库 东家财富	金融商城 百度理财 百信银行	快钱理财
其他	蚂蚁金融云 芝麻信用 众安保险	腾讯云 腾讯征信 众安保险	平安云 前海征信 众安保险	京东云 小白信用	金融云	万达云公司 万达征信

资料来源：高盛资本报告《The Rise of China FinTech》，2017年8月。

2. 传统银行开始与金融科技企业合作，具体如表9－5所示。

表9－5　　传统银行与金融科技企业合作情况

银行名称	合作方	开始时间	合作领域
中国工商银行	京东	2017年6月16日	个人联名账户、零售银行、企业信贷、资产管理、金融科技、消费金融、校园生态、电商物流

① 金融科技在中国的发展现状，https：//www.jianshu.com/p/48f2ac756e3d.

续表

银行名称	合作方	开始时间	合作领域
中国农业银行	百度	2017 年 6 月 20 日	风险监管、智能投顾、智能客户、客户画像、精准营销、客户信用评级
中国银行	腾讯	2017 年 6 月 22 日	普惠金融、智能金融、科技金融、云上金融
中国建设银行	阿里巴巴	2017 年 3 月 28 日	实时代发、网络信贷、电子支付、资管托管、备付金托管、跨境电商
中国交通银行	苏宁	2017 年 8 月 22 日	智慧金融、全融资业务、账户服务、国际化综合化服务

资料来源：《金融科技：一场静悄悄的革命》，https：//www. sohu. com/a/225077208 _ 656008.

通过互联网平台对金融产品的交易能有效地降低交易成本。互联网金融对资金没有门槛要求，这能有效补充银行理财等对资金有要求的账户，使金融使用的范围更广、融资能力更强。最后，互联网金融通过大数据的信息搜集、分析和评估，能有效降低信用风险，有效补充信息风险体系。

金融科技公司崛起的同时，新兴金融机构和准金融机构不断涌现，如融资租赁公司、股权投资及管理公司、小额贷款公司、融资性担保公司、典当行、商业保理公司、P2P 网贷平台等。由于我国传统金融服务严重不足，一方面民间资本缺少合适的理财渠道，另一方面实体融资需求无法得到满足，新兴金融机构和准金融机构作为正规金融的有益补充，在提高资金融通效率、维护社会稳定等方面发挥了不可忽视的作用。但是由于缺乏有效的监管，准金融机构的肆意发展也蕴含着巨大的潜在风险，威胁着我国金融体系的安全与稳定。

以 P2P 为例，截至 2017 年底，我国累计 P2P 平台数量达 5970 家，2017 年全年成交额达 1. 71 万亿元。① 但随着行业监管的不断收紧以及平台自身能力不足，“爆雷”事件频频发生，截至 2017 年底，累计问题平台数量达 4039 家，正常营运平台数量明显下降。

2　金融发展与结构转型和经济发展与结构转型的关系

上述中国金融结构的变化和经济结构的变化密切相关。面对日趋复杂的国

① 资料来源：比达咨询 . 中国 P2P 市场研究报告 ［R］. 2017 – 12.

际环境和激烈的国际竞争，加上国内不平衡、不充分的经济增长，经济结构转型成为中国经济发展的必由之路。

2.1 中国经济结构转型的必要性

2.1.1 外部必要性：适应国际经济形势的必然要求

各国都希望通过经济转型升级，实现经济的快速增长。美国通过“振兴制造业”“再工业化”战略，着力推进智能制造业转型升级。欧盟国家因为主权债务危机、英国脱欧等因素的影响，收入增长放缓导致外需下降。这些因素使得中国的出口所面临的外部环境变得更加严峻。

2018 年，美国与中国的贸易摩擦加剧，其背后的原因是阻滞中国的技术进步和产业升级。20 世纪八九十年代，中国拥有大量年轻且廉价的劳动力，比较优势主要集中于劳动密集型产业，所以出口商品主要是纺织品等低端劳动密集型产品。进入 21 世纪，中国的劳动力成本优势逐渐消失，取而代之的是中端制造业所需要的资本和技术优势。2017 年，中国出口美国的商品中，超过三分之一是手机、电脑、电脑配件、移动通信设备和家用产品等资本技术密集型产品。美国不希望中国在中高端产品市场上有所作为，它对中国经济的崛起心存顾虑。美国贸易代表罗伯特·莱特希泽坦言，此次加征关税就是为了遏制“中国制造 2025”计划。

中美贸易摩擦对我国部分出口商品造成了负面影响，但是程度有限，并且客观上也将倒逼我国产能过剩的行业进一步去产能、去库存。所以，面对国际经济形势的变化，我国经济进行经济转型升级十分必要。

2.1.2 内部必要性：实现经济可持续发展的必由之路

中国经济在过去 30 多年实现高速增长。然而，这种高增长是靠“低成本、高消耗”维持的。低劳动力成本和高投资实现了产能的快速增长，在国际形势良好的情况下，国内需求不足的产能可以通过出口来消化。一方面，中国的劳工成本不断上升，成本优势在下降。另一方面，国外需求的下滑导致传统产业不得不依靠降价扩大国内市场的方式来消化产能。这导致企业利润空间下降，实体经济就业和收入增长的压力上升。不仅如此，高消耗的模式还导致资源遭到严重浪费和消耗、环境遭受严重破坏和污染。如今，“劳动力 + 资本驱动”以及“投资 + 信贷 + 出口”的旧增长模式已不可持续。

面对国内外的挑战，中国应该通过有效的经济结构转型加以应对。

第一，促进创新和技术进步。林毅夫（2015）认为中国技术距离世界技术前沿存在较大差距，这意味着中国仍有巨大的增长潜力，换言之，落后优势可以成为中国经济增长的驱动力。然而，如果中国仅仅依靠国际贸易和外国直接投资的技术扩散，其赶超过程是极其缓慢的。相比之下，推动创新是更加有效的方式，一方面可以缩小中国与世界前沿技术的差距，另一方面可以在崭新的领域推动世界技术发展，为国际贸易创造新的比较优势。

第二，发展国内市场，促进区域间贸易。中国作为世界上人口最多的国家，拥有庞大的潜在市场。这意味着可以通过深化国内劳动分工和“干中学”效应提高经济效率，促进经济增长。区域间贸易对深化国家分工具有重要的推动作用，所以我们可以依托区域间贸易发展，进一步深化社会分工，提高整体的经济效率。

第三，促进经济结构调整，降低经济增长对制造业的依赖。目前，中国产能过剩问题主要集中在制造业，因此，减少制造业产能过剩是减少总供给过剩的关键。通过经济结构调整逐步实现制造业的技术升级和资本替代，这不仅可以降低制造业部门的单位劳动成本，还能够提高制造业在国际市场上的相对优势。此外，中国“十三五”规划中明确提出，要增加服务业在总增值额中的比重。发展服务业可以吸收制造业转移出来的劳动力，这对维持社会稳定和促进国内消费具有重要意义。

第四，依托“一带一路”，发展与传统主要贸易伙伴以外的其他国家的贸易伙伴关系。“一带一路”是扩大中国与世界经济联系的良好途径。此外，相对于“一带一路”沿线的许多经济体来说，中国制造业具有比较优势，通过建立贸易伙伴关系，双方都可以实现合作共赢。

2.2　经济效率对金融发展与结构转型的要求

经济结构的转型要求将经济增长方式从投资和出口拉动转向基于创新的可持续增长，将中国的人口优势从低劳动力成本转化为大市场。而资本的配置在这个过程中将起到至关重要的作用。金融部门需要将金融资源从缺乏创新性但具有资金的主体有效地调配到缺乏资金的创新性部门，并有效管理这个过程中的风险。这提出了以下几点要求。

第一，充分发挥市场的金融资源配置作用。通过市场机制自动完成资源配置任务，减少政府的干预，消除非市场因素对金融资源配置的扭曲。由市场力量对投资项目的优劣进行判断，避免政府的过度干预。

第二，充分发挥金融对创新的支持作用。理论研究表明，金融支持对于新入市场的产品和服务来说具有重要意义（Clementi 和 Hopenhayn，2002）。中国金融体系以银行为中心，其中银行贷款是企业融资的主要来源。国内银行特别是大型银行更加青睐大公司，所以相较于国有企业和上市公司，小型公司和新成立的公司，很难从银行获得融资。这主要是因为小公司和新成立的公司缺少信用记录，并且抵押品或其他信贷增级措施不足。过去，中国中小企业的融资主要受到非正规部门的支持（Allen 等，2005）。然而，非正规金融因为透明度差而无法监管，并且非正规融资大多依赖于伙伴关系或家庭关系，其规模和覆盖范围十分有限。所以，必须发展更多样化的金融中介机构，以便为不同规模、年龄和特征的公司提供服务。

第三，鼓励金融服务业的创新，以配合实体经济的动态发展需求。金融科技的崛起反映了金融服务业的创新。“十三五”规划将金融中介机构和金融科技的发展纳入其中，并且将发展金融市场作为另一项重要的金融改革措施。一方面，金融市场的发展可以帮助以银行为中心的金融体系分散风险，通过债券市场和股票市场的直接融资减少公司对银行贷款的依赖，从而降低银行业的信贷风险集中度。同时，股票市场的发展也有助于中国企业去杠杆，降低过度杠杆化所带来的信贷风险，消除因债务负担过重对投资产生的阻碍。另一方面，金融市场的发展也为企业提供了更多的风险管理工具。通过多样化的风险管理工具可以减少不确定性，从而促进投资，尤其是对风险更大的项目的投资，如小公司和新成立公司的投资项目。

第四，扩大金融开放，增强中国与全球的经济联系。更加国际化的金融体系可以促进贸易和投资关系的发展，而更加紧密的贸易和投资关系有助于扩大中国与“一带一路”沿线经济体的经济联系。Niepmann（2015）认为，一个国家在实体部门的对外投资与其银行的对外投资密切相关。从融资的角度来看金融体系的国际化并不是一国企业国际化的必要条件。然而，一家公司进入国外市场所需要支付的沉没成本不仅包括实物资本，还包括信息成本。这些信息成本包括获取和处理当地市场状况、产业结构、法律框架、文化和许多其他方面的信息所产生的费用。尽管这些信息可以从外国咨询公司或外国银行获得，但是考虑到这些公司与国内银行的密切关系，从本土银行的分支机构获取信息至少存在两个额外的好处。首先，银行更有动机提供高质量的信息；其次，获取成本可能更低。然而，中国的银行若想从当地客户那里获得必要的当地信息并在国外市场长期生存，它们的服务和标准就必须在国际银行业中具有足够的竞争力。此外，人民币在国际贸易和投资中发挥结算功能有助于降低中国企业的汇率风险，从而鼓励它们扩大贸易伙伴关系和海外直接投资。但是，为了让外国合作伙伴愿意接受人民币，中国需要拓宽离岸人民币的使用渠道。从这个意义上讲，中国资本市场需要更加开放，因为分享中国经济增长红利是外国投资者持有人民币的最根本动机。

2.3　金融结构变化与经济体系改革目标的不匹配—监管改革的必要性

2.3.1　金融结构变化与经济体系改革目标间缺乏明确的监管边界

如果有效的资源分配能够有序地通过市场进行，则不需要政府干预。只有当市场失灵时，才需要运用这只“看得见”的手。政府监管过度会降低市场的资源配置效率，扭曲金融资源的流向，抑制金融结构的有利变化，从而使其偏离经济体系改革的目标。而监管不足又因为存在大量的监管真空而缺乏对市场的有效监管，特别是市场失灵时，监管部门无法及时进行干预，使得市场状况进一步恶化。当前，我国既存在监管过度造成的市场效率低下，也存在监管不足导致的监管真空。对于传统金融业务，监管机构手伸得过长，这在一定程度上削弱了金融机构的竞争力；而对于新兴金融机构和金融业务，监管改革相对滞后，使得这些业务缺少约束，两者大大降低了金融市场的效率和破坏了金融市场的公平。由于市场效率较低，投资者收益水平不高，这也影响了我国消费市场的进一步扩大。

此外，混业经营和产融结合容易形成垄断，特别是大型工商企业和大型银行结合会利用市场地位，滥用市场力量，破坏市场竞争。并且随着我国金融市场特别是资本市场的发展，金融风险的特征也发生了深刻的变化，资本不足风险的比重越来越低，而突出表现为透明度风险。而信息不对称程度的增强使得中小投资者和存款人遭受欺诈的现象屡见不鲜。同时，金融机构往往忽略自身的负外部性，它们只关心自己的利益，一旦遇到负面冲击而遭受巨大的经济损失，便希望通过政府救助来渡过难关，其实最终还是由纳税人为其“买单”。

总的来说，监管过度与监管不足使得当前的监管体系无法及时解决金融结构与经济体系间出现的不匹配问题，所以，通过明确监管部门的权力和职责，有助于监管目标的实现，提高监管效率，正确应对市场失灵带来的种种问题。

2.3.2　中国金融环境与金融监管框架存在错配

目前，中国不同监管机构之间的分工主要取决于金融机构的具体类型，即由监管机构限制不同金融机构的金融活动范围。这种监管分工模式在分业经营的金融体系中运作良好。然而，随着金融创新的发展和新兴金融机构的出现，不同金融服务的边界越来越模糊，以机构为基础的监管分工体系也暴露出越来越多的问题。整体来看，这些问题突出表现为监管套利和监管真空。

银行业享有数量庞大的低成本资金并且是实体经济的主要融资来源，但由于利率和贷款规模受到严格监管，金融创新往往成为监管套利的途径，通过影子银行体系规避监管和开展业务。中国影子银行体系的一个独特之处在于，受监管的银行在整个体系中起着主导作用，是影子银行资金的主要来源。它们除了向储户发放资产负债表外理财产品和向借款人发放信托贷款，还充当大公司（主要是国有企业）的中介，向大部分民营企业发放委托贷款。由于影子银行的存在使得中国企业和政府部门面临着高杠杆率问题，高杠杆率可能最终导致不良贷款问题，这严重危及金融系统的稳定。

此外，分散的监管体制使得监管部门难以应对混业经营和产融结合的发展趋势，特别是对金融控股公司以及在不同金融领域拥有业务部门的大型非金融企业进行监管。由于这些公司可以在包括商业银行、投资银行、保险等在内的各类金融服务机构开展业务，因此它们巨额亏损或倒闭可能会给整个金融体系带来系统性风险，这表明对金融控股公司的监管是十分必要的。在现行监管框架下，中国银保监会和证监会作为微观审慎监管机构的主体，拥有更充足的关于商业银行、投资银行、保险等不同行业中金融机构的信息。由于监管机构的竞争动机，难以对监管机构进行协调。此外，金融科技的发展和新兴金融机构的不断涌现使得监管真空进一步扩大，这增加了金融体系甚至经济体系的风险。

综上所述，监管套利和监管真空表明我国目前的金融监管体系难以适应金融结构变化，更无法达到协调金融发展与经济增长关系的目标，这也反映出金融监管改革的必要性。

2.3.3 互联网金融的崛起提出了关于监管创新的挑战

作为一种金融新业态，互联网金融不仅承担着流动性风险、市场风险、信用风险、操作性风险和法律风险等，还需要应对技术风险、数据风险和垄断风险。并且，互联网金融由于其特殊的生态结构，其风险具有传播性强、传导快、影响面广、复杂度高等特征。这对我国进行监管创新提出了巨大的挑战，主要表现在以下几方面。

首先，互联网金融业务的发展使得金融体系面对的挑战范围更广。其次，互联网金融混业经营、技术依赖给互联网金融监管带来挑战。互联网金融庞大的技术体系，不仅需要昂贵的设备，更需要大量的高科技人才实现升级和维护。

而互联网金融机构作为营利单位，具备逐步升级和扩张的原始动力。但监管部门作为非营利机构，不具备大量的资金来快速更新设备、聘请高水平的技术人员。最后，互联网金融企业拥有大量数据信息，对互联网金融监管的科学性提出挑战。互联网金融快速、量大、集小成众，风险传播性强、传导快、影响面广、复杂度高，因而对于互联网金融监管的预见性就显得尤其重要。如何实现快速、实时、可量化的智能监管，是互联网金融进入智能金融时代的必然要求。

3　监管架构的转型

通过上文的讨论，我们意识到当前我国监管框架存在一些问题，需要通过监管框架的转型更好实现监管目标，提高监管效率，促进金融结构变化与经济体系改革间的协调。

3.1　监管的边界：效率与公平的平衡点

通过确定监管边界，我们可以明确监管部门的监管权力和职责，保障市场充分、高效地发挥其配置资源的作用，并且在市场失灵时得到及时矫正。换言之，监管边界的确定是提高市场效率和保障市场公平间的动态平衡过程。我们在讨论经济效率对金融发展与结构转型的要求时，强调应由市场发挥对金融资源的配置作用，所以监管部门对市场的干预要受到限制和保持谨慎。监管的存在是为了市场更好发挥其作用和市场失灵问题的解决。

首先，监管应该促进市场的有效竞争，激发市场活力。一方面，通过监管防止金融垄断破坏金融市场的适度竞争格局，抑制金融创新的积极性，攫取金融消费者福利。另一方面，监管要避免过度竞争，金融机构间的过度竞争会使得金融风险不断积聚，严重威胁金融体系的稳定，甚至会酿成金融危机。

其次，监管还应降低金融服务者与金融消费者间的信息不对称，增加金融市场的信息透明度。随着我国金融业态的不断变化，传统的资本不足风险的权重不断降低，透明度风险逐渐成为金融体系中的重要风险，这主要是因为金融脱媒的推动。在金融脱媒的背景下，金融产品表现为某种信用集合，交易者或投资者基于所掌握的信息进行交易，所以信息透明度在当前的金融体系中扮演着越来越重要的角色。信息不对称主要从两方面降低市场效率：一是降低投资者交易动机，从而使得市场流动性不足；二是信息劣势使得投资者处于不利地位，其利益容易受到损害。虽然资本监管部分解决了信息不对称问题，但其效果有限，无法真正起到提高信息透明度和促进市场效率的作用。

最后，金融机构，特别是系统重要性机构①的负外部性也需要监管解决。由于其产生的负外部性，当这些机构处于困境时，通常会被政府部门所救助，这从根本上造成了道德风险问题。金融机构只关心自己的利益，并不会在意对金融体系产生影响。因此，金融机构的个体行为可能从整体上破坏整个系统。虽然资本监管可以部分吸收金融机构自身所遭受的意外冲击，但是当其面临的损失过高或者破产时，投资者会遭受严重的损失。如果此时政府向其伸出援助之手，便是由纳税人为其“买单”。这种利益分配的矛盾鼓励管理层过度追求高风险投资，增加金融企业倒闭的可能性和社会成本，并且无序的市场状态降低了市场对金融资源的配置效率，盲目投资无法筛选出优秀的投资项目而往往浪费了宝贵的金融资源。

除此之外，面对市场失灵，我们还应考虑市场的自治能力，对可自我修复性失灵和不可自我修复性失灵进行区分，避免过度干预和过慢干预。对于市场存在的短暂失灵，自身会逐渐修复“漏洞”，此时并不需要金融监管，这样给市场带来的冲击会远远低于直接干预；而当市场处于无法自我修复的状态时，监管部门应该运用“看得见”的手帮助市场回归正轨。

公平和效率是一个硬币的两面，两者的关系是相互支持和促进的，有失公平的效率必然是不可持续的，而缺乏效率的公平也注定是不能长久的。市场失灵往往体现在效率和公平两个方面，所以监管边界也应从效率和公平间寻求平衡。金融监管的有效性取决于“该不该监管”和“如何监管”。当市场能够正常发挥其作用时，监管应该让位于市场而退居幕后。对于监管，应该始终将效率和公平作为边界，当市场变得缺乏效率和有失公平时，积极履行监管职责。

3.2 从资本不足风险到透明度风险

吴晓求（2018）认为，金融体系的风险不在于价格波动，而在于风险的持续积淀或风险的存量化机制。因此，风险流量化机制，即以资产证券化为基础发展起来的资本市场，是使一个国家的金融得以安全有效运行的必要条件。无论是从资本市场发展现状来看，还是从资本资产的证券化来看，中国金融结构都是相对刚性的，刚性化的金融结构为中国金融风险乃至金融危机埋下了伏笔。并且，随着证券化金融资产或具有财富管理功能的金融资产的占比不断上升，

① 系统重要性金融机构是指规模太大或者相互关联性较强，其倒闭会给整个金融体系和实体经济带来显著负外部性的金融机构。

中国金融风险的来源和特点以及风险权重也发生着深刻的变化。

当风险没有出现溢出和外部感染，那么它就只是金融机构或投资人自身的一种损益。只有当这种损益或损失越过了一定范围，损益的风险外部性才会表现出来。商业银行阻止风险外溢最基础、最核心的工具就是资本充足率，所以对商业银行来说，最基础的风险来自资本不足。在传统金融体系中，这类风险是最重要的风险。

金融脱媒催生并推动了金融市场特别是资本市场的发展，使得风险绕开资本，或者不表现为资本不足风险。这时的金融产品表现为某种信用集合，交易者或投资者的交易行为基于对信息的判断而进行，这时，信息是否充分而透明，决定了风险是否存在和大小。这也决定了信息透明度成为资本市场存在和发展的基础原因。所以，与资本不足风险并存而生的另一种风险就是透明度风险。实质上，在现代金融体系中，资本不足风险与透明度风险是两类来源不同、性质各异的基础风险。随着金融结构也就是金融资产结构的变化，这两类基础风险的权重和结构会发生相应变化。

吴晓求（2018）认为从银行表内→银行表外→债券→股票→……是一个基础风险逐步变化的过程，是一个由传统金融资本不足风险到现代金融市场透明度风险的转型过程。这种风险结构的变化，推动了金融功能的升级和调整，是金融脱媒的产物，是传统金融迈向现代金融的重要标志。在债券和股票这两类标准的证券化金融资产中，风险的来源和形式以及引发风险的影响因素有重大差异。债券风险主要来源于信用或者偿债能力，也间接来源于发行主体的信息披露或透明度。债券风险影响因素主要是利率、其他金融资产收益率和信用评级等。与债券不同，股票风险则与发行主体的信用评级没有必然联系，而与信息披露和市场透明度有直接关联。股票风险的表现形式虽然也表现为价格波动，但这种价格通常没有一个既定的区间，波动幅度会明显大于债券。股票价格的波动因素虽与利率、汇率等变量有关，但其基础性的影响因素则来自市场对公司的预期。

从广义上说，无论是股票发行主体上市公司的信息披露，还是作为债券发行和债券定价的前置条件的信用评级，其实质都可归属于市场透明度的范畴，其信息内容既要客观、系统，信息发布又要公开、及时而完整，信息的接受载体是社会公众而不是特定个体。从这个意义上讲，证券化金融资产或者说资本市场的基础风险来源于透明度不足，是一种典型的透明度风险。中国证券化金融资产占比渐进提升的趋势已逐步形成，股票市值在金融资产中的比例也在缓慢上升。基于债券、股票等证券化金融资产的基础风险特征和金融资产结构的变化，中国金融体系中来自透明度的风险在上升，来自传统的资本不足的风险虽然仍然巨大并在迅速增加，但风险权重下降是一个基本趋势。

此外，互联网金融在中国正处于快速发展和规范整顿并重时期，对中国金融结构和金融风险的改变产生着重要的影响。互联网金融主要包括三部分业务形态：第三方支付、网上融资和网上投资。从对互联网金融风险已有的研究中，可以得出如下初步结论：一是互联网金融本质上仍是金融，互联网金融不同业态所隐含的风险与现有商业银行和资本市场等隐含的风险类似；二是互联网金融是一种基于“二次脱媒”后的新金融业态，其风险源发生了某种转型或变异，导致风险类型更加复合。具体而言，互联网金融中第三方支付的技术风险更加敏感，脉冲式风险更加突出；网上贷款和与此对应的网上投资的信用风险同时叠加了透明度风险，或者说这种信用风险的源头是透明度风险。

综上所述，在中国金融体系中，资本不足风险虽然仍是两大基础性金融风险之一，但其风险权重正在下降。与此相对应，透明度风险的权重则在逐步上升，中国金融结构已经进入一个资本不足风险与透明度风险并重的时代。

3.3 监管套利与功能监管

金融创新通过规避监管网络，寻求监管套利，这导致中国影子银行①快速增长。一方面，影子银行履行了传统银行业的一些基本职能，填补了正式制度所留下的空白，以解决金融资源供需之间的不匹配问题（Elliott 等，2015）；另一方面，影子银行的兴起和繁荣严重危及金融系统的稳定。

监管套利使得社会杠杆率显著提高，并且可能导致不良贷款问题。高杠杆比率和不良贷款比率的组合导致企业债务负担过重，而为了解决不良贷款问题，银行可能不得不降价出售资产来恢复流动性。此外，高负债比率的公司在财务方面受到制约，由于其无力筹措外部融资，需要放弃一些正净收益的项目。

与传统银行短融长投的模式类似，影子银行的投资也由短期资金提供，这带来了巨大的期限错配风险。此外，由于影子银行部门不受资本要求的监管，它们的杠杆率远远高于商业银行。虽然影子银行不是由商业银行直接担保的，但它们中大多数之间存在紧密的联系。所以一旦影子银行遭受重大的负面冲击，商业银行的缓冲资本不足以承受损失。与商业银行不同的是，影子银行并没有

① 由于影子银行缺少统一的定义，此处我们使用中国人民银行的定义，即影子银行为游离于银行监管体系之外、可能引发系统性风险和监管套利等问题的信用中介体系（包括各类相关机构和业务活动）。

中国人民银行的流动性支持，这可能会导致影子银行面临流动性风险，并使得商业银行成为最终的损失承受者，从而可能引发银行危机。

此外，监管套利不仅使得商业银行追求短期利益并承担过度的风险，还增加了金融体系的连通性。例如，商业银行可以通过购买信托公司发行的投资产品拓展贷款客户。虽然该笔业务不显示为商业银行资产负债表中的风险，但或有负债可能导致商业银行遭受重大的资本损失。

总之，监管套利和影子银行危及中国金融稳定。防止监管套利和管理影子银行有效方式便是将监管模式由机构监管逐步转为功能监管，即不再以金融机构为标准对监管权力进行划分，而是以其具体的金融功能为依据进行监管，这有助于将游离于监管体系之外的金融产品和金融服务纳入监管，减少监管套利的发生。

3.4　监管真空与监管协调

随着金融创新的发展和新兴金融机构的出现，以金融机构类型为基础的金融监管框架会导致监管真空和监管重叠。

在某些情况下，由于监管机构缺少承担额外监管负担的意愿以及监管机构间缺乏有效的监管协调，从而使得某些金融活动可能存在监管真空。2017 年以前，金融机构通过对资管产品层层包装、通道转移，变相规避监管规定，加之资管业务缺乏统一监管，难免存在监管真空。2017 年末，资管新规的落地弥补了资管行业的监管空白，但这仍然难以说明我们监管体系不存在其他监管真空。此外，随着金融科技和新兴金融机构的发展，进一步扩大了监管真空的范围。金融监管缺位不利于对金融消费者和中小投资者的保护，甚至还可能给金融体系带来系统性风险。

在其他一些情况下，一项金融活动受到几家机构的监管，形成监管重叠。监管部门间的利益冲突耽误了业务流程，造成了效率损失。当前，不同监管机构之间监管活动的重叠包括信用监管重叠、债券市场监管重叠等。其中信用监管重叠主要体现为许多银行信贷通告、法规和政策，尤其是在抵押贷款信贷政策方面，由中国银保监会和人民银行分别发布，这容易造成两者对于同一业务的定义和规范态度不一致，影响监管效率。债券市场监管重叠主要是由于监管力量过于分散以及监管部门间存在监管竞争。监管者往往会制定不同的政策法规，如在发行、审计、信用评级、上市和交易等方面制定不同的标准，这导致了无序的市场分割和重复建设，严重制约了债券市场的发展。

总的来看，之所以存在监管真空和监管重叠，主要是因为缺乏有效的监管协调。一方面，随着商业银行、投资银行、保险等领域的业务融合，整个金融业的复杂性也随之增加，金融产品变得更为复杂，分业监管使得协调成本不断增强，监管机构间缺乏协调的动力。另一方面，不同监管机构之间的信息共享相对困难，无法综合各方信息优势，达成统一的监管目标，提高监管效率。特别是对于宏观审慎政策来说，一项有效的宏观审慎政策首先需要能准确识别金融体系中总体系统性风险的动态变化，而这需要全面识别各种风险来源，并进行准确计算和合理的权衡。要做到这些，需要商业银行、券商、保险等金融服务信息和相关知识的支持。在目前的框架下，不同监管机构间缺乏有效的信息沟通机制，这降低了宏观审慎政策的决策和执行效率。此外，由于影子银行混业经营的性质，对它的监管需要更多协调。

所以，减少监管真空和监管协调的主要方式是增强监管协调，在监管体系中引入定期的监管通讯和协调机制，加强不同部门之间的信息共享。此外，对于新兴金融机构的监管，应当重新分配和协调好从地方监管部门到中央监管部门的管理权限。并且在向功能监管框架转变过程中，应进一步明确界定不同金融政策的界限，最大限度减少政策制定部门和监管部门间存在的多目标所造成的利益冲突，同时也强化每个部门的职责。最后，通过分权形成制衡，减少寻租机会和防止政策失误。

3.5 监管政策与其他经济政策的协调

中国国家经济发展规划包括区域和产业发展政策，由于这些政策涉及包括金融资源在内的资源分配，中国的总体发展战略不可避免地包含金融成分。中国金融业在促进经济结构改革的同时，也要发展自身以促进整体经济增长，这是因为金融机构和市场的发展对支持创新、技术进步、风险管理和长期投资至关重要。然而在整个发展过程中，系统性金融风险必须得到控制，中国政府也需要熨平宏观经济的波动。因此，中国经济政策、金融体系和金融监管之间存在着深刻的联系。

货币和财政政策通过金融系统进行传导。货币和财政政策通过影响总需求，对有信贷需求的企业的资产负债表产生影响。货币政策影响商业银行的流动性，影响信贷供给。通过改变总货币供应量，货币政策也影响影子银行部门的信贷供应（Adrian 和 Shin，2009），并且货币政策和财政政策也影响资产价格（Rigobon 和 Sack，2004；Sialm，2009；Bjornland 和 Leitemo，2009；Belo 等，2013），资产价格的变动会影响私人部门的投资，从而影响经济产出。

通过影响经济增长和宏观经济稳定，货币和财政政策也可能影响金融稳定。这是因为经济增长和宏观经济的大幅度波动会影响公司的资产负债表，从而导致金融部门面临违约风险。货币和财政政策也可能影响金融机构的冒险行为（Borio 和 Zhu，2012；Jimenez 等，2014；Dell'Ariccia 等，2016）。Angeloni 等（2015）发现货币扩张会增加银行杠杆和风险，进而增加资产价格波动性，降低产出。

Stein（2012）认为货币政策本身就可以被视为金融监管。具体来看，银行可以选择短期或长期负债来为其长期项目融资。长期债务比短期债务流动性差，因此成本更高。换言之，短期债务“享受”流动性折价带来的好处。如果规模足够小，银行的短期负债是无风险的。为了偿还短期债务，银行可以在金融市场上出售其长期资产。正是这种转售长期资产的能力，保证了短期债务的偿还。然而，当需要偿还的短期债务总额太大时，资产必须以甩卖价格出售，这些甩卖长期资产的收益不一定能够偿还短期债务，此时短期债务不再是无风险的。当决定投资水平和发行短期债务时，银行并不考虑它作为一个单个的市场参与者在金融市场上出售资产是否会导致整体资产价格下跌，进而影响金融市场整体稳定。这是经济中一个根本性的负外部性。这种负外部性使得经济中创造的短期负债可能会过多。因此，对商业银行必要的监管之一是根据其投资机会限制其短期负债的最大规模。中央银行的存款准备金要求和公开市场操作可以限制商业银行扩张短期负债的能力，所以央行的存款准备金率和公开市场操作本身已经具有监管政策的属性。

不仅当前的货币政策和财政政策会影响金融稳定，公众对货币政策和财政政策的预期也会影响金融稳定。Baker 等（2016）发现未来经济政策的不确定性会导致金融市场波动。在当前国内背景下，中国政府必须平衡政策的可预见性和政策的灵活性。中国政府对经济发展和改革有一个试错的原则，这种原则本质上需要一定程度的政策灵活性。然而，得到所期望的灵活性的自由裁量权并不是无成本的。如果允许太多的自由裁量权，金融市场参与者就会发现很难预测未来的政策措施。这种不确定性减少了长期投资，并可能会增加投资者对短期投资的偏好，从而增加金融市场的投机因素。

金融监管也影响到货币和财政政策对经济增长和宏观经济稳定指标的影响，从而货币和财政政策必须与金融监管相协调。一方面，评估潜在的货币和财政政策效果时应考虑到它们对金融稳定的影响。另一方面，对金融监管的评估也应考虑到它们对货币和财政政策向经济增长和宏观经济稳定传导的影响。

3.6 从传统监管到智能监管

互联网金融不仅需要大量的资金，而且需要大规模的设备支撑，大量积累的数据是互联网金融企业的重要资源，因而互联网金融企业存在自然垄断的倾向。与传统金融相比，互联网金融不仅面临“大而不能倒”的风险，还需要处理好因关联程度高和发展过快而导致的多重风险。

由于互联网金融不仅具备金融属性，所以其监管部门还包括与之相关的工业和信息化部等部门。我国互联网金融监管的总体要求是“鼓励创新、防范风险、趋利避害、健康发展”，基本原则是“依法监督、适度监督、分类监督、协同监管、创新监管”，从而实现服务好实体经济、宏观调控和维护好金融稳定的总体目标。其中，“创新监管”一词无疑体现当前我国互联网金融监管格局面临着巨大挑战。由于互联网金融风险是由“互联网 +”带来的，所以互联网金融的监管离不开“互联网 +”，也就是要用互联网方式监管互联网金融。

互联网金融智能监管的核心在于金融智能监管。一方面，金融智能监管主要是由互联网金融异军突起对传统金融监管的倒逼造成的；另一方面，“大数据”、“云计算”等高新技术的快速发展，在推动互联网金融发展的时候，也逐步奠定了金融智能监管的基础。因而，与其说是“互联网金融智能监管”不如说是“金融智能监管”。

对于金融智能监管，部分学者认为打破信息孤岛是金融智能监管的基础。吴晓求（2016）认为，中国的金融是分业态的，现在很多监管是经验监管、事后监管，应该建立大数据库，要有足够的计算能力，从传统监管走向智能监管。大数据、区块链、人工智能等技术将成为金融智能监管的重要手段。李稻葵（2016）认为，智能金融主要依靠两类技术：一类是人工智能，能分析各种客户的需求，能够更好地让资金和有资金需求的人结合在一块；另一类是安全、迅速的数据传输、存储和交流，区块链技术受到各国央行的高度重视。

综上所述，互联网金融智能监管本质上是金融智能监管。金融智能监管是以信息技术、互联网技术、区块链等为技术手段，为金融监管提供智能搜索、智能提示和智能封杀等金融监管辅助参考。金融智能监管不仅对国家经济安全是所需的，而且对于普通民众的经济生活也是所需的。这种宏观和微观需求，就是金融智能监管的价值。有价值就会形成商品，有商品就会产生市场。吴晓求（2018）认为，为了迎接金融智能监管时代的到来，我们需要做好以下准备工作：第一，推动互联网金融行业关键数据的标准化、透明化；第二，互联网金融的发展为金融智能监管提供盈利模式；第三，政府采购投入撬动市场的形成；第四，关键技术逐渐突破。

参考文献

[1] 李稻葵．智能金融——监管与创新．中国投资资讯网，2016－12－09.

[2] 林毅夫．中国的后发优势还很大［J］．财经界，2015（9）：49－53.

[3] 吴晓求．科技进步可使金融监管走向智能监管金融界，2016－12－09.

[4] 吴晓求，等．中国金融监管改革：现实动因与理论逻辑［M］．北京：中国金融出版社，2018.

[5] Adrian, T., and H. S. Shin. Money, liquidity, and monetary policy. American Economic Review, 2009, 99 (2), 600－605.

[6] Allen, F., J. Qian, M. Qian. Law, finance and economic growth in China. Journal of Financial Economics, 2005, 77 (1), 57－116.

[7] Angeloni, I., E. Faia, M, Duca. Monetary policy and risk taking. Journal of Economic Dynamic and Control, 2015, 60, 311－324.

[8] Baker, S, N, Bloom, S, Davis. Measuring economic policy uncertainty. Quarterly Journal of Economics, 2016, 131 (4), 1593－1636.

[9] Belo, F., V. D., Gala, J. Li. Government spending, political cycles and the cross section of stock returns. Journal of Financial Economics, 2013, 107 (2), 305－324.

[10] Bjornland, H. C. and K. Leitemo. Identifying the interdependence between US monetary policy and the stock market. Journal of Monetary Economics, 2009, 56, 275－282.

[11] Borio, C. and H. Zhu. Capital regulation, risk－taking and monetary policy: a missing link in the transmission mechanism? Journal of Financial Stability, 8, 236－251. Quarterly Journal of Economics, 2012, 121 (1), 229－265.

[12] Clementi, G, H, Hopenhayn. A theory of financing constraints and firm dynamics. Quarterly Journal of Economics, 2002, 121 (1), 229－265.

[13] Dell' Ariccia, G., L. Laeven, G. Suarez. Bank leverage and monetary policy's risk taking channel: evidence from the United States. Review of Financial Studies, forthcoming, 2016.

[14] Elliott, Douglas and Feldberg, Greg and Lehnert, Andreas. The History of Cyclical Macroprudential Policy in the United States. FEDS Working Paper No, 2013－29.

[15] Jiménez, G., S. R. G. Ongena, J.－L. Peydro, and J. Saurina. Hazardous times for monetary policy: what do twenty－three million bank loans say about the effects of monetary policy on credit risk－taking? Econometrica, 2014, 82 (2), 463－505.

[16] KPMG. Fintech100: Leading Global Fintech Innovators, 2017.

[17] Niepmann, F.. Banking across borders. Journal of International Economics, 2015, 96 (2), 244 -265.

[18] Rigobon, R. , and B. Sack. The impact of monetary policy on asset prices. Journal of Monetary Economics, 2004, 51 (8), 1553 -1575.

[19] Sialm, C.. Tax changes and asset pricing. American Economic Review, 2009, 99, 4, 1356 -1383.

[20] Stein. Monetary policy as financial - stability regulation. The quarterly Journal of Economics, 2012, 127 (1): 57 -95.

[21] The Goldman Sachs Group, Inc. The Rise of China Fintech. August 7, 2017.

第10章 现代金融体系的国际化：大国金融的形成

摘　要

中国是个大国，中国经济是大国经济，中国必须构建与大国经济相匹配的大国金融。而现代国际化金融体系是大国金融的必要条件。本章首先阐释现代国际化金融体系的内涵、结构元素及功能，指出现代国际化金融体系是大国金融的必要条件。继而介绍作为大国金融必备要素的人民币国际化的内涵和现状，以及未来如何构建人民币国际化贸易项和资本项下的国际金融体系。之后，指明国际金融市场是现代金融体系国际化的基石，并讨论国际化的资本市场内部结构、债券市场、股票市场、金融机构，以及伴随着金融体系国际化而来的新的风险形态及防控措施。最后，提出政策建议。

1　现代国际化金融体系的内涵和功能

中国是个大国，中国经济是大国经济，中国必须构建与大国经济相匹配的大国金融。现代国际化金融体系是大国金融的必要条件。现代国际化金融体系的内涵，是包括国际化的货币体系、国际化的金融市场和国际化的金融机构在内的，实现资金配置功能的组织体系。

1.1　现代国际化金融体系的内涵和结构元素

现代金融体系的基本定义是，居民、企业和政府为其活动获取融资或将其富余资金进行储蓄的场所，具体包括金融市场和金融机构（Hartmann 等，2003）。从金融功能观的视角来看，现代金融体系的基本功能是通过价格信息，实现资源配置（Merton 和 Bodie，1995）。资源配置功能的有效实现，需要有效的信息及畅通的传导、配置效率的提升和配置结构的优化，这就要求现代金融体系必须是高度市场化的、高科技的、开放的。因此，现代金融体系的国际化是未来中国金融改革的必然趋势。

现代国际化金融体系的内涵，是将现代金融体系的定义从一国延拓到全球范围，从而需要引入国际货币因素。基于此，现代国际化金融体系的内涵，是包括国际化的货币体系、国际化的金融市场和国际化的金融机构在内的，实现资金配置功能的组织体系。货币的国际化为现代金融体系国际化奠定基础，金融市场的国际化则是现代金融体系国际化的基石，而金融机构的国际化是现代金融体系国际化的必然要求，三者相辅相成，有机结合，共同构成了国际化的现代金融体系。

具体来看，中国现代国际化的金融体系，应包含下列四项结构元素。

一是人民币的国际化，中国大国金融中的人民币国际化不仅包含人民币的可自由交易，还包括人民币成为国际重要储备货币的内容。

二是发达的货币市场，如果说发达的资本市场主要承担财富管理的职能，是大国金融心脏的话，那么通畅的货币市场则主要负责流动性管理，它与商业银行一起形成大国金融的血液循环系统。

三是具有发达、透明、开放、流动性好的资本市场，这样的资本市场具有资源特别是存量资源调整、风险流动和分散、经济增量配置三大功能。中国资本市场国际金融中心地位是中国大国金融形成的基石。

四是具有市场化创新能力和满足客户多样化金融需求的金融中介，这样的金融中介显然具有四种功能：提供流动性；过滤风险；创造产品并通过市场机制发现价格；基于金融市场产品的风险组合或资产增值服务。在中国，商业银行在金融中介服务中居主导地位，着眼于财富管理的金融中介则起着越来越重要的作用。

1.2 现代国际化金融体系是大国金融的必要条件

中国是个大国，中国经济是大国经济，中国必须构建与大国经济相匹配的大国金融。而现代国际化金融体系是大国金融的必要条件。

现代金融体系的国际化有利于提升大国竞争的金融软实力。金融创新、金融力量常常在大国崛起中发挥举足轻重的作用（聂庆平和蔡笑，2008）。Nye（1990）将“大国”诠释为有效拥有、集中和调配资源以达到自身目的的能力，指出“软实力”是通过吸引、感召而非强迫的方式施加影响的能力。进入 21 世纪，大国竞争无疑已经从硬实力的较量转为软实力的竞争，而金融则是软实力的一个重要因素。金融体系的一个重要功能便是集中和调配资源（Merton 和

Bodie，1995），国际化的现代金融体系，能够促进大国资本、劳动力、技术等生产要素资源的形成和集聚，促进资源在全球范围内的优化配置，为大国综合国力的提升源源不断地提供新的增长动力。美国便是最好的例证，其通过以美元为主导的国际货币体系，以华尔街为中心的发达成熟的国际化资本市场，以及大批实力强劲的全球性金融机构，吸引、调配来自全世界的资源，支撑美国经济的发展和国力的提升。

同时，现代金融体系的国际化是大国金融与大国经济相匹配的必然要求。一方面，随着我国经济体量、经济地位的不断提升，贸易和投资的规模、范围不断扩大，必然要求金融体系的国际化，在全球范围内调配金融资源服务于经济发展，提供支付结算、贸易融资、国际信贷等金融服务。另一方面，金融发展程度与经济发展程度紧密相关，现有研究表明金融市场能够通过促进资本积累、提升资本的使用效率、降低外部融资成本等方式，促进经济增长（King和Ross，1993；Rajan和Zingales，1998），因此为了支撑经济的持续增长，必然要求一个与其经济发展程度相匹配的国际化的现代金融体系。另外，一些学者的研究也表明，许多困扰中国经济发展的问题，均是源于中国不相匹配的金融体系与经济规模（孙立坚，2007）。未来要解决中国经济发展的内部深层次问题，金融体系的改革势在必行。

现代金融体系的国际化能为大国提供风险分散机制，是全力防控系统性金融风险的重要手段。中共十九大报告指出“健全金融监管体系，守住不发生系统性金融风险的底线”。防范系统性金融风险，将是近期金融体系发展和改革的最重要任务。金融体系的国际化能够在短期削减财政政策的产出效应和劳动生产率冲击，从而起到平滑经济周期波动的作用（Obstfeld和Rogoff，1995）。同时，国际化的金融体系为居民提供了投资组合分散化的便利，使得本国的风险在国际范围内得到分担，促进消费增长和本国福利的提升（Obstfeld，1992）。

2　人民币国际化与现代金融体系下的资源优化配置

本币国际化是大国金融的必备要素。与香港、新加坡等主要提供金融中介服务的国际金融中心不同，上海国际金融中心建设的目标，是全球财富的管理中心，是人民币计价资产的交易中心。如果没有人民币的国际化，缺乏人民币计价的金融资产，则国际化的金融市场和国际化的金融机构无从谈起。

2.1 本币国际化是大国金融的必备要素

本币国际化与大国的发展历程相伴而行，且当大国经济发展到一定的程度，本币国际化是助推大国经济持续发展的强大动力。英镑的国际化最初依赖于英国经济实力的快速提升，伴随着英国的海外贸易、殖民活动、工业革命等，英镑快速输出到全球并逐步成为世界货币。到了19世纪70年代，英国主导设立了国际金本位制，控制了世界的金融体系，英国利用伦敦世界金融中心的地位和英镑国际货币的优势，在世界贸易体系、贸易规则、国际投资、国际金融市场上获得了极大的话语权。英镑的国际化和伦敦国际金融中心的崛起，成为一战以前英国长盛不衰、保持其世界地位的重要力量源泉。今天，美国的国际地位更是与美元作为世界最主要的国际货币的地位，以及基于美元国际货币地位而构建的国际金融体系、国际贸易体系密不可分。当前中国已经成长为世界第二大经济体、第一大贸易国，且根据测算到2030年左右中国的经济体量会超过美国成为世界第一位，人民币国际化的前提条件已经初步具备。在这样的历史节点，人民币国际化是助推中国经济持续发展的重要保障，是提升中国大国地位的必然要求，是大国金融建设的关键一环。

同时，本币国际化为现代金融体系的国际化奠定基础。首先，国际化的货币为国际化的金融市场和国际化的金融机构创造需求。随着货币的国际化，贸易商使用国际货币进行计价结算从而产生了降低交易成本的需求，投资者使用国际货币进行投资从而产生了风险分散和对冲的需求，国际货币的持有者则产生了货币资产保值增值的需求，在这些需求的驱动下，相应产生了国际化的金融市场，提供风险对冲、风险分散、保值增值的金融工具，以及为市场交易活动提供服务的国际化的金融机构。其次，货币国际化加速金融市场和金融机构国际化的进程，有力拓展了金融市场和金融机构国际化的规模、广度和深度。货币国际化能够通过消除汇率风险、推动国际资本流动、促进监管政策收敛等因素，促进金融一体化（Fratzscher，2002；Lane，2006；Kalemli - Ozcan 等，2010）。事实上，一国货币的国际化程度往往与其金融市场规模成正比，2000—2017年各国官方持有美元、欧元外汇储备的总额以及美国、欧盟上市公司总市值，就呈现出高度的正相关性（见图10－1）。

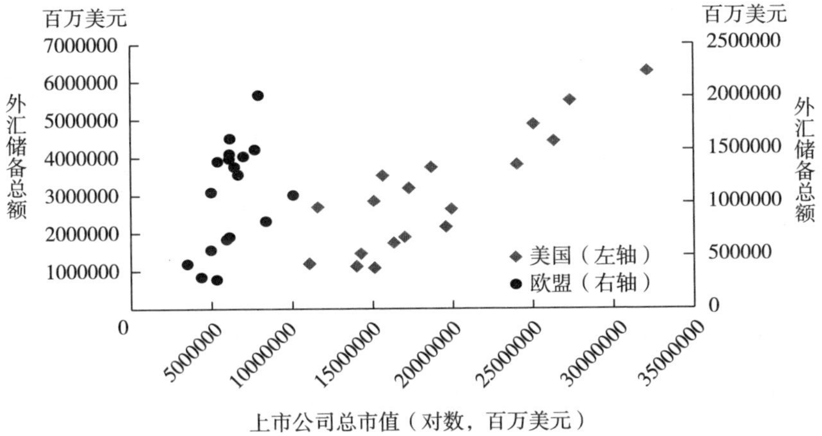

资料来源：世界银行、国际货币基金组织。

图 10－1　2000—2017 年各国官方持有美元、欧元外汇储备总额及美国、欧盟上市公司总市值

2.2　人民币国际化的内涵与现状

人民币国际化的内涵包括两个层次。第一个层次是人民币的跨境使用，即人民币的使用范围超越了货币发行国，在国外同时被居民或非居民持有，并可以提供计价单位、交易媒介、价值储藏等功能（陈雨露，2005；Chinn 和 Frankel，2007；Kehen，2011）。第二个层次是人民币的全球流通，即人民币不仅是在局部区域，而是在世界经济和国际货币体系中都具有突出地位和重要性（Thimann，2010）。

当前，人民币的国际化尚处于跨境使用这一层次，国际化程度稳步提高。人民币国际化指数显示（见图 10－2），第一，当前人民币国际化程度仍然是较低的；第二，人民币国际化的趋势是向上的；第三，人民币国际化过程当中波动较大，汇率波动、政策管制、国内经济波动等因素都对人民币国际化带来挑战，从这个意义上来看，金融体系的市场化、国际化是稳步推动人民币国际化的必要措施。

从国际货币各项职能的发挥来看，目前人民币国际化程度稳步提升。作为支付货币，根据环球同业银行金融电信协会（SWIFT）2018 年 1 月的统计数据，人民币为全球第五大支付货币，人民币在国际支付货币中的份额为 1.66%。作

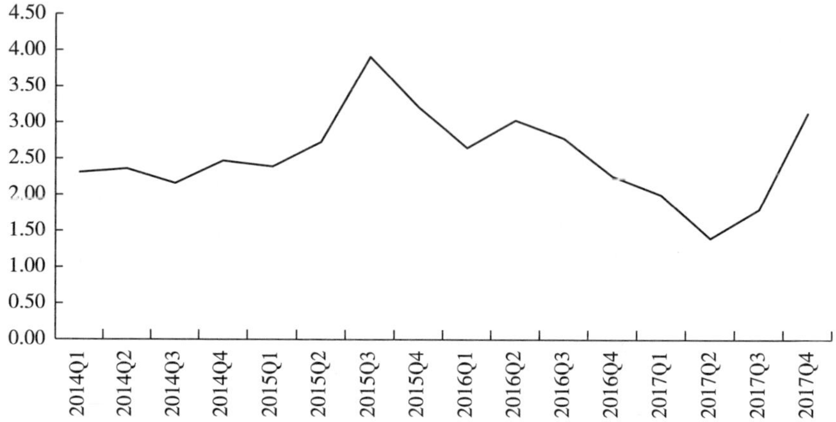

资料来源：中国人民大学国际货币研究所《人民币国际化报告2018》。

图10－2　人民币国际化指数

为投资货币，截至2017年末，境外主体持有境内人民币股票、债券、贷款以及存款等金融资产金额合计4.29万亿元，同比增长41.3%。作为储备货币，目前已有60多个境外央行或货币当局将人民币纳入外汇储备，且国际货币基金组织（IMF）的数据显示，官方外汇储备币种构成（COFER）报送国持有的人民币储备规模达1 226亿美元，占比1.23%，为单独列出的币种第八位。作为计价货币，2018年3月，以人民币计价结算的原油期货在上海期货交易所挂牌交易，并引入境外交易者，同年5月，大连铁矿石期货交易引入境外交易者。

2.3　人民币国际化贸易项下体系的构建

从目前人民币国际化的现实路径来看，中国作为世界上最大的贸易国，提升人民币在贸易项下的计价、结算份额是人民币国际化的最大推动力。同时，建立人民币计价的大宗商品交易市场，将推动人民币计价功能进一步实现。

2.3.1　多边经贸关系的发展与人民币交易的版图

自中国加入世界贸易组织以来，中国已经成为120多个国家和地区的最大贸易伙伴（见图10－3）。从地理分布来看，人民币收付金额规模最大的地区是中国香港，几乎占人民币海外收付金额的一半，其次是新加坡、日本、韩国、中国台湾、中国澳门、越南、马来西亚等亚洲周边国家和地区，以及德国、美国、英国等世界主要经济体（见图10－4）。

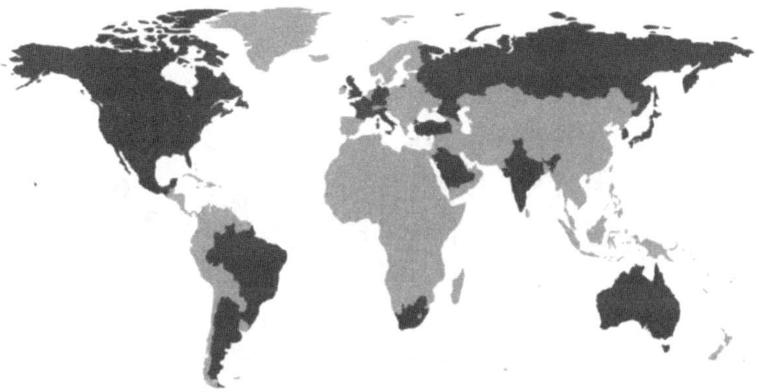

注：图中深色部分表示重要贸易合作伙伴。

资料来源：中华人民共和国商务部。

图 10－3　中国主要贸易合作伙伴地理分布

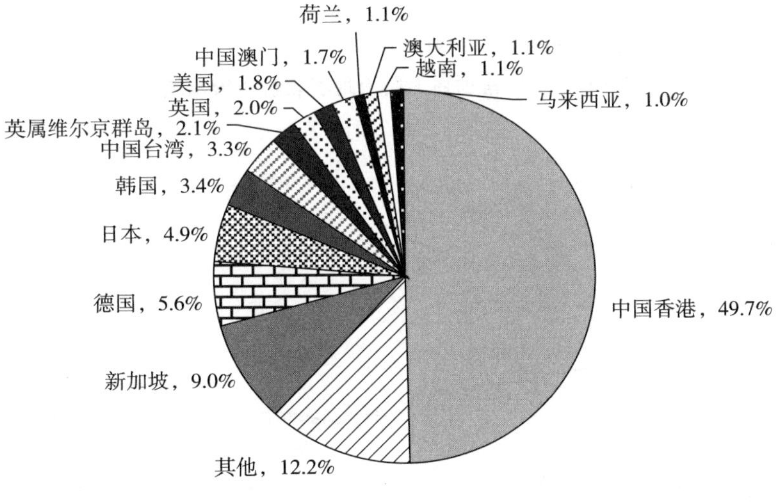

资料来源：中国人民银行《2018 年人民币国际化报告》。

图 10－4　人民币跨境收付金额地理分布

2.3.2　贸易项下人民币计价结算

从目前人民币国际化的现实路径来看，中国作为世界上最大的贸易国，提升人民币在贸易项下的计价、结算份额是人民币国际化的最大推动力。

首先，从收付规模来看，贸易项下人民币跨境收付的金额仍然占大头。2017 年经常项目下的人民币跨境收付金额当中，货物贸易为 3.27 万亿元，服务贸易为 0.58 万亿元，二者占比分别为 75% 和 18%（见图 10－5）。

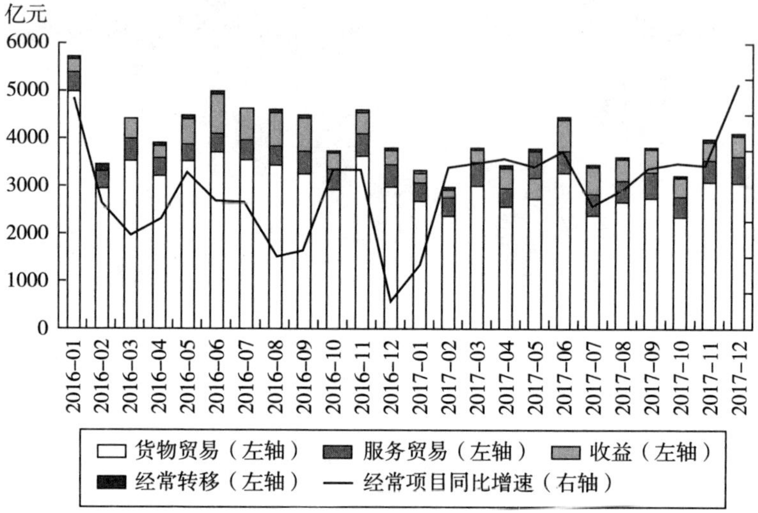

资料来源：中国人民银行《2018 年人民币国际化报告》。

图 10－5　经常项目人民币跨境收付规模及增速

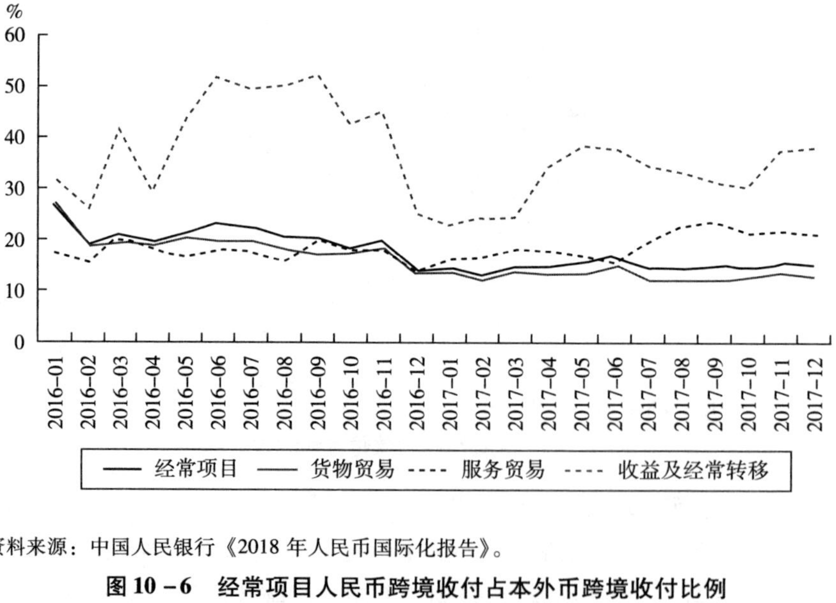

资料来源：中国人民银行《2018 年人民币国际化报告》。

图 10－6　经常项目人民币跨境收付占本外币跨境收付比例

其次，从收付比例来看，目前贸易项下人民币收付占本外币收付的比例仍然较低，未来有较大的提升空间（见图 10－6）。截至 2017 年 12 月，货物贸易人民币跨境收付占本外币跨境收付的比例为各经常项目子项中最低，仅为 11%，中国的进出口商在国际贸易中的议价能力较弱，人民币收付额与中国较大的进出口贸易额不相匹配，未来需要通过产业升级和科技进步，增加产品差异化，提升商贸议价能力，从而扩大货物贸易项下的人民币收付比例。在境外旅游成为新潮流、移动支付逐渐布局海外等因素的推动下，服务贸易人民币跨境收付占本外币跨境收付的比例快速提升，达到 16%。但是二者的比例都较低，未来有较大的提升空间。

另外，“一带一路”倡议为中国加强经贸合作、为人民币的贸易计价结算提供了良好契机。考虑到“一带一路”沿线国家当中大量为新兴的发展中国家，人口众多，未来的经济发展、消费和开放都有巨大的潜力，市场规模和纵深具有很大的提升空间。从“一带一路”倡议提出以来中国与沿线国家的贸易指数及增速来看，“一带一路”贸易额指数从 2015 年 8 月上线时的 97.53 上升至 2018 年 10 月 133.29，年均复合增长率（CAGR）达到 10.4%（见图 10 -7）。

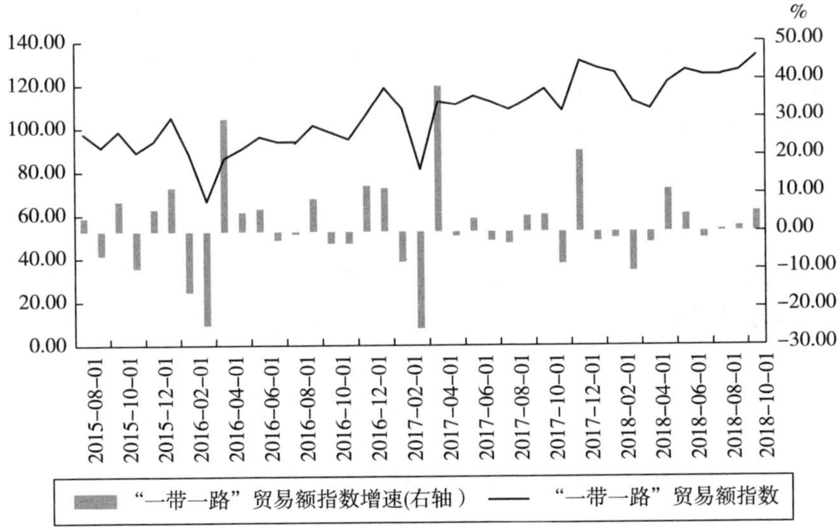

资料来源：中国一带一路网。

图 10 -7　“一带一路”贸易额指数及指数增速

与此同时，可以适度搭配人民币互换协议、人民币清算安排等辅助政策，为人民币支付结算提供便利条件。2017 年末，中国已经与 22 个“一带一路”沿线国家签署了本币互换协议，在 7 个沿线国家建立了人民币清算安排。张策等（2018）的研究表明，人民币互换协议的签订能够有效推动中国与签署国双边贸易的增长。同时，在当前人民币汇率尚未完全市场化的阶段，汇率波动是影响贸易国使用人民币进行计价结算意愿的重要因素，而人民币互换协议则是消除贸易结算汇率风险的可行途径。

2.3.3 人民币计价的大宗商品交易

宋玮（2013）认为人民币国际化的进程应当按照贸易结算、贸易计价、金融计价、金融定价的顺序。目前，中国是铜、大豆、铁矿石和天然橡胶几项大宗商品的最大进口国，是原油的第二大进口国，在大宗商品交易体系中具备了一定的话语权，为推动大宗商品的人民币计价创造了条件。

若想建立真正的人民币计价的大宗交易体系，我国可以从以下几方面入手。第一，在国家层面，按照大宗商品的进出口量建立战略储备制度，提高我国宏观层面的定价话语权。第二，相关部门积极与非洲和中东等资源出口国协商，在能源、矿产、粮食等大宗商品的交易中部分以人民币计价，同时辅以劳务输出、国际援助作为交换。第三，在行业层面，相关企业应考虑在我国掌握绝对资源优势的行业建立国际资源输出组织，提高行业整体的议价能力和结算货币决定能力。第四，在企业层面，相关出口企业要推动技术创新，提高出口附加值，形成竞争优势，利用定价能力上的优势夺取结算方式上的话语权。第五，在配套设施方面，我国应当积极研制相关商品期货产品，增加我国商品期货的种类。

2018 年 3 月，以人民币计价结算的原油期货在上海期货交易所挂牌交易，并引入境外交易者，同年 5 月，大连铁矿石期货交易引入境外交易者，这是我国在相关领域取得的重要突破。日后，我国应当进一步推进人民币天然气期货等重要商品期货的上市和交易，逐步放开市场参与限制，接受海外机构投资者参与到境内期货市场的交易中来，提升人民币期货产品的国际影响力。

2.4 人民币国际化资本项下体系的构建

资本项下的人民币国际化是未来人民币国际化发展不可或缺的一环。2017 年，资本项目人民币跨境收付占同期本外币跨境收付的比例为 66%（见图 10－8）。而随着中国经济的进一步发展，资本项下人民币收付规模、比例的提升，是人民币国际化的重要内容。

2.4.1 人民币直接投资

中国对外投资在全球外国直接投资中的影响力不断扩大。2017 年，中国对外投资流量规模仅次于美国和日本，位居全球第三。从双向投资情况看，中国对外直接投资流量已连续三年高于吸引外资。2017 年中国对外直接投资 1582.9

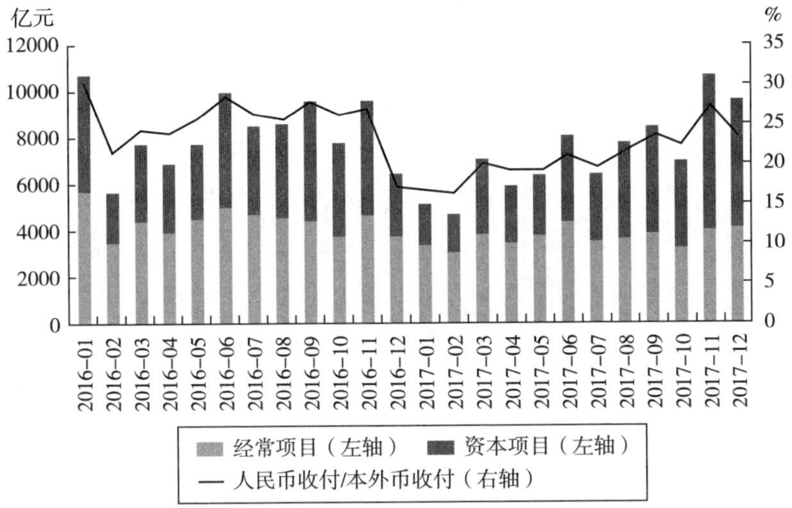

资料来源：中国人民银行《2018年人民币国际化报告》。

图10－8　人民币跨境收付及占比

亿美元，同比下降19.3%，这是自2003年中国发布年度统计数据以来，首次出现负增长，但仍是历史上第二高位，对外直接投资流量占全球主要对外投资国家比重连续两年超过10%。①

但是，目前人民币结算的对外直接投资占全部对外直接投资的比例并不稳定，最高达到过82%，最低为6%，这种现象反映了人民币汇率大幅度波动对人民币结算的对外直接投资的影响。因此，我们应当从稳定人民币汇率入手，提高人民币结算的对外直接投资比例。2017年，对外直接投资人民币跨境收付金额4568.8亿元，同比减少57%，全年对外直接投资资本金支出1263.2亿元，同比下降63.3%；外商直接投资人民币跨境收付金额1.18万亿元，同比下降16%，资本金项下收付金额合计4010.5亿元，同比下降12%（见图10－9）。

2.4.2　人民币计价金融资产

证券投资增速较快，且未来发展潜力巨大。2017年，资本项目各个子项当中，证券投资增速最快，证券投资人民币跨境支付由2016年净流出转为净流入，同比增长219%（见图10－10）。当前，境内的资本市场国际化程度仍然较低，资本项目的国际流动渠道有限，若以后资本市场进一步开放，则人民币资本项目尤其是证券投资的收付比例将进一步提升。

① 引自《2018世界贸易报告》《2017世界投资报告》。

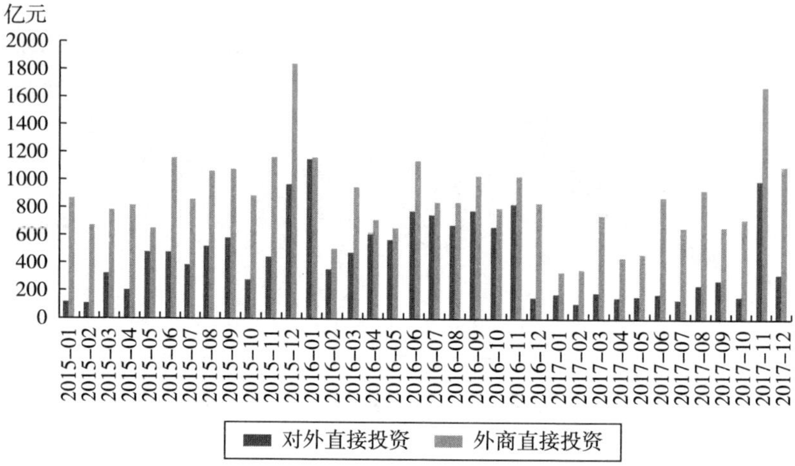

资料来源：中国人民银行《2018 年人民币国际化报告》。

图 10－9　直接投资人民币跨境收付

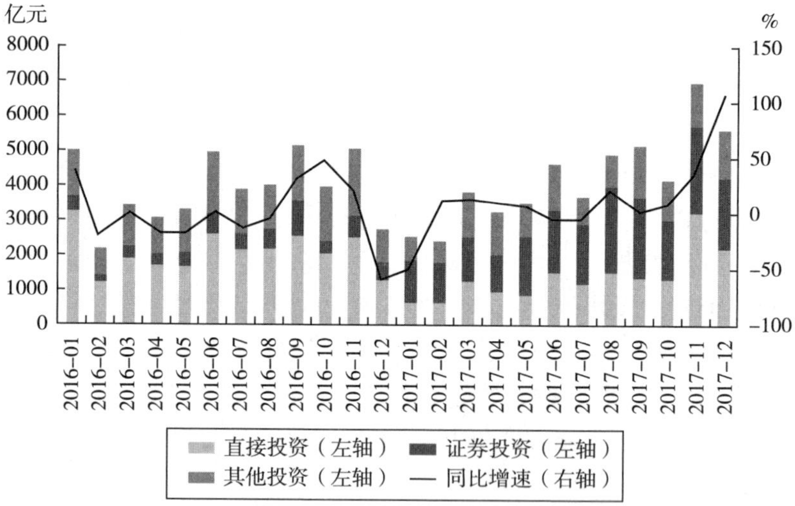

资料来源：中国人民银行《2018 年人民币国际化报告》。

图 10－10　资本项目人民币跨境收付规模及增速

从流通渠道来看，国际资本主要通过 QFII、RQFII、沪股通、深股通等通道进入境内股票市场，其中 QFII 持有存量最大。从股债两个市场来看，2017 年，境外投资者全年新增股票市值 5254.85 亿元，境外主体在中债登、中证登、清算所托管的人民币债券余额合计为 11988.32 亿元。

2.4.3　人民币储备资产

人民币作为储备货币的功能初现，但是目前在储备货币中的占比相对较低。根据国际货币基金组织（IMF）2017 年 3 月的报告，全球货币范围内官方储备货币构成中，人民币全球外汇储备规模为 1228 亿美元，占已分配外汇储备的 1.23%，这一比例远低于 SDR 货币篮子中的货币权重（见图 10－11）。

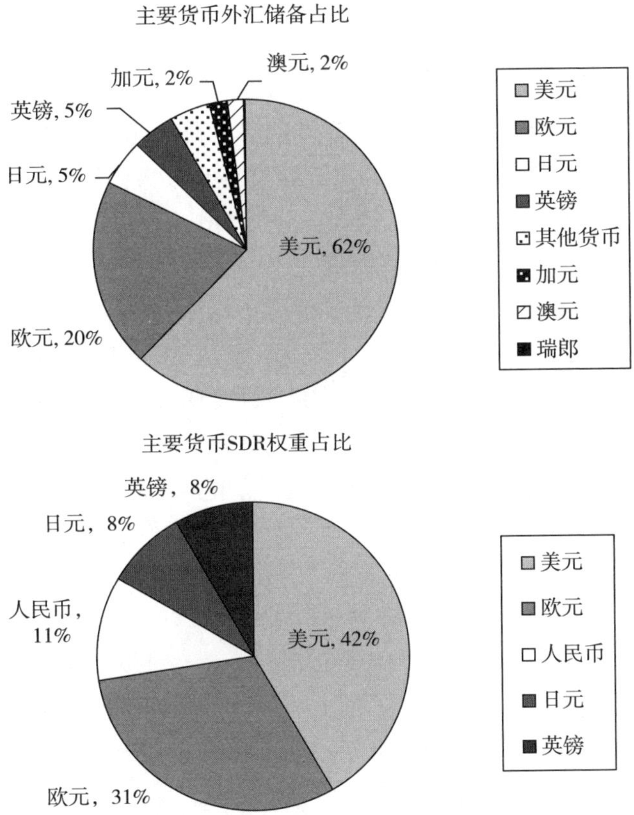

资料来源：国际货币基金组织。

图 10－11　2017 年 12 月世界主要货币外汇储备规模占比和 SDR 货币篮子权重占比

我国应当继续扩大国家间外汇互换规模，以“一带一路”为纽带，在周边国家逐步培育人民币使用的“黏性”，提高央行的人民币资产持有比重。截至 2017 年末，我国与 22 个沿线国家签署了本币互换协议。2017 年，人民币在周边国家使用逆势上涨，周边国家对人民币接受程度显著提升，15 个周边国家央行已将人民币资产纳入其外汇储备。

3 国际金融市场：现代金融体系国际化的基石

资本市场的国际化，积极参与到国际金融体系当中并成为其中的重要组成部分，甚至影响和改变现有国际金融体系的规则，是中国作为大国承担国际责任、参与国际治理的重要途径。

3.1 中国资本市场与国际金融体系

当前中国资本市场的规模与其经济体量不匹配。股票市场上市公司市值无论从绝对量还是相对量来看，都与成熟金融市场有较大差距。截至2017年12月31日，中国名义GDP现价已经达到82.71万亿元，约合12.24万亿美元，经济规模稳居世界第二，同期美国GDP现价为19.49万亿美元，中国名义GDP约占美国名义GDP的62.80%。然而，中国的股票市场体量则与其经济规模不相匹配。同期，中国上市公司总市值达到了8.71万亿美元，占GDP的71.18%，而美国同期的上市公司总市值达到了32.12万亿美元，占GDP的165.65%。从绝对量看中国上市公司总市值仅为美国上市公司总市值的27%左右，从相对GDP占比来看中国上市公司总市值相对名义GDP的比例仅为美国的42.97%（见图10-12）。

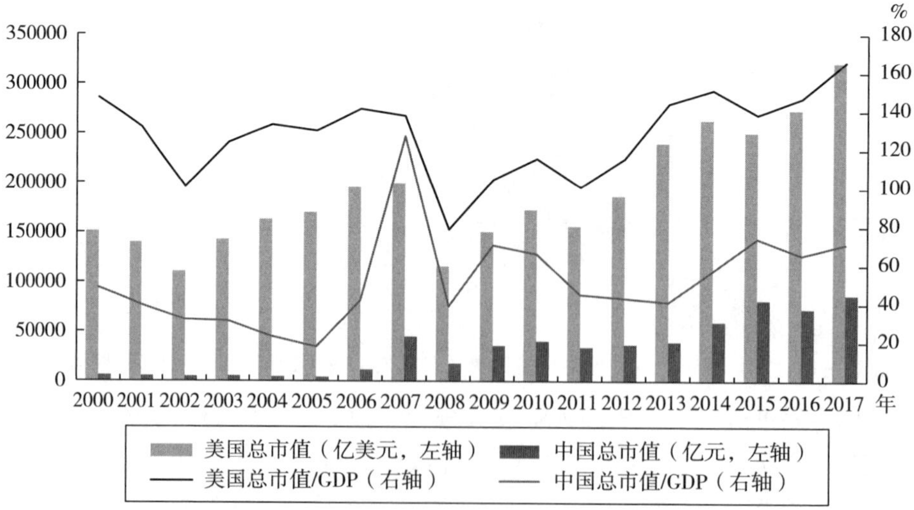

资料来源：世界银行。

图10-12 美国、中国上市公司总市值及其GDP占比

债券市场规模与主要经济体相比也存在较大差距。全球主要经济体发行的债券余额规模相比较，从债券余额来看，从高到低排序依次为美国、欧盟、日本、中国、英国；而从债券余额占 GDP 比重来看，从高到低排序依次为日本、英国、美国、欧盟、中国。从债券规模数据可以看出存在如下几个特点。第一，截至 2017 年第二季度，美国发行人的债券存量规模达到 38.5 万亿美元，绝对数量居全球第一。第二，虽然日本和英国债券的绝对存量不是特别高，但是由于其经济体量相比于债券存量较小，日、英的债券存量占 GDP 比重最高。第三，五大经济体中，除中国外，其余四大经济体的债务余额均超过 GDP。可见当前我国无论从债务总量，还是债务与 GDP 的比重来看，与成熟国际金融市场有着较大的差距，我国债券市场规模仍然较小，未来具有较大发展潜力。

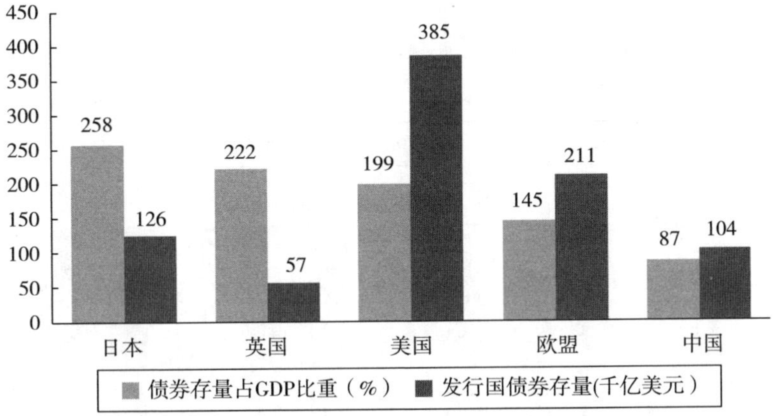

资料来源：国际清算银行（BIS）、国际货币基金组织（IMF）世界经济总揽（WEO）数据库。

图 10－13　2017 第二季度五大主要经济体债务余额及其 GDP 占比

未来，完成资本市场的国际化，积极参与到国际金融体系当中并成为其中的重要组成部分，甚至影响和改变现有国际金融体系的规则，是中国作为大国承担国际责任、参与国际治理的重要途径。

3.2　国际化资本市场的内部结构

3.2.1　“由债到股”的逐步开放

从跨境资本流动的特点来看，债券市场是跨境资本流动的主渠道。进行国际投资的非居民投资者，一方面由于对投资国当地情况了解有限，他们会首选风险较低、流动性较好的债券作为投资工具；另一方面，由于平衡投资组合风险水平、对冲、套期保值等需要，也需要持有一定比例的债券。因而，债券市场的开放对于促进国际资本流动、推动人民币国际化具有不可替代的重要作用。目前，主要国际金融中心如美国、欧元区，债券占国际收支资本与金融项下证券投资的比重均比较高，且超过权益证券的比重（见图 10－14）。

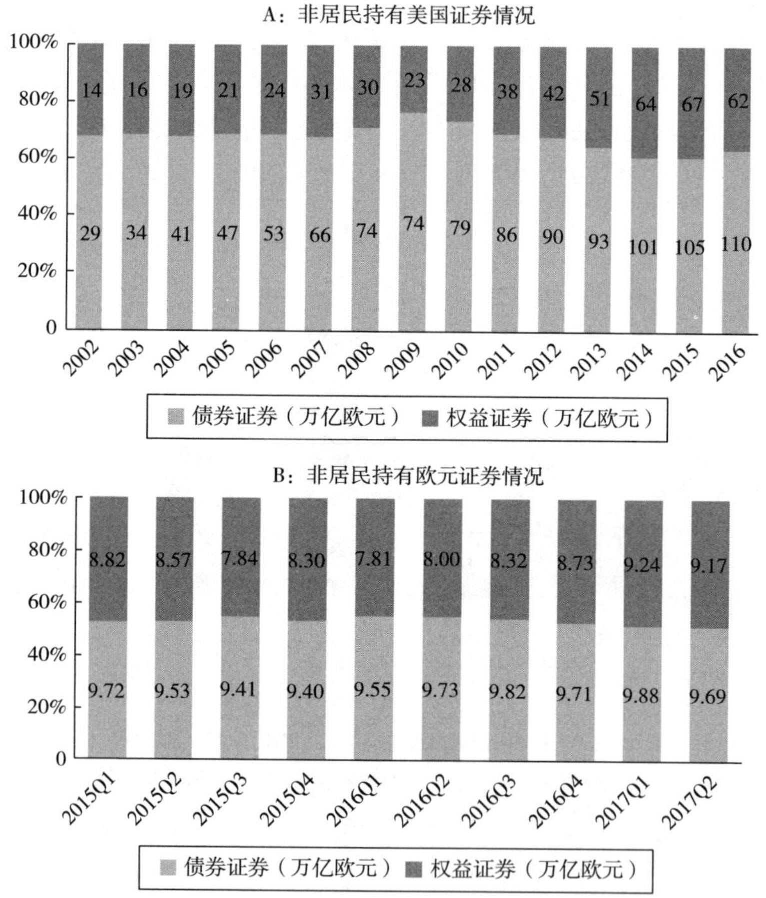

资料来源：美国财政部、美国经济分析署、Wind 资讯。

图 10－14　非居民持有美国、欧元区证券情况

从市场容量来看，债券市场大于股票市场，且中国的债券市场在规模上仍有较大的发展空间。从各成熟经济体的经验来看，债券市场的规模要大于股票市场的规模，债券市场吸纳国际资本的能力更强。而目前，中国的债券市场相比于其经济体量仍有较大的提升空间。截至 2017 年底，美国债券市场的未偿还余额超过 41 万亿美元，相比之下，同期中国债券市场余额为 74 万亿元，大致相当于美国债券市场 1/4 的体量。可见，中国的债券市场体量与美国相比仍有较大差距，2017 年，中国和美国名义 GDP 的比值约为 62.80%，而中国债券市场的体量却仅相当于美国市场的 1/4，未来中国债券市场的体量仍有较大的发展空间。

从投资者结构来看，中国的债券市场以机构投资者为主，而股票市场散户较多，非理性因素导致了市场的大幅波动，中国股市目前尚不具备完全放开资本管制的条件。2018 年，中国股票市场遭遇了内部和外部的双重冲击，在金融业去杠杆和中美贸易摩擦双重利空的作用下，上证综指由最高的 3587.03 点跌至最低 2449.20 点，跌幅达 1000 余点。在目前股票市场的条件下，资本账户的开放条件尚不成熟。

3.2.2　债券市场和股票市场的均衡比例

截至 2017 年底，美国债券市场的未偿还余额超过 41 万亿美元，而同期股票市值和信贷总额分别为 32 万亿美元和 26 万亿美元，相当于债券市场 78% 和 63% 的体量（见图 10－15－B）。相比之下，同期中国债券市场余额为 74 万亿元，大致相当于美国债券市场 1/4 的体量，同期股票市值和信贷总额分别为 57 万亿元和 120 万亿元，相当于债券市场的 77% 和 162% 的体量（见图 10－15－A）。可见，虽然中美两国金融市场结构不同，美国以直接融资为主而中国以间接融资为主，但资本市场内部结构相似，债券市场体量都大于股票市场，且股市和债市之间的比例也非常接近。

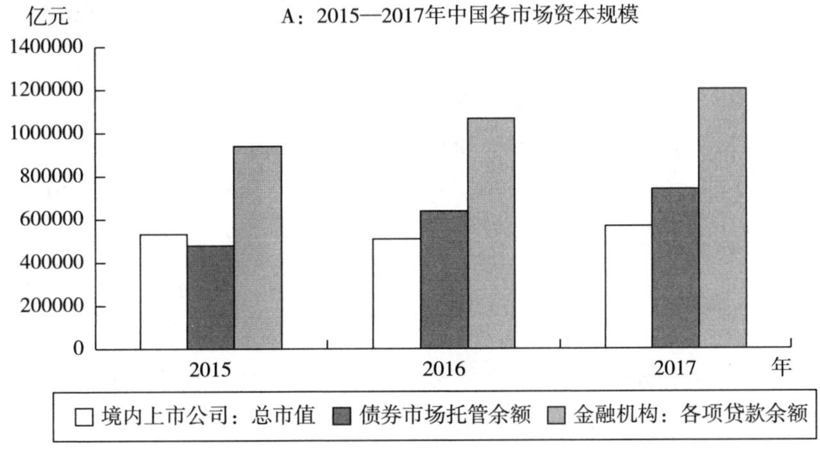

图 10－15　中国与美国股票、债券、信贷市场规模对比

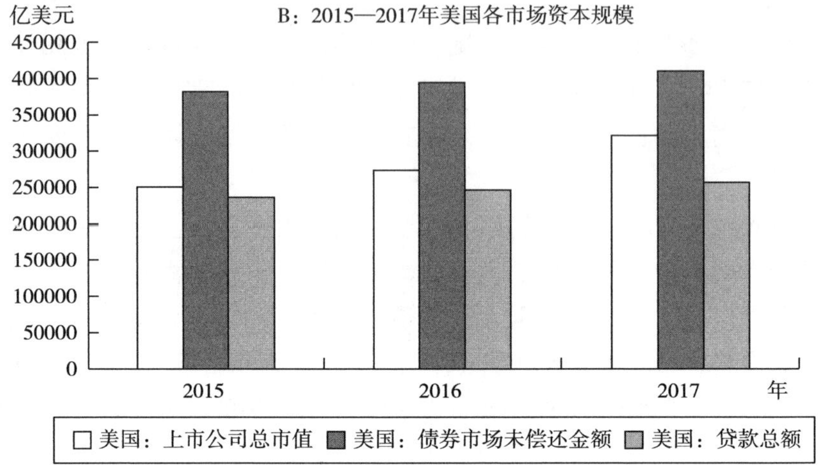

资料来源：中国证监会、中国人民银行、世界银行、美联储、美国证券业及金融市场协会。

图 10－15　中国与美国股票、债券、信贷市场规模对比（续）

3.3　国际化的债券市场

境外机构的参与度也在日益提升但目前处于较低水平，未来境外机构的债券持有份额有较大的提升空间。同时，“债券通”为境外投资者进入中国债券市场提供新渠道。而债券市场发行制度存在多头监管、发行制度不统一、市场化和专业化程度较低的问题，交易准则上做市商制度发展缓慢，严重制约债券市场的发展。另外，也应推出更多创新性的债券产品，满足国际投资者多元化的需求。

3.3.1　国际化债券体系中的交易主体

境外机构持有债券规模仅次于商业银行和基金类金融机构，位列第三，持有量达7444 亿元，份额在2%左右（见图 10－16）。亚洲开发银行 2017 年第三季度《亚洲债券监测》报告显示，2017 年第三季度境外债券投资者对亚洲市场国家境内债券的持有量稳步增加。其中，印度尼西亚、马来西亚、泰国、日本、韩国国债的国际投资者占比约 40%、28%、16%、11%、11%，相比之下，境外投资者持有中国在岸债券市场余额规模仅有 2%，与上述国家差别较大。

同时，“债券通”为境外投资者进入中国债券市场提供新渠道。2017 年，进入银行间债券市场的境外机构共计 866 家，其中，直接入市 617 家，通过“债券通”入市 249 家。2017 年内，银行间债券市场资金流入总金额约 8085 亿元，流出总金额约4862亿元，净流入3223亿元。2017年末，“债券通”交易托管余额887.9亿元，日均交易额约20亿至30亿元人民币。

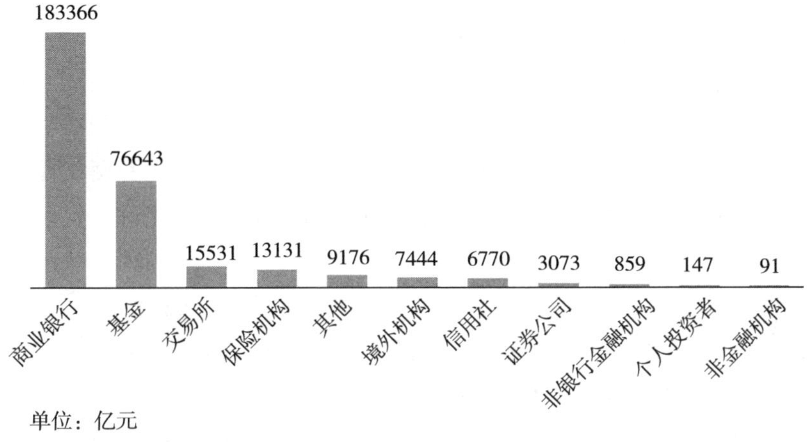

资料来源：Wind资讯。

图10－16　2017年11月债券存量持有人分类债券托管量

3.3.2　国际化债券发行制度及交易准则

目前债券市场发行制度存在多头监管、发行制度不统一、市场化和专业化程度较低的问题，严重制约债券市场的发展壮大。当前中国债券市场分市场、分券种的多头监管模式，导致不同种类债券的发行制度各自依据不同的法规，缺乏统一的发行审核标准和责任约束机制，造成债券发行标准混乱、制度多元的格局。债券发行制度还存在市场化、专业化程度较低的问题，部分债券的发行涉及国资委审批、证监会核准等非市场程序，定价方式、利率制度和发行模式市场化不足，缺乏合理的债券发行信用机制、评价机制、投资机制，具有公信力的债券评级公司和专业化的债券发行承销机构数量较少。

在交易准则上，目前债券市场做市商制度也存在诸多问题。截至2017年12月，银行间债券市场共有做市商30家，尝试做市机构51家，其中包括44家综合做市机构和7家专项做市机构。然而，做市交易占整个银行间市场交易的比例较低，做市双边报价价差较大。做市商权利义务不对等，导致做市商缺乏做市激励，做市效率不高，可供做市商使用的风险对冲工具缺乏，加大了做市商的存货风险。同时，做市业务结构不均衡，做市主体结构主要为银行类机构，非银行类机构比例低，报价品种主要集中在央行票据、国债、金融债，信用债报价和成交不足，期限结构主要集中在中短期债券，长期债券比例较小。

3.3.3 创新性的债券产品

债券市场的发展和开放，离不开债券交易产品的创新。由于中国金融基础设施的先天不足，债券市场投资风险特别是信用风险较高，因此产品创新显得更为重要。近年来，我国的债券市场有了很大的发展，推出了次级债券、混合资本债券和一般性金融债券、企业短期融资券、公司债、中期票据、中小企业集合债券和中小企业私募债券等新品种，近期还进行了资产证券化常态化工作。然而，目前债券产品仍然存在品种缺乏定制化、市场发展不平衡的不足，难以满足金融机构和企业多样化的融资需求，也限制了境外投资者参与到境内债券市场当中来。

从计息方式来看，以一年期定存为基准利率的浮动利息债券，是目前我国国内市场上发行的主要浮动利率债券品种。而在美国等成熟资本市场上，浮动利率债券主要以 Libor 等市场化利率为基准。并且，国外市场上存在着信用关联型债券，股票价格关联型债券和指数关联型债券。品种丰富的浮动利息债券可以有效帮助国外投资者实现不同的财富管理需求。我国相关金融主体机构也应当设计不同基准的浮动利息债券，以满足不同风险偏好投资者的需求。

从计价基准来看，我国目前国债品种还不丰富，1 年期以下和 10 年期以上的国债较少。应当丰富国债品种，逐步形成一条完整的国债收益率曲线，完善国债收益率的基准定价功能。

从发行主体来看，目前境外机构在我国发行的熊猫债种类和我国国内主体在境外发行的点心债品种还不够丰富。相关主管部门应当考虑丰富熊猫债市场的债券品种和国外发行的人民币计价债券的债券品种，通过国际化的债券产品促进人民币国际化发展。

3.4 国际化的股票市场

3.4.1 国际化股票市场的交易主体

国际化股票市场的交易主体应当以机构投资者为主，这将提高市场稳定性并将促进市场有效性的提升。同时，国际化股票市场的交易主体应当有更高的境外机构投资者比例，这将有利于提高国内机构投资者的竞争能力、促进 A 股市场向国际化方向发展。

目前，中国股票市场境外投资者的参与度仍然较低。根据国家外汇管理局 2018 年 11 月的数据，QFII 的投资额度达到了 6981.7 亿元，RQFII 的投资额度达到了 6484.72 亿元，两者合计 13408.42 亿元，为中国上市公司总市值的

2.75%（见图 10－17）。而对比美国纽约泛欧交易所集团的数据，2017 年美国纽约泛欧交易所集团上市公司的总市值达到了 321207 亿美元，外国投资者的投资额度达到了 79672 亿美元，国际投资者持股比例达到了 24.8%（见图 10－18）。

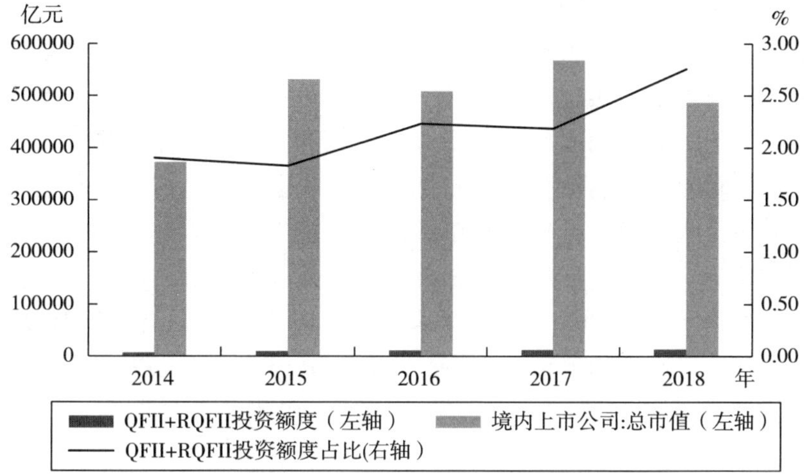

资料来源：中国证监会、国家外汇管理局。

图 10－17　中国境外合格机构投资者投资额度及其境内股票市场规模占比

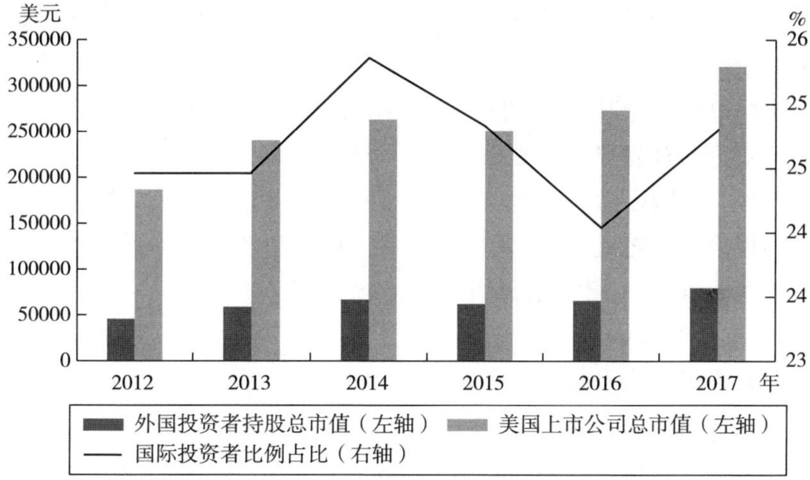

资料来源：国际清算银行（BIS）、世界银行。

图 10－18　美国境外投资者持股市值及其美国总市值占比

中国未来如果要建立国际化的股票市场，就应当逐步提升 QFII、RQFII 以及“沪港通”“深港通”等境外机构投资者投资中国股票市场的份额。最终，当资本项完全开放时，外部资金涌入不会对中国股票市场造成巨大的冲击，中国股票市场将平滑地过渡到国际化股票市场。

3.4.2 国际化股票市场的发行制度及交易规则

股票发行制度从核准制向注册制转变，是中国股票发行制度改革的基本方向，也是中国资本市场实现国际化必不可少的重要条件。注册制改革，有利于形成权责对称的机制，加大市场对发行人的硬约束，提高市场透明度。股票发行制度从核准制向注册制转变，首先需要将证监会职能从股票发行审核向监督管理上市公司合法经营、维护资本市场秩序、打击和惩罚违法行为、保护投资者合法权益转变。同时，要加强信息披露，加强对上市公司和中介机构的追责机制，强化公司治理和内控制度，增强市场纪律。另外，与发行制度相匹配，还应制定清晰、可操作的退市标准并严格执行。严格而有效的退市机制是市场具有投资价值的重要保障，也是市场保持足够吸引力、抑制疯狂投机的重要机制。

在股票交易规则上，国际化股票市场应当执行“T＋0”交易制度，取消“涨跌停”制度，增加“做空”交易机制。吴晓求（2016）认为 2015 年的“股市危机”部分是由于“T＋1”的交易制度导致日内不能回转交易所致；并且，期货和现货市场采用不同的交易制度导致两个市场风险控制功能脱节，助长了期货市场的投机氛围。同时，涨跌停板制度也应当在适当的时机取消。涨跌停板制度在市场过热和市场暴跌的过程中会增加投资者的恐慌情绪，且涨跌停板制度与场外配资结合将产生助涨助跌的作用，进而在股票大跌时造成严重的传染效应。此外，中国股票市场应当具备一定的“做空”交易机制。美国市场上融资融券的规模比例将近 3:1，而中国股票市场融券的规模不到两融规模的 1%，这造成了股票非理性上涨时缺乏矫正股价过快上涨的机制。

3.4.3 完全开放的股票市场

中国股票市场完全开放后，将有相当数量的国际公司在中国境内上市，中国境内投资者将可以在国际范围内分散化投资，中国上市公司也将与国际公司开展激烈竞争，多重因素作用下将提升我国股票市场的整体价值。

目前，尚没有中国境内上市的国际公司，同时中国投资者投资境外股票只能通过沪港通等市场之间的联通协议或在境外直接开户来实现。而美国的情况则是，截至 2018 年 10 月，纽约泛欧交易所内上市的国际公司数量达到了交易所内全部上市公司的22.09%（见图10－19）。因此，我国在构建国际化股票市场的过程中也应当考虑有计划地接纳国际公司至中国境内上市。一方面，这需要我国相关证券监管部门结合本章之前提到的相关建议修改证券发行和交易制度，为中国股票市场营造与国际接轨的发行和交易环境；另一方面，这需要我国逐步考虑通过市场双边的互联互通、存托凭证、试点国际公司在中国上市，直至完全对国外公司开放中国的股票市场。完全开放的股票市场与之前的国际投资者结构相结合最终将形成我国股票市场开放的最终形态。

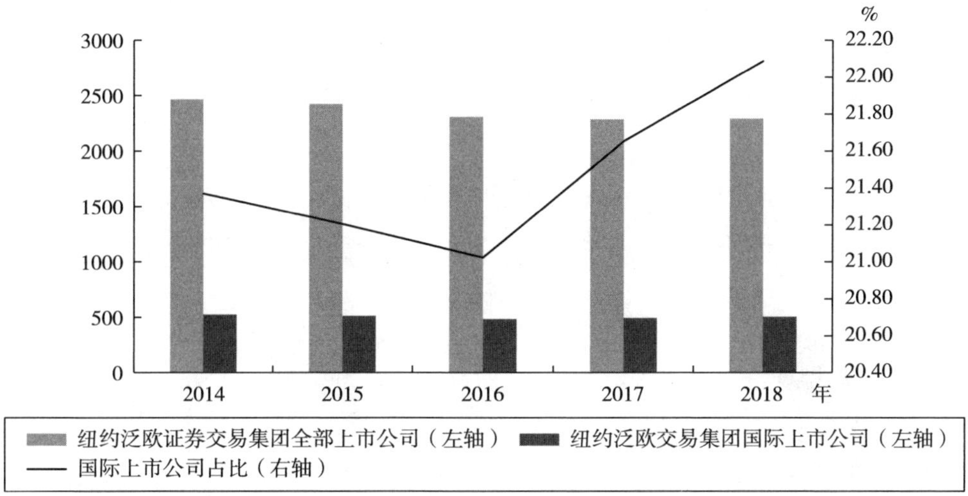

资料来源：世界交易所联合会。

图10－19　纽约泛欧证券交易所国际上市公司数量及占比

3.4.4　中国股票市场的国际影响力：指数权重

衡量一国股票市场的国际影响力的重要参考标准，是其在世界重要指数中所占据的权重。

2017年6月21日，全球第一大指数公司MSCI宣布将222只A股作为成分股纳入MSCI新兴市场指数，2018年6月1日成分股数量扩大为236只且权重定为2.5%，2018年9月1日权重扩大为5%。如图10－20所示，我们按最初拟加入MSCI的222只成分股的市值对最终MSCI成分股中A股股票的比重做了测算，到2018年8月中国A股占MSCI新兴市场指数的比重将达到1%。如果到2025年，拟纳入MSCI的中国222只A股成分股权重被调整到100%，A股占MSCI新兴市场指数的比重将达到13%；如果到2025年，拟纳入MSCI的中国A股成分股达到500只且权重被调整到100%，A股占MSCI新兴市场指数的比重将达到 20%。按照我们的最优预期，纳入 MSCI 的中国 A 股成分股达到 500 只，届时中国 A 股在 MSCI 新兴市场指数中的比重将达到 20% 与离岸中国市场（港股市场）大致相当。离岸和在岸中国股票市场将共同占到 MSCI 新兴市场指数近 50% 的比重，中国 A 股市场将真正成为影响整个新兴市场指数举足轻重的力量。

类似地，2018 年 9 月 26 日，全球第二大指数公司富时罗素宣布将 A 股市场纳入富时全球股票系列指数体系（FTSE GEIS），包括富时环球指数（FTSE All－World Index）和富时新兴市场指数（FTSE Emerging Index）。第一阶段目标是分步骤到 2020 年 5 月将陆股通占富时环球指数和富时新兴市场指数的比例提高到 0.57% 和 5.51%，长期目标是将陆股通全部自由流通股本记入指数。根据富时罗素的数据，届时 A 股占上述两指数的比例将分别达到 3.37% 和 26.24%（见图 10－21）。

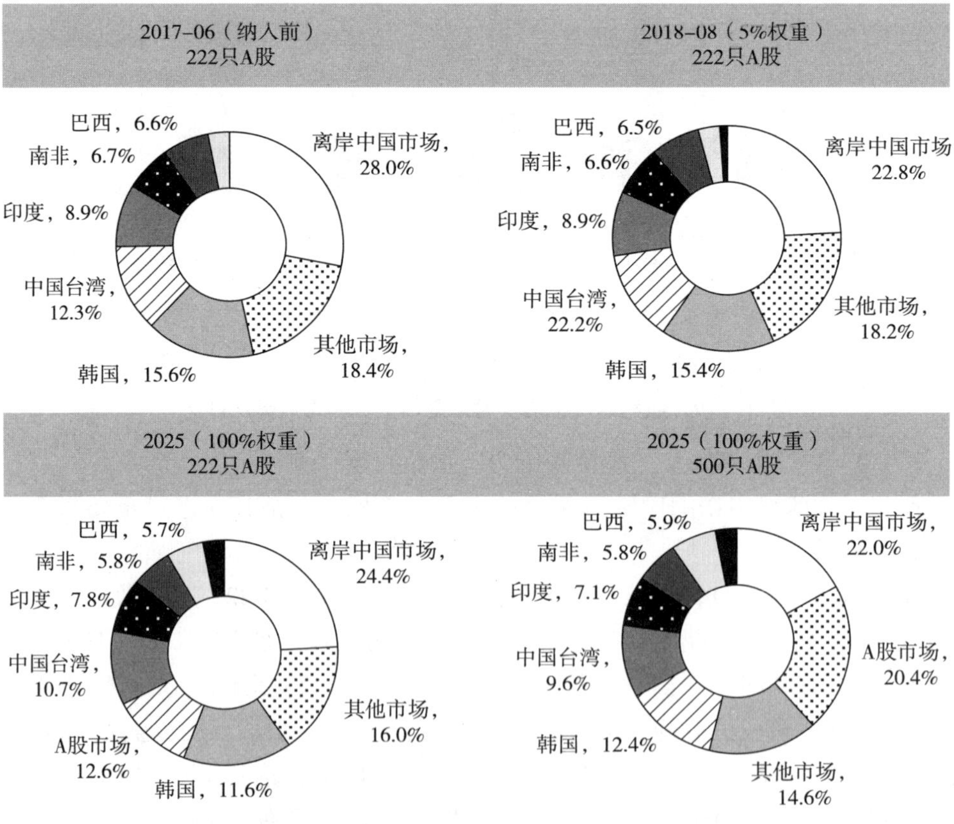

资料来源：MSCI、Factset。

图 10－20　中国 A 股的 MSCI 指数权重占比

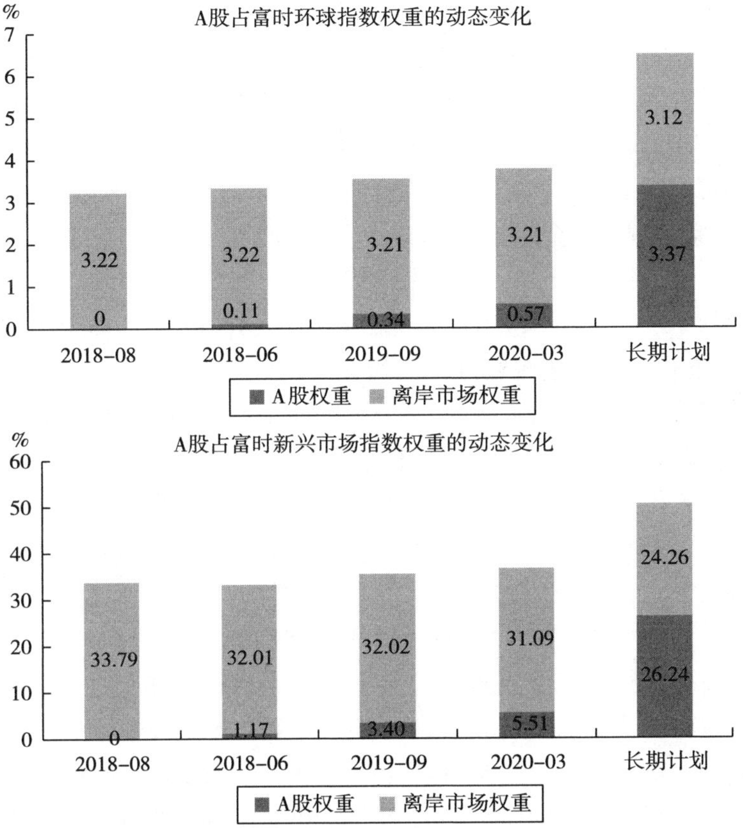

资料来源：FTSE Understanding China's Economic Development：Opportunities and Challenges for International Investors。

图 10－21　中国 A 股的富时罗素指数权重占比

3.5　国际化的金融机构

3.5.1　商业银行的国际化分布

受限于人民币国际化的水平，目前中资金融机构境外金融机构数量、范围、规模均有限，截至 2017 年，中国仅在 46 个国家和地区设有分支机构，境外分行仅有 88 家，国际化经营的范围仍然是距离中国较近或与中国企业客户业务来往频繁、文化背景接近的国家和地区。同时，境外金融业务的开展也存在网点布局少、服务区域覆盖有限、服务业务种类单一、本地化程度低、客户来源有限等经营困境，国际化举步维艰。

未来中资商业银行的国际化布局，应以“一带一路”倡议提供的新机遇为突破口，扩大国际化规模，深化国际化程度。由于“一带一路”沿线国家整体经济、金融发展水平不高，本国金融市场相对不发达，对国际金融市场的参与度也较低，其在国际市场上往往难以获得有效的融资渠道。“资金融通”作为“一带一路”倡议的其中一环，对于面临融资约束的“一带一路”沿线国家，更是发挥着不可或缺的作用，也为我国商业银行提供了良好的契机。截至2016年底，共有22家中资银行金融机构在63个国家和地区设立1353家分支机构开展业务，其中，9家中资银行在“一带一路”沿线的26个国家设立了62家一级分支机构，包括18家子行、35家分行以及9家代表处（梁昱，2018）。

3.5.2 证券公司（投资银行）的国际化转型

中国证券公司（投资银行）国际化转型的首要任务是提高国际业务收入。目前中国证券公司的国际业务份额较低，2017年中国全部上市券商平均海外业务收入为12.95亿元，占其主营业务收入的2.29%。同期，美国著名投行高盛的国际业务收入相对其总收入的比例达到了39%，并且高盛在全球超过30个国家开设有办公机构，其48%的雇员来自美国境外。

同时，中国证券公司未来的服务模式也将向国际化投资银行的范式转型。目前，中国投资银行的服务重点主要集中在送审材料制作上，未来中国投资银行的服务重点将转向销售和定价。注册制实行后，中国投资银行将会把更多的精力集中在为上市公司寻找“基石投资者”和以合理的价格配售股票上。

另外，中国投资银行的研究能力和产品开发能力需要进一步提升。国际化投资银行在全球范围内的核心竞争力即体现在其专业投资研究团队上，中国投资银行若想获得国际化的竞争能力，必须重视其研究团队的构建和产品开发，只有更加出色的研究能力才能吸引更多的境内外机构选择与中资券商合作。

3.5.3 资产管理机构：公募基金保险资管的全球投资版图

我国仍需继续扩大QDII基金的投资额度，鼓励公募基金主动“出海”构建全球化的投资版图。我国公募基金投资海外市场的主要途径是通过QDII这一制度安排，截至2018年9月，QDII公募基金净值达到了839.3亿元，但从相对数值来看QDII公募基金的规模还相对偏低。图10－22展示了投资于海外股票的美国长期共同基金的净资产占美国全部长期共同基金的净资产比例，以及中国开放式QDII基金净值占全部开放式基金净值的比例，可以看到，前者的比例接近17%左右，而后者只有0.67%。相关外汇管理部门下阶段应当在合适的时机考虑继续增加我国QDII基金的境外投资额度，以促进国内国际资本的双向流动，帮助投资者对冲A股的系统性风险，实现国际范围内的分散化投资。

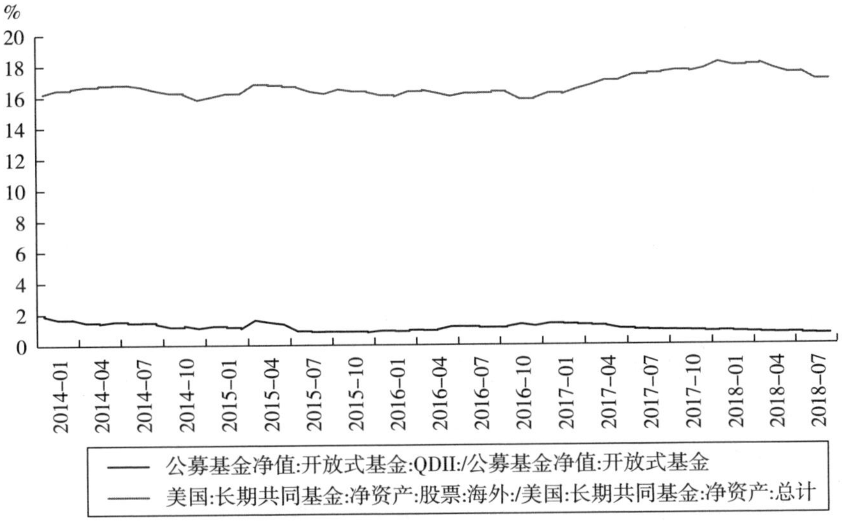

资料来源：中国证券投资基金业协会、投资公司协会。

图 10－22　中美海外公募基金投资净值对比

3.5.4　国际化中国私募基金的足迹

未来中国私募基金的投资视角将追随世界主要私募的发展方式，逐步趋向国际化投资。我国私募基金当前的国际化投资比例相对较低。2017 年全年我国私募股权投资海外并购的案例数为 147 个，约占同期私募股权投资并购总数的 4.30%。而自 2013 年 9 月至 2018 年 9 月，私募股权投资国际并购的数量占总并购数量的比例基本在 10%以内，最多也没有超过 20%（见图 10－23）。

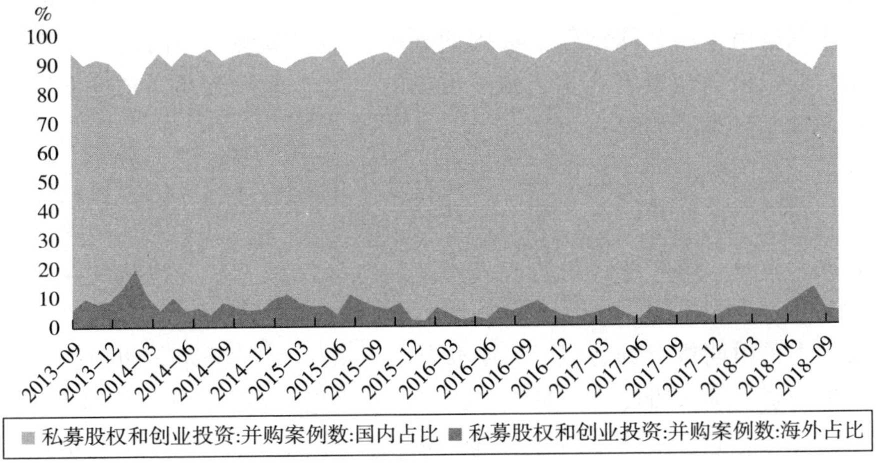

资料来源：Wind 资讯。

图 10－23　私募股权和创业投资：并购案例数：国内及海外对比

3.6 国际化金融市场风险与管控

3.6.1 国际化下金融市场的新风险

与国际化金融市场相伴而来的，是新的风险形态。未来国际化金融市场将面临三大主要风险来源。

第一，伴随着资产管理结构、金融功能和金融结构的变化，金融领域的主要风险由机构风险转化为市场风险。当前，中国金融领域以银行为主导，资本市场的规模、功能、结构相比于银行体系仍然较小。未来，随着金融市场的国际化，资本市场的体量增加，在金融体系当中比重变大，传统的金融机构风险将会转化为市场风险。

第二，科技力量对金融业的渗透，催生出新的金融业态，伴随着新的业态也会带来新的风险。近年来，金融科技化的势头明显。科技与金融更多的结合，带来新的金融产品类型、新的金融服务模式、新的金融业态，也会出现由此带来的监管真空、信息安全、金融脱媒等新的风险。

第三，金融体系国际化后，国际资本大量涌入中国境内，同时国际资本流动的速度加快，由此引起资产价格泡沫、资产价格波动率提升、国际资本投机等风险因素。大量过早完全开放金融市场的新兴国家的失败经验表明，金融体系的对外开放，在促进竞争提升效率的同时，也会暴露新兴经济体金融机构的脆弱性，国际资本流动的加剧容易引发金融危机，爆发系统性金融风险。

3.6.2 国际化衍生品和外汇市场的金融风险管控

为防控金融市场国际化后所带来的新风险，需要进一步丰富目前的场外柜台人民币利率衍生品，探索建立场内的人民币期货市场，外汇衍生品市场的投资者结构应以机构投资者为主，减少市场的过度非理性波动，真正发挥外汇衍生品市场规避风险的功能。

目前，我国外汇衍生品市场只包括人民币期权、远期、掉期，我国在岸市场没有发行人民币期货产品。而人民币外汇期货仅在美国芝加哥商品期货交易所、香港交易所、俄罗斯交易所等离岸交易所发行，在岸市场没有人民币外汇期货产品，这不利于国际化的中国企业在国际投资和跨国经营时管控外汇风险。

发展人民币期货市场有以下几点优势。首先，相较于远期和掉期合约，人民币外汇期货无须双边授信，对所有的客户收取相同的保证金，且流动性较强，这使得人民币套期保值成本较低且无须承担违约风险。其次，外汇期货市场有利于完善人民币外汇市场体系，我国境内市场的人民币定价权将被强化。最后，境内人民币期货市场的建立将引入更多种类的外汇市场参与者，拓展市场的广度。

未来，我国的外汇市场衍生品交易额还将进一步增加，以达到国际标准下即期市场和衍生品市场的规模比例。截至 2018 年 11 月，人民币即期外汇市场的交易额达到了 8.87 万亿美元，外汇衍生品市场的交易额达到了 14.12 万亿美元，即期市场和衍生品市场的交易额之比达到 1∶1.6，而国际标准认为即期和衍生品市场的交易额之比应当达 1∶2（见图 10－24）。

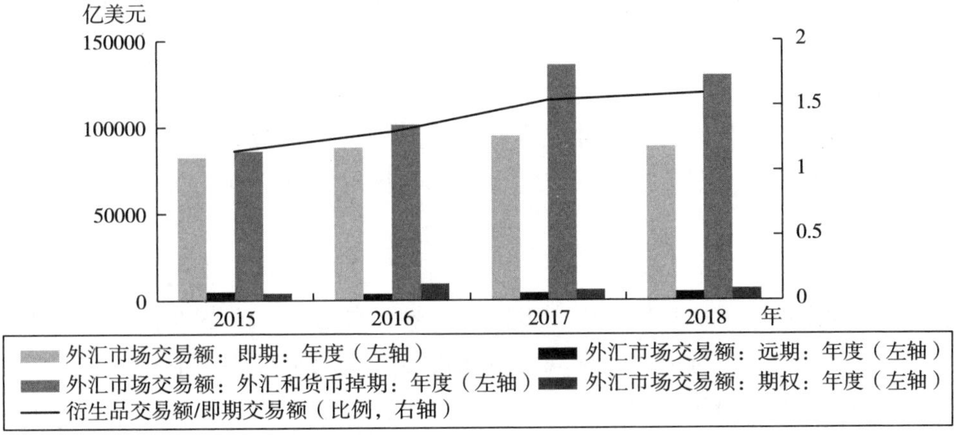

资料来源：国家外汇管理局。

图 10－24　外汇衍生品市场交易额

4　政策含义

中国是个大国，中国经济是大国经济，中国必须构建与大国经济相匹配的大国金融。而现代国际化金融体系是大国金融的必要条件。具体来看，中国现代国际化金融体系，包括人民币的国际化，发达的货币市场，具有发达、透明、开放、流动性好的资本市场，具有市场化创新能力和满足客户多样化金融需求的金融中介。

本币国际化是中国金融体系国际化的必要条件，同时本币国际化为现代金融体系的国际化奠定基础。当前，人民币的国际化尚处于跨境使用这一层次，国际化程度稳步提升。

人民币国际化贸易项下金融体系的构建，应把握“一带一路”倡议的机遇，加强与沿线国家的经贸合作，同时适度搭配人民币互换协议、人民币清算安排等政策辅助，着力提升人民币贸易计价结算的份额。另外，建设人民币计价结算的大宗商品期货交易市场并引入国际投资者，推动大宗商品人民币计价功能的实现。

人民币国际化资本项下金融体系的构建，应从稳定人民币汇率入手，提高人民币直接投资的结算比例。同时，进一步开放资本市场，逐步扩大 QFII、RQFII、沪股通、深股通的额度，提高人民币证券投资的收付比例。在人民币作为储备货币层面，扩大国家间外汇互换规模，以“一带一路”倡议为纽带，在周边国家逐步培育人民币使用的“黏性”，提高其央行的人民币资产持有比重。

国际金融市场是现代金融体系国际化的基石。未来，实现资本市场国际化，积极参与到国际金融体系当中并成为其中的重要组成部分，甚至影响和改变现有国际金融体系的规则，是中国作为大国承担国际责任、参与国际治理的重要途径。

建设国际化的金融市场，需要“由债到股”逐步开放；完善国际化债券的交易主体、发行制度及交易准则，丰富创新性的债券产品；提高国际化的股票市场的机构投资者参与比例，推动发行制度从核准制向注册制转变，交易规则执行“T+0”交易制度，取消“涨跌停”制度，增加“做空”交易机制；顺应国际化潮流，培养一批国际化的、实力强劲的金融机构，加强中资金融机构在“一带一路”的布局，推动证券投资（投资银行）的国际化转型，放松资产管理机构的出境投资限制，私募基金趋向国际化投资；同时面对伴随着金融体系国际化而来的新的风险形态，需要进一步丰富目前的场外柜台人民币利率衍生品，探索建立场内的人民币期货市场，建立以机构投资者为主的外汇衍生品市场。

参考文献

［1］陈雨露，王芳，杨明．作为国家竞争战略的货币国际化：美元的经验证据［J］．经济研究，2005（2）：35－44.

［2］梁昱．“一带一路”背景下我国金融机构国际化发展路径研究［J］．新金融，2018（5）：49－52.

［3］聂庆平，蔡笑．金融创新、金融力量与大国崛起——基于荷兰、英国和美国的分析［J］．财贸经济，2008（5）：39－45.

［4］宋玮．大宗商品是人民币计价的突破点［J］．中国金融，2013（23）：55－56.

［5］吴晓求．大国金融中的中国资本市场［J］．金融论坛，2015（5）：28－35.

[6] 张策，甘静芸，唐博文．人民币互换协议的贸易效应研究——兼评人民币互换对推进“一带一路”建议的影响 [J]. 金融监管研究，2018 (11)：50 - 64.

[7] Chinn, M., & Frankel, J. A. (2007). Will the euro eventually surpass the dollar as leading international reserve currency?. In *G7 Current account imbalances: sustainability and adjustment* (pp. 283 - 338). University of Chicago Press.

[8] Fratzscher, M. (2002). Financial market integration in Europe: on the effects of EMU on stock markets. *International Journal of Finance & Economics*, 7 (3), 165 - 193.

[9] Hartmann, P., Maddaloni, A., & Manganelli, S. (2003). The Euro - area Financial System: Structure, Integration, and Policy Initiatives. *Oxford Review of Economic Policy*, 19 (1), 180 - 213.

[10] Kalemli - Ozcan, S., Papaioannou, E., & Peydró, J. L. (2010). What lies beneath the euro's effect on financial integration? Currency risk, legal harmonization, or trade?. *Journal of International Economics*, 81 (1), 75 - 88.

[11] Kenen, P. B. (2011). Currency internationalisation: an overview. *BIS Paper*, 61: 9 - 18.

[12] King, R. G., & Levine, R. (1993). Finance and growth: Schumpeter might be right. *The quarterly journal of economics*, 108 (3), 717 - 737.

[13] Lane, P. R. (2006). Global Bond Portfolios and EMU. *International Journal of Central Banking*.

[14] Merton, R. C., &Bodie, Z. (1995). A conceptual framework for analyzing the financial system. *The global financial system: A functional perspective*, 3 - 31.

[15] Nye, J. S. (1990). Soft power. *Foreign policy*, (80), 153 - 171.

[16] Obstfeld, M. (1992). *Risk - taking, global diversification, and growth* (No. w4093). National bureau of economic research.

[17] Obstfeld, M., & Rogoff, K. (1995). Exchange rate dynamics redux. *Journal of political economy*, 103 (3), 624 - 660.

[18] Rajan, R. G., & Zingales, L. (1998). Financial Dependence and Growth. *The American Economic Review*, 88 (3), 559 - 586.

[19] Thimann, C. (2010). Global roles of currencies. In *Currency Internationalization: Global Experiences and Implications for the Renminbi* (pp. 3 - 41). Palgrave Macmillan, London.

第11章 现代金融体系与实体经济：如何良性互动①

摘 要

金融与实体经济互动关系在以往多数研究文献中更多作为宏观问题开展讨论，因而往往隐含这样的政策含义：存在好的和坏的两种金融制度，分别对实体经济发挥支持和损害的功能，因此宏观框架内的讨论多数导向设计或选择一个更好的支持实体经济发展的金融制度安排。本章首先系统梳理了金融对实体经济发挥重要功能支持的"金融功能观"理论以及如何对实体经济造成重创的金融危机理论；其次，尝试从实体经济非金融企业杠杆率视角出发探讨金融与实体经济之间的关系；最后，在理论分析的基础上，我们尝试提供保险资金支持实体经济的金融机构视角以及独角兽企业成长的案例分析，试图为金融与实体经济互动这一宏大主题提供新的观察视角和微观事实。

1 金融功能观与金融危机理论

1.1 金融体系的经济功能

对金融体系的功能视角的研究起源于 Merton（1995）的"金融功能观"，在此之前关于金融的讨论集中在机构视角。Allen 和 Santomero（1998）认为功能观是这样一种观点，"它把关注的重点放在了金融体系提供的服务，而长期内功能的提供比机构本身更加稳定"。在功能观的视角下，任何金融系统的基本功能都是在不确定的环境中对经济资源进行时间和空间上的配置与拓展。以此为基础，Bodie 和 Merton（2009）将金融系统的核心功能总结为以下六项：（1）金融体系为商品或服务的交易提供支付系统，促进商品和服务的交换；（2）金融体系为

① 感谢方明浩、龙悦同学出色的研究助理工作。

企业提供融资机制，实现资金的有效配置；（3）金融体系为跨时间、跨地域和跨产业的资源转移提供途径；（4）金融体系通过交易与对冲等方法为管理不确定性和控制风险提供手段；（5）金融体系提供有助于协调不同经济领域分散决策的价格信息；（6）当金融交易的一方拥有信息而另一方没有信息时，金融系统提供了处理信息不对称和激励问题的方法。

首先，金融体系为实现经济资源的跨期、跨区域配置提供便利，最大化经济资源的使用效率。一方面，资源拥有者为取得未来收益放弃当前消费；另一方面，需求者陷入资源短缺的困境，急需扩大生产，金融体系可以满足供需双方的跨期资源配置需求。同时，当经济资源远离其利用效率最大化的地区、行业时，金融体系通过股票、债券和贷款等形式，可以实现经济资源的空间转移，提高经济体生产效率和综合收益。其次，金融体系不仅可以重新配置资源，也可以重新配置风险。保险公司是典型的从事风险转移的金融中介，它从希望降低风险的客户中收取保费，将风险转移给为谋求一定收益而愿意偿付索赔、承担风险的投资者，同时金融体系也通过提供多元化投资组合、银行的跨期风险分担等为投资者分散风险。此外，为资金需求方提供融资机制也是金融体系的重要作用，对家庭部门来说，银行存贷款是进行资金融通的最好范例；对企业部门来说，在公司发展阶段扩大生产的资金需求量仅靠个人投资者通常是很难满足的，金融体系则提供给企业在资本市场进行股权或债权融资等间接融资形式，或是信贷、融资租赁等直接融资形式，满足企业部门的资金需求，扩大生产经营。另外，在金融体系中，投资者广泛参与金融交易，促进价格发现，市场的公允价格为不同经济部门决策提供信息，有助于决策者把握市场方向。金融体系通过商业银行与资本市场的共同作用为由信息不对称产生的道德风险、逆向选择和委托代理等问题提供了合理的解决途径。

1.2　金融危机的发生与向实体经济的传导

金融体系的经济功能可以说是金融体系利好实体经济的方面，但同时，二者的相互依存关系意味着一旦金融危机爆发，实体经济便无法独善其身。首先金融危机和经济危机并非同一概念。金融危机又称金融风暴，它是指一个或几个国家或地区的全部或大部分指标的急剧超周期的恶化，比如短期利率、证券、房地产、商业机构破产数量和金融机构倒闭数量等。金融危机爆发的主要原因通常是虚拟经济发展速度与实体经济偏离，虚拟资产泡沫积聚过多，泡沫通常又是股市泡沫和房地产泡沫，是经济非理性繁荣的结果。经济危机主要指经济基本面发生恶化，长时间保持负的经济增长率，大量企业倒闭，陷入萧条状态。经济危机往往是跟随金融危机而来。金融危机发生时，信用紧缩，大批银行面临挤兑压力；随着通货紧缩，金融机构不愿向实体经济放贷，最终导致经济危机大爆发。

金融危机频繁爆发推动着金融危机理论不断发展。第一代金融危机理论突出基本面因素的主要作用，解释了20世纪七八十年代拉美主权债危机；第二代理论针对1992年欧洲货币体系危机强调资产价格变化的跳跃性，多重均衡会促使危机具有自我实现性质；而第三代理论着重分析1997年亚洲金融危机中金融中介的道德风险问题在危机发生过程中所扮演的角色。在2007年次贷危机中金融衍生品起到了推波助澜的作用。直接原因是美国房价下跌使得房地产次级贷款对象的偿付能力下降，但按揭贷款的证券化和衍生工具的快速发展，加大了与次贷有关的金融资产价格下跌风险的传染性和冲击力，使得大批投资银行、保险公司等国际金融机构遭受重创并相继破产或被国有化，投资基金被迫关闭，股市剧烈波动，全球性金融危机爆发。而金融危机使得房地产市场泡沫破灭，股票市场深度调整，信贷持续紧缩，金融资产价值的萎缩一方面会影响居民的消费信心，另一方面会通过“金融加速器效应”影响企业投资。当企业面临金融危机这样的负向冲击时，企业的盈利状况会受到相应的负面影响，利润降低，净资产价值减少，于是企业需要加大杠杆进行外部融资来度过危机。但减少的企业净值和恶化的现金流使得企业外部融资溢价上升，企业获得可贷资金更少，导致企业资产负债表以及融资条件恶化，引起企业投资行为变化，进而引起实体经济生产经营能力变化。同时，在经济全球化背景下，危机通过贸易和投资等渠道从美国传导至全球，造成多国经济出现衰退，大量企业倒闭以及大规模裁员。金融危机开始演化为经济危机，而实体经济衰退加剧了信用市场紧缩态势，反作用于金融危机，形成恶性循环。

1.3 金融体系对实体经济是双刃剑吗?

我们从宏观角度分析了金融体系的经济功能，一个良好的金融体系可以减少信息与交易成本，进而影响储蓄率、投资决策、技术创新等贡献于经济增长；同时认识到金融危机的发生对实体经济的冲击不容小觑，二者之间互相影响、相辅相成。

进而我们从参与主体角度出发，认识金融体系对实体经济的“双刃剑”作用。首先，对于企业部门来说，实体经济与金融体系的关系就像资产负债表的左右两端。我们认为企业的左端资产端就是其实体经济运用资产进行生产经营的能力，而右端负债端无论是通过债权融资、股权融资或是运用其他金融工具所获得的产出，都可以理解为企业在金融体系中的金融能力。在传统的实体经济生产能力与金融能力的关系中，企业通过生产出具有市场竞争力的产品优先通过产品市场竞争，再进入金融市场通过上市等途径获得资金支持，来达到扩大规模、放大企业生产竞争力的效果。随着金融市场的发展，二者之间的关系也在不断变化，通过动用强大的金融能力在产品市场竞争中赢得胜利的例子不在少数。企业部门的杠杆，在某种程度上可以起到放大企业生产竞争力的效果。但同时，杠杆放大的不仅是收益，一旦企业出现亏损或是衰退，亦会放大亏损规模、加速衰退进程。适度杠杆可以对扩大生产经营提供必要的资金支持，但企业部门过高的杠杆，意味着其较高的负债率和高风险、高利润。当企业运用金融杠杆能力远远超出其实体经济的生产经营能力时，会出现这样一种现象，企业通过购买厂房、机器、设备，引进人才，研发技术等一系列资产端配置进行实体经济的生产，得到的收益却不如直接侵占债权人权益或其他中小股东权益获得的收益高，典型代表就是金字塔结构。于是，杠杆的过度使用必然会造成企业部门减少在资产端的投入，挤出实体经济的有效需求，扭曲资金配置。但当行业本身是超常增长的行业，企业家或者创始人具有决定这个企业成长独特的、不可替代的商业能力时，这种高金融杠杆的运用反而会有意想不到的效果，这一观点在后文提到的独角兽企业中将会得到论证。由此可见，金融工具乃至金融体系的作用是宏观经济形势、企业自身特点以及政策等各种因素共同作用的结果。

2　非金融企业部门杠杆率视角的金融功能考察

我们观察企业层面的生产能力和金融能力的匹配，具体是观察非金融企业资产负债表的资产端与负债和所有者权益这两端。资产端代表企业的生产能力，负债与所有者权益端代表企业的金融能力。生产能力决定了企业在实体经济中的竞争能力，而金融能力则通过杠杆把这种竞争能力放大或者加速。其实不仅负债是杠杆，股份发行对于公司发起人而言同样具有杠杆属性。因此，金融体系对实体经济发挥作用的第一个表现是生产能力需要金融能力的配合才能实现，第二个表现是金融能力具有对生产能力的加速器功能，既有可能在企业增长时加速，也有可能在企业业绩下滑时加速。

企业在运用各类层出不穷的杠杆促进生产能力增长的同时，也发现可以利用杠杆通过“隧道效应”等形式直接获利。举一个特殊的杠杆形式——金字塔控股结构。控制权和现金流权之间的失衡，既有可能使经营者采用更高的杠杆去撬动实体生产，也有可能使控制人盘剥中小股东。对于这类杠杆，需要的是完善的法律监管以及“市场的看门人”等各类中介机构监督以及投资者自身发挥治理效应。

然而，杠杆机制并不仅仅出现在金字塔结构里，在独角兽企业中被发挥极致。观察阿里上市时的股权结构，第一大股东日本孙正义控股的软银持有阿里31.8%股份，第二大股东雅虎持有15.3%股份；阿里合伙人则只持有13%股份，其中马云本人仅持有7.6%股份。然而，马云等合伙人有权任命董事会多数成员，即超级控制权。再如腾讯，时至今日，创业者还掌握了7.62%的股份，同样不考虑债务，其杠杆为11.6倍。京东则通过改造AB股的规则，使刘强东持有B股1股拥有20票的投票权，因此持有15.5%流通股的刘强东，在董事会中的投票权却高达79.5%。但是不平等的投票权结构不仅没有促使控制人盘剥投资者，反而成就了商界传奇。时至今日，腾讯市值为2.7万亿元，上涨接近5000倍。究其原因，是独角兽企业的增长潜力、企业家的商业能力和金融杠杆相互配合的结果。

2.1 非金融企业部门杠杆率

2.1.1 定义

从微观企业层面来看，杠杆率指的是单个企业资产负债表中总负债占总资产的比重，用来衡量该企业的负债经营程度。在现实应用中，资产负债率、负债与股权之比、资产与股东权益之比等传统的公司财务指标，都可以用来反映微观杠杆率。

2.1.2 企业部门杠杆率现状

近年来我国整体杠杆水平上升速度过快的问题引起了社会各界的广泛关注。其中，非金融企业部门加杠杆的趋势尤为明显，根据Wind数据，我国非金融企业部门负债占GDP的比重，由2008年的98%上升至2016年末的158%，增幅巨大。

非金融企业部门的资产负债率由2008年的52%上升至2014年的60%。尽管由于统计口径、时间跨度等各方面原因，各方对我国非金融企业部门杠杆率的测算结果稍有不同，但对于近年来杠杆率增速过高的问题普遍达成共识：在

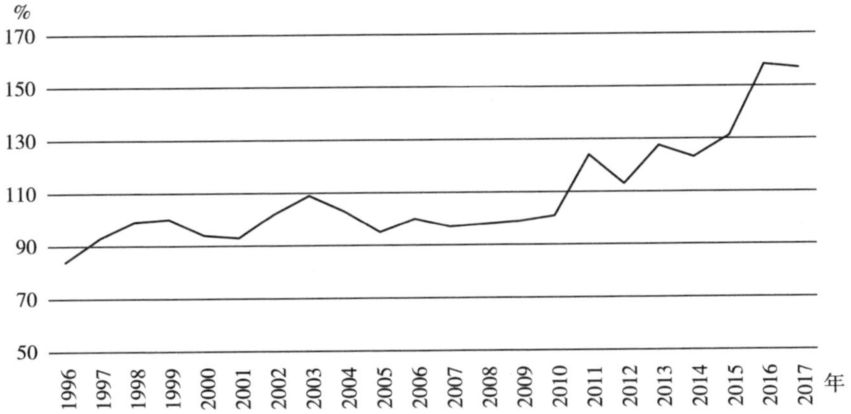

资料来源：Wind 宏观数据库。

图 11－1　非金融企业部门杠杆率变化情况

我国近年来经济增速放缓的同时，非金融企业部门杠杆率呈现出的上涨趋势过于迅猛，代表国家需要依靠越来越多的债务来驱动相同水平的经济增长。

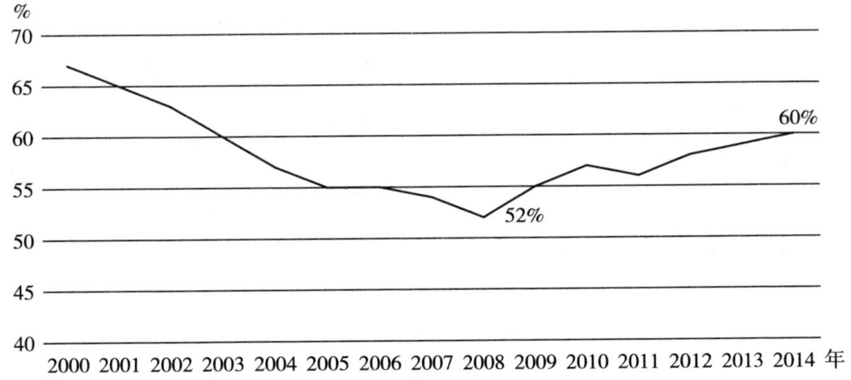

资料来源：Wind 宏观数据库。

图 11－2　非金融企业部门资产负债率

2.1.3　企业部门杠杆率成因

探寻我国非金融企业部门杠杆率上升症结所在，必须基于其主要通过银行借贷进行间接融资这一事实。从根本上看，银行的信贷扩张与否决定了非金融企业借入的资金数量与价格。因此在这样的背景下，从银行信贷扩张视角对非金融企业部门杠杆率问题进行研究是必要且可行的。

第一，不同行业间杠杆水平出现差异。在非金融企业杠杆率水平整体提高的同时，不同行业间杠杆率水平的结构性差异也凸显出来，造成该现象的原因可能为企业间可抵押资产水平的差异：相对于可抵押资产较少的企业，新增信贷更加偏向贷给可抵押资产较多的行业。

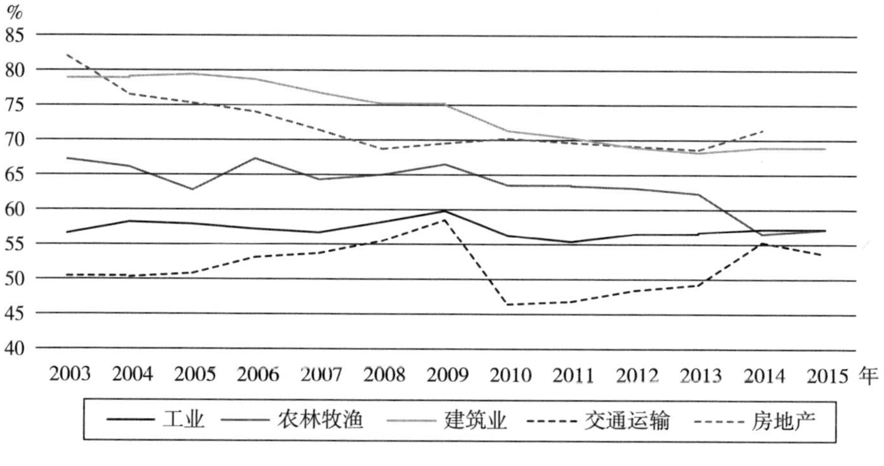

资料来源：Wind 宏观数据库。

图 11－3　非金融企业部门不同行业资产负债率

进一步分析可以看出：国有企业中资产负债率较高的企业主要集中在重资产、产能过剩情况较为严重的行业，例如建筑、装饰、钢铁、采掘、化工等。这些行业自身的特点决定其扩大主营业务规模所需资金庞大，且经营效益受宏观经济需求影响较大。国有企业尤其是体量大者，在获取银行信贷支持及发债等直接融资方面具有天然优势，但当其中某些企业的产品价格波动较大、需求萎靡、经营效益下滑，单位资金投资回报率不断下降时，又往往容易陷入对债务的过度依赖，使企业财务情况进一步恶化，杠杆率进一步被推高。

第二，宽松的货币政策助推杠杆上升。2008 年金融危机之后，国内生产总值（GDP）增速下降至 10% 甚至更低，整体转为中高速增长；为防范国内总体经济水平大幅下滑，政府采取积极的财政政策，同时采取了宽松的货币政策与其相匹配，广义货币供应量 M_2 增速一直高于 GDP 增速，且增速的下降速度慢于 GDP 下降速度，使得宏观流动性事实上一直处于宽松状态。

在流动性宽松背景下，货币超发问题突出、企业大规模借债，最终反映为企业债务规模的快速增加。

第三，国内直接融资市场发展缓慢。我国直接融资市场发育迟缓，增加了企业融资难度、提升了融资成本，无论是交易所场内直接融资还是以新三板和

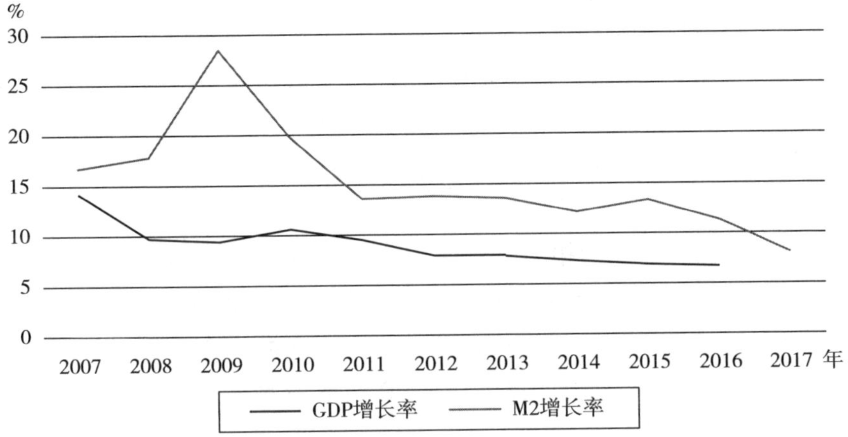

资料来源：Wind 宏观数据库。

图 11－4　GDP 增速与 M_2 增速对比

区域股权交易市场为代表的场外融资，甚至于私募股权投资等新兴直接融资方式，发展情况都滞后于实体经济需要。

第四，银行体系。由于第三点原因所陈述的问题，国内大多数企业偏好通过债务金融工具进行融资，同时居民部门的高储蓄偏好特征推高了金融企业存贷规模，间接提升了企业承受债务杠杆的上限，这是造成我国非金融企业部门杠杆水平高的基本原因之一。

另一方面企业融资成本居高不下，实体经济融资成本过高、中小企业融资难融资贵、贷款加权平均利率高达 6% 等问题也得到国家关注，以上一系列严峻事实都是高杠杆率水平的成因。当负债成本高于资本回报率时，即便是企业原始负债规模不再增加，高额的财务费用也会增高企业杠杆负担。

2.1.4　非金融企业部门高杠杆率对实体经济的负面影响

其一，资源配置低效，造成资金浪费，加大去产能难度。

国内高杠杆率企业主要集中在煤炭、钢铁、房地产等重资产、严重产能过剩行业。以煤炭行业为例，中国煤炭工业协会的数据显示：2015 年全国煤炭工业利润总额为 －831 亿元，与 2011 年利润高点相比跌幅巨大。

另一方面，2015 年煤炭行业资产负债率达到高点，90 家大型煤炭企业负债总额高达 3.2 万亿元。

与煤炭行业类似的重资产、产能过剩的大型国有企业，大多依靠政府信用背书获取银行贷款，部分杠杆率高、经营状况恶化的企业占有大量信贷资金但无力偿还，使得企业债务负担过重。持续经营中，企业资金大量用于偿付债务及财务费用，而因偿债举动带来的资产出售行为和企业价值的大幅贬值也会使企业自身陷入上述的“债务—通缩陷阱”，使得企业经营困境加剧，减缓业绩增长。

而其他行业，本应得到资金支持的新兴行业难以获得足够资金支持，增大淘汰过剩产能难度，阻碍经济转型升级。

其二，债务债权环环相扣，容易引发系统性风险。

因我国企业多以银行信贷作为债务资金主体，且融资形式多为抵押贷款，企业及金融部门间的债务链条往往环环相扣。当高杠杆企业价值下跌，抵押品价值也因偿债下跌，不仅企业内部面临过高的债务水平加大财务负担，债务风险也会向银行系统转移。

如果未来经济持续下行，部分债务负担过重、盈利能力较差的企业或将面临资金链断裂的风险，由于企业之间的担保和互保较多，当担保链的某一环节出现问题时，风险会沿着债务链条向其他企业和银行转移。如果风险得不到有效控制，有引发系统性债务风险的可能，对金融市场带来较大冲击从而影响我国整体市场稳定。

3 金融结构与经济增长

3.1 银行与资本市场的功能比较

我们在前文提到“金融功能观”诞生之前，对于金融体系的研究聚焦在金融体系的结构，尽管金融结构涵盖金融体系结构、金融工具结构、金融中介结构等诸多方面，但经济学家一般认为银行和资本市场在金融体系中的相对地位的差异是比较金融体制最值得关注的话题之一（Allen 和 Gale，2000）。和市场经济其他领域的交易不同，以信用为基础的金融活动是以今天的一笔投资换取对未来收益的承诺，使得资本的提供方在承担投资收益不确定性的同时，面临着对手方之间委托代理关系产生的风险。商业银行和资本市场正是解决这种不确定性的两种不同的制度安排。我们从金融体系的基本功能出发，在融资机制、风险管理、信息处理及监督功能方面对银行与资本市场进行比较。

3.1.1 融资机制

为资金需求方提供融资机制是金融体系的重要功能。从融资效率的角度考虑，银行为企业部门提供间接融资服务，一般而言二者之间存在长期的合作关系，这种关系便于借贷合同的谈判进展，实现供求双方的帕累托最优，而这种高效运作模式在金融市场中由于所有权人数众多且交易费用过高很难实现。但市场支持者认为，银行具有风险规避的天然偏好，可能会阻碍技术创新项目的融资和长期经济的发展，并且银行是少数人代理决策，而市场允许投资者“持有不同意见”，对创新和信息相对较少的产业融资更有效。在资本市场中，资金融通主要通过股票、债券等金融工具的发行和交易来实现，企业的融资成本以及融资规模由投资者根据企业的经营表现来决定，这就促使企业所有者和经营者为降低融资成本而努力经营，引导资源合理流向，进而提高社会整体资源的配置效率。

3.1.2　风险管理

金融体系的一个重要作用是防范、化解和分担经济运行中存在的风险，从而动员更多的储蓄。银行和资本市场都通过风险分散功能增加了经济资源流动性，减少居民对货币的流动性需求，增大对生产部门的投资力度，从而有利于经济增长。但两者提供的功能是有差异的，Allen 和 Gale（年）将这种风险分担的能力分为横向风险分担和跨期风险分担。金融市场提供多样化金融资产，允许个人根据自己的风险承受能力调整资产组合，不同投资者通过风险互换使得风险偏好者持有高风险资产组合，而风险厌恶者持有低风险投资组合，实现有效的风险分担。根据美国以往统计数据，当证券组合的种类达到 15 ~ 20 种时，几乎可以抵消掉大部分非系统性风险（孙伍琴，2003）。这种横向风险分担的功能主要由市场提供。但是，多样化的分散投资无法消除影响全部金融资产的系统性风险，且这种风险完全由投资者承担。银行则可以通过代际风险分担和资产积累的方法实现跨期风险分担。银行持续经营的特性使得它可以向不同代的人发行存款凭证，聚集储蓄者的短期资金发放长期信贷，如此，银行就可以以它拥有的资产在具有不同经历的各代人之间分摊风险。同时银行由于要兑现存款凭证，会积累流动性强、风险低的资产减少跨期消费波动，进行审慎经营。因此，跨期风险分担在银行机构中能得到更好的执行。

3.1.3　信息处理及监督

在功能发挥良好的市场中，信息的强制披露使得更多的公开信息供企业、消费者和政府决策参考，使金融价格更能灵敏地反映资金供求的变化。但资本市场上信息生产的一个主要问题是投资者的搭便车动机，即时信息的搭便车问题使得投资者生产信息的激励不足，进而影响信息生产对新技术项目的识别，影响资源的有效配置。从信息生产的角度看，银行比资本市场更具有优势，表现在两个方面：一是信息生产的规模经济，与每个投资者对企业的直接监督相比，银行的代理监督可以节约成本，市场上的投资者出于自身利益的考虑独立进行收集和处理公司信息无疑是一种重复且浪费社会资源的行为；二是信息生产的垄断性，由于银行没有义务在公开市场进行信息同步，能够很好地克服搭便车问题，在信息生产和企业监督方面有更大的激励，发挥银行代理监督的优势。但是，银行代理监督的一个主要缺陷是寻租行为，一旦银行拥有大量的企业私人信息，在企业发现新的投资机会和需要债务重新协商安排时，银行利用讨价还价能力榨取企业部分利润，从而打击企业投资新项目的积极性，影响经济增长。

动态来看，Thakor（1997）认为，在金融发展初期，金融交易严重信息不对称、企业道德风险行为严重，最优的金融制度结构应该以银行制度为主，通过银行的直接控制有效约束企业的道德风险。随着经济和金融的发展，信息生产的成本会不断降低，企业道德风险也可以通过其他的制度安排得以缓减，最优的金融制度结构应该以资本市场为主，通过资本市场上证券价格的信息反馈功能使企业做出更好的决策。在现代经济体系中，商业银行与资本市场慢慢实现功能对接，形成相互制约、相互依存的关系，共同实现金融功能升级。

3.2　险资持股对实体企业的双重影响

保险资金是金融市场中的重要机构投资者，截至 2018 年 5 月末，我国保险机构的资金运用规模达到 155487.46 亿元人民币。在 2016 年中，保险机构合计投资了 628 家非金融上市公司，其中不同保险机构对不同上市公司持股比例超过 5% 的样本有 210 个，超过 10% 的有 83 个。参与金融市场尤其是股票市场对于保险资金运用而言也有至关重要的作用。从全球范围保险行业运行看，保险公司的承保业务基本上处于全行业亏损的状态，保险公司之所以能够长期运行并有可观盈利的主要原因在于其保险资金有可能获得较高的投资收益率。此外，保险资金投资于股票市场也是振兴实体经济并推进供给侧结构性改革的重要方式，保险资金通过投资于股票市场有助于振兴实体经济，引导资金脱虚向实。

然而关于保险资金投资上市公司具有何种效应却在理论和政策层面都存在较大争议。一方面由于在信息、资金规模以及专业投资等诸多方面的独特优势，险资等机构投资者参与金融市场有可能提高市场定价效率、提高市场稳定性以及有助于完善公司治理，因此部分研究认为保险资金持股有助于上市公司的业绩改善和价值提升。但是另一方面，由于保险资金规模巨大，其举牌上市公司的能力更胜于其他投资机构，有可能借助资金优势通过入主上市公司从而实施掠夺，因此部分媒体甚至监管部门把投资上市公司的保险资金比作“门口的野蛮人”和“害人精”。截至目前，关于险资投资上市公司影响的规范实证研究仍然极为缺乏。

3.2.1　样本筛选与数据来源

我们选取2005—2017年我国A股非金融类上市公司为样本。为了减少缺失值和异常值的影响，我们剔除了数据缺失样本、ST或*ST公司样本以及公司IPO当年数据，同时对主要连续变量在1%分位上进行了双边缩尾（Winsorize）处理。数据主要来源于Wind数据库和CSMAR数据库。

首先，我们选择了公司的资产收益率（ROA）、每股净利润（EPS）和市场价值（TobinQ）这三个变量作为公司绩效的衡量指标。在控制变量选取方面，考虑了公司的股权结构（Top1、Top2to10）、规模（Size）、股权性质（State）、上市时间长短（Age）、负债水平（Leverage）、营业收入增速（SGR）、管理费用增速（MFGR）、股价波动水平（Volatility）、换手率（Turnover）和分红水平（Dividend）。同时，我们控制了年度固定效应（Year）和行业固定效应（Industry），部分结果加入公司个体固定效应（Firm）来验证结果的稳健性。为了保证两阶段结果的稳健性，在第一阶段引入新的控制变量，即账面市值比（B/M）。

表11-1　主要变量定义及刻画一览

变量类型	变量名	定义
被解释变量	ROA	资产收益率=净利润/总资产
	EPS	每股净利润=净利润/总股数
	TobinQ	托宾q值=市场价值/总资产，反映企业价值
	Expense	管理费用率=管理费用/营业收入，反映直接代理成本
	Utilization	资产周转率=营业收入/总资产，反映代理效率
	Accratio	其他应收款占比=其他应收款/总资产，反映第二类代理成本
解释变量	Insurance	不同保险机构对同一家上市公司的持股比例之和
	Dummy	是否被险资投资，是为1，否则为0
控制变量	Top1	第一大股东持股比例，反映控股股东控制权大小
	Top2to10	第二到十大股东持股比例总计，反映公司股权分散程度
	State	控股股东是否为国有性质，是则为1，否则为0
	Size	总资产自然对数，反映公司规模

续表

变量类型	变量名	定义
控制变量	Age	上市持续年度长短的自然对数
	Leverage	资产负债率 = 负债总额/总资产
	SGR	销售收入增长率，反映公司成长性
	MFGR	管理费用增速，反映公司代理问题
	Volatility	年化波动率对数，反映股价波动水平
	Turnover	年化换手率，反映股票流动性
	Dividend	每股股利，反映公司分红水平
	Year	时间虚拟变量，反映时间固定效应
	Industry	行业虚拟变量，反映行业固定效应
	Firm	公司虚拟变量，反映公司个体固定效应
第一阶段模型控制变量	B/M	账面市值比 = 总资产/（总资产 - 账面权益 + 市值权益），反映公司价值

3.2.2 主要模型

为了验证险资持股比例与公司绩效的倒U形曲线关系，我们在模型中引入了险资持股比例（Insurance）及其二次项，同时使用虚拟变量（Dummy）研究险资持股对公司绩效的影响，由此我们提出如下模型：

$$Performance_{it} = \alpha + \beta_1 \times Insurance_{it} + \beta_2 Insurance_{it}^2 + \gamma \times Control_{it} + Year_t + Industry_j + \varepsilon_{it} \quad (11-1)$$

$$Performance_{it} = \alpha + \beta \times Dummy_{it} + \gamma \times Control_{it} + Year_t + Industry_j + \varepsilon_{it} \quad (11-2)$$

3.2.3 险资持股比例对公司业绩影响的倒U形曲线关系

我们着重研究的是险资持股比例对公司绩效影响的倒U形曲线关系。从回归结果来看，我们发现险资持股对上市公司绩效和市场价值有显著提升作用，二者之间的倒U形曲线关系显著存在。

首先，我们分析险资持股比例变化对公司资产收益率（ROA）影响。在表11－2的列（1）中可以看出险资持股增加对资产收益率的直接影响虽然为正效应，但统计上并不显著。而列（2）中加入持股比例的二次项以后，发现一次项的系数显著为正，而二次项系数显著为负，说明随着险资持股比例与公司绩效之间呈现倒U形曲线关系，且转折点处持股比例达到15.5%（0.077/（2×0.249）≈0.1546），此时将所有控制变量取平均值代入估计出的模型中，可算得 ROA 等于 0. 047。其边际效应为 $\beta_1 + 2\beta_2 X = 0.077 - 2 \times 0.249 \times \text{Insurance}$，以被险资持股的样本平均持股 0. 025 和全样本平均资产收益 0. 054 为例，意味着险资持股比例增加 0. 01 时，ROA 提升幅度为 1. 20%（$(0.077 - 2 \times 0.249 \times 0.025) \times 0.01/0.054 \approx 0.0120$）。列（3）结果可以看出，险资持股能够使上市公司 ROA 平均增加幅度达到 9. 26%（$0.005/0.054 \approx 0.0926$）。列（4）进行了更为严格的假设，进一步控制了公司个体固定效应，除一次项回归系数不显著外，所得到的结论基本一致。此外，我们可以看到第一大股东持股比例、第二到十大股东持股比例、销售收入增速、管理费用增速、股价波动率和每股股利大小都对公司资产收益率有显著提升作用，但公司规模、国有控股性质、杠杆率和换手率对其有显著负向作用。

进一步地，在分析出经济意义和统计意义显著的基础之上，我们按照 Lind（2011）等提出的三步法来逐步检验倒 U 形曲线关系的充分性。第一步，二次项系数显著为负已满足；第二步，当持股比例为零时，左端点 X_L 曲线斜率为 0. 077（$\beta_1 + 2\beta_2 X_L = 0.077 - 2 \times 0.249 \times 0 = 0.077$），而持股比例为 58. 8% 时，右端点 X_R 曲线斜率为 −0. 216（$\beta_1 + 2\beta_2 X_R = 0.077 - 2 \times 0.249 \times 0.588 \approx -0.2158$），满足条件；第三步，我们使用自助法重复 1000 次，得到的转折点为 0. 1543，Z 统计量为 4. 20，置信区间为［0. 082，0. 226］，显然转折点在最大值和最小值之间，且最大值和最小值在其置信区间之外，故满足条件。下文分析方法与此一致，且均满足上述条件，就不再一一赘述。作为因果推断的适应性调整模型将在第五部分的稳健性检验中呈现。

其次，我们探究险资持股比例对公司每股净利润（EPS）的影响。列（5）中可以看出险资持股比例增加能够显著提升公司 EPS，进一步地，在列（6）中，发现二者之间的倒 U 形曲线关系同样存在，并且可计算出转折点处持股比例达到 25. 4%（$1.042/(2 \times 2.051) \approx 0.2540$）。此时，将所有控制变量取平均值代入估计出的模型中，计算出 EPS 等于 0. 468。同时分析其边际效应为 $\beta_1 + 2\beta_2 X = 1.042 - 2 \times 2.051 \times \text{Insurance}$，以被险资持股的样本平均持股 0. 025 和全样本平均净利润 0. 474 为例，持股比例增加 0. 01 时，ROA 提升幅度为 1. 98%（$(1.042 - 2 \times 2.051 \times 0.025) \times 0.01/0.474 \approx 0.0198$）。从列（7）结果可以看出，险资持股能够使上市公司 EPS 平均提升幅度达到 6. 12%（$0.029/0.474 \approx 0.0612$）。同样地，列（8）进一步控制了公司个体固定效应，除一次项回归系数不太显著外，所得到的结论基本一致①。此外，我们可以看到公司规模、国有控股性质、上市时间长短、销售收入增速、管理费用增速、股价波动率和每股股利都对公司资产收益率有显著正向作用，但第一大股东持股比例、杠杆率和换手率对其有显著负向作用。除第一大股东持股比例和公司规模的符号与列（1）至（4）不同外，其他变量符号均一致，说明这两个变量对资产收益率和每股净利润影响不同。

表 11－2　　险资持股比例对资产收益率和每股净利润的影响

变量名	（1）ROA	（2）ROA	（3）ROA	（4）ROA	（5）EPS	（6）EPS	（7）EPS	（8）EPS
Insurance	0.023 (1.568)	0.077*** (3.516)		0.017 (0.840)	0.598*** (3.499)	1.042*** (4.181)		0.473 (1.637)
$Insurance^2$		-0.249*** (-3.092)		-0.097** (-2.143)		-2.051*** (-2.701)		-1.096** (-2.020)
Dummy			0.005*** (7.431)				0.029*** (4.338)	
Top1	0.016*** (7.351)	0.016*** (7.313)	0.016*** (7.343)	0.017** (2.369)	-0.078*** (-3.655)	-0.079*** (-3.693)	-0.079*** (-3.702)	0.121* (1.822)
Top2to10	0.018*** (6.830)	0.018*** (6.874)	0.019*** (7.116)	0.020*** (3.557)	0.019 (0.755)	0.020 (0.791)	0.026 (1.062)	0.214*** (4.239)
Size	-0.006*** (-22.430)	-0.006*** (-22.467)	-0.006*** (-23.130)	-0.011*** (-11.143)	0.064*** (21.345)	0.064*** (21.327)	0.063*** (20.831)	0.066*** (6.125)
State	-0.004*** (-6.764)	-0.004*** (-6.762)	-0.005*** (-6.986)	-0.004 (-1.455)	0.028*** (4.425)	0.028*** (4.429)	0.028*** (4.387)	0.023 (1.216)
Leverage	-0.041*** (-26.051)	-0.041*** (-26.016)	-0.041*** (-25.982)	-0.033*** (-8.429)	-0.112*** (-6.642)	-0.112*** (-6.609)	-0.111*** (-6.531)	-0.039 (-0.978)
Age	0.002*** (5.073)	0.002*** (5.027)	0.002*** (4.904)	0.006*** (5.416)	-0.007* (-1.667)	-0.007* (-1.707)	-0.007* (-1.730)	-0.025** (-2.204)
SGR	0.010*** (10.082)	0.010*** (10.096)	0.010*** (10.208)	0.011*** (10.866)	0.118*** (12.443)	0.118*** (12.453)	0.118*** (12.469)	0.108*** (10.630)
MFGR	0.004*** (3.699)	0.004*** (3.686)	0.004*** (3.729)	0.003*** (3.221)	0.075*** (6.947)	0.075*** (6.939)	0.075*** (6.970)	0.047*** (4.687)

① 为避免多重共线性，在控制公司个体固定效应时，不再控制行业固定效应。

续表

变量名	(1) ROA	(2) ROA	(3) ROA	(4) ROA	(5) EPS	(6) EPS	(7) EPS	(8) EPS
Volatility	0.003 ***	0.003 ***	0.003 ***	0.006 ***	0.041 ***	0.041 ***	0.042 ***	0.018 *
	(2.940)	(2.956)	(3.064)	(5.725)	(3.965)	(3.979)	(4.035)	(1.669)
Turnover	-0.003 ***	-0.003 ***	-0.002 ***	-0.000	-0.013 ***	-0.013 ***	-0.013 ***	-0.003
	(-14.170)	(-14.039)	(-13.845)	(-1.009)	(-8.487)	(-8.361)	(-8.474)	(-1.549)
Dividend	0.130 ***	0.130 ***	0.129 ***	0.102 ***	1.770 ***	1.768 ***	1.770 ***	1.559 ***
	(50.473)	(50.347)	(50.052)	(21.703)	(62.307)	(62.278)	(62.303)	(29.156)
Constant	0.150 ***	0.150 ***	0.155 ***	0.249 ***	-1.432 ***	-1.431 ***	-1.413 ***	-1.482 ***
	(20.025)	(20.039)	(20.538)	(11.363)	(-18.662)	(-18.664)	(-18.338)	(-6.510)
Industry	Yes	Yes	Yes	No	Yes	Yes	Yes	No
Year	Yes	Yes	Yes	Yes	Yes	Yes	Yes	Yes
Firm	No	No	No	Yes	No	No	No	Yes
Observations	14089	14089	14089	14089	14089	14089	14089	14089
R - squared	0.413	0.414	0.415	0.284	0.045	0.541	0.541	0.409

注：*、**、***分别代表在 10%、5%、1% 显著性水平下显著，下同。

在回归结果的基础上，我们通过作图来更加直观地呈现险资持股比例与资产收益率之间的倒 U 形曲线关系。具体方法是，将回归系数和截距项代入模型中，同时将各个控制变量的平均值代入，得到模型 $ROA = 0.041 + 0.077 \times Insurance - 0.249 \times Insurance$，并绘制图 11-5。直观上，我们可以看到险资持股比例从 0% 增长至 15.5% 时，资产收益率一直保持上升趋势，但是逐渐放缓直至最高点，开始缓慢下降。当持股比例超过 58.9% 时，资产收益率甚至降至零以下。

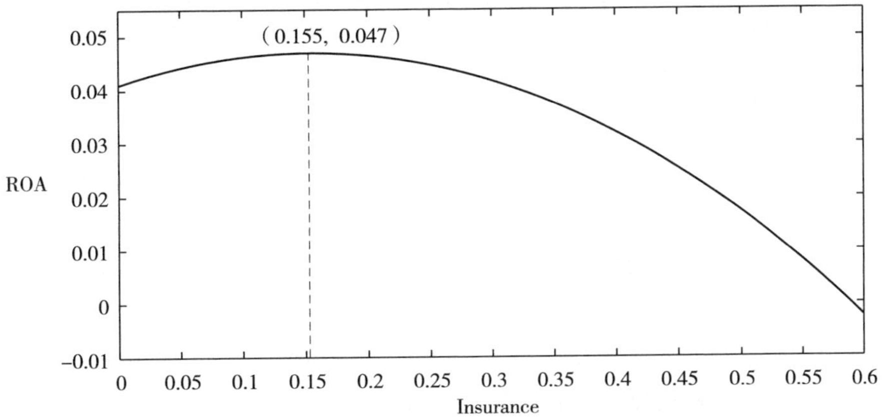

图 11-5　险资持股比例对上市公司 ROA 影响的变化趋势

3.3 资本市场更能推动创新促进经济增长吗？——独角兽案例研究

Hsu 等（2014）基于包含发达经济体与新兴经济体的 34 个国家的数据，分别研究了股权市场和信贷市场的发展程度对于国家创新的影响。实证结果表明，股权市场与信贷市场的发展程度对于创新的影响方向相反。股权市场的发展有助于创新，其发展程度每提高一个标准差，下一年的创新增长指标会提升 3.01% ~5.78%。然而，信贷市场的发展却会阻碍创新，其发展程度每提高一个标准差，下一年的创新增长指标反而下降 3.47% ~5.62%。股权市场与信贷市场的本质不同，具体表现为对股东与债权人的支付方式不同。债权人往往比较保守，为了实现收益的稳定性而不愿意投资具有较高不确定性的创新项目。相比之下，股权市场中的投资者对于不确定性的承受能力更强。因此，两种市场对于创新有着不同的影响。Hsu et al.（2014）进一步研究发现，投资者保护程度会放大上述影响。在股东保护程度较强的国家，股权市场的发展能对创新发挥更大的积极作用。在债权人保护程度较弱的国家，信贷市场发展对于创新的消极作用更显著。投资者保护能够减轻公司管理层与投资者之间的代理问题。股东利益得到保障，就会更有信心投资高风险高收益的创新项目，从而促进创新。相反，在利益没有得到较好保护的情况下，债权人会减少对创新项目的投资。另外，在新兴市场国家中，股权市场和信贷市场发展程度对创新的影响更为显著。新兴市场中的技术投资在数量和效率上存在不足。股权市场为创新项目提供了重要的资金来源，是促进创新的主导力量。但是，新兴市场中的公司治理结构相对不完善，投资者的风险厌恶态度一定程度上体现在信贷市场的发展上，因此信贷市场发展对高风险创新投资的抑制作用更大。

Acharya 和 Xu（2017）通过比较上市公司与非上市公司的创新活动，分析了外部融资的依赖程度与公司创新成果之间的关系。和非上市公司相比，上市公司的专利数量更多、质量更优、新颖度更高。他们的研究表明，更好的创新表现只存在于依赖外部资本进行融资的上市公司，依赖内部资本的上市公司相对于可比的非上市公司并没有显著更优的创新表现。公开上市能够促进对外部资本有较大需求的公司的创新。Acharya 和 Xu（2017）对此现象做出了几种解释。首先，对于依赖外部资本的公司而言，公开上市减轻了其面临的财务约束。这些公司的内部资本无法满足其投资需求，从资本市场获得的额外资金能够缓解财务压力、促进公司创新。创新程度高的公司从中获益更多。然而，对于内部已有充足资金的公司，公开上市并不能改变其获得资金的边际成本，因而对创新没有显著的促进作用。另外，依赖外部资本的上市公司将研发支出转化为专利的能力更强，创新效率更高。这些公司也更少进行盈余管理，克服了资本市场短视的弊端，更关注公司的长期价值。资本市场提供的融资渠道也使之能够参与专利相关的并购活动，更好地进行创新。

（一）独角兽企业缘于市场鼓励创新

正如熊彼特所说，"创新才是经济发展的根本动力"。所有能够鼓励创新、推动创新的事物对经济发展都有着重要价值。1236 年英王亨利三世曾给波尔多一位市民颁发制作彩色布匹 15 年的特权，1474 年威尼斯共和国制定世界上第一部专利法，再到目前各国已经普遍对专利立法，从一个侧面说明人类社会在保护和鼓励创新过程中的进步。

独角兽的产生在本质上就是市场对于那些创新优势明显，未来有望成为行业巨头的高科技企业的一种认可和鼓励，同时起到树立行业标杆，引导社会资源的作用。通过这种方式配置资源就是以资本市场为主导的金融体系最大的特点。

（二）独角兽概念界定

2013 年底，风险投资基金 Cowboy Ventures 创始人 Aileen Lee 在一篇分析报告中，将那些 2003 年以后才成立，被公开市场或私募投资人估值超过 10 亿美元的企业称为"独角兽"，估值超过 100 亿美元的企业称为"超级独角兽"[①]。"独角兽"的称呼自此风行创投行业。"独角兽"被视为新经济发展的重要风向标，在高科技领域，互联网领域尤为活跃。

"独角兽"的统计数据众说纷纭。据美国风险投资研究机构 CB Insights 发布的全球"独角兽"榜单，2009 年以来截至 2018 年 8 月全球共有 260 家企业在榜，总市值达到 8390 亿美元。CB Insights 对"独角兽"的定义只有两个标准：一是未上市，二是估值超过 10 亿美元。

在中国，2017 年 12 月，胡润研究院发布了《2017 胡润大中华区独角兽指数》。2018 年 3 月，科技部发布《2017 年中国独角兽企业发展报告》，确定了中国"独角兽"的标准和名单。科技部对"独角兽"的标准有：一是在中国境内注册，具有法人资格的企业；二是成立时间不超过十年；三是获得过私募投资，且尚未上市；四是估值超过 10 亿美元的称为"独角兽"，估值超过 100 亿美元的称为"超级独角兽"。

---

① Aileen Lee, Welcome To The Unicorn Club: Learning From Billion - Dollar Startups. https: //techcrunch. com/2013/11/02/welcome - to - the - unicorn - club/.

（三）独角兽产生的条件

在创投企业尚未产生任何利润，甚至收入都不多的发展阶段，能够冒着全部失去本金的风险对其投入数亿美元甚至数百亿美元的资金，也只有资本市场中的风险投资机构能够做到，银行体系几乎很少参与到这类企业的初创期。因此，整体而言，可以说独角兽的产生其实是市场对创新支持力度的极致表现。具体来说，独角兽的产生需要以下三个重要条件。

技术的积累是独角兽产生的前提。成功的创新需要深厚的技术积累，这种积累是个量变到质变的过程，前期积累可能需要较长的周期。经历了2000年互联网泡沫破灭后的10年期间，出现的独角兽企业数量还不及2017年一年。技术的积累体现在两个方面：一是技术研发、硬件水平的提高。当我们还在使用功能手机时，即使今日头条的创始人已经有了完全成熟的产品构想，也不可能出现如此优秀的产品。二是技术人才的积累。美国的硅谷和中国的北上广深是全球互联网技术人才的中心，吸引了本国乃至全球的尖端人才，持续推动技术的研发和应用。

统一的大市场是独角兽产生的优良土壤。有足够大的市场，才有足够大的行业空间，才更容易养出“巨兽”。中国企业拥有世界上最大的国内互联网市场。美国由于其国际化程度高，拥有广阔的国际市场。因此美、中两国产生的独角兽占比超过了75%。从独角兽产生的行业背景来看，这一次创新浪潮是以互联网的深度应用为主题。从市场切入角度来看，独角兽的产生情景主要有以下三类：一是互联网与生活的融合；二是互联网、人工智能、大数据与传统行业的融合；三是在某个行业拥有领先核心技术。其中前两类对大市场的依赖更大。在一个开放程度较高的跨国地区中，如东南亚、欧元区，也产生过独角兽，如新加坡的Grab Taxi（一个定制化运输和移动支付平台，在东南亚提供私家车、摩托车、出租车和拼车服务），但在一个以国家为背景的统一大市场里无疑更具有天然的发展优势。

发达的风险投资市场是独角兽产生的必要条件。“世有伯乐，然后有千里马”，作为“伯乐”的风险投资机构并不限于本土或国际机构。如果本国对本地企业跨国上市持宽松支持态度，本国存在发达的二级资本市场并不是独角兽产生的必要条件。创投企业虽然都有各自业务模型的创新和独特技术优势，但距离发展成为一个成功的大企业还有很长的路，失败率极高，而如此高的失败率是银行主导的金融体系所承受不了的。他们只会在创投企业业务走向成熟，利润、现金流、抵押率等指标符合常规贷款条件后才会来为企业“锦上添花”。只有资本市场才能够在创投企业发展早期最需要资金的时候进行投资，为企业“雪中送炭”。这种投资同时在市场中起到树立价值标杆、引导人才流向、激励创新的作用，而以银行为主导的金融体系在这一阶段是不可能参与的。

（四）独角兽的培育——上市标准之争其实是市场对创新的包容

科技公司在发展过程中需要的前期投入远大于传统制造、消费等行业，上市前往往需要比传统行业引入更大规模的外部投资，这势必造成创始人股权被高度稀释，导致有可能失去公司的控制权。为了保证持续控制公司，他们大多采取“同股不同权”架构。采用这种模式的不止阿里巴巴，还有 Google、Facebook、百度、京东等明星科技公司。招股书等公开资料显示，Facebook 经过 10 次融资后，扎克伯格依然牢牢控制公司，以 28% 的股权掌握 58.9% 的投票权。京东的创始人刘强东持有 23.1% B 类股权，掌握 83.7% 的投票权。

根据中国信息通信研究院在 2017 年 7 月发布的《2017 中国数字经济发展白皮书》，2016 年中国数字经济规模达到 22.6 万亿元人民币，占 GDP 的比重为 30.3%。而根据 Wind 同期的统计数据，香港上市公司市值占比最高的两个行业仍是金融和地产，合计 44.7%。彭博数据显示，从 1997 年到 2017 年在港上市的新经济行业公司仅占香港证券市场总市值的 3%，而纳斯达克、纽交所以及伦交所这一比例分别为 60%、47% 和 14%[①]。数字经济已经成为拉动中国经济增长的新引擎，市场中的“独角兽”层出不穷，只有创新才能把握新机遇。

2018 年 4 月，香港交易所网站公布了香港联合交易所有限公司对《主板上市规则》的第 119 次修订，一经发布便引起了全球的普遍关注。联交所不仅解除了“同股不同权”的限制，还对创新产业打开了多扇“窗户”。

其一，容许未能通过主板财务资格测试的生物科技公司上市。

经过本次修订，不符合上述要求，但满足以下条件的生物科技公司，同样符合上市申请资格：第一，向本交易所证明并令其确信申请人合资格及适合以生物科技公司的身份上市；第二，上市时的市值至少达 15 亿港元；第三，上市前已由大致相同的管理层经营现有的业务至少两个会计年度；第四，确保申请人有充足的营运资金（包括计入新申请人首次上市的所得款项），足可应付集团由上市文件刊发日期起计至少十二个月所需开支的至少 125%。

其二，容许拥有不同投票权架构的公司上市。

《主板上市规则》第 2.03（4）条规定，“上市证券的所有持有人均受到公

① 证券时报，港股上市制度大改革：一场胡服骑射式的求生之变．2018 年 1 月 7 日 https：//baijiahao.baidu.com/s？id＝1588941184983137963&wfr＝spider&for＝pc.

平及平等对待”。该“同股同权”的条款自1989年确定以来已经实行了29年。

本次修订后，拟以不同投票权架构（Weighted Voting Right，WVR）上市的新申请人将在满足以下条件后，具备上市申请资格。

表11－3　　不同投票权架构上市申请人需要满足条件

一般条件	须为新申请机构
	市值≥400亿港元，或市值≥100亿港元且最近一年收入≥10亿港元
	须为创新型企业
	具有高成长性财务表现
其他条件	上市后，不同投票权的比重不得增加
	不同投票权下的特殊股权投票权不得超过普通股10倍
	非“不同投票权”股东投票权占比须达10%
	仍须以“同股同权”为基准的事项：修订公司章程，任免独立董事，聘用及解聘审计师，类别股权转换，自愿性退市
	信息披露：在上市文件和通函中有提示性信息，股票代码为“W”
	公司治理层面：公司治理委员会须对“不同投票权”结构的合规性进行审核、监督及报告；合规顾问亦须对此向发行人提供咨询意见

资料来源：香港联交所网站。

可以看到，对于“不同投票权”架构下的企业申请上市，香港资本市场已经吸取阿里巴巴前期经验，在制度设计上具有一定弹性，但仍有限制。2018年，小米集团（1810. HK）成为了首家“同股不同权”制度下的香港上市公司。香港资本市场在企业需求和市场制度规则上不断创新，其对创新型互联网企业的吸引力在不断增强。

其三，为已上市公司谋求在香港再次上市的大中华及国际公司设立新的上市渠道。

2013年9月香港证监会与联交所发布《有关海外公司上市的联合政策声明》，明确若海外发行人的业务以大中华为重心，申请第二上市将不获批准（业务是否以大中华为重心的考虑因素包括：是否在大中华区域上市；注册地点；公司的历史；总部位置；中央管理及控制地点；主要业务运营及资产地点；税务注册地点；管理层及控股股东的国籍或居住国家）。

本次修订后，上市资格符合以下条件的新申请人将具备上市申请资格：第一，合格发行人必须已在合格交易所上市并且于至少两个完整会计年度期间保持良好合规记录。第二，同股同权的非大中华发行人作第二上市时的预期市值不得少于 100 亿港元。所有其他合格发行人必须符合以下任何一项：上市时的市值至少 400 亿港元或上市时的市值至少 100 亿港元，及最近一个经审计会计年度的收益至少 10 亿港元。

中国内地上市规则相较香港上市规则来说，更难以适应新经济发展，如 BATJ 企业无一能在 A 股上市，百度和京东到纳斯达克上市，阿里巴巴到纽交所上市，腾讯到港交所上市。这些新经济独角兽在 A 股上市，主要面临以下三大方面的制度障碍：一是盈利指标，主板中“最近 3 年净利润均为正数且累计超过人民币 3000 万元”的要求基本上就排除了绝大部分的独角兽。新兴产业前期投入巨大，早期盈利性往往很差，如京东在纳斯达克上市时仍为亏损状态。二是特殊的股权结构即 VIE 架构，对于 VIE 架构中的外资股东，中国证券法无适应条款。三是同股不同权，也与中国现行公司法违背。这些问题的解决，需要修改证券法、公司法，上市准则等，这也将是一个较为漫长的过程。

尽管短期内，内地难以像香港那样迅速修改《主板上市规则》，但中国监管部门已经意识到危机并正在作出积极的努力。

一是，在目前政策允许的条件下尽可能推动已符合或接近符合 A 股上市资格的独角兽快速上市。如截至富士康申请上市时，既存在成立时间不足 3 年，也存在重组前扣非净利润为零等硬伤，但证监会开了“绿灯”。

富士康用了 36 天的时间完成了从招股书申报稿上报到过会，刷新了 A 股市场 IPO 从申报到过会的新速度。随后，药明康德和宁德时代从预披露更新到上会分别用时 50 天和 24 天，基本实现了“即报即审”。

二是，通过探索发行 CDR 的方法引导已在境外上市的独角兽回归 A 股。CDR（Chinese Depository Receipt）中国存托凭证是指在境外（包括中国香港）上市公司将部分已发行上市的股票托管在当地银行，由中国境内的存托银行发行、在境内 A 股市场上市、以人民币交易结算、供国内投资者买卖的投资凭证。凭证的持有人实际上是寄存股票的所有人，其权力与原股票持有人相同。

根据新浪财经网报道，第一批入围 CDR 名单共有八家企业，包括 BATJ 四家，以及携程、微博、网易以及香港上市的舜宇光学，其中前七家企业均为中国上市互联网公司领头羊，第八家公司被归为“新蓝筹”。

（五）小结

在经济学领域，虽然到 1911 年熊彼特才提出关于“创新”较为完整的概念，并明确提出“创新是经济发展的根本动力”，但是经济学鼻祖斯密在其 1776 年出版的《国富论》一书中就提出“促进某些机械的发明”，指出了技术创新对经济增长的巨大推动作用。纵观人类发展历史，从1263年专利法在英国萌芽，到1474年出现最早的专利法，到各国对新能源产业的补贴，再到最近十几年独角兽的屡见不鲜，人类社会对创新的保护和鼓励力度在持续加强。独角兽的出现是当今市场对创新支持力度的极致表现，而香港关于上市规则的改革和中国监管层对新经济的种种努力则表明政府对创新的支持也进入了一个新阶段。

参考文献

[1] 郭新华，杨佩鸿，刘子兰．中国家庭债务与宏观经济波动：1997—2011［J］．湖南师范大学社会科学学报，2013，42（2）：20－27.

[2] 刘喜和，周扬，穆圆媛．企业去杠杆与家庭加杠杆的资产负债再平衡路径研究——基于股票市场的视角［J］．南开经济研究，2017（3）：111－126.

[3] 李若愚．居民部门杠杆率的国际比较与启示［J］．金融与经济，2016（1）．

[4] 刘颖．货币政策对宏观杠杆率缺口的影响研究［J］．财经论丛（浙江财经大学学报），2018，234（6）：46－54.

[5] 刘哲希，李子昂．结构性去杠杆进程中居民部门可以加杠杆吗［J］．中国工业经济，2018（10）：42－60.

[6] 谢云峰．居民部门杠杆率对经济增长影响的实证研究——基于ARDL－ECM模型［J］．区域金融研究，2017（5）：62－66.

[7] 张志峰，黄铎，薛宇博，等．货币政策与杠杆率关系研究——基于“风险三角”视角［J］．西部金融，2018（3）．

[8] Arrow K J. The Economic Implications of Learning by Doing [J]. Review of Economic Studies, 1962, 29 (3): 155－173.

[9] Atif Mian, Amir Sufi, Emil Verner. Household Debt and Business Cycles Worldwide [R]. NBER Working Paper, 2015 (9).

[10] Carmen Martínez Carrascal, Ana del Río. Household borrowing and consumption in Spain [J]. Working Papers, 2004: págs. 1－38.

[11] Caselli F, Esquivel G, Lefort F. Reopening the convergence debate: A new look at cross－country growth empirics [J]. Journal of Economic Growth, 1996, 1 (3): 363－389.

[12] Drucker P F. Innovation And Entrepreneurship － practice and principles [J]. Social Science Electronic Publishing, 1985, 4 (1): 85－86.

[13] Edison H, Bin Ali N, Torkar R. Towards innovation measurement in the software industry [J]. Journal of Systems and Software, 2013, 86 (5): 1390－1407.

[14] Fuente A D L, Domenech R. Schooling Data, Technological Diffusion, and the Neoclassical Model [J]. American Economic Review, 2001, 91 (2): 323－327.

[15] Klenow P J , Andrés Rodríguez – Clare. The Neoclassical Revival in Growth Economics: Has It Gone Too Far? [J]. NBER Macroeconomics Annual, 1997, 12 (Volume 12): 31.

[16] Marco Lombardi, Madhusudan Mohanty, Ilhyock Shim. The real effects of household debt in the short and long run [R]. BIS Working Papers, 2017 (607) .

[17] Prescott E C . Lawrence R. Klein Lecture 1997: Needed: A Theory of Total Factor Productivity [J]. International Economic Review, 1998, 39 (3): 525 –551.

[18] Romer M , Romer P M . Endogenous technological change [J]. Nber Working Papers, 1989, 98 (98): 71 –102.

[19] Romer P M . Increasing returns and long – run growth [J]. Journal of Political Economy, 1986, 94 (5): 1002 –1037.

[20] Uzawa H. Optimum Technical Change in An Aggregative Model of Economic Growth [J]. International Economic Review, 1965, 6 (1): 18 –31.

[21] Zingales L . Presidential Address: Does Finance Benefit Society? [J]. The Journal of Finance, 2015, 70 (4): 38.

[22] Mankiw N G . The growth of nations [M] // The growth of nations: Irvington, 1995.

[23] Smith, Adam, An Inquiry into the Nature and Causes of the Wealth of Nations, 1776, New York: Random House, 1937.

后　记

在理论和实践中，对现代金融体系之内涵、结构和功能等元素虽有不同理解或不同表述，但在市场化、国际化、科技化和工具的多样化、资产的多元性以及业态的结构化等方面，则具有相对一致的理解。

本书基于过去多年的研究逻辑和理论思路，在深刻理解现代金融的基础上，提出了中国所要构建的现代金融体系之目标，分析了中国所要构建的现代金融体系中各结构化部分的功能特征及改革重点，试图找到现代金融体系的中国模式。

本书是在2019年中国资本市场研究报告《现代金融体系之路——中国的探索》的基础上，浓缩、修改和提炼形成的，侧重于理论逻辑。由中国人民大学副校长、金融与证券研究所所长吴晓求教授领衔完成，庄毓敏教授、赵锡军教授、瞿强教授、李永森教授、魏建华教授、应展宇教授、许荣教授、汤珂教授、张成思教授、何青教授、谭松涛教授、李凤云副教授、李向科副教授、陆超副教授、钱宗鑫副教授、刚健华副教授、罗煜副教授等参加了讨论和撰写。

各章作者是，绪论：吴晓求；第一章：吴晓求、许荣、孙思栋；第二章：庄毓敏、罗煜、崔明懿；第三章：瞿强、吴丹、刘南希；第四章：张成思、刘子妍、胡子平；第五章：赵锡军、谭松涛、刘家琳、高美洁、徐立帆、虞思燕、刘仪、孔召阳、张晓妍、黄小宝、陶晓红；第六章：李凤云、陆超、孟剑、丁月梅、王子豪、戴静雯、王赫文、尹力；第七章：应展宇、黄春妍；第八章：汤珂、杨洋、钟伟强、何致衡、尤毓姝；第九章：钱宗鑫、刘超；第十章：何青、李永森、刘尔卓、郭泳秀；第十一章：许荣、董怡菲、王巍、杜斌、刘庭竹。

要特别感谢教育部社科司的大力支持。与此同时，也要感谢鑫苑（中国）置业有限公司、国融证券股份有限公司和中国金融出版社的特别支持。谨此致谢！

吴晓求于中国人民大学中国资本市场研究院
2019年4月16日